Schule im Prozess der Internationalisierung von Bildung

AF281797

Studien zur International und Interkulturell Vergleichenden Erziehungswissenschaft

herausgegeben von

Wilfried Bos, Dortmund
Marianne Krüger-Potratz, Münster
Jürgen Henze, Berlin
Sabine Hornberg, Bayreuth
Botho von Kopp, Frankfurt (Main)
Hans-Georg Kotthoff, Freiburg
Knut Schwippert, Hamburg
Dietmar Waterkamp, Dresden
Peter J. Weber, München

Band 11

Waxmann 2010
Münster / New York / München / Berlin

Sabine Hornberg

Schule im Prozess der Internationalisierung von Bildung

Waxmann 2010

Münster / New York / München / Berlin

Bibliografische Informationen der Deutschen Nationalbibliothek
Die Deutsche Nationalbibliothek verzeichnet diese Publikation in
der Deutschen Nationalbibliografie; detaillierte bibliografische
Daten sind im Internet über http://dnb.d-nb.de abrufbar.

ISBN 978-3-8309-2259-9

© Waxmann Verlag GmbH, 2010
Steinfurter Straße 555, 48159 Münster

www.waxmann.com
info@waxmann.com

Umschlaggestaltung: Pleßmann Design, Ascheberg
Satz: Stoddart Satz- und Layoutservice, Münster

Gedruckt auf alterungsbeständigem Papier,
säurefrei gemäß ISO 9706

Inhalt

Abkürzungsverzeichnis

ASPnet	Associated Schools Project Network (Netzwerk der UNESCO-Projektschulen)
CAS	Creativity, Action, Service (Curriculumelement im IB-Oberstufencurriculum)
CEIC	Centre for the Study of Education in an International Context / Universität Bath (GB)
DGFE	Deutsche Gesellschaft für Erziehungswissenschaft
ECIS	European Council of International Schools (Europäischer Dachverband Internationaler Schulen)
ECTS	European Credit Transfer System
EFTA	Europäische Freihandelsassoziation
EG	Europäische Gemeinschaft
EGV	Vertrag zur Gründung der Europäischen Gemeinschaft
EU	Europäische Union
EURATOM	Europäische Atomgemeinschaft
EWG	Europäische Wirtschaftsgemeinschaft
GATS	General Agreement on Trade in Service/ Allgemeines Zoll-, Handels- und Dienstleistungsabkommen
GATT	General Agreement on Tariffs and Trade/ Allgemeines Zoll- und Handelsabkommen
HIBS	Hessisches Institut für Bildungsplanung und Schulentwicklung
IB	International Baccalaureate (Internationales Bakkalaureat)
IBAEM	International Baccalaureate Africa, Europe, Middle East (Internationale Bakkalaureat-Organisation zuständig für Afrika, Europa und den Mittleren Osten)
IBAP	International Baccalaureate Asia-Pacific (Internationale Bakkalaureat-Organisation für den asiatisch-pazifischen Raum)
IBDP	International Baccalaureate Diploma Program (Internationales Bakkalaureat-Oberstufencurriculum)
IBE	International Bureau of Education/ Internationales Erziehungsbüro (UNESCO Büro)
IBLA	International Baccalaureate Latin America (Internationale Bakkalaureat-Organisation für Lateinamerika)
IBMYP	International Baccalaureate Middle Years Program (Internationales Bakkalaureat-Curriculum für die Sekundarstufe I)
IBNA	International Baccalaureate North America (Internationale Bakkalaureat-Organisation für Nordamerika)
IBO	International Baccalaureate Organization (Internationale Bakkalaureat-Organisation)

IBPYP	International Baccalaureate Primary Years Program (Internationales Bakkalaureat-Curriculum für die Primarstufe)
IEA	International Association for the Evaluation of Educational Achievement (Internationale Organisation zur Evaluation von Schulleistungen)
IIEP	International Institute for Educational Planning (Internationales Institut für Bildungsplanung, UNESCO-Institut)
IITE	Institute for Information Technologies in Education (Institut für Informationstechnologie im Bildungswesen, UNESCO-Institut)
ISA	International Schools Association (Vereinigung internationaler Schulen)
ISS	International Schools Service (US-amerikanischer Dachverband internationaler Schulen)
KMK	Kultusministerkonferenz (Bundesrepublik Deutschland)
OECD	Organisation for Economic Co-operation and Development/ Organisation für wirtschaftliche Zusammenarbeit und Entwicklung
SBS	School-based Syllabus (Curriculumelement der IB-Curricula)
TOK	Theory of Knowledge (Curriculumelement der IB-Curricula)
TRIPS	Agreement on Trade-Related Aspects of Intellectual Property Rights (Abkommen über handelsbezogene Aspekte der Rechte am geistigen Eigentum)
UIE	UNESCO Institute for Education (UNESCO Institut für Pädagogik)
UNESCO	United Nations Educational, Scientific and Cultural Organization (Organisation der Vereinten Nationen für Bildung, Wissenschaft, Kultur und Kommunikation)
UN	United Nations Organization (Vereinte Nationen)
UWC	United World College
WTO	World Trade Organization (Welthandelsorganisation)

Einleitung

Internationalisierungspostulate manifestieren sich im Bildungsbereich in mannigfaltiger Weise; aktuell finden beispielsweise internationale Schulleistungsvergleiche wie TIMSS, PISA und PIRLS/IGLU in der bildungspolitisch interessierten Öffentlichkeit und der Erziehungswissenschaft große Aufmerksamkeit. Sie äußern sich aber auch in pädagogischen Ansätzen wie der in den 1950er Jahren aufgekommenen internationalen Erziehung und ihren seither erfolgten Ausdifferenzierungen. Diese Ansätze verfolgen eine an der Erziehungspraxis orientierte, inhaltlich definierte internationale Dimension von Bildung, mit der sie vor mehr als einem halben Jahrhundert einen Beitrag zur Völkerverständigung und heute für die Realisierung multikultureller Gesellschaften leisten wollen. Im ersten Kapitel dieser Arbeit werden im Anschluss an die Klärung der für diese Studie zentralen Begriffe inhaltlich der Internationalisierung von Bildung Rechnung tragende pädagogische Ansätze eingeführt.

In den vergangenen gut zweihundert Jahren hat sich weltweit ein in staatlicher Verantwortung betriebenes, globales Modell von Schule etabliert. Ein zentraler Faktor, der seine Verbreitung befördert hat, ist das Nationalstaatsprinzip, das sich insbesondere seit dem Zweiten Weltkrieg international durchgesetzt hat, denn seither ist die Zahl der Nationalstaaten von 65 in 1945 bis auf 192 heute angestiegen und hat sich damit fast verdreifacht. Die Stanforder Forschungsgruppe um die amerikanischen Bildungsforscher Meyer, Boli und Ramirez hat im Rahmen von umfangreichen bildungssoziologischen Makrostudien mit diesem Prozess einhergehende globale Bildungsentwicklungen aufgezeigt, die in dieser Arbeit aufgegriffen werden. Dabei richtet sich die besondere Aufmerksamkeit auf die dort dokumentierten weltweiten Bildungsentwicklungen seit 1945.

Ihre Forschungsergebnisse interpretieren Meyer et al. auf dem theoretischen Hintergrund des von ihnen vertretenen neo-institutionalistischen *world polity*-Ansatzes. Dieser Ansatz findet aktuell in der deutschsprachigen Soziologie stärkere Aufmerksamkeit; allerdings werden dort die umfassenden makrosoziologischen Studien zu weltweiten Bildungsentwicklungen nicht vertiefend behandelt. Von der deutschsprachigen Erziehungswissenschaft ist dieser seit gut dreißig Jahren nun schon vorliegende Zugang bisher nur vereinzelt aufgegriffen worden; er bildet in dieser Studie eine theoretische Folie für die hier vertieften Fragestellungen. Die vorliegende Studie bleibt jedoch nicht an dieser Stelle stehen, sondern verfolgt mit Rekurs auf das in der Erziehungswissenschaft in jüngster Zeit aufgekommene Konzept ‚Transnationale Bildungsräume' (Adick/Hornberg 2002; Adick 2005; Gogolin/Pries 2004) ferner eine von Meyer et al. nicht avisierte Erscheinungsform der Internationalisierung im Bildungsbereich und die Frage danach, welchen Bildungsräumen die hier zur Diskussion stehenden internationalen Schulmodelle zugeordnet werden können (vgl. Kap. 2). Das Kapitel schließt mit der Einordnung dieser Studie auf der Folie der Methodologie der Vergleichenden Erziehungswissenschaft, der Erläuterung des hier gewählten methodischen Vorgehens und den diese Studie leitenden Fragestellungen.

Von der Erziehungswissenschaft wenig beachtete Erscheinungsformen der Internationalisierung im Bildungswesen stellen internationale Schulmodelle dar, die in zweierlei Hinsicht unterschieden werden können: zum einen im Hinblick auf ihre institutionelle Artikulation, zum anderen mit Blick auf ihre geopolitische Ausrichtung. Bei den hier herangezogenen internationalen Schulmodellen handelt es sich zum einen um im staatlichen Pflichtschulbereich angesiedelte Schulen mit einem internationalem Profil, also um Bildungseinrichtungen, die zusätzlich zu ihrem staatlichen Bildungsauftrag ein internationales Profil entwickelt haben; hierfür werden Europaschulen (vgl. Kap. 3) und UNESCO-Projektschulen (vgl. Kap. 5) betrachtet. Zum anderen handelt es sich um internationale Schultypen; für sie wird hier auf Europäische Schulen (vgl. Kap. 4) und internationale Schulen (vgl. Kap. 6) rekurriert. Die genannten Schulmodelle weisen ferner zwei divergierende geopolitische Ausrichtungen auf: Europaschulen und Europäische Schulen verfolgen eine europäische Ausrichtung; UNESCO-Projektschulen und internationale Schulen einen internationalen Bezug.

Diese internationalen Schulmodelle wurden von der Erziehungswissenschaft und Bildungsforschung bisher nur rudimentär erforscht; so liegen keine Veröffentlichungen vor, die sowohl die historischen Entwicklungen dieser internationalen Schulmodelle als auch ihre aktuelle Verbreitung und Erscheinungsformen in ihrem Gesamtzusammenhang darstellen. Vor diesem Hintergrund besteht eine erste zentrale, mit dieser Studie zu leistende Aufgabe in der Erstellung von Bestandsaufnahmen zu den hier zur Diskussion stehenden internationalen Schulmodellen, wie sie mit den Kapiteln 3 bis 6 vorliegen. Dort wird jeweils im Rahmen einer idiographischen Rekonstruktion (vgl. Hörner 1993) und unter Berücksichtigung des von Schriewer (1982) vorgeschlagenen Mehrebenen-Modells heraus gearbeitet, wie sich die geopolitischen Ausrichtungen und die institutionellen Artikulationen der Schulmodelle in ihrem jeweiligen historischen Werdegang, ihrer Organisationsstruktur, in ihrem Curriculum und in den von ihnen vergebenen Abschlusszertifikaten niederschlagen.

Kapitel 7 widmet sich anschließend der vergleichenden Auswertung und Analyse der im Vorangegangenen für die internationalen Schulmodelle gewonnenen Ergebnisse. Dies geschieht zum einen in Form eines zusammenfassenden Analyserasters, zum anderen mit Rekurs auf die für diese Arbeit heran gezogenen theoretischen Ansätze: den neo-institutionalistischen *world polity*-Ansatz und das hier zugrunde gelegte Konzept ‚Transnationale Bildungsräume‘. Die Studie schließt (vgl. Kap. 8) mit einer Darstellung und Reflexion der gewonnenen Ergebnisse und einem Ausblick auf Forschungsdesiderata.

In dieser Studie wird im Folgenden aus Gründen der besseren Lesbarkeit in der Regel das generische Maskulin verwendet. Ich möchte ausdrücklich betonen, dass ich mich dabei auf Personen männlichen wie weiblichen Geschlechts beziehe.

1 Schule und Internationalisierung – eine erste begriffliche Annäherung

Erscheinungsformen der Internationalisierung können heute in Deutschland auf allen Ebenen des Bildungssystems, von der Grundschule bis zum Hochschulbereich identifiziert werden: Die Einführung des Englischunterrichts im allgemein bildenden Pflichtschulwesen bereits in der zweiten Klasse der Grundschule verweist auf das Ziel, die Schülerschaft bereits frühzeitig mit der weltweit dominierenden Lingua franca vertraut zu machen (Doye 1993). Die 1996 von der Kultusministerkonferenz (KMK) erlassene Empfehlung „Interkulturelle Bildung und Erziehung in der Schule" trägt der zunehmend multikulturellen Schülerschaft im bundesrepublikanischen Bildungswesen Rechnung, indem sie die Schulen auffordert, interkulturelle Themen und Perspektiven durchgängig im Unterricht aufzugreifen (KMK 1996). Die Einführung neuer Bachelor- und Masterstudiengänge und eines neuen Kreditierungssystems, das European Credit Transfer System (ECTS), soll Studierenden einen möglichst reibungslosen Wechsel zwischen europäischen Hochschulen ermöglichen.

Die Beispiele mögen genügen, um zu zeigen, dass und wie nationale Bildungswesen mit solchen Internationalisierungsinitiativen auf gesellschaftliche Anforderungen reagieren, wie sie insbesondere seit dem Zweiten Weltkrieg ihren Ausdruck in einer voranschreitenden Internationalisierung von Ökonomie und Politik finden: In einem Staat angesiedelte Unternehmen kooperieren mit Unternehmen in anderen Staaten. Internationale Konzerne und Organisationen mit ihren weltweiten Niederlassungen benötigen mobile Arbeitskräfte, die u. a. über gute Fremdsprachenkenntnisse verfügen. Die Absolvierung von Teilen der Ausbildung im Ausland, sei es auf universitärer Ebene oder im Bereich der Berufsbildung, wird von Unternehmen als Wettbewerbsvorteil auf einem internationalisierten Arbeitsmarkt gewertet. Solche utilitaristischen Interessen geschuldeten Internationalisierungsprozesse des Arbeitsmarkts werden z. B. von den Bildungssystemen aufgegriffen und in Form von neuen Angeboten und Umstrukturierungen bearbeitet, die ihrerseits die Internationalisierung des Bildungssystems befördern. In den Bildungssystemen nimmt die Schule eine herausragende Position ein; denn anders als Kindergärten und Universitäten muss sie jedem Heranwachsenden die Wahrnehmung seines Rechts auf Bildung ermöglichen, wie es in Schulpflichtgesetzen verankert und auf Weltebene zuletzt von der UNESCO und anderen internationalen Organisationen in der ‚Weltdeklaration Bildung für alle' (Deutsche UNESCO Kommission 1991) verabschiedet wurde.

1.1 Erste Begriffsklärung: Schule und Bildungssystem

Internationalisierungsprozesse wie die genannten und daraus abgeleitete Anforderungen an die Schule sind kennzeichnend für moderne, arbeitsteilige Gesellschaften, die zur Lösung grundlegender gesellschaftlicher Probleme spezifische Institutionen ausgebildet haben: z. B. wirtschaftliche Institutionen, um lebensnotwendige Güter herzustellen, oder politische und rechtliche Institutionen, um gesellschaftliche Werte, Normen und Regeln festzulegen und um Konflikte zu lösen (Fend 1980, S. 2). Aus strukturfunktionalistischer Sicht, wie sie der amerikanische Soziologe Talcott Parsons (1968a/b) entfaltet und damit nachhaltig das soziologische Verständnis moderner Gesellschaften geprägt hat (Tillmann 1996, S. 111), bilden solche Institutionen Teilsysteme des gesellschaftlichen Gesamtsystems. Unter ihnen hat sich der Bildungsbereich, der in dieser Studie in Gestalt von Pflichtschulsystemen zur Diskussion steht, als ein weiteres gesellschaftliches Teilsystem (Hurrelmann 1975) zu einem „hoch institutionalisierten und organisierten Ausschnitt der gesamten Erziehungsbemühungen der erwachsenen Generation entwickelt" (Fend 1980, S. 2). Dem voraus ging ein Systembildungsprozess des Bildungswesens im 19. Jahrhundert, wie ihn Müller (1981) in historischer Perspektive für (Preußen-) Deutschland nachgezeichnet hat:

> „Das am Beginn des 19. Jahrhunderts noch gering institutionalisierte Bildungswesen in Preußen wird für den Verlauf des 19. Jahrhunderts immer stärker zu einem Bildungssystem mit zunehmend kodifizierten, organisierten und institutionalisierten Beziehungen zwischen den Schultypen (= Schulsystem), den Studiengängen (= Hochschulsystem), zwischen Schul- und Hochschulsystem (= Bildungssystem) und Bildungssystem und Berufslaufbahn (= Beschäftigungssystem) umgewandelt. Der Begriff der Systembildung umfasst die Phasen der Systemfindung (Beginn bis 70er Jahre des 19. Jahrhunderts) – als Bezeichnung für die dem späteren System vorauslaufenden, in noch keinem inneren Zusammenhang stehenden Entwicklungen zunächst selbständiger Bereiche (z. B. einzelner Schultypen) –, der Systemkonstitution (80er und 90er Jahre des 19. Jahrhunderts) und der Systemkomplementierung (Ende des 19. Jahrhunderts, Beginn des 20. Jahrhunderts)". (Müller 1981, S. 250f., Hervorh. im Orig.)

Das, was Müller in der historischen Rekonstruktion Preußendeutschland zuschreibt, gilt inzwischen praktisch überall auf der Welt. Denn heute verfügen alle Staaten weltweit über solcherart institutionalisierte Schulsysteme, die zentrale gesellschaftliche Funktionen erfüllen (Adick 1992a; Meyer/Ramirez/Soysal 1992; Meyer/Ramirez 2000).

Parsons hat in diesem Zusammenhang im Rahmen des von ihm entwickelten strukturfunktionalistischen Ansatzes zwei zentrale gesellschaftliche Funktionen des Schulsystems identifiziert: seine Sozialisations- und Allokations- bzw. Selektionsfunktion (Parsons 1968a). Die Sozialisationsfunktion der Schulsysteme besteht Parsons zufolge darin, der Schülerschaft die universalistischen Wertorientierungen zu vermitteln, die sie für eine erfolgreiche gesellschaftliche Teilhabe benötigen. Die Allokations- und Selektionsfunktion der Schule dient demgegenüber dazu, die Heranwachsenden auf unterschiedliche berufliche Positionen zu verteilen (ebd., S. 168). Beide mit diesen Funktionen verknüpfte, im Schulsystem institutionalisierte Prozesse verlaufen komplementär zueinander: Indem die Individuen im Laufe des kontinuierlich stattfindenden schulischen Sozialisationsprozesses universalistische Normen und Werte einschließlich des Leistungsprinzips als gerecht empfundenes Selektionsmittel internalisieren, tragen sie letztlich zur Stabilität der Gesellschaft bei. Es sei an dieser Stelle daran erinnert, dass der von Parsons (1968b) entwickelte strukturfunktionalistische Ansatz im Hinblick auf das von ihm zugrunde gelegte gesellschaftliche System eng angelehnt war an das amerikanische, kapitalistische Gesellschaftssystem, das von ihm unhinterfragt übernommen und z. T. sogar idealisiert wurde (Tillmann 1996, S. 125). Der vor diesem Hintergrund (Parsons 1968a, S. 162) unterstellte, im Schulsystem stattfindende „echte Selektionsprozess", wonach alle Schüler mit den gleichen Anforderungen konfrontiert werden und letztlich die von ihnen erbrachte individuelle Leistung über ihre künftige gesellschaftliche Position entscheidet, ist insbesondere seit den 1970er Jahren kritisiert und der dort unterstellte Prozess empirisch widerlegt worden, und zwar im Hinblick auf die im Schulsystem institutionalisierte Mittelschichtsorientierung, die Kinder „unterer" sozialer Schichten benachteiligt (Bernstein 1973; Bourdieu/Passeron 1971; Tillmann 1996, S. 126-129; Willis 1977).

Der von Parsons entwickelte strukturfunktionalistische Ansatz hat jedoch eine Basis geschaffen zur Bearbeitung der Frage nach den gesellschaftlichen Funktionen von Schulsystemen (Tillmann 1996, S. 130; Diederich/Tenorth 1997, S. 70ff.), die im deutschsprachigen Kontext insbesondere von dem Bildungssoziologen Helmut Fend (1982) aufgegriffen und in eine von ihm vorgelegte weitere Ausdifferenzierung der Funktionen moderner Schulsysteme eingeflossen ist. Fend (1982, S. 15ff.) konkretisiert folgende drei gesellschaftliche Funktionen von Schulsystemen:

a) Die Qualifikationsfunktion des Schulsystems, mit der die kulturellen Systeme der Gesellschaft reproduziert werden. Diese Reproduktion ist im Schulsystem institutionalisiert, und zwar im Rahmen der allgemeinen Qualifikation zur gesellschaftlichen Teilhabe und der beruflichen Qualifikation zur Vorbereitung auf das Berufs- und Beschäftigungssystem. Die Schülerschaft soll mithin Kenntnisse und Fähigkeiten erwerben, die für eine spätere Berufstätigkeit wie für eine aktive gesellschaftliche Teilhabe erforderlich sind.

b) Die Selektionsfunktion der Schulsysteme, mit der die Sozialstruktur der Gesellschaft reproduziert wird. Diese Sozialstruktur bildet ein System von Positionsverteilungen innerhalb einer Gesellschaft, das aus divergierenden beruflichen Tätigkeiten und damit verknüpften gesellschaftlichen Stellungen resultiert. Das Schulsystem reproduziert im Generationenverlauf bestehende soziale Positionsverteilungen und personelle Besetzungen.

c) Die Legitimationsfunktion von Schulsystemen, die zugleich ihre primäre politische Funktion ist. Schulsysteme fungieren als Instrumente der gesellschaftlichen Integration, und zwar über die in ihnen institutionalisierten gesellschaftlichen Werte, Normen und Interpretationsmuster, die zur Stabilisierung von Herrschaftsverhältnissen reproduziert werden.

Klafki (2002, S. 43f., S. 51f.) hat diesen Funktionsbestimmungen der modernen Schule ferner eine vierte Funktion, die der Kulturüberlieferung hinzugestellt, die menschliche Tätigkeiten und ihre Vergegenständlichungen im Bereich der Freizeitgestaltung, der Kunst und Wissenschaft sowie weltanschauliche und religiöse

Deutungen der menschlichen Existenz umfasst. Diese Bereiche manifestieren sich bspw. in spielerischen Elementen des Sport-, Musik- und Kunstunterrichts sowie im Literaturunterricht in der eigenen oder einer fremden Sprache. Es sei die Funktion, so Klafki (ebd., S. 56), „die in manchen älteren Schultheorien des 19. und 20. Jahrhunderts als die einzige oder mindestens als die wichtigste Funktion der Schule verabsolutiert worden ist." Die Schule, so seine Ausführungen, weise mithin Zielsetzungen, Inhalte, Maßnahmen und Vorgänge auf, um der Schülerschaft den Zugang zu Dimensionen des kulturellen Lebens zu ermöglichen, die weder historisch betrachtet noch gegenwärtig unter die von Fend aufgestellten drei gesellschaftlichen Funktionen der modernen Schule subsumierbar seien, da sie „über die Anforderungen des Produktionssystems und über die physische und psychische Reproduktion des Arbeitsvermögens hinausgehen, aber auch über die Ausübung oder die Anerkennung von politischen Herrschafts- und Ordnungsfunktionen" (ebd.). Kennzeichnend für diese vierte Funktionsbestimmung, wie im Übrigen auch im Hinblick auf die anderen genannten, ist, dass sie sich in der Realität nicht trennscharf voneinander abgrenzen lassen, wie auch Klafki (ebd.) betont.

Im Kontext dieser Studie ist im Hinblick auf das konstatierte Ineinandergreifen der Aufgaben der modernen Schule eine weitere Funktion hinzufügen, die in deutschen schultheoretischen Modellen selten thematisiert wird: ihr Beitrag zum „nation building" (Anderson 1988). Anderson (ebd.) bezieht sich mit dem von ihm eingeführten und insbesondere im angloamerikanischen Sprachraum verwendeten Begriff „nation buildung" auf ein modernes Verständnis von Nation. Dabei wird die Nation gleich gesetzt mit der Staatsnation, die alle Staatsbürger eines territorial verfassten politischen Systems umfasst und eine zentrale Staatsmacht und Verwaltung aufweist; die legitimatorische Basis der Staatsnation ist die „imagined community". Mit dem Begriff „imagined community" (ebd.) bezeichnet Anderson die von vielen Menschen geteilte Annahme (im Sinne von ‚sich etwas vorstellen') einer Gemeinschaft anzugehören, auch wenn sich die Mitglieder dieser Gemeinschaft nicht persönlich kennen (z.B. die Gemeinschaft der Deutschen oder der Katholiken).

Die moderne Schule ist seit ihrem Aufkommen mit dem modernen Nationalstaat bzw. dem modernen Nationalstaatskonzept verknüpft und leistet im Rahmen ihrer Funktion der Kulturüberlieferung wie auch ihrer politischen Legitimationsfunktion einen zentralen Beitrag zur Realisierung und Reproduktion der „imagined community" (ebd.), indem sie die Ausbildung einer nationalen Identität unter den Bürgern eines (National-)Staates fördert (Wenning 1996). Dies manifestiert sich z.B. im monolingualen Habitus (Gogolin 1994), mit dem in der Schulpraxis der ausschließliche Gebrauch der Nationalsprache und die Negierung davon abweichender Herkunftssprachen der Schülerschaft forciert wird. Die Funktionalität der historisch gewachsenen, aus dem modernen Nationalstaatskonzept abgeleiteten Aufgabe der modernen Schule, über die Förderung der nationalen Identität der Bürger eines Staates zur gesellschaftlichen Integration, Legitimierung und Reproduktion des Nationalstaates beizutragen, wird nun zunehmend hinterfragt, und zwar ausgelöst durch Prozesse der Internationalisierung, Multinationalisierung, Globalisierung und Transnationalisierung.

1.2 Zweite Begriffsklärung: Internationalisierung, Multinationalisierung, Globalisierung, Transnationalisierung

Die mit den Begriffen Internationalisierung, Multinationalisierung, Globalisierung und Transnationalisierung bezeichneten gesellschaftlichen Prozesse zeichnen sich durch einen gemeinsamen Bezug aus: Mit ihnen wird auf Beziehungen zwischen Nationalstaaten und auf ein Nationalstaatsmodell rekurriert, wie es sich seit Ende des 18. Jahrhunderts zunächst in Europa und seither über diese Grenzen hinaus weltweit etablieren konnte. Nationalstaaten vereinen in sich zwei einander wechselseitig stabilisierende und legitimierende Elemente: die moderne Nation einerseits und den modernen Staat andererseits. Das moderne Nationsverständnis entwickelte sich seit der Französischen Revolution von 1789 zunächst im alten Kerneuropa, wo es zur Ablösung der ständischen Ordnung und zur Etablierung einer neuen, bürgerlichen Ordnung geführt hat (Wenning 1996, S. 53). Damit einher ging die Entstehung des modernen Staates, der sich als die zentrale Organisationsform territorial verfasster politischer Systeme seither weltweit durchsetzen konnte. Einen zentralen Wendepunkt in der Verbreitung der Nationalstaaten weltweit markiert der Zeitraum seit dem Zweiten Weltkrieg; denn seither hat sich die Zahl der Nationalstaaten von nur 65 im Jahr 1940 (Meyer/Ramirez/Rubinson/Boli-Bennett 1977, S. 251) auf 192 Nationalstaaten heute fast verdreifacht[1]. Das Nationalstaatsmodell hat sich mithin als globales Modell weltweit verbreitet.

Im Zuge der Globalisierung, so die These, verliere der Nationalstaat nun zunehmend an Bedeutung: „Globalisierung meint (...) die *Prozesse*, in deren Folge die Nationalstaaten und ihre Souveränität durch transnationale Akteure, ihre Machtchancen, Orientierungen, Identitäten und Netzwerke unterlaufen und querverbunden werden." (Beck 1997, S. 28f., Hervorh. im Orig.) Diese Prozesse und ihre Auswirkungen auf die Institutionen staatlicher Demokratie werden von Befürwortern und von Kritikern der Globalisierung gänzlich unterschiedlich bewertet:

> „Euphoriker begrüßen die gestiegene Mobilität, die verbesserte Kommunikation und die Freiheitsgewinne, an denen prinzipiell alle Bürger und alle Gesellschaften teilhaben könnten. Apokalyptiker sehen die in der wohlfahrtsstaatlichen Demokratie mühsam errungene Zivilisierung des Kapitalismus unter dem Zwang anonymer Weltmarktzwänge dahinschwinden und die Ungleichheit zwischen den Gesellschaften des Nordens und des Südens ins Unermessliche steigen." (Müller 2002, S. 22f.)

Eine weitere Position stellt die Tauglichkeit des Globalisierungsbegriffs grundsätzlich infrage: So beklagt Scheer[2] (2003, S. 6) eine geradezu inflationäre Verwendung des Globalisierungsbegriffs in Wirtschaft und Politik, sodass dieser innerhalb weniger Jahre „zu einem Generalschlagwort" geworden sei. Ähnlich konstatiert die Soziologin Wobbe (2000, S. 5), der Terminus ‚Globalisierung' tauche in den

---

1   Vgl. http://www.un.org/News/Press/docs/2006/org1469.doc.htm (Abruf vom 10.12.2008)
2   Der Bundestagsabgeordnete und Präsident der Europäischen Vereinigung für Erneuerbare Energien (EUROSOLAR) Hermann Scheer erhielt 1999 den alternativen Nobelpreis für seine Leistungen zur Förderung der Sonnenenergie.

Sozialwissenschaften und in der öffentlichen Wahrnehmung immer dann auf, wenn Ereignisse „gewohnte Zurechnungskriterien und gewisse Proportionen überschreiten." Die sozialwissenschaftliche Debatte zur Globalisierung ist demnach kontrovers und stärker von nebeneinander stehenden divergierenden Positionen geprägt denn von theoretisch aufeinander bezogenen Diskursen (Müller 2002, S. 11). Sie weist nicht zuletzt eine z. T. unsachgemäße Verwendung des Globalisierungsbegriffs auf, indem dieser häufig synonym gesetzt wird zur Bezeichnung aller möglichen grenzüberschreitenden Prozesse und Phänomene, die zutreffender mit anderen Begriffen wie ‚Internationalisierung', ‚Multinationalisierung', ‚Globalisierung' oder ‚Transnationalisierung' zu fassen wären. So macht die Gruppe von Lissabon[3] (1997) in ihrem Bericht „Grenzen des Wettbewerbs. Die Globalisierung der Wirtschaft und die Zukunft der Menschheit" darauf aufmerksam, dass ‚Internationalisierung', ‚Multinationalisierung' und ‚Globalisierung' und die mit ihnen verknüpften Konzepte auf Entwicklungen verweisen, die durch einen Prozesscharakter gekennzeichnet seien. Die historischen Übergänge zwischen diesen Entwicklungen seien fließend; sie könnten jedoch insofern voneinander unterschieden werden, als mit ihnen:

a) divergierende Entwicklungen und Phänomene erfasst würden, die
b) von divergierenden Akteuren getragen werden und die
c) in divergierende politische, gesellschaftliche und strategische Konsequenzen mündeten (Die Gruppe von Lissabon 1997, S. 44ff.).

Da hier historisch sensible und Kriterien bezogene Abgrenzungen der Begriffe vorgenommen werden, erscheint eine Anlehnung an diese Sichtweise für die vorliegende Arbeit geeignet. Der ‚älteste' der hier interessierenden Begriffe ist in dieser Sichtweise der der ‚Internationalisierung'. Mit ihm werden Prozesse erfasst, die den Austausch von Rohstoffen, Industrieprodukten, Dienstleistungen, Geld, Ideen und Menschen zwischen mindestens zwei oder mehreren Nationalstaaten umfassen. Die zentralen Akteure von Prozessen der Internationalisierung sind die Nationalstaaten und ihre Vertretungen in Form von staatlichen Behörden (ebd., S. 44-46). Diese steuern die Steuer- und Fiskalpolitik eines Staates und setzen verbindliche Standards, z. B. im Hinblick auf die Regulierung von Immigration und Migration (Bade 1992). Die Gründung der Vereinten Nationen[4], deren Charta am 24. Oktober 1945 in Kraft trat (Gareis/Varwick 2002, S. 13), stellte einen entscheidenden Beitrag zur Internationalisierung dar, der seinen Ausdruck seither u. a. in unzähligen von den Vereinten Nationen verabschiedeten Resolutionen findet. Das primäre Ziel der Vereinten Nationen ist die Herstellung und Wahrung des Friedens und der internationalen Sicherheit; alle anderen Ziele sind diesem Hauptzweck untergeordnet (ebd., S. 39). Die Aufnahme eines Staates in die Vereinten Nationen

---

3   Die Gruppe von Lissabon wurde 1992 von dem Wirtschaftsprofessor R. Petrell gegründet. Sie setzt sich aus 22 Mitgliedern aus Japan, Westeuropa und Nordamerika zusammen, die sich mit der Globalisierung und ihren Folgen beschäftigen. Die Gruppe von Lissabon tritt für globale Sozialverträge ein und bezieht öffentlich Stellung zu den von ihr aufgegriffenen Themen.
4   Die heute oftmals geläufigere englische Bezeichnung lautet: United Nations Organization/UN; die deutsche Übersetzung und Bezeichnung lautet „Vereinte Nationen".

ist insbesondere für neu entstandene Nationalstaaten von Bedeutung, da damit ihre Anerkennung als souveräne Staaten einhergeht (ebd., S. 33).

Im Handelsbereich schlägt sich die Internationalisierung in einem Wettbewerb zwischen Unternehmen verschiedener Volkswirtschaften nieder, der dazu dient, positive Handelsbilanzen zu erzielen. Die in den vergangenen Jahrzehnten erfolgte Regulierung der internationalen Handelsbeziehungen fand ihren Niederschlag u. a. in dem von der Organisation zur Förderung und Sicherung der Liberalisierung der Handelsbeziehungen auf internationaler Ebene 1948 verabschiedeten GATT-Abkommen (General Agreement on Tariffs and Trade). Dort wurden die Regeln für einen multilateralen Welthandel festgelegt, die u. a. besagen, dass Teilnehmerstaaten des GATT „andere Mitglieder des Abkommens nicht unterschiedlich behandeln oder gegenüber Drittländern diskriminieren" dürfen (Müller 2002, S. 101), dass also ausländische Anbieter inländischen Anbietern gleichzustellen sind. 1995 wurde die Welthandelsorganisation (World Trade Organisation/WTO) gegründet, die damit das GATT ablöste und heute eine vollwertige internationale Organisation repräsentiert (ebd., S. 91-114).

Mit Blick auf den Bildungsbereich ist das im Anschluss an das GATT eingeführte GATS (General Agreement on Trade in Services) von besonderer Bedeutung. Denn dies umfasst über die im GATT verankerten Bereiche hinaus nun auch Dienstleistungen und das intellektuelle Eigentum. Den Handel mit letzterem regelt seit 1994 das dem GATT hinzu gefügte, seither geltende TRIPS-Abkommen (Agreement on Trade-Related Aspects of Intellectual Property Rights). Die Mitgliedschaft in der WTO/Welthandelsorganisation setzt die Ratifizierung des TRIPS-Abkommens voraus und bedingt die Umsetzung der dort festgelegten Regelungen in nationales Recht. Die Europäische Union (EU) beteiligt sich an den Verhandlungen um die Umsetzungen des GATS in den diesem Abkommen beigetretenen Staaten, hat aber in diesem Zusammenhang den allgemein bildenden Bereich in der EU bislang explizit ausgeschlossen (Adick 2003, S. 100ff.). Dennoch gibt es Liberalisierungen, die sich auf den Bildungsbereich auswirken, z. B. auf den Hochschulbereich.

Im Unterschied zu dem Begriff ‚internationalisierung' kennzeichnet der Begriff ‚Multinationalisierung' „den Transfer und die Verlagerung von Ressourcen besonders des Kapitals, in geringerem Ausmaß auch der Arbeit, von einer Volkswirtschaft in die andere" (Die Gruppe von Lissabon 1997, S. 46f.). Die mit den o.g. GATT- und GATS-Abkommen ausgelösten Dynamiken sind ein gutes Beispiel dafür, wie sich ein Prozess der Internationalisierung zu einem Prozess der Multinationalisierung, die ihren Ausdruck in der Logik der grenzüberschreitenden Marktexpansion findet, wandelt. Diese Marktexpansion führt dazu, dass Produkte zu ihrer Optimierung nicht länger im Rahmen nationaler Grenzen (weiter-)entwickelt werden, sondern im Kontext multinationalisierter und multiterritorialisierter Unternehmen. Diese Unternehmen schützen ihre Produkte und greifen damit gleichzeitig in die Wirtschaft und u. U. auch in den staatlichen Bereich anderer Nationen ein.

Ein Beispiel für die Multinationalisierung des Bildungswesens sind die Auswirkungen des GATS auf das europäische Hochschulwesen, in dem seither ein forcierter Wettbewerb zwischen europäischen und außereuropäischen, insbesondere zwischen US-amerikanischen und europäischen Bildungsanbietern im Bereich der Fernlehre beobachtet werden kann (Weber 2004). Hier zeigt sich, dass die zentralen Akteure der Multinationalisierung nicht nur Wirtschaftsunternehmen sind, sondern auch Staaten bzw. Bildungsagenturen in staatlicher Trägerschaft (bspw. Universitäten). Sie haben i.d.R. – damit eine Politik des Protektionismus verfolgend – ein ausgeprägtes Interesse an der Optimierung und der Distribution ihrer Produkte, z.B. von Bildungsangeboten, und kontrollieren darüber hinaus die Einfuhr ausländischer Produkte im Hinblick auf ihren Umfang, ihre Inhalte und ihre Qualität.

Aktuell, dies wurde hier bereits herausgestellt, dominiert im Kontext grenzüberschreitender Entwicklungen der Rekurs auf den ubiquitären Begriff ‚Globalisierung'. Diesen zu definieren erweist sich jedoch als äußerst schwierig; denn es gibt „nicht das eine, gültige Globalisierungsmodell" (Gruppe von Lissabon 1997, S. 48ff.). Zu unterscheiden sind vielmehr Globalisierungsprozesse in unterschiedlichen gesellschaftlichen Bereichen wie der Ökonomie, der Politik, des Wissens und der Kultur (ebd.):

a) Der Bereich der Ökonomie umfasst Finanzen, Märkte und Marktstrategien, und insbesondere den Wettbewerb in diesen Sektoren.
b) Der Bereich der Politik bezeichnet das politische Zusammenwachsen der Welt, Steuerungs- und Regulierungsmöglichkeiten.
c) Der Bereich des Wissens umgreift die Technologie und die mit ihr verbundenen Aspekte Wissen, Forschung und Entwicklung.
d) Der Bereich der Kultur meint die Lebensformen, das Konsumverhalten und das kulturelle Leben.

In diesen Bereichen ist eine Globalisierung von Regulierungs- und Steuerungsmöglichkeiten sowie von Wahrnehmungen und des Bewusstseins zu beobachten, die nicht mehr hinreichend mit Begriffen und Konzepten wie Internationalisierung und Multinationalisierung zu erfassen seien. Aus diesem Grunde schließt sich die Gruppe von Lissabon (ebd., S. 49f.) einem Globalisierungsbegriff an, der in der Sozialwissenschaft breit rezipiert wird (Beck 1997, S. 48-110; Giddens 1999, S. 41-46; Müller 2002, S. 7-18) und der sich auch in der Erziehungswissenschaft vielerorts wieder findet (Seitz 2002a, S. 49-100; Schriewer 1994, S. 3; Stromquist/Monkman 2000, S. 3-12). Dieser Globalisierungsbegriff stellt die weltweiten Interdependenzen heraus, und zwar dergestalt, dass Entscheidungen, die in einem Teil der Welt gefällt werden, Konsequenzen für Gemeinschaften und Individuen in anderen, weit entfernt liegenden Teilen der Welt haben. Allerdings führe Globalisierung keineswegs dazu, dass die Welt geeinter und homogener werde, sondern erweise sich als ein höchst widersprüchlicher Prozess, sowohl im Hinblick auf seine Reichweite als auch die Vervielfältigung seiner Folgen:

„Globalisierung besteht aus zwei verschiedenen Phänomenen: Reichweite (oder Ausbreitung) und Intensität (oder Vertiefung). Auf der einen Seite definiert der Begriff eine Reihe von Prozessen, die den größten Teil des Planeten umfassen oder die weltweit wirksam sind; das Konzept hat daher eine räumliche Komponente. Auf der anderen Seite bedeutet er auch eine

Intensivierung der Interaktionen, Querverbindungen und Interdependenzen zwischen Staaten und Gesellschaften, die die Weltgemeinschaft bilden. Daher geht die Ausbreitung mit einer Vertiefung einher." (McGrew 1992, zitiert in: Die Gruppe von Lissabon 1997, S. 50)

Die Diskussion um den Globalisierungsbegriff bzw. darum, was Globalisierung ist, welche Konsequenzen sie in der Realität hat und wie diese im Rahmen von Globalisierungskonzepten erörtert werden, soll an dieser Stelle mit Blick auf die im Zentrum dieser Studie stehenden Internationalisierungsprozesse im Bildungsbereich, insbesondere der Schule, nicht weiter vertieft werden. Aufgrund des Prozesscharakters von Internationalisierung, Multinationalisierung und Globalisierung, der sich in fließenden Übergängen zwischen diesen Prozessen wie auch in ihrer Gleichzeitigkeit manifestiert, werden jedoch auch hier Globalisierungserscheinungen thematisiert. Der Begriff ‚Globalisierung‘, dies sei an dieser Stelle bereits angemerkt, wird in dieser Studie, um bei der Analyse von Bildungsentwicklungen begriffssensibel vorzugehen, im Anschluss an Meyer und Ramirez (2000) und ihr Konzept von der Weltkultur für Modelle und Entwicklungen verwendet, die weltweite, d. h. globale Verbreitung finden.

Über die hier bereits thematisierten Begriffe hinaus, tauchte vor allem im englischsprachigen Raum in den letzten Jahren der Begriff ‚Transnationalisierung‘ auf, und zwar insbesondere im Zusammenhang mit Migration. Prominent sticht in diesem Zusammenhang in Europa die von Steven Vertovec (Universität Oxford, GB) in Zusammenarbeit mit dem britischen Transnational Communities Research Programme des Economic and Social Research Council seit 2001 heraus gegebene Reihe ‚Transnationalism‘ hervor, in der aktuelle Beiträge zu dieser Thematik aus der Soziologie, Ökonomie, Anthropologie, Politikwissenschaft, Geographie, der Internationalen Beziehungen, Business Studies und Cultural Studies vertreten sind. Allein die Spannbreite der an diesem Projekt beteiligten Wissenschaftsdisziplinen macht die Vielfalt gesellschaftlicher Entwicklungen deutlich, die heute unter dem Begriff ‚Transnationalismus‘ gefasst werden. In die deutsprachige Diskussion fanden die Begriffe ‚Transnationalismus‘ und ‚transnational‘ seit den 1990er Jahren insbesondere in Beiträgen zu transnationaler Demokratie und internationalen Beziehungen (Kleger 1997), zur Globalisierung (Beck 1997) und im Kontext migrationssoziologischer Fragestellungen (Faist 2000; Pries 1996, 2001) Eingang. Den Hintergrund für die dort angestellten Betrachtungen bilden die sich im Zuge der Globalisierung im Zeitraffer verdichtenden grenzüberschreitenden Verflechtungen, die mit dem Transnationalisierungsansatz theoretisch und empirisch erfasst werden sollen. So resümiert Kleger (1997, S. 288-292) in einem Band zu „Transnationale Bürgerschaft" unter Zugrundelegung zentraler Beiträge aus der Politikwissenschaft die dort dominierende Verwendung des Begriffs „transnational" im Zusammenhang mit „transnationaler Politik", „transnationalen Gesellschaften" und „transnationalen Beziehungen" und unterscheidet die damit erfassten Phänomene von solchen, die mit den Attributen inter- und supranational erfasst werden. In Anlehnung an diese Ausführungen kann zusammenfassend festgehalten werden (Kleger 1997, S. 288-292):

Mit dem Begriff *transnationale Politik* werden Beziehungen zwischen Staaten unterhalb der Regierungsebene erfasst, also zum Beispiel nicht-institutionalisierte Kontakte zwischen Parlamenten, Parteien und Gerichten; in einer weiter gefassten Definition zählen auch politische Prozesse dazu, die, angestoßen von transnationalen Gruppierungen, zwischen diesen und nationalstaatlichen Regierungen stattfinden.

Auf *transnationale Gesellschaften* wird rekurriert, wenn grenzüberschreitende Interaktionen sozialer Akteure stattfinden, zum Beispiel im Bereich des Handels, der Ein- und Auswanderung, aber auch wenn geteilte Glaubenssätze, Lebenshaltungen und gemeinsame Organisationen existieren.

Als *transnationale Beziehungen* werden Prozesse bezeichnet, die sich dadurch auszeichnen, dass im Bereich der internationalen Politik neben dem Staat nicht-staatliche Akteure mit relativer Autonomie agieren, die eigenverantwortlich Kontakt zu anderen Regierungen oder gesellschaftlichen Akteuren aufnehmen.

Demgegenüber zeichnen sich *internationale Beziehungen* dadurch aus, dass nationalstaatliche Regierungen untereinander oder mit internationalen gouvernmentalen Organisationen in Kontakt und im Austausch stehen.

Supranationale Beziehungen umfassen Handlungszusammenhänge zwischen nationalstaatlichen Regierungen und internationalen gouvernementalen Organisationen, bei denen nationale Regierungen einen Teil ihrer Souveränität an eine supranationale Organisation (zum Beispiel die Europäische Union) abgegeben haben.

Deutlich wird aus dieser ersten Übersicht über die Verwendung der Begriffe ‚Transnationalismus' und ‚transnational' in der Politikwissenschaft, dass sie im Bezug auf grenzüberschreitende Verflechtungen benutzt werden, an denen Vertretungen von Staaten unterhalb (ebd.) der Regierungsebene im Rahmen nicht-institutionalisierter Beziehungen, nationale und supranationale Organisationen sowie andere gesellschaftliche Akteure, insbesondere Nichtregierungsorganisationen, beteiligt sind. Die dabei entstehenden Handlungszusammenhänge verlaufen unterhalb (transnationale Politik) oder neben (transnationale Beziehungen) der Ebene sog. Containergesellschaften, wie sie Nationalstaaten repräsentieren (Faist 2000, S. 14; Pries 1996, S. 468). ‚Transnationale Gesellschaften' (laut Kleger) bzw. ‚transnationale soziale Räume' (laut Pries und Faist) entstehen dem sozialwissenschaftlichen Verständnis gemäß, wenn grenzüberschreitende Interaktionen zwischen sozialen Akteuren in bestimmten Sachbereichen stattfinden, die sich durch eine gewisse Stabilität und Institutionalisierung auszeichnen. Die Begriffe ‚Transnationalismus' und ‚transnational' werden mithin in der Politikwissenschaft zur Bezeichnung von Entwicklungen und Beziehungen verwendet, die über nationale Grenzen hinausgehend zwischen staatlichen und nicht-staatlichen Akteuren jenseits der Regierungsebene stattfinden.

1.3 Dritte Begriffsklärung: Internationalisierung im Bildungsbereich

Im Bildungsbereich können sowohl rückblickend wie auch aktuell mannigfaltige Dimensionen der Internationalisierung identifiziert werden: Internationalisierungsprozesse manifestieren sich z.B. in der deutschen Bildungsdiskussion aktuell insbesondere im Kontext internationaler Schulleistungsvergleiche (Baumert/Bos/ Lehmann 2000; Bos/Baumert 1999; Bos u.a. 2004, 2007, 2008), wie sie die International Association for the Evaluation of Educational Achievement (IEA) bereits seit 1960 durchführt (Postlethwaite 1993). Diese Organisation wie auch die United Nations Educational, Scientific and Cultural Organization[5] (UNESCO/ Organisation der Vereinten Nationen für Bildung, Wissenschaft, Kultur und Kommunikation) und die Organisation for Economic Cooperation and Development (OECD/ Organisation für wirtschaftliche Zusammenarbeit und Entwicklung) betreiben seit Jahren schon die Entwicklung von systemübergreifenden Bildungsindikatoren (ebd., S. 108; vgl. auch OECD 1994a,bff.; UNESCO 1991ff.).

Daneben gewannen insbesondere seit der zweiten Hälfte des 20. Jahrhunderts Studien zu nationalen Bildungswesen, sog. Länderstudien, die vornehmlich im Umfeld der Vergleichenden Erziehungswissenschaft entstanden (Blumenthal/ Stübig/Willmann 1995), an Bedeutung für die Bildungsentwicklung. Länderstudien fungieren sowohl als Informationsquelle wie auch als Referenz für nationale Bildungsentwicklungen und erlauben erst im zweiten Schritt den internationalen Vergleich. Als eine Funktion solcher Studien hat Zymek bereits 1975 im Rahmen seiner Studie „Das Ausland als Argument in der pädagogischen Reformdiskussion" den Legitimationscharakter von Länderstudien für Reformveränderungen in nationalen Bildungskontexten identifiziert, und zwar auf der Grundlage seiner Analyse deutschsprachiger, zwischen 1871 und 1952 erschienener pädagogischer Zeitschriften. Deren kritische Durchsicht erbrachte, dass Veränderungen und Reformen in nationalen Bildungswesen häufig mit der Wirksamkeit der jeweils angestrebten Modifikationen in anderen nationalen Bildungssystemen begründet und letztlich legitimiert würden. Schriewer (1994, S. 455) hat in diesem Zusammenhang herausgestellt, dass die „Externalisierung auf pädagogisch relevante Weltsituationen (...) wertgestützte Begründungen für Reformoptionen" versachliche. Mit Rekurs auf die von Luhmann entwickelte Theorie selbstreferentieller Systeme vertritt der Autor die These (ebd., S. 453f.), auf der Basis solcher Länderstudien entwickele sich ein „Verweisungsgeflecht", das „zum konstitutiven Bestandteil einer sich selbst tragenden transnationalen Reform-Semantik" werde (ebd., S. 456). Es sei demnach die Internationalisierung der Diskurse, so Schriewers Schlussfolgerung, die einen zentralen Beitrag zur Internationalisierung der Bildung leiste.

Internationalisierung von Reformdiskursen im Bildungswesen ist aber keine historisch neue Erscheinung. Im deutschsprachigen Raum steht Röhrs (1966, 1998, S. 49ff.) für die Auffassung, die Reformpädagogik repräsentiere eine internationale Bewegung, die eine explizit internationale Bildung verfolge. Die internationale Reformpädagogik ist demnach sowohl im Hinblick auf ihre Akteure, ihre Inhalte wie auch ihre Rezeption international geprägt. Röhrs (1966, S. 17) hat im Hinblick

---

5   In dieser Studie wird im Weiteren die Bezeichnung „UNESCO" verwendet.

auf die Reformpädagogik vor nunmehr fast vierzig Jahren und seither in zahlreichen Publikationen folgende These verfolgt:

> „Die reformpädagogische Theorie ist weitgehend zu einem Ferment des pädagogischen Denkens und Planens überhaupt geworden. Darüber hinaus ist die Reformpädagogik im wahrsten Sinne des Wortes international: sie kennt keine Grenze und eint alle pädagogisch aufgeschlossenen Geister in dem Ziel einer Erneuerung von Bildung und Schule in der Welt." (Röhrs 1966, S. 17)

Als Beleg für seine These führt Röhrs (1991a, S. 21ff.) an, dass selbst die frühen Reformpädagogen wie Tolstoi, Arnold, James, Dewey und Montessori ihre Bildungsvorstellungen und Ideen für eine daraus abzuleitende Bildungspraxis untereinander austauschten, bspw. im Rahmen der von ihnen unternommenen Bildungsreisen. Mit Gründung der „New Education Fellowship" 1921 in Calais fand die im Entstehen begriffene internationale Reformpädagogik dann eine institutionelle Verankerung, die sich in den 1920er Jahren „zum eigentlichen Forum der Reformpädagogik" entwickelte und in breitem Umfang den internationalen Austausch ermöglichte (Röhrs 1998, S. 81). Im Zentrum dieses Austausches standen Bildungsvorstellungen, deren Internationalität nach Röhrs (1991a, S. 142) darin zum Ausdruck kommt, dass die Reformpädagogik „über die nationalen Grenzen hinweg an einem Ziel orientiert ist" (...); dieses Ziel manifestiere sich vornehmlich im „Prinzip der negativen Erziehung, das – getragen von dem Glauben an die guten Kräfte in jedem Kinde – Raum gewähren will für die spontanen kindlichen Aktivitäten" (ebd., S. 142). Die damit benannte kindzentrierte Pädagogik hat seither nachhaltig globale Bildungsentwicklungen beeinflusst (vgl. Kap. 1.3). Das Interesse an ihr ist nach wie vor weltweit ungebrochen, wie exemplarisch die von Datta und Lang-Wojtasik (2002) herausgegebene Publikation zeigt, in der reformpädagogische Ansätze aus vier Kontinenten dokumentiert sind. Vor dem Hintergrund des menschenverachtenden nationalsozialistischen Regimes in Deutschland und den Gräueltaten des Zweiten Weltkriegs hat Röhrs die internationale Reformpädagogik als eine Erziehung zur internationalen Verständigung interpretiert und in diesem Sinne weltbürgerliche Erziehungsvorstellungen (Röhrs 1966, S. 104-118), entwicklungspädagogische Bildungskonzepte (ders. 1992a) und die Friedenspädagogik (ders. 1991b) maßgeblich beeinflusst.

Eine so verstandene internationale Reformpädagogik hat nach dem Zweiten Weltkrieg auch einen anderen Pädagogen stark geprägt: Kurt Hahn, der 1886 in Berlin als Sohn jüdischer Unternehmer geboren wurde und 1974 in Salem am Bodensee verstarb. Hahn gründete zunächst zusammen mit dem damaligen Reichskanzler Prinz Max von Baden, als dessen Privatsekretär er arbeitete, 1920 auf Schloß Salem eine heute noch bestehende und renommierte, an reformpädagogischen Erziehungs- und Bildungsvorstellungen orientierte Internatsschule, die er zunächst auch leitete (Röhrs 1966, S. 107-111). 1933 musste Hahn jedoch aus Deutschland fliehen; er emigrierte nach England, wo er 1934 zunächst die British Salem School Gordonstoun, 1941 die Outward Bound School und 1962 das erste von heute insgesamt zehn United World Colleges gründete: das United World College of the Atlantic (Rawlings 1999, S. 19). Für die hier vorliegende Studie ist dies von besonderem Interesse, da die in dieser Studie exemplarisch für einen internationalen Schultyp betrachteten internationalen Schulen und das von ihnen vergebene Internationale Bakkalaureat und Curriculum stark von den Bildungsvorstellungen Kurt Hahns geprägt sind, wie er sie in den United World Colleges verankern konnte. Die globale Verbreitung dieses Schultyps ist insofern ein Zeichen für den Einfluss der internationalen Reformpädagogik auf weltweite Bildungsentwicklungen.

Neben internationalen Reformdiskursen sind es seit dem Zweiten Weltkrieg vor allem internationale Organisationen, die der Internationalisierung von Bildungsvorstellungen und -institutionen Vorschub leisten. Unter diesen Organisationen sind für diese Studie die UNESCO und die Europäische Gemeinschaft (EG), die sich 1993 zur Europäischen Union (EU) wandelte, von besonderem Interesse, denn die exemplarisch für internationale Schultypen in dieser Studie betrachteten internationalen Schulen und Schulen mit internationalem Profil knüpfen organisatorisch wie inhaltlich an diese Organisationen an.

Die UNESCO wurde 1946 als eine rechtlich eigenständige Sonderorganisation der Vereinten Nationen in Paris gegründet, wo sie seither auch ihren Sitz hat. Die ihr zugrunde liegende Verfassung wurde bereits am 16. November 1945 in London von 37 Staaten unterzeichnet und trat am 04. November 1946 in Kraft (Hilker 1962, S. 58-62). Heute hat die UNESCO ebenso wie die Vereinten Nationen 192 Mitgliedstaaten, d. h., sie repräsentiert alle derzeit existierenden Staaten dieser Welt (http://www.un.org/Overview/growth.htm; Abruf vom 15.01.2009). Das zentrale Anliegen dieser Organisation wurde in ihrer 1945 festgeschriebenen Verfassung wie folgt festgelegt:

> „Ziel der UNESCO ist es, durch Förderung der Zusammenarbeit zwischen den Völkern in Bildung, Wissenschaft und Kultur zur Wahrung des Friedens und der Sicherheit beizutragen, um in der ganzen Welt die Achtung vor Recht und Gerechtigkeit, vor den Menschenrechten und Grundfreiheiten zu stärken, die den Völkern der Welt ohne Unterschied der Rasse, des Geschlechts, der Sprache oder Religion durch die Charta der Vereinten Nationen bestätigt worden sind." (Art. I.1 der UNESCO-Verfassung von 1945)[6]

Die in der Verfassung der UNESCO niedergelegten globalen Bildungsziele sind mithin die „Erziehung zur Gerechtigkeit, zur Freiheit und zum Frieden" (Schöfthaler 2000, S. 19). Um die Umsetzung dieser Bildungsziele zu unterstützen, wurden von der UNESCO weltweit fünf zentrale Einrichtungen gegründet:
1) Das International Bureau of Education (IBE/ Internationales Erziehungsbüro) in Genf, das aus dem 1925 gegründeten Bureau International d'Education hervorging und als Dokumentations- und Informationszentrum der UNESCO fungiert;
2) das UNESCO Institute for Education (UIE/UNESCO-Institut für Pädagogik) mit Sitz in Hamburg, das Forschungs-, Trainings-, Informations-, Publikations- und Dokumentationsaufgaben im Bereich der Erwachsenenbildung und des lebenslangen Lernens wahrnimmt;

---

6   Vgl. http://www.unesco.de/verfassung.html?&L=0 (Abruf vom 10.12.2008).

3) das International Institute for Educational Planning (IIEP/ Internationales Institut für Bildungsplanung) in Paris, das im Bereich der Lehrerfortbildung und -forschung tätig ist und Unterrichtsmaterialien sowie „good practice" Beispiele entwickelt, die es weltweit zur Verfügung stellt (Husén/Postlethwaite 1994, S. 6523-6530);
4) das 1997 mit Sitz in Moskau gegründete Institute for Information Technologies in Education (IITE/ Institut für Informationstechnologie im Bildungswesen), das nationale Bildungswesen bei der Entwicklung, Verbreitung und Nutzung der neuen Informationstechnologien unterstützt und ihre Vernetzung fördert;
5) das 2000 in Bonn eingerichtete International Centre for Technical and Vocational Education and Training (UNEVOC/ Internationales Berufsbildungszentrum), das Programme und Initiativen sowie Forschungen im Bereich der technischen und beruflichen Bildung durchführt und fördert.

Darüber hinaus kooperieren die in der UNESCO zusammengeschlossenen Staaten im Rahmen von ca. 20 zwischenstaatlichen Komitees und Programmen; die UNESCO erlässt Konventionen, Empfehlungen und Deklarationen, sie richtet UNESCO-Lehrstühle an Universitäten (UNESCO heute 2001, S. 3) und UNESCO-Nationalkommissionen ein, die nationale Regierungen beraten. An den von der UNESCO weltweit organisierten Bildungskonferenzen nehmen neben Vertretern der nationalen Bildungssysteme und neben Nicht-Regierungsorganisationen auch Vertreter internationaler und supranationaler Organisationen wie der EU teil. Die in diesem Rahmen von den Teilnehmern verabschiedeten Resolutionen haben zwar nur empfehlenden, d.h. keinen die Staaten weltweit rechtlich bindenden Charakter, sie beeinflussen jedoch nachhaltig den internationalen Bildungsdiskurs und „setzen zugleich Standards, denen sich nationale und internationale bildungspolitische Akteure nur schwer entziehen können" (Lenhart 2000, S. 52). Seit ihrem Bestehen ist die UNESCO einer auf internationale Verständigung und Frieden ausgerichteten Erziehung und Bildung verpflichtet, wie sie bereits in der 1974 von dieser Organisation verabschiedeten „Empfehlung über die Erziehung zur internationalen Verständigung, Zusammenarbeit und zum Weltfrieden sowie die Erziehung im Hinblick auf die Menschenrechte und Grundfreiheiten" zum Ausdruck kommt (UNESCO 1974; vgl. auch Wulf/Merkel 2002, S. 17f.).

Im Unterschied zur UNESCO ist die EU eine supranationale Organisation, die für die in dieser Dachorganisation zusammengeschlossenen (National-)Staaten und deren Bildungswesen rechtlich bindende Beschlüsse verabschieden kann. Hervorgegangen ist die EU mit Inkrafttreten des Vertrags von Maastricht 1993 aus der EG, die am 25. März 1957 mit Unterzeichnung der Römischen Verträge von sechs europäischen Staaten[7] gegründet wurde. Bis zu ihrer Osterweiterung am 1. Mai 2004 gehörten der EU insgesamt fünfzehn Mitgliedstaaten an[8]; seither kamen wei-

---

7 Zu den sechs Gründerstaaten der EG zählten Belgien, die Bundesrepublik Deutschland, Frankreich, Italien, Luxemburg und die Niederlande.
8 Bis zum 1. Mai 2004 waren der EU ferner folgende Länder beigetreten: Dänemark, Irland und das Vereinigte Königreich (1973), Griechenland (1981), Portugal und Spanien (1986), Österreich, Finnland und Schweden (1995).

tere zehn Staaten hinzu[9]. Die Zahl der in der EU gesprochenen Amts- und Arbeits-sprachen hat sich damit auf 23 erhöht, die der Regionalsprachen auf mehr als 60 (Weber 2002, S. 479). Bereits diese wenigen Daten werfen ein Schlaglicht auf die kulturelle und sprachliche Heterogenität der EU, wobei Zuwanderer aus außereu-ropäischen Staaten hier nicht einmal berücksichtigt sind.

Der Bildungsbereich nimmt im Rahmen der EG/EU traditionell nur eine ande-ren Politikbereichen untergeordnete Position ein, da er ursprünglich lediglich zur Realisierung der dort festgelegten Ziele beitragen sollte (Fechner 1994, S. 17). Die Aufnahme von Art. 126 und 127 „Allgemeine und berufliche Bildung und Jugend"[10] in den Vertrag von Maastricht (1993) und ihre Übernahme in den Ver-trag von Amsterdam (1997, Art. 149 und 150) markieren jedoch einen deutlichen Kompetenzgewinn der EU im Bildungsbereich, wenngleich das im Vertrag über die Gründung der EG 1957 festgeschriebene Prinzip der „begrenzten Ermächti-gung" weiterhin Gültigkeit hat. Danach beschränkt sich die Kompetenz der EU „gemäß Art. 149 EGV auf die Förderung, Unterstützung und Ergänzung der Tätig-keit der Mitgliedstaaten zur *Entwicklung einer qualitativ hochstehenden Bildung* unter strikter Beachtung der Verantwortung der Mitgliedstaaten für die Lehrinhalte und die Gestaltung des Bildungssystems, der Vielfalt der Kulturen und Sprachen unter Ausschluss jeglicher Harmonisierung" (Jach 2002, S. 70, Hervorh. im Orig.). Zwar wird die EU in Art. 150 EGV explizit aufgefordert, „eine Politik der beruf-lichen Bildung zu führen" (ebd.), allerdings gilt auch hier der Vorrang der Mit-gliedstaaten, darf die EU im Einklang mit dem Subsidiaritätsprinzip von den Mit-gliedstaaten ergriffene Maßnahmen lediglich unterstützen und ergänzen, wenn die „Ziele der in Betracht gezogenen Maßnahmen auf Ebene der Mitgliedstaaten nicht ausreichend erreicht werden können" (Dittmann/Fehrenbacher 1992, S. 478-493; Oppermann 1991, S. 711-721). Weitere Vertragsklauseln eröffnen ihr jedoch Hand-lungsspielräume, so beispielsweise das Diskriminierungsverbot und der Gleich-heitssatz (Art. 50 EGV), demzufolge der Unterricht an privaten Bildungseinrich-tungen, wozu bspw. auch viele internationale Schulen zählen, unter die aktive und passive Dienstleistungsfreiheit fällt, da für diesen Unterricht ein Entgelt zu entrich-ten ist (Jach 2002, S. 70). Art. 3q EGV legt ferner fest, dass es Aufgabe der EU ist, „einen Beitrag zu einer qualitativ hochstehenden allgemeinen und beruflichen Bildung in den Mitgliedstaaten" zu leisten (Jach 2002, S. 70; Oppermann 1999, S. 827).

Ausdruck der eingeschränkten Kompetenzen der EG/EU im Bildungsbereich ist der von ihr verwendete Bildungsbegriff, der „jede Form der Ausbildung umfasst, die auf eine Qualifikation für einen bestimmten Beruf oder eine bestimmte Beschäftigung vorbereitet", so seine offizielle Auslegung im Europarecht (Opper-mann 1991, S. 712). Der damit von der EU adaptierte, eher funktionalistische Bildungsbegriff unterscheidet sich von den von Nationalstaaten adaptierten Bil-dungsbegriffen, die zwar auch beschäftigungsrelevante Dimensionen von Bildung

---

9   Seit der am 1. Mai 2004 vollzogenen Osterweiterung der EU kamen folgende weitere Mitgliedstaaten hinzu: Estland, Lettland, Litauen, Malta, Polen, Slowakei, Slowenien, Tschechische Republik, Ungarn und Zypern.

10   Sie finden sich in einem Zusatzprotokoll im Vertrag von Amsterdam als Art. 149 und 150 wieder (Weidenfeld/Wessels 2002, S. 43f.).

umfassen, aber stärker Allgemeinbildung einschließen. Er fand seinen Ausdruck in einer europäischen Bildungsentwicklung, die „stark in einer *kompetitiven arbeitsmarktbezogenen Bildungspolitik* begründet lag" (Weber 2002, S. 482, Hervorh. im Orig.) und schlägt sich in einem an Wirtschaftsprozessen ausgerichteten Verständnis von Bildung als Humankapital nieder wie es von der OECD und in gewissem Maß auch von der UNESCO zugrunde gelegt wird; allerdings verfolgt die UNESCO anders als die EU und die OECD einen stärker allgemein bildenden und kulturelle Vielfalt umschließenden Bildungsbegriff.

Ein zentrales Instrument der EG/EU zur Erreichung eines „europäischen Mehrwerts" (Linsemann 2002, S. 93) im Bildungsbereich stellen von ihr initiierte Aktionsprogramme dar, wie sie seit 1963 in wachsendem Umfang gefördert werden. Unter ihnen zählt im Bereich der beruflichen Bildung das Leonardo da Vinci-Programm zu den wichtigsten, im Hochschulbereich das Tempus-Programm und im allgemein bildenden Bildungsbereich das Sokrates-Programm. Alle drei Programme wurden 1999 für weitere sieben Jahre verlängert und umfassen auch die neuen Beitrittsstaaten der EU. Diese Aktionsprogramme zielen auf die Förderung der physischen und virtuellen Mobilität wie auch der kulturellen und sprachlichen Kompetenzen der Bürger der EU, sie sollen zur Bildung von europäischen Kooperationsnetzwerken, zur Innovationsfähigkeit und zur Verbesserung gemeinschaftlicher Vergleichskriterien in der Bildung beitragen (ebd., S. 92-94). Neben Aktionsprogrammen stellen sog. soft laws, also rechtlich unverbindliche Empfehlungen der EU, ein wesentliches Instrument ihrer Einflussnahme auf die Bildung in Europa dar: Sie befördern, wie Schink (1993) herausstellt, dynamische Aushandlungsprozesse zwischen der EU als supranationaler Organisation, den Nationalstaaten und europäischen Regionen und münden i.d.R. in konkreten von der EU erbrachte Unterstützungsleistungen.

Von der EU verabschiedete soft laws im Bildungswesen manifestieren sich bspw. in von ihr erlassenen Beschlüssen und Schlussfolgerungen. Sie haben sich als ein zentrales Steuerungsinstrument zur Einführung einer europäischen Dimension im Bildungswesen erwiesen, die von der EU bereits in ihrem ersten Aktionsprogramm im Bildungsbereich von 1976 anvisiert worden war (Rat der Europäischen Gemeinschaften, Abl. C 38 vom 19.2.1976), mit Nachdruck von ihr jedoch erst Ende der 1980er Jahre vorangetrieben wird (ders. Abl. C 177/02/1988, Abl. C 277/04/1989a; Kommission der Europäischen Gemeinschaften, KOM (93) 457 endg.). Mit Einführung der europäischen Dimension im Bildungswesen verfolgt die EU insbesondere zwei Ziele: Auf der normativen Ebene wird die Schaffung einer europäischen Identität unter den Bürgern der EU angestrebt, in kognitiver Hinsicht steht der Erwerb von Wissen über die EU im Vordergrund. Berücksichtigt werden soll die europäische Dimension im Bildungswesen im gesamten Bildungsbereich, in Curricula und Lehrplänen wie auch in Unterrichtsmaterialien, in der Schulpraxis, in der Lehrerausbildung und Schülerbegegnung sowie im Rahmen von ergänzenden Maßnahmen, z.B. dem Europatag und europäischen Wettbewerben (Rat der Europäischen Gemeinschaften, Abl. C 177/02/1989b, S. 3).

1991 legte die europäische Kommission einen ersten Bericht „über den Ablauf der in den Mitgliedstaaten ergriffenen Maßnahmen zur europäischen Dimension im

Bildungswesen" vor (Kommission der Europäischen Gemeinschaften 1991). Dort konstatierte sie erhebliche Diskrepanzen zwischen den Mitgliedstaaten hinsichtlich der von ihnen zur Realisierung der europäischen Dimension im Bildungswesen eingeleiteten Maßnahmen und verwies darauf, dass lediglich die Bundesrepublik Deutschland bereits 1978 einen seither gültigen Erlass zu Europa im Unterricht (KMK 1978/1990) implementiert habe (vgl. auch Ryba 1992). Eine von Hornberg (1999) durchgeführte Studie zur Umsetzung der europäischen Dimension im englischen im Vergleich zum deutschen allgemein bildenden Bereich erbrachte ähnliche Ergebnisse: Demnach fand die europäische Dimension in bildungsadministrativen Vorgaben und in der Schulpraxis in England und Wales bis Mitte der 1990er Jahre nur marginale Berücksichtigung, in Deutschland konnten demgegenüber auf beiden Ebenen mannigfaltige Ansätze identifiziert werden. Dieser Trend setzt sich im deutschen Bildungswesen seither fort, wie die Zahl der heute eingerichteten Europaschulen zeigt. In der EU insgesamt, dies belegen aktuelle Forschungsergebnisse (Schleicher 2002, S. 21-61), wurden die unter dem Dach der europäischen Dimension im Bildungswesen angestrebten Ziele wie die Schaffung einer europäischen Identität unter den Bürgern der EU und die Erhöhung ihrer Kenntnisse über die EU bisher nicht in der angestrebten Weise realisiert.

1.4 Vierte Begriffsklärung: Internationalisierung der Schule

In Bezug auf die Internationalisierung der Schulentwicklungen hat insbesondere Adick eine Reihe von Veröffentlichungen u. a. mit Rekurs auf neoinstitutionalistische und konvergenztheoretische Studien vorgelegt (Adick 1992a, 1995, 2000a, 2002a, 2003). Die Vorarbeiten von Adick erbrachten: Im Unterschied zu ihren Vorläufermodellen, die überwiegend in ständischer und religiöser Trägerschaft standen und nur jeweils einem Teil der Bevölkerung zugänglich waren, konnte sich im Verlauf der letzten gut zweihundert Jahre ein neues Weltmodell von Schule für alle Bevölkerungsschichten durchsetzen. Die Schulentwicklung, so Adick (1995, S. 163), nahm „„endemische' Formen" an; Schule wurde zu einer Art „Selbstläufer". Ein diese Entwicklung maßgeblich fördernder Faktor war die weltweite Verbreitung des Nationalstaatsmodells, insbesondere seit 1945. Denn mit der weltweiten Durchsetzung des Nationalstaatsprinzips einher ging die von Nationalstaaten zwar zu unterschiedlichen Zeitpunkten, aber weltweit eingeführte Schulpflicht für alle Kinder (Adick 1992a, S. 116); denn bereits in den 1990er Jahren besuchten fast 90% aller Heranwachsenden weltweit zumindest für eine gewisse Zeit eine Schule (dies. 1995, S. 157-180).

Die Aufgabe, seinen Bürgern die Wahrnehmung des Rechts auf Bildung zu ermöglichen, übernahm der Staat, indem er öffentliche Bildungssysteme mit staatlich reglementierten Schulsystemen errichtete, in deren Zentrum staatlich kontrollierte Pflichtschulwesen stehen (vgl. auch Adick 2003, S. 174f.). Von Adick (1992a, S. 120-123) herangezogene konvergenztheoretische Studien zur internationalen Bildungsentwicklung haben gezeigt, dass bereits 1965 mehr als 100 Staaten weltweit, wenngleich in unterschiedlicher Ausprägung, über staatliche Bildungsbehörden, staatliche Bildungsetats, staatlich reglementierte Curricula, staatliche verantwortete Lehrerbildung und Schulabschlüsse verfügten. Eine staatlich kontrollierte Schulaufsicht ist mithin ein zentrales Merkmal der modernen Schule.

Die Internationalisierung der modernen Schule findet in institutionsgeschichtlicher Hinsicht ihren Ausdruck nicht nur in ihrer weltweiten Verbreitung und in weltweit ähnlichen äußeren Merkmalen wie einer staatlichen Schulaufsicht usw., sondern auch im Hinblick auf ihre inneren Merkmale. Die von Adick herangezogenen neoinstitutionalistischen Studien von Meyer, Boli, Ramirez u. a., Forschern an der Universität von Stanford (USA), auf die im Folgenden noch vertiefend zurückzukommen sein wird (vgl. Kap. 2.2, 2.2.1), haben ferner erbracht, dass sich im Primarstufenbereich im 20. Jahrhundert weltweit ein globales Kerncurriculum durchsetzen konnte, das die Fächer Sprache, Mathematik, Naturwissenschaften, Sozialwissenschaften (Geschichte, Geographie, Sozialkunde), ästhetische Erziehung (Kunst) und Sport umfasst. Demgegenüber fand sich im oberen Sekundarstufenbereich eine größere Varianz, allerdings scheint sich auch dort zunehmend ein organisatorisches Modell durchzusetzen, das der Allgemeinbildung (comprehensive education) im Sinne einer „Bildung für alle" verpflichtet ist (Benavot 2002, S. 86-88).

Im Unterschied zu den o. g. Stanforder Forschern versteht Adick das neue Modell von Schule jedoch nicht als ein europäisches, sondern als ein universales Modell; denn, so die Autorin, es habe zwar europäische Ursprünge der modernen Schule gegeben, „aber es gibt als Endresultat der globalen Expansion und Systembildung der modernen Schule nunmehr strukturell ähnliche öffentliche Schulsysteme als Teil der strukturell ähnlichen Bedingungen des modernen Weltsystems." (Adick 1992a, S. 124; vgl. auch dies. 2000a, S. 157f.). Drei von der Autorin in historischer Perspektive angelegte Fallstudien zu Bildungsentwicklungen in Westafrika haben erbracht (dies. 1992a, S. 182ff.), dass die mit diesen Ländern verknüpfte Vorstellung von „Schule als Kolonialerbe" (ebd., S. 37) den realen Entwicklungen nicht gerecht wird, da im Rahmen dieser Perspektive autochthone Einflüsse auf die Schulentwicklung vernachlässigt werden. Demgegenüber versteht Adick (ebd., S. 284) die globale Schulentwicklung als einen transnationalen und transhistorischen Prozess, in dessen Verlauf qualitative Veränderungen der Struktur und Wirkungsweise vormoderner schulischer Einrichtungen zur Entstehung der modernen Schule führten. Die Autorin (Adick 2003, S. 185) grenzt sich jedoch ab von mechanistischen Vorstellungen, die moderne Schule sei eine Institution, die gesellschaftliche Imperative einfach übernehme und umsetze. Im Anschluss an Bourdieu und Passeron (1971) vertritt sie vielmehr die Auffassung und führt Belege dafür an, dass die ‚relative Autonomie' des Bildungswesens der Schule die Bearbeitung gesellschaftlicher Anforderungen mit pädagogischen Mitteln erlaubt, zum Beispiel im Rahmen von Curriculumentwicklungen, im Hinblick auf die Ausgestaltung von Unterrichtsmaterialien und Unterrichtskonzeptionen (Adick 2000a, S. 159f.). Ein universales Modell von Schule bedeute daher nicht zwangsläufig Standardisierung und kulturelle Homogenität aller Schulpraxis.

Ein weiterer zentraler Faktor, der zur Internationalisierung der Schule beiträgt, wird insbesondere seit dem Zweiten Weltkrieg virulent: Die zunehmend multikulturelle Schülerschaft in den Schulen weltweit und die damit für die Schule einhergehenden neuen Anforderungen. Hier knüpft ein Zweig innerhalb der Erziehungswissenschaft an, der als Reaktion auf weltweite Wanderungsbewegungen von Menschen über staatliche Grenzen hinweg entstand: die interkulturelle Pädagogik (Auernheimer 1996, 2003). Die interkulturelle Pädagogik nimmt die ethnische, kulturelle und sprachliche Heterogenität der Schülerschaft als ihren Ausgangspunkt und formuliert als ihre Zielperspektive die Schaffung von Gleichheit bei gleichzeitiger Anerkennung von Differenz (Prengel 1995/2005). Sie hat vor diesem Hintergrund Kritik am nationalen Schulwesen geübt, wie sie im Folgenden am Beispiel der deutschsprachigen interkulturellen Pädagogik skizziert wird, in dieser und ähnlicher Form aber auch in englischsprachigen Varianten der „multicultural" und „antiracist education" (Hornberg 1999, S. 156-182) vorgebracht wird.

Dem nationalstaatlichen Modell verhaftete Schulsysteme, so die zentrale, der interkulturellen Pädagogik zugrunde liegende Annahme, diskriminieren eine wachsende Zahl von Schülerinnen und Schülern aufgrund der damit einhergehenden Homogenisierungsbestrebungen, die eine ethnisch, sprachlich und kulturell homogene Schülerschaft sowohl voraussetzen wie auch die Schaffung eines homogenen nationalen Selbstverständnisses anstreben (Wenning 1996). In der Schulpraxis zeigt sich, dies haben für die Bundesrepublik Deutschland jüngst die internationalen Schulleistungsvergleiche wie TIMSS (Baumert/Bos/Lehmann 2000; Baumert u. a. 2001), PISA (PISA Konsortium Deutschland 2007) und PIRLS/IGLU (Schwippert/ Hornberg/Goy 2008) eine geringere Bildungsbeteiligung von Kindern sog. bildungsferner Schichten mit Migrationshintergrund im Vergleich mit Kindern sog. bildungsferner Schichten ohne Migrationshintergrund. Als eine Ursache für diese Bildungsbenachteiligung wird im Rahmen der interkulturellen Pädagogik die gänzliche Negierung und/oder Vernachlässigung der Familiensprachen der Kinder mit Migrationshintergrund in der Schule identifiziert (Gogolin 1994). Als eine weitere Ursache werden Formen der institutionalisierten Diskriminierung dieser Schülerschaft herausgestellt. In diesem Zusammenhang haben Gomolla und Radtke (2002, S. 321-341) am Beispiel der Überweisungspraxis auf Schulen für Lernbehinderte in Deutschland nachgewiesen, dass von dieser Praxis die Schülerschaft mit Migrationshintergrund im Vergleich zur Schülerschaft ohne Migrationshintergrund überproportional stark betroffen ist.

Die Diskriminierung von Heranwachsenden mit Migrationshintergrund im Schulwesen wird auch in einen weiter gefassten Kontext gestellt: Prengel (1995/2005) hat in diesem Zusammenhang das in der Schule dominierende Normalitätskonstrukt kritisiert und dekonstruiert, das eine Diskriminierung von Menschen aufgrund von Behinderung, Geschlecht, ethnischer und/oder soziokultureller Zugehörigkeit befördere (vgl. auch Lutz/Wenning 2001). Der von Hornberg (1999) vorgelegte internationale Vergleich von Bildungsentwicklungen in England und Wales und der Bundesrepublik Deutschland zur Förderung der europäischen Dimension im Bildungswesen und der interkulturellen Pädagogik seit den 1970er Jahren zeigte Folgendes: Das im Hinblick auf die Verbesserung der Lernleistungen 1988 in England und Wales adaptierte nationale Curriculum, mit dem die Einführung standardisierter Lernleistungsüberprüfungen und marktähnlicher Wettbewerbsstrukturen im Schulwesen einher ging, mündete in einer Verdrängung der bis dahin vielerorts realisierten multi-kulturellen und anti-rassistischen Bildungsansätze aus der Schulpraxis. Demgegenüber hat Steiner-Khamsi (1992) am Beispiel Kanadas und dem von diesem Staat explizit vertretenen multikulturellen Selbstverständnis zeigen können, dass dieses Staatsverständnis seinen Niederschlag in einer interkulturell orientierten Bildungspolitik und –praxis findet. Das gute Abschneiden der kanadischen Schülerschaft in den internationalen Schulleistungsvergleichen TIMSS und PISA (Baumert/Bos/Lehmann 2000; Baumert u. a. 2001) könnte ein Beleg für den Zusammenhang zwischen dem Bildungserfolg von Schülern mit Migrationshintergrund und einer interkulturell orientierten Schulpraxis sein.

In ihrer bisher kurzen Geschichte hat die interkulturelle Pädagogik die bekannten Stadien von einer reinen Assimilations- und Integrationspädagogik hin zum Postulat von der „Gleichheit und Differenz" (Prengel 1995) durchlaufen und ringt nach wie vor um ihre theoretischen Prämissen und pädagogischen Schlüsse. Dabei sei es, so die kritische Beurteilung von Lutz (1999, S.145), der deutschsprachigen interkulturellen Pädagogik bisher nicht gelungen, den Status einer ‚Sonderpädagogik' zu überwinden, da sie „die allgemeine, monokulturelle Pädagogik kaum angetastet" habe. Im Hinblick auf die hier interessierenden Dimensionen einer Internationalisierung der Schule muss demgegenüber konstatiert werden, dass eine zunehmend multikulturelle Schülerschaft auf der Ebene programmatischer Vorgaben für den staatlichen Schulbereich durchaus Veränderungen bewirkt hat (Adick 2003, S. 95ff.). Exemplarisch hierfür stehen in der Bundesrepublik Deutschland die von der Kultusministerkonferenz erlassenen Beschlüsse zur Berücksichtigung des interkulturellen Lernens (KMK 1996) und der europäischen Dimension im Unterricht (KMK 1990), die ein Indikator dafür sind, dass nationalstaatliche Schulsysteme gesellschaftliche Prozesse der Internationalisierung und daran anknüpfende bildungspolitische und pädagogische Vorstellungen aufgreifen und ihre Bearbeitung im Rahmen der Schulpraxis zumindest legitimieren.

1.5 Fünfte Begriffsklärung: Internationale Erziehung

Gesellschaftliche Entwicklungen, wie die Gründung der Vereinten Nationen 1945 und die seither zunehmende Zahl internationaler Organisationen weltweit sowie die aus zwischenstaatlichen Kooperationen und weltweiten Migrationsbewegungen resultierenden Anforderungen an die Schule sind zentrale Elemente, die ihre Internationalisierung befördern. In diesem Zusammenhang sind seit dem Zweiten Weltkrieg pädagogische Ansätze aufgekommen, die der institutionell voranschreitenden Internationalisierung normativ begründete Bildungsvorstellungen und -ziele zur Seite stellen, die mithin eine inhaltliche Dimension der Internationalisierung der Schule betreffen. Die in diesem Kontext zu nennende ‚internationale Erziehung' hat seither Ausdifferenzierungen und Weiterentwicklungen erfahren, und zwar im Rahmen der Entwicklungspädagogik, der Friedenserziehung und der interkulturellen Erziehung, sowie in jüngerer Zeit im Kontext des globalen Lernens (Seitz 2002a, S. 367; Scheunpflug/Schröck 2002). Die zentralen, diese Ansätze leitenden Annahmen und Ziele, ihre gesellschaftlichen Rahmenbedingungen und daran anschließende bildungspolitische Programmatiken für die Schulpraxis werden im Folgenden umrissen. Folgt man Spaulding (1991, S. 249ff.), dann waren es nach dem Zweiten Weltkrieg insbesondere US-amerikanische utilitaristische Interessen, die der Entwicklung einer ‚internationalen Erziehung‘ Vorschub leisteten, die sich als „Erziehung zur internationalen Verständigung" verstand (Danckwortt 1965). Den Hintergrund hierfür bildete ein bereits bei Ausbruch des Zweiten Weltkriegs von der US-amerikanischen Regierung konstatierter Mangel an Experten für europäische und außereuropäische Länder, auf den die amerikanische Regierung nach dem Zweiten Weltkrieg mit folgenden Initiativen reagierte: Sie richtete an ca. 65 US-amerikanischen Universitäten und höheren Schulen Sprach- und Landeskundekurse ein, in denen Fremdsprachen und Kenntnisse über andere Nationen erworben werden konnten und unterstützte 1945 maßgeblich die Gründung der Vereinten Nationen und ihrer Fachausschüsse, wie die UNESCO.

Bereits seit ihrer Gründung 1947 verfolgte die UNESCO das Ziel, von ihren Mitgliedstaaten getragene Leitsätze einer internationalen Erziehung zu verabschieden. Dies gelang ihr nach zahlreichen fehlgeschlagenen Anläufen jedoch erst 1974, also fast zwanzig Jahre nach ihrer Gründung. Die zu diesem Zeitpunkt verabschiedete „Empfehlung über die Erziehung zu internationaler Verständigung und Zusammenarbeit und zum Weltfrieden sowie die Erziehung im Hinblick auf die Menschenrechte und Grundfreiheiten" (UNESCO 1974) stellt nunmehr seit Jahrzehnten die zentrale Referenz für die internationale Erziehung dar (Seitz 2002a, S. 367). Aus diesem Grunde sollen die in diesem Dokument verabschiedeten Grundprinzipien für die Bildungspolitik im Sinne einer internationalen Erziehung hier ausführlich wiedergegeben werden (UNESCO 2003, S. 92f.; in der Originalfassung UNESCO 1974):

> „Bildung soll sich an den Zielvorgaben und Anliegen orientieren, die in der Charta der Vereinten Nationen, der Verfassung der UNESCO und in der Allgemeinen Erklärung der Menschenrechte vorgegeben sind. Dies gilt insbesondere für Art. 26, Abs. 2 der letztgenannten Erklärung: ‚Die Bildung soll auf die volle Entfaltung der menschlichen Persönlichkeit und auf die Stärkung der Achtung der Menschenrechte und Grundfreiheiten gerichtet sein. Sie soll Verständnis, Toleranz und Freundschaft zwischen allen Völkern und allen rassischen oder religiösen Gruppen fördern und die Tätigkeit der Vereinten Nationen zur Aufrechterhaltung des Friedens unterstützen.‘ (...) In diesem Verständnis sollen die folgenden Grundprinzipien für die Bildungspolitik akzeptiert werden:
> a) Einführung der internationalen Dimension und globaler Sichtweisen auf allen Bildungsebenen und in allen Bildungsformen;
> b) Verständnis und Achtung für alle Völker, ihre Kulturen, Zivilisationen, Werte und Lebensweisen; d.h. sowohl die Kulturen der Völker im eigenen Land als auch in anderen Nationen der Welt;
> c) Bewusstsein für die wachsende gegenseitige Abhängigkeit zwischen den Völkern und Nationen der Welt; (...)
> d) Förderung des Verständnisses für die Förderung internationaler Solidarität und Zusammenarbeit;

e) Förderung der Bereitschaft beim einzelnen, bei der Überwindung gesellschaftlicher Probleme in seinem engeren Umfeld, innerhalb eines Landes
und im weltweiten Bezugsrahmen mitzuwirken."

Wie im Folgenden gezeigt werden kann, knüpfen viele der seither erfolgten Ausdifferenzierungen und Weiterentwicklungen der internationalen Erziehung an diese
Empfehlung an, setzten jedoch – im Zeitverlauf und im internationalen Vergleich
betrachtet – divergierende Schwerpunkte. Dies belegt ein internationaler Vergleich
zur Frage, welche Entwicklungen die internationale Erziehung und das globale
Lernen in den Vereinigten Staaten von Amerika (United States of America/USA),
in Großbritannien (GB) und in Japan in der zweiten Hälfte des Zwanzigsten Jahrhunderts nahmen (Fujikane 2003). Die dort dokumentierten Ergebnisse werden
hier aufgegriffen, um einen über die deutschsprachige Diskussion hinaus reichen-
den Eindruck von den Inhalten, gesellschaftlichen Rahmenbedingungen und Reali-
sierungen dieser Ansätze in der Schulpraxis verschiedener Länder zu gewinnen.

Der Autorin Fujikane (2003) zufolge kam der erste Schwerpunkt einer internationalen Erziehung nach dem Zweiten Weltkrieg noch vor der 1974 von der
UNESCO verabschiedeten Empfehlung zur internationalen Erziehung auf und hieß
„education for international understanding", d. h. es handelt sich dabei um die hier
bereits erwähnte ‚Erziehung zur internationalen Verständigung'. Den Terminus
„education for international understanding" hatte die UNESCO bereits in ihrer Prä-
ambel verwendet und in diesem Zusammenhang angeregt, nationale Schulcurricula
sollten künftig andere Länder und Kulturen, die allgemeinen Menschenrechte und
die Vereinten Nationen berücksichtigen (Fujikane 2003, S. 134f.). Dahinter verbarg
sich die Annahme, eine kognitive Befassung mit der zunehmenden Internationalität
werde die Ausbildung von Fähigkeiten zur internationalen Verständigung fördern
und damit letztlich zum Weltfrieden beitragen. Dieser Ansatz stieß in Japan auf
größere Resonanz als in den USA und GB. Ursächlich hierfür war, dass Japan als
ein im Zweiten Weltkrieg besiegter Staat ein ausgeprägtes Interesse daran hatte,
wieder in die internationale Gemeinschaft aufgenommen zu werden und dass in
der japanischen Bevölkerung auf dem Hintergrund der Erfahrungen von Hiroshima
und Nagasaki der Gedanke der Friedensförderung besondere Zustimmung erfuhr.
Weder in Japan, den USA noch in GB fand die Erziehung zur internationalen Verständigung jedoch größeren Widerhall in den Schulen.

Auf die „Erziehung zur internationale Verständigung" folgte Ende der 1950er
Jahre die „development education" (Entwicklungspädagogik), die analog zur Konstitution von Entwicklungsländern und einer auf sie bezogenen Entwicklungspolitik entstand, und die insbesondere in den USA als ein Ansatz interpretiert wurde,
mit dem zur Entwicklung in den Ländern des Südens beigetragen werden sollte
(Fujikane 2003, S. 136f.). Im Zentrum der Entwicklungspädagogik standen die
Erforschung von Bildungsprozessen in diesen Ländern und die Schaffung von
pädagogischen Programmen, die zu ihrer Modernisierung beitragen sollten. In
diesem Sinne verlagerte auch die UNESCO ihr primäres Interesse darauf, allen
Heranwachsenden weltweit zumindest eine Grundbildung zu ermöglichen und entsprechende Förderprogramme einzurichten. In GB und in den USA erfuhr die Ent-

wicklungspädagogik in den 1960er und 70er Jahren zunächst Unterstützung insbesondere durch zahlreiche Entwicklungshilfeorganisationen (bspw. Oxfam in GB), wurde dann aber auch durch den Staat gefördert und fand so zum Teil auch Eingang in schulische Curricula, insbesondere in GB; dort wurde die Entwicklungspädagogik mithin auch als ein der Aufklärung über das Nord-Süd-Verhältnis verpflichteter Ansatz verstanden. Mit dem Wahlsieg der konservativen Partei 1979 zog sich die britische Regierung jedoch zunehmend aus der Förderung entsprechender Ansätze zurück. In Japan wurde die Entwicklungspädagogik demgegenüber erst in den 1980er Jahren aufgegriffen und konnte dort zu keinem Zeitpunkt nennenswerte Bedeutung erlangen. Insgesamt waren es jedoch vor allem ideologiekritische Auseinandersetzungen um den im Rahmen der Entwicklungspädagogik zugrunde gelegten Entwicklungsbegriff, dessen Orientierung an westlichen Standards und kulturellen Vorstellungen zunehmend kritisiert wurde, der das Engagement der Vertreter dieses Ansatzes im Laufe der Zeit lähmte.

In der Bundesrepublik Deutschland wurden im Rahmen der dort Ende der 1950er Jahre aufkommenden Entwicklungspädagogik ebenfalls die o. g. Schwerpunkte gesetzt, d. h. Bildungsprozesse in den sog. Ländern der Dritten Welt zu erforschen und die Entwicklung von Bildungsprogrammen für diese Länder zu fördern, um so zu ihrer Modernisierung beizutragen. Darüber hinaus verstand sich die Entwicklungspädagogik im bundesrepublikanischen Kontext aber auch explizit als ein Ansatz, der zur Aufklärung über das Verhältnis zwischen den Ländern des Nordens und des Südens beitragen sollte (Seitz 1993, S. 43-49; ders. 2002a, S. 349; vgl. auch Scheunpflug/Seitz 1995).

Die späten 1970er und frühen 1980er Jahre markieren einen zentralen Wandel in der Entwicklung der internationalen Erziehung (Fujikane 2003, S. 137f.): Denn mit der aufkommenden „multicultural education" (multikulturellen Erziehung) standen nicht länger internationale Verflechtungszusammenhänge und deren Auswirkungen auf die Länder des Südens im Zentrum des pädagogischen Ansatzes, sondern das zentrale Interesse richtete sich auf innergesellschaftliche Folgeerscheinungen internationaler Migration. Hier anknüpfende Bemühungen zur Entwicklung und Realisierung einer multikulturellen Erziehung in der Schulpraxis wurden sowohl in den USA wie auch in Großbritannien vom Staat gefördert. Dabei war es in den USA insbesondere die schwarze Bürgerrechtsbewegung, die bereits in den 1960er Jahren maßgeblichen Anteil an der Entstehung einer multikulturellen Erziehung hatte. In Großbritannien beförderte die Entwicklung dieses Ansatzes seit den 1970er Jahren insbesondere die Kritik von Zugewanderten aus den ehemaligen Kolonien an einer Bildungspraxis, die ihre Kinder benachteiligte. In allen hier genannten Ländern wurde die Abwendung von einer auf Assimilation und Integration der Allochthonen ausgerichteten Pädagogik gefordert. In Großbritannien fand die multikulturelle Erziehung prominent ihren Ausdruck in dem 1985 von der Regierung veröffentlichten „Swann Report" (Department of Education and Science 1985), in dem die Grundlagen, Ziele und Methoden dieses neuen Ansatzes programmatisch festgelegt wurden. Bereits Ende der 1980er Jahre wurde dieser Ansatz in den angelsächsischen Staaten jedoch zunehmend mit Verweis auf institutionalisierte Formen der Diskriminierung ethnischer, sprachlicher und kultureller

Minoritäten im Bildungswesen kritisiert und stattdessen eine anti-rassistische Bildung gefordert.

In Japan fand die multikulturelle Erziehung erst vergleichsweise spät, d.h. in den 1980er Jahren, Berücksichtigung, und zwar ausgehend von der japanischen Regierung. Diese interpretierte die multikulturelle Erziehung einerseits in dem Sinne, dass japanische Schüler Kenntnisse über andere Staaten erlangen und die englische Sprache erlernen sollten; andererseits verstand sie darunter die Förderung von im Ausland lebenden Japanern und aus dem Ausland nach Japan zurückkehrenden Heranwachsenden. Die multikulturelle Erziehung wurde in Japan mithin als ein Ansatz für ausgewiesene gesellschaftliche Gruppen gefasst und entsprechend nur in einigen Gebieten und Schulen aufgegriffen.

Eine weitere Variante der internationalen Erziehung repräsentiert die „peace education" (Friedenserziehung), deren Bedeutung für die Schaffung des Weltfriedens bereits 1945 in der Gründungscharta der UNO und der UNESCO sowie in der Allgemeinen Erklärung der Menschenrechte von 1948 hervorgehoben worden war (Smith Page 2004, S. 4; Fujikane 2003, S. 138-140). Im Unterschied zu diesen internationalen Deklarationen rekurrierte die in den 1970er Jahren aufkommende Friedenserziehung allerdings auf das von Galtung entwickelte Konzept „struktureller Gewalt", mit dem an Diskurse zur institutionalisierten Diskriminierung von Teilen der Gesellschaft angeknüpft werden konnte, wie sie auch im Zuge der multikulturellen Erziehung aufkamen; zum anderen bezog sich die Friedenserziehung auch auf das von Freire entwickelte Konzept einer „Pädagogik der Unterdrückten" (ebd.). Im Anschluss an diese Bezüge wurde ein Friedensbegriff adaptiert, der nicht nur die Abwesenheit von Krieg implizierte, sondern die Schaffung einer Gesellschaft ohne strukturelle Gewalt, wie politische und ökonomische Unterdrückung, Diskriminierung und Umweltzerstörung. Der Schwerpunkt der Friedenserziehung lag mithin nicht auf einer Erziehung über, sondern für den Frieden. Dieser Ansatz fand jedoch in keinem der drei von Fujikane betrachteten Staaten, den USA, GB und Japan, Eingang in staatliche Bildungsvorgaben und wurde auch nur jeweils von kleinen Gruppen gefördert, die überdies kein gemeinsames Verständnis einer Friedenserziehung entwickelten (ebd.). Ähnliches gilt auch für die Bundesrepublik Deutschland, in der dieser Ansatz ebenfalls kontrovers ausgelegt wurde und keine institutionelle Verankerung im Schulwesen fand (Bosse/Hamburger 1973, S. 16-40; Kuhn/Haffmann/Genger 1972).

Doch bereits Ende der 1970er Jahre kam in den USA ein pädagogischer Ansatz auf, der sich „global education" nannte und das vorherrschende Verständnis internationaler Erziehung in Frage stellte, indem er darauf zielte, a) die Welt zu verstehen und b) im Sinne des lebenslangen Lernens alle Menschen in Bildungsprozesse einzubinden (Fujikane 2003, S. 139ff.). Daneben gründeten sich in den 1970er und 80er Jahren zunehmend Nicht-Regierungsorganisationen, wie Greenpeace, Robin Wood usw., die ökologische Problem- und Fragestellungen explizit auf dem Hintergrund eines globalen Bezugs aufwarfen und im Rahmen der „global education" aufgriffen. Dieser Ansatz wurde in den USA zunächst von der Carter-Regierung stark unterstützt; in GB schlug er sich in der Einführung von World Studies und World Heritage Studies nieder, in Japan stieß er auf keinerlei Interesse. Die ersten Ansätze einer global education konnten sich jedoch nicht durchsetzen, sondern wurden seit den späten 1980er Jahren von einem zunehmend standardisierten Curriculum verdrängt. Den gesellschaftlichen Hintergrund für diese Entwicklung bildeten wachsende ökonomische Probleme in diesen Staaten und daran anknüpfende bildungspolitische Veränderungen (ebd., S. 139). Diese schlugen sich in England bspw. in der Einführung marktähnlicher Strukturen im staatlichen Schulwesen im Zuge der Bildungsreform von 1988 nieder (Hornberg 1999, S. 162-171).

An dieser Stelle kann resümiert werden: Gemeinsamer Bezugspunkt der hier skizzierten Ausdifferenzierungen und Weiterentwicklungen der internationalen Erziehung, der ‚Erziehung zur internationalen Verständigung‘, der ‚Entwicklungspädagogik‘, der ‚multikulturellen Erziehung‘ und der ‚Friedenserziehung‘ war die internationale Staatengemeinschaft, zu deren friedlicher Entwicklung die internationale Erziehung einen Beitrag leisten will:

> „Internationale Beziehungen wurden in erster Linie als Beziehungen, die Staaten bzw. deren Repräsentanten untereinander pflegten, gedeutet – und einer Erziehung zur internationalen Verständigung war in erster Linie die Aufgabe zugedacht, in der Bevölkerung um die Akzeptanz der internationalen Verpflichtungen zu werben, die ihre jeweiligen Regierungen eingegangen sind." (Seitz 2001, S. 68)

Dazu wurde eine kognitive Erschließung und Bearbeitung von Problemen auf der Ebene des internationalen Staatensystems wie auch auf der einzelgesellschaftlichen Ebene angestrebt, und zwar auf der Grundlage der Vermittlung von Wissen über andere Länder, Gesellschaften und Kulturen. Durch die bereits Ende der 1970er Jahre in den USA aufgekommene ‚global education‘ wurde dieses Verständnis internationaler Erziehung grundsätzlich infrage gestellt, denn damit einher ging die Forderung, die ‚Welt‘ zum Bezugspunkt zu wählen und eine globale Perspektive einzunehmen. Im deutschsprachigen Raum hat das ‚Schweizer Forum Schule für eine Welt‘ an diesen frühen Ansatz der „global education" angeknüpft (Seitz 2002b, S. 369). In Deutschland wird die „global education" insbesondere seit den 1990er Jahren unter dem Terminus „globales Lernen" diskutiert (ebd., S. 365-386). Das globale Lernen steht in der Tradition der genannten pädagogischen Ansätze einer internationalen Erziehung, weist allerdings einige bedeutsame Unterschiede zu diesen auf, wie folgende idealtypische Elemente erkennen lassen, die auf die Verankerung des globalen Lernens auf der sachlichen, methodischen, normativen und institutionellen Ebene abzielen (Seitz 2002b, S. 380, Hervorh. im Orig.):

> *Gegenstand*: Globales Lernen als Auseinandersetzung mit globalen Fragen, als Erschließung der globalen Dimension eines jeden Bildungsgegenstandes und als Verwirklichung einer globalen Anschauungsweise in der Erziehung.
> *Methode*: Globales Lernen als ganzheitliches und interdisziplinäres Lernen, das Zusammenhänge herstellt, verschiedene Wissensbereiche integriert und eine Lernkultur pflegt, die alle menschlichen Erfahrungsdimensionen anspricht und entfaltet.
> *Ziel:* Globales Lernen als Beitrag zur Beförderung einer zukunftsfähigen Entwicklung der Weltgesellschaft.

Politisch-institutioneller Kontext: Globales Lernen als Wahrnehmung eines globalen Bildungsauftrags in grenzüberschreitender Bildungskooperation." (Seitz 2002b, S. 380, Hervorh. im Orig.)

Im Unterschied zur internationalen Erziehung wird mit dem globalen Lernen mithin a) auf einen weltgesellschaftlichen Horizont rekurriert, und daran anschließende Themen sollen b) im Rahmen eines ganzheitlichen und interdisziplinären methodischen Vorgehens bearbeitet werden, das nicht einseitig auf kognitives Lernen abhebt. In bildungsprogrammatischer Hinsicht reflektiert den Übergang von einer an der internationalen Staatengemeinschaft orientierten internationalen Erziehung zum globalen Lernen die in Deutschland von der KMK 1997 erlassene Empfehlung „Eine Welt/Dritte Welt in Unterricht und Schule". In dieser wird auf eine globale Perspektive – die „Eine Welt" – rekurriert; andererseits hält die KMK aber den Bezug auf eine spezifische Gruppe von Staaten aufrecht, da sie in ihrer Empfehlung weiterhin auf die „Dritte Welt" abhebt. Dieser widersprüchliche Bezug reflektiert nicht zuletzt die hier bereits angesprochenen realen Entwicklungen (vgl. Kap. 1.2), die gekennzeichnet sind von der Gleichzeitigkeit mannigfaltiger internationaler, multinationaler und globaler Prozesse und Verflechtungen.

Im Kontext des globalen Lernens werden seither auch Themen aufgegriffen, die die bereits angesprochenen, seit den 1970er und 80er Jahren zunehmend aufgekommen Nicht-Regierungsorganisationen wie Greenpeace, Robin Wood usw. in den gesellschaftlichen Diskurs einbringen. Diese haben seither vor dem Hintergrund eines globalen Bezugs ökologische Problem- und Fragestellungen aufgeworfen, die ihren prominenten Niederschlag in der „Agenda 21" fanden. Diese Agenda, die als ein globales Aktionsprogramm für eine dauerhaft umweltgerechte Entwicklung konzipiert ist, wurde im Rahmen der von den Vereinten Nationen 1992 in Rio de Janeiro durchgeführten Konferenz für Umwelt und Entwicklung von 180 Staaten verabschiedet. In diesem Rahmen wurde der Begriff „Sustainable Development" geprägt, der in die deutsche Sprache seither unter der Bezeichnung „nachhaltige Entwicklung" eingegangen ist (de Haan 2001, S. 30). Das zentrale, mit diesem Begriff und in der Agenda 21 festgeschriebene Ziel ist *„Gerechtigkeit"*, das damit verknüpfte Konzept mündet laut de Haan[11] in eine Gerechtigkeitsmaxime, die auf ein „Konzept der *„Verteilungsgleichheit"* hinauskomme (ebd., Hervorh. im Orig.). D.h., mit dem Ansatz der ‚nachhaltigen Entwicklung' verbindet sich die Zielperspektive, dass alle Menschen prinzipiell über gleich viele Ressourcen verfügen sollen, und zwar im ökonomischen, im sozialen und im ökologischen Bereich. Ein weiterer Aspekt in diesem Zusammenhang ist der Erhalt der ökologischen Ressourcen für nachfolgende Generationen. Dementsprechend wurden in der Agenda 21 erstmals die Aspekte ‚ökonomische Beständigkeit', ‚Erhalt der ökologischen Funktionen des Naturhaushaltes' und ‚soziale Gerechtigkeit' integriert und die Interdependenz dieser Ebenen herausgestellt (Bundesministerium für Umwelt, Naturschutz und Reaktorsicherheit 1992). In Deutschland hat die Bund-Länder-Kommission für Bildungsplanung und Forschungsförderung (2001) im Anschluss

---

11 Gerhard de Haan ist Vorsitzender des Deutschen Nationalkomitees „VN-Dekade 2005-2014 Bildung für nachhaltige Entwicklung".

an die Agenda 21 das Programm „21" „Bildung für eine nachhaltige Entwicklung" eingerichtet, für das der Bund und die beteiligten Bundesländer bis 2004 landesweit Schulen insgesamt ca. 12,5 Millionen Euro zur Entwicklung entsprechender Ansätze zur Verfügung stellten. Aktuell wird das BLK Programm „21" im Rahmen der „VN-Dekade 2005–2014 Bildung für nachhaltige Entwicklung" unter der Bezeichnung „Transfer-21" fortgesetzt. Bis heute sind bundesweit von den Schulen mannigfaltige Ansätze zu einer „Bildung für nachhaltige Entwicklung" entwickelt worden (Herz/Seybold/Strobl 2001), sie stellen einen zentralen Aspekt der Praxis globalen Lernens dar.

Das bisher Erörterte hat folgende zentrale Entwicklungen der Internationalisierung von Bildung deutlich werden lassen: Mit der Durchsetzung des Nationalstaatsmodells als zentraler Organisationsform staatlich verfasster politischer Systeme, und zwar insbesondere seit dem Zweiten Weltkrieg, wurde die Systembildung und Verbreitung von Bildung im Medium der modernen Schule ausgehend vom 19. Jahrhundert in Europa und seither weltweit fortgeführt. Im Verlauf dieses Prozesses haben die Nationalstaaten weltweit, zu unterschiedlichen Zeitpunkten zwar, aber bis heute durchgängig, das Recht eines jeden Heranwachsenden auf Bildung zum Bürgerrecht deklariert, in nationalen Schul- und Unterrichtspflichtgesetzen verankert und zur Realisierung dieses Bürgerrechts in staatlicher Verantwortung betriebene Schulen eingerichtet. Diese Schulen können von Kindern und Jugendlichen aufgrund der gesetzlich verankerten Schulpflicht in der Regel unentgeltlich oder gegen ein geringes Entgelt besucht werden.

Die zentralen Funktionen der in staatlicher Verantwortung betriebenen Schule sind ihre Qualifikations-, Selektions- und Allokationsfunktion; als Subsystem der Gesellschaft in Form des National-Staates dient sie aber auch seiner Legitimierung (Fend 1982). Diese Legitimationsfunktion der modernen Schule hatte Parsons (1968a) in der zweiten Hälfte des letzten Jahrhunderts noch unter die „Sozialisationsfunktion" der Schule subsumiert, d.h. unter den Anspruch, allen Heranwachsenden universalistische Wertorientierungen (im Gegensatz zu partikularistischen) zu vermitteln. Fast ein halbes Jahrhundert später stellte Klafki (2002, S. 43ff.) des weiteren explizit die Funktion der „Kulturüberlieferung" der modernen Schule heraus und setzte diese in Bezug zu ihrer Legitimationsfunktion: Er konstatierte neben der von Parsons im Hinblick auf den Zusammenhalt moderner Gesellschaften geforderten Vermittlung universalistischer Wertorientierungen das Interesse des National-Staates an der Identifikation der Heranwachsenden mit der Nation, als deren Repräsentant ein Staat sich versteht. Anderson (1988) hat mit Blick auf die Entstehung und Etablierung des Nationalstaats den Begriff von der „imagined community", der sich alle Bürger eines Staates als legitime Mitglieder verbunden fühlen, geprägt und in historischer Perspektive die Mechanismen aufgezeigt, die der Nationalstaat zur Herstellung von Loyalität ihm gegenüber und eines Zusammengehörigkeitsgefühls unter seinen Bürgerinnen und Bürgern adaptiert. Diese Mechanismen finden ihren Ausdruck u.a. in der Nationalhymne und der Nationalflagge, in der Nationalsprache als der einzigen und/oder dominierenden Unterrichtssprache, aber auch in der Zugrundelegung und Perpetuierung nationaler Kultur in literarischen Texten, der Musik, der bildenden Kunst oder im Rahmen eines

Geschichtsunterrichts, in dessen Fokus die je eigene Nation steht und in dem internationale Entwicklungen aus einer nationalen Perspektive heraus betrachtet werden.

Seit ihrem Aufkommen haben das Nationalstaatsmodell und das Modell der staatlich betriebenen modernen Schule weltweite Verbreitung gefunden und damit eine Universalisierung erfahren, in deren Folge internationale Organisationen entstanden sind, die seither den internationalen Austausch und internationale Inhalte befördern. Exemplarisch und prominent stehen für diese Entwicklung die 1945 gegründeten Vereinten Nationen (VN) und ihre im Bildungsbereich einflussreiche, ein Jahr später gegründete Unterorganisation: die UNESCO. Das primäre Ziel dieser Organisationen ist die Herstellung und Bewahrung von Frieden und Sicherheit weltweit; die UNESCO hat überdies mit der von ihr 1974 verabschiedeten „Empfehlung über die Erziehung zu internationaler Verständigung und Zusammenarbeit und zum Weltfrieden sowie die Erziehung im Hinblick auf die Menschenrechte und Grundfreiheiten (UNESCO 1974) einen zentralen Referenzpunkt für die internationale Erziehung bereit gestellt.

Die Internationalisierung hat inzwischen die genannten Ausdifferenzierungen in Form von Prozessen der ‚Multinationalisierung' und ‚Globalisierung' erfahren. Ein Merkmal der mit diesen Begriffen erfassten Prozesse ist die Zunahme von inter- und supranationalen Akteuren, die neben die nationalstaatlichen Agenturen treten und zunehmend ihren Einfluss, auch im Bildungsbereich, geltend machen. Dies trifft bspw. auf die supranationale Organisation EU zu, die einen sukzessiven Ausbau ihrer Kompetenzen über den europäischen berufsbildenen Bereich hinaus auch im allgemein bildenden Bildungsbereich verfolgt. Im Unterschied zu den mit den Begriffen ‚Internationalisierung' und ‚Multinationalisierung' bezeichneten Dynamiken markieren die mit dem Begriff ‚Globalisierung' erfassten Prozesse einen Paradigmenwechsel: Denn auf der Folie der Globalisierung bilden nicht länger die Nationalstaaten und ihre wechselseitigen Beziehungen den zentralen Bezugspunkt, sondern die Weltgesellschaft und innerhalb derselben globale, d.h. die ganze oder weite Teile der Welt betreffende Entwicklungen, die durch eine Verdichtung von Zeit und Raum gekennzeichnet sind. Als pädagogische Reaktion auf die Globalisierung ist innerhalb der Erziehungswissenschaft und Bildungspraxis die ‚global education' (das ‚globale Lernen'), aufgekommen; dieser Ansatz wird heute auch von der UNESCO propagiert und gefördert.

2 Theoretische Begründung für diese Studie und leitende Fragestellungen

Mit den hier interessierenden internationalen Schulmodellen hat sich bislang weder die internationale noch die deutschsprachige Vergleichende Erziehungswissenschaft mehr als rudimentär beschäftigt. Unter dem Oberbegriff 'Vergleichende Erziehungswissenschaft' können disziplingeschichtlich zwei Stränge unterschieden werden: a) die Vergleichende Erziehungswissenschaft und b) die Internationale Erziehungswissenschaft. Die Vergleichende Erziehungswissenschaft (Komparatisten) beschäftigt sich mit Analysen von weltweiten Entwicklungen im Bildungswesen, die einen säkularen Trend der Universalisierung moderner Schulbildung konstatieren (Adick 1992; Meyer/Kamens/Benavot 1992) und die Auswirkungen von Globalisierung und Internationalisierung auf nationale Schulsysteme problematisieren (Scheunpflug/Hirsch 2000; Stromquist/Monkman 2000). Die Internationale Erziehungswissenschaft befasst sich demgegenüber mit der 'internationalen Erziehung' und den in der pädagogischen Praxis angesiedelten Ansätzen zur Völkerverständigung einschließlich ihren theoretischen Grundlagen; in jüngerer Zeit auch mit Konzepten, die mittels 'interkultureller Erziehung' auf die Bearbeitung der Multikulturalität der am Bildungsprozess Beteiligten abzielen. Unter dem Oberbegriff 'internationale Erziehung' wird mithin die Praxis von Erziehung und Bildung thematisiert, in der die in Kapitel 1 dieser Studie diskutierten Erscheinungsformen und Weiterentwicklungen der internationalen Erziehung (z. B. die interkulturelle Erziehung und das globale Lernen) als inhaltlich-intentionale Auswirkungen der 'Internationalisierung' auf die curriculare Dimension des Bildungswesens gesehen werden.

2.1 Internationalisierung und Transnationalisierung im Bildungswesen: Gegenstand und Relevanz

In der deutschsprachigen Erziehungswissenschaft finden sich bislang nur wenige Ansätze zu einer Befassung mit weltweiten Bildungsentwicklungen oder mit Diskursen zur Globalisierung, wie Scheunpflug (2003, S. 164) in ihrem Einleitungsbeitrag zu einem Themenheft „Globalisierung und Erziehungswissenschaft" der Zeitschrift für Erziehungswissenschaft hervorgehoben hat. Damit unterscheidet sich diese Situation deutlich von der englischsprachigen, für die Steiner-Khamsi (2004, S. 2f.) im Rückblick auf die letzten gut zwei Dekaden einen geradezu explosionsartigen Anstieg erziehungswissenschaftlicher Beiträge zur Globalisierung konstatiert. Erziehungswissenschaftliche Beiträge zur Transnationalisierung finden sich nur wenige: unlängst widmete sich ein Schwerpunktheft der Zeitschrift für Erziehungswissenschaft diesem Thema; dort zeigen Ingrid Gogolin und Ludger Pries (2004) in einem gemeinsamen Beitrag Ansätze der Transnationalismusforschung auf. Einen Beitrag zur Klärung des Begriffs 'Transnationalisierung' hat Adick (2005) vorgelegt und in diesem Zusammenhang hieran anknüpfende theoretische und empirische Ansatzpunkte für die International und Interkulturell Vergleichende Erziehungswissenschaft skizziert.

Mit den hier interessierenden internationalen Schulmodellen hat sich bislang weder die internationale noch die deutschsprachige Erziehungswissenschaft mehr als rudimentär beschäftigt. Beiträge, die Transnationalisierungsansätze für die Analyse von Schulentwicklungen fruchtbar machen, liegen kaum vor. Dies mag nicht zuletzt auf die Trennung zwischen „Internationalisten" und „Komparatisten" (Wilson 1994) in der Erziehungswissenschaft zurückzuführen sein, in deren Folge die im Zentrum dieser Studie stehenden internationalen Schulmodelle vernachlässigt wurden. Die Analyse derselben impliziert jedoch aufgrund der von diesen Schulen normativ abgeleiteten Bildungsziele und -inhalte (Curricula) einerseits und ihrer schulorganisatorischen Rahmenbedingungen (Berechtigungen, Bildungsgänge) andererseits eine Überwindung der Trennung zwischen „Internationalisten" und „Komparatisten", weil diese den faktischen Entwicklungen dieser Schulmodelle und den damit einhergehenden Anforderungen an ihre wissenschaftliche Bearbeitung nicht gerecht wird (Adick 2000a, S. 91). Hier knüpft die vorliegende Studie an: Die erziehungswissenschaftliche Relevanz ergibt sich gerade aus der Zusammenführung von komparatistischer Bildungsforschung und internationaler Erziehungswissenschaft. Das Thema dürfte jedoch auch über die Vergleichende Erziehungswissenschaft hinaus von Interesse sein, denn Internationalisierungsprozesse werden inzwischen auch relevant in der Curriculumentwicklung, die sich dem Auffinden von internationalen und interkulturellen und grenzüberschreitenden Gesichtspunkten widmet (vgl. Georg-Eckert-Institut für internationale Schulbuchforschung und dort zuletzt: Erdmann/Maier/Popp 2006) und auf dem Hintergrund des Einflussgewinns internationaler Organisationen wie der OECD, der IEA oder der UNESCO im Bildungsbereich. Diese Entwicklungen verweisen darauf, das nationale Pflichtschulwesen von internationalen Prozessen und Einflüssen betroffen sind, dies schlägt sich bspw. nieder in internationalen Schulkooperationen und –partnerschaften, in der Adaption bilingualer Bildungsgänge und -angebote, aber auch im internationalen Lehrer- und Schüleraustausch. Schulen weltweit nutzen vielfältige Anlässe, um internationale Begegnungen zu fördern und internationale Perspektiven in die Schulpraxis zu integrieren. Dies geschieht häufig in einer eher kursorischen Weise, mit unterschiedlichsten und z. T. wechselnden Bezügen.

Erscheinungsformen und Trends der Internationalisierung des Bildungswesens und der Schule werden seit mehr als dreißig Jahren schon im Rahmen des neoinstitutionalistischen *world polity*-Ansatzes empirisch erfasst und theoretisch eingebettet. Die in diesem Kontext in historischer und international vergleichender Perspektive angelegten Forschungen sowie das diesem Ansatz zugrunde liegende theoretische Konzept werden im Folgenden aufgegriffen und mit Bezug auf das jüngst in der Erziehungswissenschaft aufgekommene Konzept ‚Transnationale Bildungsräume' kritisch eingeordnet, um vor diesem Hintergrund die für die Analyse der im Zentrum dieser Studie stehenden internationalen Schulmodelle forschungsleitenden Hypothesen zu konkretisieren.

2.2 Der neo-institutionalistische Ansatz und Forschungsergebnisse

Zu denjenigen, die sich bereits seit den 1970er Jahren intensiv mit internationalen Bildungsentwicklungen beschäftigen und hierzu umfangreiche makroanalytische empirische Arbeiten vorgelegt haben, gehört die „Stanforder Forschungsgruppe" um den an der Universität Stanford (USA) lehrenden amerikanischen Bildungs- und Organisationssoziologen John W. Meyer. Er, seine Kollegen John Boli und Francisco O. Ramirez und andere zählen zu den bislang prominentesten Vertretern des inzwischen auch als *world polity*-Ansatz diskutierten Konzepts, einer Variante der neo-institutionalistischen Organisationssoziologie (Meyer 1980, S. 129). In ihrem Zentrum stehen sozialtheoretische Forschungsfragen, die im Rahmen einer Makroperspektive bearbeitet werden:

> „Our own perspective, macrophenomenological in orientation, builds on contemporary sociological institutionalism." (Meyer/Boli/Thomas/Ramirez 1997, S. 147)

Ein zentrales Merkmal und die besondere Stärke des *world polity*-Ansatzes ist die Verknüpfung von Theorie und Empirie, die ihren Niederschlag in zahlreichen globalen Analysen empirischer Phänomene findet (vgl. Benavot u. a. 1991; Meyer/Ramirez/Boli 1977; Meyer/Kamens/Benavot 1992; Meyer/Ramirez 2000; dies sind nur einige der vielen Beiträge, auf die ich im Folgenden zurückkommen werde). Diese Analysen zählen, folgt man Krücken (2005, S. 3), aufgrund des generellen Mangels an empirisch gesättigten Studien zu globalen Entwicklungen zu den meist zitierten Beiträgen im Rahmen der Globalisierungsforschung. Schon aus diesem Grunde sollte die Vergleichende Erziehungswissenschaft die zahlreichen von Meyer und seinen Koautoren vorgelegten empirischen, weite geografische und historische Räume umfassenden Studien zu internationalen Bildungsentwicklungen und auch den dort zugrunde gelegten Ansatz aufgreifen. Dieser Theorieansatz ist bisher jedoch weder in der allgemeinen amerikanischen noch in der deutschsprachigen Soziologie umfassend rezipiert worden. Krücken führt diese Vernachlässigung des *world polity*-Ansatzes in der amerikanischen Diskussion auf die Diskreditierung von „grand theories" seit der Kritik am strukturfunktionalistischen Paradigma im Anschluss an Emile Durkheim und Talcott Parsons zurück. Diese Kritik habe die Abkehr von makrosoziologischen und sozialtheoretischen Erklärungsansätzen dergestalt befördert, dass sie für die „positive Bestimmung der neo-institutionalistischen Programmatik in der amerikanischen Soziologie" keine entscheidende Rolle mehr gespielt hätten (ebd., S. 3). Die deutschsprachige Soziologie hingegen habe institutionalistische Ansätze bis in die 1980er Jahre hinein aufgrund der ihnen zugeschriebenen mangelnden theoretischen Entwicklungsfähigkeit und politisch konservativen „Ordnungsfixierung" vernachlässigt (ebd.). Mit dem gesellschaftlichen Wandel in den mittel- und osteuropäischen Staaten seit den 1990er Jahren sei jedoch auch ein wieder erstarkendes Interesse an institutionalistischen Ansätzen einher gegangen, und zwar unter dem Etikett der „Transformationsforschung", und hier insbesondere im Zusammenhang mit Theorien rationaler Wahl und der Systemtheorie von Niklas Luhmann (ebd., S. 1). Im amerikanischen Kontext dagegen habe man neo-institutionalistische Ansätze zunächst in den 1980er Jahren eher zögerlich, dann jedoch zunehmend im Fadenkreuz von Organisations-, Wirtschafts- und Netzwerkforschung rezipiert und weiterentwickelt (ebd., S. 3). Hier knüpfen aktuell in der deutschsprachigen Soziologie Beiträge aus dem Umfeld des Instituts für Weltgesellschaft an der Universität Bielefeld an (vgl. Hasse/Krücken 1996, 1999; Wobbe 2000). Insbesondere Krücken (2005) unternimmt mit der Herausgabe von ins Deutsche übersetzten Texten von Meyer et al. Anstrengungen, den *world polity*-Ansatz und die darunter gefassten Forschungen der deutschsprachigen Soziologie näher zu bringen. In bereits vorliegenden Beiträgen von Hasse und Krücken (1999) haben die Autoren erste Ansätze für theoretische und inhaltliche Anschlussmöglichkeiten an organisationssoziologische Fragestellungen aufgezeigt.

Hasse und Krücken (ebd.) behandeln in ihren Beiträgen die umfangreichen bildungssoziologischen Studien der Stanforder Forscher jedoch ausdrücklich nicht und haben damit einen für die Formulierung und Überprüfung des *world polity*-Ansatzes zentralen Gegenstands- und Forschungsbereich ausgeklammert. Insofern bleibt es Aufgabe der Erziehungswissenschaft diesen von der Soziologie vernachlässigten und von den Protagonisten des world policy Ansatzes prominent behandelten Forschungsbereich in den Fokus des Interesses zu rücken. Hier nun setzt die vorliegende Studie an: Ihr theoriestrategisches Ziel ist die kritische Rezeption und Weiterführung der bildungssoziologischen Dimension des *world polity*-Ansatzes, die von den Stanforder Forschern in ihren zahlreichen makroanalytischen, mit empirischen Daten angereicherten vergleichenden Studien zu weltweiten Bildungsentwicklungen thematisiert wurde.

Der für diese Studie zentrale Anlass, den *world polity*-Ansatz aufzugreifen, leitet sich aus dem gewählten Untersuchungsgegenstand ab: Die internationalen Schulmodelle implizieren aufgrund ihrer normativ hergeleiteten Bildungsziele und ihrer schulorganisatorischen Rahmenbedingungen eine Verschränkung der komparatistischen Bildungsforschung mit der internationalen Erziehungswissenschaft. Hier kann der *world polity*-Ansatz greifen; denn der Faktor ‚Internationalität' fungiert in diesem Ansatz als zentrale Variable zur Erklärung und zum Verständnis weltweiter Bildungsentwicklungen, und zwar in theoretischer wie auch in forschungsmethodologischer Hinsicht. In einer ihrer jüngeren Publikationen formulieren Meyer und Ramirez (2000, S. 127f.) im Hinblick auf die hier postulierte Notwendigkeit der Integration dieser beiden Perspektiven:

> „There is finally the question of whether educational systems become not only parallel or similiar but in a sense the same. Educational sameness occurs in two fronts. First, educational systems seem increasingly to organizationally recognize each others' credentials and standards. It appears that the degrees and certificates aquire more common meaning around the world; this principle of equivalence is no doubt an ideal strongly favored by educational professionals and scientists worldwide. However partial and tentative, developments in this direction are found in the European Community, but also more generally.

Second, there is substantive sameness in the educational definition of the world. The latter is increasingly defined as a space populated by peoples living in the same legal, social, and physical forms. Common humanity is a theme that permeates the intended curricula in the social sciences and in the humanities. In both levels of schooling and in higher education there is some evidence of a more inclusive vision of history, of viewing other countries and their problems and efforts to solve them as relevant, and of imagining transnational peoples as engaged in a common project to promote peace and progress." (Meyer/Ramirez 2000, S. 127f.)

Vor diesem Hintergrund werden im Folgenden zunächst die aus diesem Kontext hervorgegangenen Forschungsergebnisse zur internationalen Schulentwicklung zusammengefasst und die theoretischen Grundannahmen des *world polity*-Ansatzes skizziert. Die anschließende kritische Einordnung des zuvor Erörterten und ein hier anschließender Vorschlag der Autorin dieser Studie zur Berücksichtigung der bisher im Rahmen des *world polity*-Ansatzes vernachlässigten transnationalen Dimension von Bildung bilden die Ausgangsbasis für die Konkretisierung der in dieser Studie zu vertiefenden Forschungsfragen.

2.2.1 Der Forschungsertrag der Stanforder Studien

Die ‚Stanforder Forschungsgruppe' um John W. Meyer und andere hat sich bereits seit den 1970er Jahren intensiv mit internationalen Bildungsentwicklungen beschäftigt und hierzu umfangreiche makroanalytische empirische Studien vorgelegt. Für diese Studien wurden von den Forschern überwiegend bereits vorliegende, von der UNESCO, der Weltbank, der OECD oder von nationalen Regierungen erhobene Daten herangezogen, daneben aber auch eigene Daten erhoben und ausgewertet. In der Regel handelt es sich dabei um hochaggregierte, weite geografische Räume und lange Zeiträume umfassende Daten, die z. T. bis ins 19. Jahrhundert zurückreichen. Der von Meyer et al. vertretene neo-institutionalistische Ansatz und die von ihnen vorgelegten Forschungsergebnisse sind gelegentlich in der deutschen Erziehungswissenschaft aufgegriffen worden (vgl. Lenhardt 1984, 1993; Lenhart 2000; Schriewer 1994), seit Jahren besonders ausgiebig von Adick (1992a,b, 1995, 2000b, 2002a, 2003). Ihre Beiträge heben sich dadurch ab, dass sie die Forschungsergebnisse und theoretischen Positionen der Stanforder Forschergruppe nicht nur rezipiert, sondern auch mit alternativen theoretischen Erklärungsansätzen konfrontiert hat, die auf dem Weltsystemansatz von Immanuel Wallerstein basieren. In ihrer grundlegenden Rezeption der Stanforder Studien im Rahmen ihrer Arbeit „Die Universalisierung der modernen Schule" hat Adick (1992a, S. 113-125) den Ertrag der von den Stanforder Forschern bis 1990 vorgelegten Studien zu weltweiten Bildungsentwicklungen zusammengefasst und ausgewertet. Im Folgenden resümiere ich die dortige Zusammenschau der bis 1990 vorliegenden Ergebnisse und schreibe sie bis in die heutige Zeit fort.

Im Verlauf der letzten gut 200 Jahre hat sich weltweit zu unterschiedlichen Zeitpunkten ein Modell von Schule etabliert, das sich durch strukturelle

Gemeinsamkeiten auszeichnet. Ergebnisse der Stanforder Forscher (Adick 1992a, S. 113-125) und ergänzend dazu von Adick herangezogene konvergenztheoretische Studien haben gezeigt, dass sich das Prinzip der „mass education" im Zeitraum von 1870 bis 1980 zunächst im alten Kerneuropa und von da an weltweit durchsetzen konnte. Die Begriffe „mass education" und „mass schooling" verwenden die Stanforder Forscher (Boli/Ramirez/Meyer 1986; Ramirez/Meyer 1980) zur Bezeichnung von modernen Schulsystemen; diese Definition der modernen Schule als einer Einrichtung für die Organisation von „Massenlernprozessen" korrespondiert, so Adick (1992, S. 113), mit erziehungswissenschaftlichen Vorstellungen und Definitionen im deutschen Sprachraum.

Für ihre erste empirische Untersuchung der internationalen Bildungsentwicklungen haben Meyer, Ramirez, Rubinson und Boli-Bennett (1977) die seit 1945 von der UNESCO erhobenen Schulbesuchsdaten für den Primar-, den Sekundarschulbereich und tertiäre Bildungseinrichtungen ausgewertet. Diese Daten erbrachten für den Zeitraum von 1950 bis 1970 einen enormen Anstieg der weltweiten Bildungsbeteiligung, den die Autoren als Weltbildungsrevolution (‚world educational revolution') bezeichnen, die von ihnen auf die weltweite, seit 1945 intensivierte Durchsetzung des Nationalstaatsprinzips zurückgeführt wird. Heute verfügen alle Staaten weltweit – zumindest als Programm – über in staatlicher Verantwortung betriebene, überwiegend aus öffentlichen Mitteln finanzierte Schulsysteme, in denen zu unterschiedlichen Zeitpunkten zwischen 1850 und 1950 Schulpflichtgesetze erlassen wurden (Ramirez/Boli-Bennett 1982). Alle Staaten weltweit weisen in der Organisationsstruktur dieser Schulsysteme ähnliche Merkmale auf wie eine staatlich verantwortete Bildungsadministration, professionalisierte Lehrerbildung und ein nach Schultypen und Schulstufen ausdifferenziertes Bildungssystem, in dem staatlich autorisierte Schulberechtigungen in Form von schulischen Zertifikaten vergeben werden (Adick 1992a, S.117-124; Inkeles/Sirowy 1983, S. 303-333; Ramirez/Boli-Bennett 1982).

In Ergänzung zu den o. g. Studien haben sich Ramirez und Riddle (1991) auch mit der Bildungsexpansion im tertiären Bereich befasst und in diesem Zusammenhang von der UNESCO zusammengetragene Daten zu den weltweit im Zeitraum von 1955 bis 1985 in tertiären Bildungseinrichtungen eingeschriebenen Studierenden ausgewertet. Unterschieden wurde dort, analog zum Vorgehen der UNESCO, zwischen entwickelten Ländern und Entwicklungsländern; zu Letzteren gehörten sämtliche erfasste Staaten außer solchen in Westeuropa, der Sowjetunion und den USA; ferner zählten nicht dazu Kanada, Japan, Israel, Australien, Neuseeland. Die Zahl der für die Studie zugrunde gelegten Staaten variiert im Zeitverlauf, da insbesondere für die sog. Entwicklungsländer nicht für jeden Messzeitpunkt Informationen vorlagen. Die in der Studie präsentierten Daten zeigen die durchschnittlichen prozentualen Anteile der in tertiären Bildungseinrichtungen Eingeschriebenen an allen 20- bis 24-Jährigen eines Staates.

Die Studie (Ramirez/Riddle 1991) erbrachte folgende zentrale Ergebnisse: Der durchschnittliche Anteil aller weltweit eingeschriebenen Studierenden in tertiären Bildungseinrichtungen stieg von 2,1% im Jahr 1955 auf 13,1% im Jahr 1985 an. Alle Länder weltweit, für die über den gesamten Zeitverlauf Daten vorlagen (konstante Fälle), wiesen einen Anstieg von 3,2% im Jahr 1955 auf 17,3% im Jahr 1985 auf. In den entwickelten Ländern (konstante Fälle) zeigte sich ein Anstieg von 6,0% im Jahr 1955 (n = 33) auf 25,0% im Jahr 1985 (n = 32), in den Entwicklungsländern von 0,9% im Jahr 1955 (n = 105) auf 9,0% im Jahr 1985 (n = 92). Den höchsten Anstieg insgesamt im hier betrachteten Zeitraum verzeichneten die ehemaligen britischen Kolonien: die USA, Kanada, Australien und Neuseeland. In diesen Staaten besuchte 1985 fast die Hälfte (46,8%) aller 20- bis 24-Jährigen eine Einrichtung des tertiären Bildungsbereichs und damit annähernd doppelt so viele dieser Altersgruppe wie in West- (24,3%) und Osteuropa (17,3%). Im selben Jahr beliefen sich die entsprechenden Anteile in Lateinamerika auf 18,4%, in den karibischen Staaten auf 8,1%, im Mittleren Osten und Afrika auf 1,4% und in Asien auf 11,9% (ebd., S. 94ff.).

In einem zweiten Schritt sind die Forscher auch der Frage nachgegangen, wie sich die Bildungsbeteiligung von Frauen weltweit im Zeitverlauf darstellt und haben diesbezüglich folgende Daten ermittelt: Der durchschnittliche Anteil weiblicher Studierender an allen Studierenden betrug 1955 weltweit (N = 79 Staaten) 25,7% und stieg bis 1985 (N = 102 Staaten) auf 40,3% an. In den entwickelten Ländern kam es zu einem Anstieg von 27,6% im Jahr 1955 (n = 27 Staaten) auf 46,1% im Jahr 1985 (n = 32 Staaten), in den Entwicklungsländern von 24,7% im Jahr 1955 (n = 52 Staaten) auf 37,6% im Jahr 1985 (n = 70 Staaten) (ebd., S. 101f.). Die von Ramirez und Riddle (1991) ausgewerteten Daten dokumentieren mithin für den Zeitraum von 1955 bis 1985 eine deutliche Expansion des tertiären Bildungsbereichs sowie eine Erhöhung der Bildungsbeteiligung von Frauen, und zwar sowohl in entwickelten Ländern als auch in Entwicklungsländern. Der damit identifizierte Trend zeigt, dass der Ausbau des Bildungswesens und die Erhöhung der Bildungsbeteiligung von den Staaten weltweit nicht nur im Hinblick auf den Pflichtschulbereich angestrebt wird, sondern auch darüber hinaus, und zwar, so das Resümee der Autoren (ebd., S. 101), unabhängig davon, ob die damit eingerichteten Bildungsangebote den tatsächlichen gesellschaftlichen Anforderungen gerecht werden.

Diese Studie setzt die von den genannten Untersuchungen herausgearbeitete historische Faktizität der Universalität der modernen Schule als ihren Ausgangspunkt voraus und greift Erscheinungsformen der Internationalisierung der modernen Schule auf, die sich insbesondere seit 1945 entwickeln konnten. Dies geschieht zunächst im Rückgriff auf solche Studien und Beiträge der Stanforder Forscher, die den Zeitraum seit 1945 erschließen, um Aufschluss darüber zu gewinnen, ob neben dem bereits herausgeschälten „historisch lang gezogenen, säkularen Trend *zur transnationalen Annäherung* nationalstaatlicher Schulentwicklungen" (Adick 1992, S. 120, Hervorh. i. Orig.) auch ein normativ bestimmter, inhaltlicher Trend der Internationalisierung der modernen Schule identifiziert werden kann.

In einem 1992 unter dem Titel „School Knowledge for the Masses. World Models and National Primary Curricular Categories in the Twentieth Century" veröffentlichten Sammelband haben sich Meyer/Kamens/Benavot (1992) explizit mit der inhaltlichen Dimension der modernen Schule beschäftigt, und zwar mit den auf der Elementarstufe adaptierten Curricula (die folgenden Ausführungen beziehen sich auf diese Studie; vgl. auch Benavot 2002, S. 86ff.; Ramirez 1997, S. 54-56). Die empirische Basis dieser Studie bilden Berichte internationaler Agenturen, Handbücher, Enzyklopädien, die zum Teil bis ins 19. Jahrhundert zurückreichende nationale Curriculumvorgaben dokumentieren, eine Umfrage des International Bureau of Education von 1984 sowie von den Forschern an insgesamt 150 staatliche Bildungsministerien verschickte Fragebögen, von denen ca. die Hälfte in einer solchen Form an sie zurückging, dass sie für die Studie ausgewertet werden konnten. Erhoben wurden allgemeine Informationen zu den Unterrichtsgegenständen und Stundentafeln. Erkenntnisse bezüglich der Fächerinhalte und verwendeten Unterrichtsmaterialien konnten nicht gewonnen werden. Ein weiteres Defizit der Studie ergab sich aus der äußerst disparaten und zum Teil schmalen Datenlage für nicht-westliche Staaten und ihre Bildungssysteme, sodass repräsentative Daten überwiegend „nur" für ihre westlichen Pendants zusammengetragen werden konnten. Da die für die Studie verwendeten Daten lediglich die von den nationalen Agenturen zurückgemeldeten oder aus den anderen o. g. Datenquellen rekonstruierten nationalen Vorgaben umfassen, konnte ferner nicht ermittelt werden, inwieweit die dort aufgestellten Vorgaben in der Praxis tatsächlich realisiert wurden.

Die Auswertung dieser Daten erbrachte (vgl. auch Adick 1995, S. 164f.; dies. 2000b, S. 165; dies. 2003, S. 91; Lenhardt 1993; Lenhart 2000, S. 49-51), dass alle Staaten weltweit seit 1945 im Elementarbereich ein überwiegend sechs Jahre umfassendes globales Kerncurriculum adaptiert haben, das den Unterricht in einer oder mehreren Nationalsprachen, in Mathematik, Natur- und Sozialwissenschaften, Kunst- und Sporterziehung und religiöse Unterweisung umfasst. Folgende weltweite Konvergenzen bezüglich des Fächerangebots wurden im Einzelnen ermittelt:

*   Die für den Unterricht in einer oder mehreren Nationalsprachen verwendete Zeit beläuft sich auf ca. ein Drittel der gesamten Unterrichtszeit und bildet damit die größte Einheit im Kerncurriculum. Regionale Minderheitensprachen werden weltweit insgesamt nur selten berücksichtigt.
*   Ebenfalls in sämtlichen Bildungssystemen fest verankert ist der Mathematikunterricht, er umfasst ca. ein Sechstel der gesamten Unterrichtszeit.
*   Ein weiteres Zehntel der Unterrichtszeit entfällt auf den zu einem späteren Zeitpunkt als der Mathematikunterricht weltweit eingeführten naturwissenschaftlichen Unterricht.
*   Fächer wie Geschichte, Geografie, Sozialkunde und Sozialwissenschaften beanspruchen zusammen ebenfalls ca. ein Zehntel der Unterrichtszeit.
*   Auch ästhetische Bildung und Sportunterricht gehören zum Kerncurriculum der Elementarstufe; auch auf diese Fächer entfallen ca. 10% der Unterrichtszeit.
*   Religionsunterricht, Moralerziehung und Berufsvorbereitender Unterricht sind nicht überall Bestandteil des Kerncurriculums; dort, wo diese Fächer angeboten werden, beanspruchen sie ca. 5% der gesamten Unterrichtszeit ebenso wie einige andere, nationalspezifische Fächer.

Damit hat sich auf der Elementarstufe eine Art ‚globales Kerncurriculum' durchgesetzt, in dem nationale und/oder regionale Spezifika anscheinend nur wenig

Berücksichtigung finden, zumindest in Form eigens dafür ausgewiesener Unterrichtsfächer. Inwieweit sie dennoch in das Gesamtcurriculum einfließen, kann aus diesen Daten nicht erschlossen werden; in dieser Hinsicht wäre auf die von der Vergleichenden Erziehungswissenschaft vorgelegten klassischen Länderstudien zu rekurrieren.

In Ergänzung zu der letztgenannten Studie haben Kamens, Meyer und Benavot 1996 auch eine Untersuchung zur Entwicklung von Sekundarschulcurricula weltweit vorgelegt. Gegenstand dieser empirischen Erhebung war die obere Sekundarstufe; herangezogen wurden wiederum nationale Vorgaben von 100 Staaten für den Zeitraum von 1920 bis 1990. Analog zur Elementarstufenstudie wurden auch hier Fächer und die für diese aufzuwendende Unterrichtszeit in Form von Stundentafeln (N = 500) erfasst, sowie ferner Fächerkombinationen, die spezifische Bildungsgänge anzeigen. Die Analyse der Daten erbrachte vier Typen von Sekundarschulcurricula, die sich zu unterschiedlichen Zeitpunkten entwickelt haben und dominier(t)en; diese vier Typen finden sich in 90% aller untersuchten Stundentafeln:

- „Classical Curricula" (ebd., S. 118f.), die ihren Ursprung in den europäischen Bildungswesen des 19. Jahrhunderts, z. B. in Gymnasien und grammar schools haben; diese dienen der Elitenbildung und umfassen die klassische humanistische Allgemeinbildung.
- „Comprehensive Curricula" (ebd., S. 119f.), die zusammen mit der Massenbildung zunahmen und als Bildung für alle Sozialschichten konzipiert sind. Diese Curucula reflektieren einen egalitären Bildungsbegriff und sind der Allgemeinbildung im Sinne einer „Bildung für alle" verpflichtet.
- „Mathematics and science curricula" (ebd., S. 120f.), die eine Adaptation der klassischen europäischen Curricula darstellen und im Zuge der zunehmenden Industrialisierung und Modernisierung aufkamen.
- „Arts, humanities, and modern language curricula" (ebd., S. 121), die ebenfalls im Zuge des gesellschaftlichen Modernisierungsprozesses aufkamen und eine Adaptation der klassischen humanistischen Allgemeinbildung in Kombination mit einem Schwerpunkt auf den modernen Sprachen darstellen.

Folgende Trends bezüglich der hier kategorisierten vier Curriculumtypen konnten identifiziert werden: Im Zeitverlauf betrachtet hat der Anteil der klassischen Curricula an allen Curricula (N = alle für die Messzeitpunkte vorliegenden Stundentafeln; ebd. S. 131) seit den 1930er Jahren (37%) deutlich abgenommen und belief sich in den 1980er Jahren nur noch auf 9%. Demgegenüber konnte für den Anteil der mathematisch-naturwissenschaftlichen Curricula an allen Curricula ein Anstieg von 21% in den 1930er Jahren auf 31% in den 1980er Jahren nachgewiesen werden. Eine vergleichsweise geringe Zunahme zeigte sich dagegen für den Anteil der Curricula, die der Kategorie „Humanities" zugeordnet wurden (19% in 1930er Jahren und 23% in 1980er Jahren). „Comprehensive curricula" konnten sich mit einem Anstieg von 23% in den 1930er Jahren auf 37% in den 1980er Jahren weltweit noch deutlicher durchsetzen als mathematisch-naturwissenschaftliche Curricula.

Diesen Trend zeigt auch ein weiterer zentraler Befund der Studie, wonach weltweit auf der oberen Sekundarstufe zwei Strukturformen oder organisatorische Modelle dominieren: Ein Schultyp, bei dem unter dem organisatorischen Dach der „Allgemeinbildung" (comprehensive education) verschiedene Fächer und Schwerpunkte zur Wahl stehen. Dieser Schultyp findet sich insbesondere in noch jüngeren, früh demokratisierten Staaten wie den USA, Kanada usw. sowie ein zweites Modell, bei dem verschiedene Curricula nebeneinander existieren; dieses Modell verschiedener Schultypen zeigt sich insbesondere in älteren europäischen Schulsystemen, auch wenn dort der Anteil klassischer Curricula im Zeitverlauf rückläufig ist (ebd. S. 133f.). Die 1972 in der Bundesrepublik Deutschland realisierte Oberstufenreform ist ein Beispiel für einen solchen Wandel von einer typisierten zu einer enttypisierten Oberstufe. Insgesamt, dies zeigen die Daten der Stanforder Forscher, erweist sich die Struktur der oberen Sekundarstufe im weltweiten Vergleich als heterogener und differenzierter als die der Elementarstufe, dennoch zeichne sich nach Einschätzung der Stanforder Forscher auch auf der oberen Sekundarstufe ein Trend zur Übernahme von „Comprehensive education" ab (ebd., S. 137f.).

Kamens, Meyer und Benavot (1996) interpretieren die Ergebnisse ihrer Studien zum Primar- und Sekundarstufencurriculum in folgendem Sinne: Die Studien hätten Belege dafür erbracht, dass sich die moderne Schule seit ihrem Bestehen von einer Einrichtung für die Bildung von Eliten zu einer Einrichtung für alle Bevölkerungsschichten gewandelt habe, die seither formal im Kern egalitären Ansprüchen verpflichtet sei. Dies zeige die Abnahme spezifischer Bildungsgänge, z. B. in Gestalt klassischer Curriula, und die Zunahme von Schulen für alle Kinder und Jugendlichen zum Zwecke der Allgemeinbildung. Dieser Anspruch auf Allgemeinbildung schlage sich im Elementarbereich in einem Kerncurriculum nieder, in dem der Unterricht in der Nationalsprache und der Kultur einer Nation, d. h. die Sicherung der Loyalität der Bürger gegenüber ihrem Staat, dominiere. Ebenfalls in diesem Sinne fungierten die Fächer Geschichte, Geografie und Sozialwissenschaften. Demgegenüber reflektiere die Ausbreitung und Zunahme der verwendeten Unterrichtszeit in Mathematik und in den naturwissenschaftlichen Fächern die wachsende Notwendigkeit, in einer zunehmend rationalisierten Welt das für den individuellen wie gesellschaftlichen Fortschritt notwendige systematisch-methodische Wissen zu erwerben. Ästhetische Bildung und Sport dienten demgegenüber der individuellen Entfaltung; religiöse und regionale Schwerpunkte repräsentierten partikulare, ethnische, nationale und kulturelle Interessen, die angesichts eines globalen Konsenses über die in modernen Gesellschaften notwendigen, von der Schülerschaft zu erwerbenden Kenntnisse und Fähigkeiten zunehmend an Bedeutung verlören.

Diese Entwicklung führen Benavot, Chea, Kamens, Meyer und Wong (1991, S. 97), wie die Autoren mit Blick auf das globale Elementarstufencurriculum herausgestellt haben, auf einen endemischen Prozess der weltweiten Verbreitung westlicher Kulturmuster zurück, in dem Staaten, internationale Organisationen und professionelle Eliten die zentralen Akteure seien. Diesen Prozess empirisch nachzuzeichnen erweise sich jedoch als äußerst schwierig:

„To some extent, the logic of mass education carries implications for a common cultural content (again emphasizing shared national culture and a good deal of realism). Finally to some extent the mass curriculum is directly defined and prescribed through the influence of international organizations (e.g., the World Bank and United Nations Organizations), through the models provided by dominant nation-states, and the education of professionals who operate on a worldwide basis. Alle these influences (which are difficult to distinguish empirically) find receptive audiences in national societies and states eager for legitimacy and progress." (Benavot/Chea/Kamens/Meyer/Wong 1991, S. 97)

Mit den von internationalen Akteuren seit dem Zweiten Weltkrieg weltweit beförderten Diskursen und ihrem Einfluss auf die Bildungswesen weltweit haben sich Chabott und Ramirez (2000) befasst. Sie identifizieren als zentrale Ursache für den Einflussgewinn internationaler Regierungs- und Nicht-Regierungsorganisationen in den staatlichen Bildungssystemen die Wirksamkeit des Fortschrittsmythos, der mit dem Anspruch auf globale Gerechtigkeit verknüpft werde. Beide Elemente bilden, so der von ihnen vertretene Argumentationsgang, den Kern der auf der Ebene der Weltgesellschaft von internationalen Organisationen wie der Weltbank, der UNESCO oder der OECD formulierten „blueprints of development" (ebd., S. 174). Diese normierten Entwicklungsvorstellungen werden im Rahmen internationaler Diskurse und Konferenzen aufgestellt, von wo aus sie Eingang finden in internationale Resolutionen und Abkommen, die schließlich im Rahmen von globalen Förderprogrammen verbreitet und von nationalen, regionalen und lokalen Akteuren aufgenommen werden. Der damit beschriebene Prozess wird von den Autoren als „loose coupling" gefasst:

„For most of the post war period this conference – declaration – national plan cycle contributed to a significant amount of loose coupling." (Chabott/ Ramirez 2000, S. 175)

Mit dem Begriff „loose coupling" wird mithin folgender Wirkungszusammenhang gefasst: Als Reaktion auf international aufgestellte Normen werden von nationalen Akteuren Bildungsvorgaben aufgestellt, die wiederum von Akteuren unterhalb der nationalen Ebene, d.h. regional und lokal umgesetzt werden. Die entstehenden Reibungsverluste, Anpassungen und Modifikationen führen dazu, dass internationale Modelle und reale Umsetzungen oft weit auseinander klaffen, d.h., dass sie nur lose gekoppelt sind. Folgende Grafik stellt den Versuch dar, diesen Prozess zu visualisieren:

Schaubild 1: Visualisierung der Realisierung der „World Cultural Blueprints of Development"

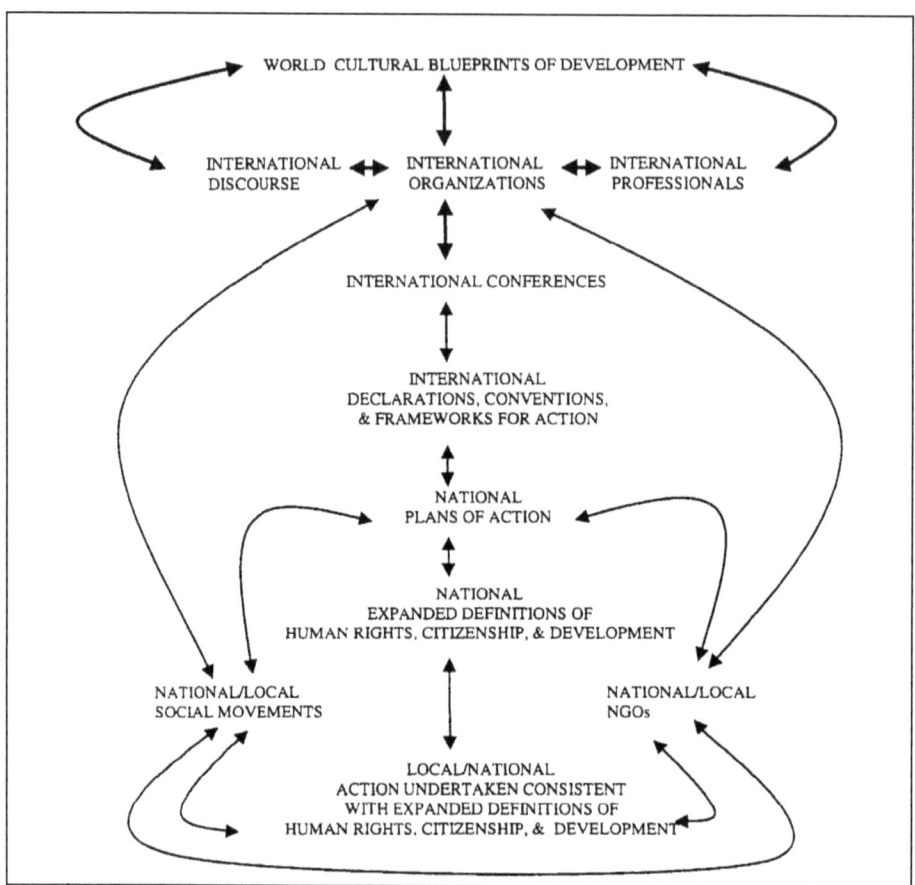

Quelle: Chabott/Ramirez, 2000, S. 174.

Bedeutsam für diesen Prozess ist die Allianz von internationalen Regierungs- und Nichtregierungsorganisationen, die sukzessive einen gemeinsamen inhaltlichen Bezugsrahmen, wie geteilte Ziele und Vorstellungen bezüglich der Weltgesellschaft, entwickeln, den sie zunehmend auch auf der Ebene der Nationalstaaten verankern wollen. Im Zuge dieses Prozesses sei, so Lenhart (2000, S. 51) eine „Weltbildungssemantik, fast schon Bildungstheorie" entstanden, die sich z. B. in dem von der UNESCO in Auftrag gegebenen, von der Delors-Kommission erstellten Bericht „Learning – the Treasure within" (1996) manifestiere. Die tragenden Säulen dieser Weltbildungssemantik sind die 1948 von den Vereinten Nationen verabschiedeten international gültigen Menschenrechte (Gareis/Varwick 2002, S. 157-211), die Bildung bereits als Menschenrecht definierten (Art. 13, 14; Chabbott/ Ramirez 2000, S. 174). Auf der Weltbildungskonferenz in Jomtien (Thailand) 1990 zum Thema: „Education for all", auf der erstmals internationale Regierungs- und Nicht-Regierungsorganisationen sowie nationale Vertretungen gemeinsam global geltende Standards für das Bildungswesen verabschiedeten (Chabbott/Ramirez

2000, S. 175), wurde zum einen das individuelle Recht auf Bildung bekräftigt; zum anderen einigten sich alle Beteiligten auf die Erstellung von Weltbildungsberichten, die von der UNESCO erarbeitet werden sollten und seit 1991 realisiert werden. Diese Weltbildungsberichte umfassen die Bereiche Alphabetisierung, Bildung von Frauen und Mädchen, Bildung für Demokratie, Frieden, Menschenrechte und Bildungsfinanzierung, sie setzen „zugleich Standards, denen sich nationale und internationale Akteure nur schwer entziehen können." (Lenhart 2000, S. 52).

Anknüpfend an den hier skizzierten Einfluss von internationalen Regierungs- und Nicht-Regierungsorganisationen auf den Bildungsbereich weltweit und die beiden letztgenannten Studien zum Elementar- und zum Sekundarstufencurriculum haben sich die Stanforder Forscher stärker der inhaltlichen Dimension von Schule zugewandt und kritisieren in diesem Zusammenhang, die nationale Forschung habe es in den vergangenen Jahrzehnten versäumt, sich mit den Inhalten schulisch vermittelter Bildung, d. h. mit dem Curriculum zu beschäftigen, da sie sich entweder a) auf die Frage der Chancengleichheit und der Reproduktion sozialer Ungleichheit im Bildungswesen konzentriert habe, bspw. im Rahmen von Forschungen zum heimlichen Lehrplan der Schule oder zur Marginalisierung ethnisch-kultureller Gruppen, oder b) auf Themen, die globale Entwicklungen betreffen und von internationalen Organisationen eingebracht werden, z. B. aus dem Kontext der Ökologie und Menschenrechte (McEneaney/Meyer 2000, S. 190f.). Vor diesem Hintergrund postulieren McEneaney und Meyer (ebd., S. 195-208) für die weltweite Curriculumentwicklung folgende Dynamik:

- Da schulische Bildung seit ihrer Etablierung für einen ständig wachsenden Personenkreis zugänglich sein solle, sinke der Anteil elitärer Bildungsgänge zugunsten eines Anstiegs von Bildungsgängen, in denen alle Schülerinnen und Schüler gemeinsam unterrichtet werden.
- Die zunächst von der Reformpädagogik postulierte und seither von den nationalen Bildungswesen zunehmend adaptierte „Pädagogik vom Kinde aus" befördere einen fundamentalen Wandel im Bildungswesen. Seither stünden nicht mehr die Fächer und die Vermittlung der dort postulierten Inhalte im Zentrum der Unterrichtspraxis, sondern die lernenden Individuen, die in ihrer ganzen Persönlichkeit zu fördern seien.
- Der wachsende Einfluss von internationalen Regierungs- und Nicht-Regierungsorganisationen im Bildungsbereich habe zu einem Wandel der normativen Basis schulischer Bildung geführt. Bildung sei heute ein anerkanntes Menschenrecht. Sie diene in erster Linie der individuellen Entfaltung und dem individuellen Fortschritt und erst vermittelt über diesen Eigenwert auch dem gesellschaftlichen Fortschritt.
- Seither fänden auch bisher im Bildungswesen marginalisierte Gruppen wie Mädchen und ethnisch-kulturelle Minderheiten sowie in globaler Perspektive bedeutsame Unterrichtsthemen, z. B. aus dem Bereich der Ökologie und der Menschenrechte, zunehmend Berücksichtigung im Curriculum.

Die Orientierung der Schule am Recht des Kindes auf Bildung und seiner umfassenden körperlichen, geistigen und moralischen Entfaltung habe mithin dazu geführt, dass Lerninhalte zunehmend unter individuellen sozialen und psychologischen Aspekten thematisiert würden. Als Beispiel führen die Autoren (ebd., S. 198) den Sachkundeunterricht an deutschen Grundschulen an, in dem an der Lebenswelt des Kindes orientierte Fragestellungen im Vordergrund stünden, die im Hinblick auf ihre sozialen, naturwissenschaftlichen und historischen Aspekte bearbeitet würden. Der Ausbau des Mathematikunterrichts und der naturwissenschaftlichen Fächer hingegen reflektiere die Zielperspektive der Rationalisierung der natürlichen Umwelt. Dem werde im Unterricht über die Förderung rational-systematischen Denkens und die Vermittlung von wissenschaftlichen Zugängen zur Aufgabenbearbeitung Rechnung getragen. Andererseits würden auch naturwissenschaftliche Fragestellungen immer häufiger mit sozialen, ökonomischen und kulturellen Aspekten vermischt, sodass sich Fächergrenzen immer stärker auflösen. So stünden im Zentrum des Mathematik-, Physik- und Chemieunterrichts nicht länger klassische Modelle und Themen, sondern der Schwerpunkt liege auf der Entwicklung der individuellen Kompetenz, komplexe soziale, ökologische, politische und ökonomische Zusammenhänge erkennen und bearbeiten zu können.

Der von Meyer et al. vertretene Argumentationsgang wird nachvollziehbar, wenn man akzeptiert (wissenschaftlich für legitim hält), dass die Autoren eine Makroperspektive auf die Schulentwicklung einnehmen und präsentieren. Auf der Folie dieser Makroperspektive gelangen sie zu den von ihnen identifizierten und herausgestellten globalen und langfristigen Trends der Schulentwicklung, wobei das von ihnen Geschilderte in Einzelfällen auch nicht zutreffen mag. Um die Identifikation und Analyse von Einzelfällen und singulären Entwicklungen geht es den Protagonisten des *world polity*-Ansatzes jedoch nicht, sondern um die Analyse eines „kontra-intuitiven" Sachverhalts (Wobbe 2000, S. 29), und zwar um die Bearbeitung der Frage, warum „sich trotz hochgradiger Ungleichheit und sozialer Differenz Strukturähnlichkeiten auf weltgesellschaftlicher Ebene heraus bilden" (ebd.).

Im Hinblick auf den Forschungsertrag der Stanforder Studien lässt sich Folgendes resümieren:

In ihren frühen Studien haben die Stanforder Forscher die Universalisierung der modernen Schule, von ihnen gefasst mit dem Begriff „mass education", in Form einer zunächst kontinuierlich und dann seit dem Zweiten Weltkrieg weltweit deutlich ansteigenden Bildungsbeteiligung in strukturell ähnlichen Schulsystemen aufgezeigt. Dieser Anstieg korrespondierte mit der weltweiten Durchsetzung des Nationalstaatsprinzips als der legitimierten Organisationsform territorial verfasster politischer Systeme. Nationalstaaten basieren auf dem Mythos von der „imagined community" (Anderson 1988), die die Rechte der freien und gleichberechtigten Bürger schützt und den individuellen wie gesellschaftlichen Fortschritt gewährleistet. In der Praxis geschieht dies, indem der Staat Strukturen bildet, die ihm und seinen Bürgern die Realisierung dieser Ziele ermöglichen sollen – im Umkehrschluss bedeutet dies aber auch, dass diese Ziele den Kern oder die Basis dieser Strukturen bilden, m.a.W.: die zentrale Aufgabe der modernen Schule ist die Bildung von freien und loyalen Staatsbürgern und ihre Förderung, sowohl im Sinne des individuellen wie des gesellschaftlichen (nationalen) Fortschritts. Mit dem seit 1945 weltweit zunehmenden Einfluss von internationalen Regierungs- und Nicht-Regierungsorganisationen habe nun, so die Deutung der Protagonisten des *world polity*-Ansatzes, ein Prozess eingesetzt, in dem die Weltgesellschaft den National-staat als die dominierende Legitimationsreferenz für nationale Bildungswesen all-mählich ablöse.

2.2.2 Das theoretische Konzept der Stanforder Forscher: der *world polity*-Ansatz

Die dem *world polity*-Ansatz zugrunde liegenden theoretischen Prämissen sind von John W. Meyer und Brian Rowan erstmals 1977 in einem gemeinsamen Auf-satz dargelegt worden. In diesem Beitrag knüpfen die Autoren an das Bürokra-tiemodell von Max Weber an. Im Unterschied zu diesem gehen sie jedoch nicht davon aus, dass die im Zuge bürokratischer Herrschaft von Organisationen entwi-ckelten effizienten Problemlösungsstrategien ausschlaggebend sind für ihre Legiti-mation, sondern dass bereits die formal-rationalen Strukturen für sich genommen Organisationen und bürokratische Herrschaft legitimieren, und zwar unabhängig davon, ob diese Strukturen sich durch Effizienz auszeichnen oder nicht (Hasse/ Krücken 1999, S. 13; Wobbe 2000, S. 31).

Das zentrale von Meyer et al. eingeführte Konzept verbirgt sich hinter dem Etikett „world polity". Der Begriff „polity" stammt aus der angelsächsischen Politikwissenschaft und wird dort im Zusammenhang mit den Begriffen „policy" und „politics" zur Differenzierung folgender Ebenen nationalstaatlicher Politik verwendet: Der Begriff „policy" bezieht sich auf das öffentliche Handeln und die Inhalte von Politik; der Begriff „politics" bezeichnet den Prozess der politi-schen Willensbildung und Entscheidungsfindung. Der Begriff „polity" bezieht sich demgegenüber auf das politisch-institutionelle System, das durch die Verfassung, Rechtsordnung und Tradition festgelegt wird. Ihren institutionellen Niederschlag findet die verfasste Rechtsordnung bspw. in Regierungen, Parlamenten, Gerichten, Ämtern, Körperschaften und Schulen. Die Grundsätze der politischen Willensbil-dung werden durch Institutionen wie Wahlen, Grundrechte der Meinungsfreiheit, Parteien und Verbände realisiert. Das politisch-institutionelle System (polity) lenkt Inhalt (policy) und Verlauf (politics) von Politik (Rohe 1994, S. 61-68.) Das hier skizzierte „politologische Dreieck" hat sich als Analyseinstrumentarium insbeson-dere innerhalb der deutschen Politikwissenschaft durchgesetzt (von Prittwitz 1994, S. 13). Alle drei Begriffe leiten sich etymologisch aus dem griechischen Begriff „polis" ab, der im antiken Griechenland organisierten Bürgerschaft, die von allen politisch und wirtschaftlich unabhängigen, freien und gleichen männlichen Bürgern eines Gebietes konstituiert und regiert wurde.

Meyer et al. knüpfen im Rahmen ihres neo-institutionalistischen Ansatzes an die o.g. Bedeutung des Begriffs „polity" im Hinblick auf die damit bezeichnete institutionelle Transformation von Verfassung, Rechtsordnung und Tradition an; sie benutzen den Begriff jedoch in weltgesellschaftlicher Perspektive, indem sie mit „world polity" eine breite, in der westlichen Gesellschaft entstandene und tief verankerte kulturelle Ordnung bezeichnen, die jedoch weltweit ihren Niederschlag findet (Boli/Thomas 1997, S. 171; Fiala/Lanford 1987, S. 315). Damit wird der Begriff „polity" hier nicht in der sonst in der Politikwissenschaft üblichen einzelgesellschaftlichen Betrachtungsweise, sondern für gesellschaftsübergreifende Kultur- und Strukturmuster verwendet.

Diese gesellschaftsübergreifenden, auf Weltebene anzutreffenden Kultur- und Strukturmuster sind das Produkt der Transformation von westlichen vormodernen Gesellschaften in moderne Gesellschaften. Im Zuge dieser Transformation entwickelten sich, wie schon Durkheim (1984, im Original 1934) analysierte, aus segmentierten Gemeinschaften, bestehend aus Familien und Clans, in denen askriptive Merkmale die gesellschaftliche Stellung, die Aufgaben und Chancen der Individuen festgelegt hatten, arbeitsteilige Gesellschaften, in denen an die Stelle askriptiver Merkmale individuell erreichbare, in einen fairen Wettbewerb eingebrachte persönliche Leistungen als Vehikel zur Positionierung der Gesellschaftsmitglieder traten. Im Zuge des damit benannten, von der Aufklärung beförderten Wandels von vormodernen zu modernen Gesellschaften trat an die Stelle der Glorifizierung Gottes das Ideal einer rational handelnden Menschheit; die Vorstellung von der Seelenrettung wurde ersetzt durch das Ideal vom permanenten Fortschritt, vom Glauben an den unerschöpflichen Reichtum individueller Persönlichkeiten und ihrer Leistungspotenziale. Durkheim (1984, S. 143), der sich vor diesem Hintergrund mit der Frage beschäftigt hatte, welche Moral solcherart rationalisierte Gesellschaften von Individuen zusammenhält, gelangte zu folgender Erklärung: „In der Tat ist eines der Hauptaxiome unserer Moral (man könnte sogar sagen, das Hauptaxiom), dass die menschliche Person heilig ist. Sie hat Recht auf den Respekt, den der Gläubige aller Religionen seinem Gott vorbehält." (Durkheim 1984, S. 143).

Im Zuge des Wandels von vormodernen zu modernen Gesellschaften entstanden, so die zentrale Annahme von Meyer et al. (Boli/Ramirez/Meyer 1985, S. 158-161), in der Aufklärung verwurzelte Gesellschaftsvorstellungen, sog. Mythen, die den Kern der *world polity* und der seither weltweit dominierenden kulturellen Ordnung, der „world culture" (Boli/Thomas 1997, S. 173f.) bilden. In die Kulturanthropologie wurde der Begriff des Mythos zur Bezeichnung affektiv unreflektiver Deutungssysteme, sog. „primitive Kulturen" eingeführt, in der deutschsprachigen Soziologie wird der Begriff des Mythos seit den 1990er Jahren insbesondere in Analysen von politischen Entscheidungsprozessen verwendet. Die besondere Attraktivität von Mythen wird dort damit erklärt, dass sie in komplexen, unübersichtlichen Situationen „einfache und nicht-hinterfragbare Kausalerklärungen" und Deutungsmuster bereitstellen (Hasse/Krücken, 1999, S. 68). Im *world polity*-Ansatz wird der Begriff des Mythos zur Bezeichnung von Gesellschaftsvorstellungen verwendet, die das westliche Rationalisierungsparadigma umfassen; diese Gesellschaftsvorstellungen oder „Mythen" beruhen, so die provokante These von Meyer et al. (ebd. S. 13), auf folgenden symbolisch in Strukturen und Organisationen transformierten und nicht mehr weiter hinterfragten Vorstellungen (Ramirez 1997, S. 49):

„(a) The Myth of the Individual,
   The Myth of the Nation as an Aggregation of Individuals,
   The Myth of Childhood Socialization and Continuity over the Life Course;
   The Myth of Progress, and
   The Myth of the State as the Guardian of the Nation."

Diese Mythen fungieren im *world polity*-Ansatz als „Motor" für einen unabgeschlossenen westlichen Rationalisierungsprozess, bei dem „bestimmte Strukturformen legitimiert und hervorgebracht werden, während andere an Legitimation
verlieren." (Hasse/Krücken 1999, S. 32). Die zentralen Strukturformen im *world
polity*-Ansatz sind laut Meyer, Boli, Thomas und Ramirez (1997, S. 144-181):
• Nationalstaaten, die ihre Wurzeln im Europa des 17. Jahrhunderts haben und
  sich seither zu der dominierenden Organisationsform territorial verfasster politischer Systeme entwickelt haben;
• formale Organisationen als grundlegende Einheiten moderner Gesellschaften;
• rationale und autonom handelnde Individuen.

Diese drei Strukturformen orientieren sich an den extern, d. h. auf der Ebene der
Weltgesellschaft (ebd.) formulierten Mythen, die die Erwartungshaltungen ihrer
Umwelt repräsentieren oder, anders ausgedrückt: „Organisationen [kopieren, S.H.]
Mythen, also bestimmte Erwartungshaltungen ihrer Umgebung und stellen eine
Gestalt- und Strukturähnlichkeit zu ihrer Umwelt her" (Wobbe 2000, S. 32, Hervor. im Orig.). Dieser Prozess führt laut Meyer et al. zu einer weltweiten Anglei-
chung institutionalisierter Werte: zu Isomorphie, d.h. weltweit bilden sich – trotz
divergierender sozialer, ökonomischer und politischer Gegebenheiten – ähnliche
Strukturmuster (vgl. auch ebd., S. 29-40). Diese Isomorphie prägt die Weltkultur
(world culture) (Boli/Thomas 1997, S. 171-190), die den Strukturformen sowohl
vorgelagert wie auch inhärent ist, und – wie die world society auch – auf Prinzipien und Modellen aufbaut, die die *world polity* reflektieren.
   Für das Verständnis des *world polity*-Ansatzes sind mithin die drei Begriffe
„world society", „world polity" und „world culture" zentral: Mit Rekurs auf den
Begriff „world society" (Weltgesellschaft) hatte Meyer (1980, S. 111f.) ursprünglich den theoretischen Rahmen für den von ihm vertretenen neo-institutionalistischen Ansatz abgesteckt; „world society" wurde von ihm definiert als ein System,
das über den kollektiven Transfer von Autorität Werte erzeugt (ebd.). Der heute
von Meyer et al. verwendete zentrale (diesem Ansatz seinen Namen gebende)
Begriff „world polity" bezeichnet „eine weltgesellschaftliche Ordnung der Sozial-
organisation" (Wobbe 2000, S. 37), die im Kern auf den o. g. Mythen basiert,
welche symbolisch in kontinuierlich modifizierte Strukturen, Normen und Regeln
transformiert werden (Boli/Ramirez/Meyer 1985, S. 158-161; Ramirez 1997,
S. 49). Mit dem Begriff „world culture" (Weltkultur) fassen die Autoren die weltweite Verbreitung des westlichen Rationalisierungsparadigmas (Boli/Thomas 1997,
S. 173); der diesem Konzept zugrunde liegende Kulturbegriff rekurriert nicht auf
expressive Kulturmerkmale, sondern geht davon aus, dass Kultur weltweit in kognitiv ähnlicher Weise konstruiert wird:

„When we speak of culture as global, we mean that definitions, principles and purposes are cognitively constructed in similiar ways throughout the world." (Boli/Thomas 1997, S. 171-190).

Aufgrund dieser universellen kognitiven Strukturmuster, so die Annahme, verhalten sich Individuen als Träger und Vermittler von „scripts" (Meyer/Boli/Thomas/Ramirez 1997, S. 150). Im Rahmen eines kontinuierlichen gesellschaftlichen Rationalisierungsprozesses werden nun Strukturen geschaffen, die ihrerseits wiederum weltweit isomorphe, wenngleich ständig ausdifferenziertere Strukturen ausbilden. Diese Strukturen erhöhen sowohl ihre wie auch die Legitimität der vorherrschenden Mythen selbst. Von den Protagonisten des *world polity*-Ansatzes wird dieser Prozess wie folgt beschrieben:

„First, contemporary constructed ‚actors‘, including ‚nation states‘, routinely organize and legitimate themselves in terms of universalistic (world) models like citizenship, socioeconomic development, and rationalized justice. Second, such models are quite pervasive at the world level, with a considerable amount of consensus on the nature and value of such matters as citizens and human rights, the natural world and its scientific investigation, socioeconomic development and education. Third, the models rest on claims to universal world applicability; for example economic models of development and fiscal policy and medical models of the human body and health care delivery are presumed to be applicable everywhere, not just in some locales or regions." (Meyer/Boli/Thomas/Ramirez 1997, S. 148)

Die hier postulierte Dynamik beschreibt einen Top-down-Prozess, bei dem Akteure (Staaten, Organisationen, Individuen) geschaffen werden, nicht umgekehrt. Diese Akteure schaffen dann ihrerseits, so die von Meyer et al. vertretene These, erstens weltweit isomorphe, d. h. ähnliche Strukturen, sogar wenn diese Strukturen den jeweiligen realen Erfordernissen nicht gerecht werden. Und diese Strukturen wandeln sich zweitens zwar in unerwarteten Dimensionen, aber in ähnlicher Weise. Beide Entwicklungen können auf der Folie einer globalen Perspektive, so das Resümee, nicht hinreichend mit innergesellschaftlichen Anforderungen – im Falle von Nationalstaaten bspw. aus ihrer individuellen Geschichte heraus – erklärt werden, wie dies im Rahmen von funktionalistischen Theorien geschieht. Vielmehr seien es die auf der Ebene der Weltgesellschaft angesiedelten, global wirksam werdenden Mythen, die zur Bildung von weltweit strukturell ähnlichen, d. h. isomorphen Strukturen führen. Zur Veranschaulichung dieser Überlegungen konstruieren Meyer et al. folgendes Gedankenexperiment (Meyer/Boli/Thomas/Ramirez 1997, S. 144-181):

Eine bisher „unentdeckte" Insel würde, schon bald, nachdem sie in Kontakt mit ihrer globalen Außenwelt getreten ist, eine anderen modernen Nationalstaaten ähnliche Regierung bilden mit den üblichen Ministerien und staatlichen Einrichtungen. Dieser neu entstandene Staat wäre darum bemüht, von anderen Staaten und den Vereinten Nationen anerkannt zu werden. Er würde seine Angehörigen zu Staatsbürgern erklären und ihnen die gängigen Staatsbürgerrechte verleihen sowie einige Menschengruppen, z. B. ältere und jüngere Menschen, mit besonderem

Schutz ausstatten. Meyer et al. postulieren, dass die Implementierung von Welt-modellen, die aus funktionalistischen und/oder modernistischen Theorien gespeist werden, in kürzester Zeit adaptiert würden; dass Wissenschaftler, Ökonomen usw. die Insel und ihre Bevölkerung auf der Basis nur weniger empirischer Daten analysieren und mit Blick auf ihre künftigen politischen, wirtschaftlichen, kulturellen, sozioökonomischen usw. Politiken (policies) beraten würden, ohne auch nur einmal die Insel betreten zu haben. Der neu entstandene Staat würde verglichen mit anderen Nationalstaaten, was zur Anerkennung dieses Staates durch andere und zu seiner Integration in die internationale Staatengemeinschaft beitragen würde. Der Inselgesellschaft würde es leichter fallen, die global aktuell vorherrschenden strukturellen Formen zu übernehmen als ihre effektive Umsetzung zu realisieren, was zu einer Diskrepanz zwischen dem formalen Modell und der beobachtbaren Praxis führen würde (ebd., S. 145-150).

Die Diskrepanz zwischen den vom o.g. hypothetisch angenommenen Staat gebildeten Strukturen und ihrer Realisierung in der Praxis fassen Meyer et al. (Meyer/Boli/Thomas/Ramirez 1997, S. 154-156) mit dem Begriff „decoupling". Die mit diesem Begriff benannte Inkonsistenz von Struktur und Realität ist den Autoren (ebd., S. 155) zufolge aus institutionalistischer Perspektive ein charakteristisches Merkmal von Akteuren, die weit gefasste und diffuse Ziele verfolgen, wie bspw. Nationalstaaten. Diese würden, so Meyer et al. (ebd.), Diskrepanzen zwischen dem von ihnen zugrunde gelegten Modell und der praktischen Realisierung desselben mit der wiederholten Planung und Formulierung von Reformvorhaben (policies) bearbeiten, wobei sich im Zeitverlauf unter den beteiligten Akteuren zwar ein gewisser Zynismus einstellen könnte, dessen zentrales konkretes Ergebnis jedoch wiederum Zukunftsplanungen und Reformvorhaben wären (ebd.). Dieser Prozess, so Meyer et al. (1997, S. 155f.), generiere höchst elaborierte Institutionen, und zwar aufgrund des engen systemischen Verhältnisses zwischen Modell und Praxis. Im *world polity*-Ansatz sind es also die im westlichen Rationalisierungs-paradigma auf der Ebene der Weltgesellschaft (world society) verankerten und im Rahmen der Weltkultur (world culture) (re-)produzierten Mythen (world polity), die zur Bildung weltweit isomorpher Strukturen führen, unabhängig davon, ob diese den realen Erfordernissen gerecht werden oder nicht. Vor diesem Hintergrund kritisiert Seitz (2002b, S. 58), die Weltgesellschaft fungiere in diesem Konzept „als globaler Orientierungshorizont" (...), „ohne dass damit weitergehende Annahmen über das Vorliegen einer weltgesellschaftlichen Sozialintegration, einer gemeinsamen Identität oder auch nur eines manifesten Bewusstseins, in einer Weltgesellschaft zu leben, einher gehen müssen". Dem ist entgegenzuhalten, dass die Protagonisten dieses Ansatzes in Beiträgen jüngeren Datums durchaus den Blick darauf lenken, dass sich erste Formen eines Bewusstseins von einer Weltgesellschaft und von einer Weltkultur entwickelt haben, und zwar im Hinblick auf den zunehmenden Einflussgewinn internationaler Organisationen in der Weltgesellschaft und der von ihnen beförderten globalen Kultur:

> „Like all cultures, world culture becomes embedded in social organizations, especially in organizations operating at the global level." (Boli/Thomas 1997, S. 172)

Träger dieser globalen Kultur seien, so Boli und Thomas (1997, S. 172f.), insbesondere Nationalstaaten, transnationale Konzerne, internationale und supranationale Regierungsorganisationen sowie Nicht-Regierungsorganisationen und die Wissenschaften. Letztere verkörperten wie kaum eine andere Institution die globale Kultur, die kognitiv hergestellt werde und den Anspruch auf universelle Gültigkeit erhebe (ebd.; Meyer 1992, S. 3).

Die Hintergründe für diese Entwicklung, das Zusammenspiel dieser Akteure und die daraus resultierenden Konsequenzen für die Distribution der globalen Kultur erklären die Autoren wie folgt: Noch 1940 gab es weltweit erst 65 Nationalstaaten (Meyer/Ramirez/Rubinson/Boli-Bennett 1977, S. 251). Seither hat sich ihre Zahl auf insgesamt über 190 Staaten erhöht. Parallel dazu kam es seit 1945 auch zu einer starken Zunahme internationaler Nicht-Regierungsorganisationen. Von Boli und Thomas (1997, S. 175-179) ausgewertete empirische Daten zeigen, dass im Zeitraum von 1875 bis 1988 insgesamt 5.983 internationale Nicht-Regierungsorganisationen gegründet wurden. Die jeweiligen Neugründungen verteilten sich auf die Zeiträume wie folgt: Mit 10 Neugründungen jährlich kam es bereits in den 1890er Jahren zu einer Zunahme von Nicht-Regierungsorganisationen, die mit 51 Neugründungen pro Jahr 1910 ihren vorläufigen Höhepunkt erreichte. Diese Entwicklung wurde durch den Ersten Weltkrieg unterbrochen, setzte sich dann fort und stagnierte erneut in den 1930er Jahren und im Zweiten Weltkrieg. Danach kam es bis in die 1960er Jahre jährlich zu ca. 90 Neugründungen; in den 1970ern stieg der Anteil sogar noch. In der Parallelität der Zunahme von Nationalstaaten und internationalen Nicht-Regierungsorganisationen seit 1945 sehen die Autoren der Studie das Muster der wechselseitigen Legitimierung der Akteure, mit der die Ausdehnung der *world polity* auf zuvor unerschlossene Regionen einherging. Im Zuge dieses Prozesses habe sich die *world polity* nicht nur weiter stabilisiert, sondern sogar intensiviert, denn globale Prinzipien stellten den ideologischen wie institutionellen Kern internationaler Nicht-Regierungsorganisationen dar. Die Grundlage dieser globalen Prinzipien bilde das Konzept des Weltbürgers, wie es in den 1948 von den Vereinten Nationen verabschiedeten allgemeinen Menschenrechten zum Ausdruck komme (ebd., S. 182).

Für die hier interessierenden Fragestellungen ist dieser empirische Befund auf einen in ersten Ansätzen erkennbaren Wandel hin zu einem Bewusstsein von der Existenz einer Weltgesellschaft bedeutsam, da die in dieser Studie zu untersuchenden internationalen Schulmodelle explizit an internationale Regierungs- und Nicht-Regierungsorganisationen anknüpfen bzw. institutionell mit ihnen eng verbunden sind: Die UNESCO-Projektschulen, wie ihr Titel bereits ausdrückt, mit der UNESCO, die Europäischen Schulen und Europaschulen mit der Europäischen Union und die internationalen Schulen mit dem International Baccalaureate Office, einer Nicht-Regierungsorganisation mit Hauptsitz in Genf. Eine in dieser Studie zu bearbeitende Aufgabe wird es daher sein, sowohl institutionelle Interdependenzen zwischen diesen Organisationen und den genannten Schultypen wie auch inhaltliche Legitimationsmuster mit universalistischem Gültigkeitsanspruch herauszuarbeiten, die, wie hier bereits herausgestellt wurde, ihren Ausdruck in den Diskursen um Menschenrechtserziehung, Friedenserziehung, interkulturelle Pädagogik und globales Lernen finden (Scheunpflug/Hirsch 2000; Wulf/Merkel 2002).

An dieser Stelle soll in einem knappen Zwischenresümee festgehalten werden:

- Protagonisten des *world polity* Ansatzes zielen darauf, zu (er-)klären, warum es trotz ungleicher Umweltbedingungen weltweit zur Bildung von isomorphen Strukturen kommt.
- Dazu führen sie u. a. den Begriff „Mythen" ein und definieren fünf zentrale Mythen, die auf der Ebene der Weltgesellschaft angesiedelt sind und das westliche Rationalisierungsparadigma repräsentieren: Den Mythos des Individuums, des Fortschritts, des Subjekts, der kindlichen Sozialisation und Kontinuität über die Lebensspanne und des Staates als Garanten nationaler Identität.
- Die drei relevanten Strukturformen in der Weltgesellschaft, die Nationalstaaten, die Organisationen und die handelnden Individuen übernehmen die Mythen mindestens rhetorisch und adaptieren sie in symbolischer Form, z. B. in den allgemeinen Menschenrechten, in Grundgesetzen, im Rahmen der Schulpflicht usw. Die *world polity* fungiert in diesem Zusammenhang in Ermangelung einer Weltregierung als Instanz der Legitimierung und Propagierung der Mythen.
- Indem sich die Strukturformen auf dieselben Mythen berufen, reproduzieren sie diese zum einen und erhöhen zum anderen sowohl die Legitimität der Mythen wie auch ihre eigene. Dieser Mechanismus führt weltweit zur Ausbildung von isomorphen Strukturen und im weiteren Verlauf zu isomorphem Wandel.
- Aus der Perspektive des *world polity*-Ansatzes führen auch Widersprüche in der Weltgesellschaft nicht zu einem Wirksamkeitsverlust der Mythen, denn diese fungieren als „Motor" für die welt- wie innergesellschaftliche und individuelle Entwicklung. Insofern konsolidieren Diskrepanzen zwischen der Realität und den Mythen letztere sogar, denn die Mythen werden weiterhin als Modell wirksam.
- Die insbesondere in internationalen Regierungs- und Nicht-Regierungsorganisationen verankerte und von diesen zunehmend den Nationalstaaten und Individuen vermittelte globale Kultur schlägt sich nicht nur in weltweit isomorphen Strukturen, sondern auch in einem isomorphen Wandel nieder. Dieser Wandel weist Ansätze zur Herausbildung eines Bewusstseins von der Weltgesellschaft auf, d. h. es entwickelt sich eine inhaltlich definierte internationale Dimension.
- Vor diesem Hintergrund stellt sich die Frage nach dem Wandel des Nationalstaates, der von Meyer et al. als einflussreichste Strukturform in der Weltgesellschaft positioniert wurde: Denn mit dem Bedeutungsgewinn internationaler Organisationen geht die Frage nach einem möglichen Bedeutungsverlust des Nationalstaates einher.

Es ist das Verdienst der Protagonisten des *world polity*-Ansatzes, bereits zu einem Zeitpunkt eine Vorstellung und eine Definition von der Weltgesellschaft entwickelt und die weltgesellschaftliche Entwicklung in den Fokus genommen zu haben, als in den Sozialwissenschaften nationale Gesellschaften den Referenzrahmen für die Analyse gesellschaftlicher Entwicklungen bildeten – wie dies im Übrigen auch heute noch überwiegend der Fall ist. Dieser weltgesellschaftliche Bezug und die damit einhergehende Berücksichtigung internationaler und globaler Entwicklungen haben es seither ermöglicht, die auf der Ebene der Weltgesellschaft angesiedelten Mythen nicht als statische zu fassen, sondern ihre Dynamik zu erkennen. Ein Beispiel hierfür ist die von den Forschern lange Zeit diagnostizierte Dominanz des Nationalstaats als Garant für gesellschaftlichen und individuellen Fortschritt, für die freie individuelle Entfaltung usw. Der Nationalstaat sieht sich nun mit dem Einflussgewinn inter- und supranationaler Organisationen und im Anschluss hieran mit dem Problem konfrontiert, Strategien im Umgang mit den von diesen Organisationen inkorporierten, perpetuierten und legitimierten Mythen zu entwickeln.

Kritik an den von Meyer et al. vorgelegten bildungssoziologischen Studien wird im Hinblick auf die in diesen Studien verfolgte Makroperspektive geübt, da diese unterschiedliche nationalstaatliche, innergesellschaftliche Systembildungsprozesse nicht hinreichend berücksichtige (Schriewer 1994, S. 434ff.). Hopmann (1993) hat in diesem Zusammenhang bspw. mit Blick auf die von Meyer/Kamens/Benavot (1992) vorgelegte Studie zur Entwicklung eines globalen Elementarstufencurriculums moniert, dass nicht nachvollziehbar sei, wie die dort zugrunde gelegten Daten zustande gekommen seien; zum anderen demonstriert der Autor (Hopman 1993) an einigen, hier nicht im Einzelnen auszuführenden Beispielen, dass die von den Autoren offerierten Interpretationen der in ihren Studien nachgezeichneten historischen Entwicklungen zu kurz greifen oder unsachgemäß sind.

Seitz (2002b, S. 58) kritisiert demgegenüber, das Konzept der Weltgesellschaft fungiere im *world polity*-Ansatz, „als globaler Orientierungshorizont" (…), „ohne dass damit weitergehende Annahmen über das Vorliegen einer weltgesellschaftlichen Sozialintegration, einer gemeinsamen Identität oder auch nur eines manifesten Bewusstseins, in einer Weltgesellschaft zu leben, einher gehen müssen". Dem ist allerdings entgegen zu halten, dass Meyer u. a. nicht nur die Bedeutung von inter- und supranationalen Organisationen für die Verbreitung einer globalen Kultur und weltweit isomorpher Strukturen heraus gestellt haben, sondern auch einen hieran anknüpfenden isomorphen Wandel, der Ansätze zur Herausbildung eines Bewusstseins von der Weltgesellschaft aufweist, bspw. in Form von global geltenden Menschenrechten.

Eine zentrale Kritik am *world polity*-Ansatz hebt auf die Vernachlässigung der ökonomischen und politischen Prozesse und Machtverhältnisse im Rahmen dieses Konzepts ab (Lenhardt 1984, 1993; Seitz 2002b, S. 58). In diesem Sinne hat Adick (1992, S. 115f.) heraus gestellt, dass die Nichtberücksichtigung des kapitalistischen Weltmarkts im hierarchisch strukturierten Weltsystem sowie der wissenschaftlich-technischen Wandlungen vom 15. bis zum 20. Jahrhundert (industrielle Revolution) in den historisch-vergleichenden Studien der Stanforder Forscher zu einer verkürzten Interpretation der Weltgesellschaft führe. Weitere Kritikpunkte der Autorin (ebd., S. 124f.) am neo-institutionalistischen Ansatz von Meyer et al. zielen auf die den *world polity*-Ansatz leitende Grundannahme, die eine eindimensionale Dynamik der Verbreitung westlicher Kultur- und Strukturmuster weltweit unterstelle und davon abweichende Dynamiken und Strukturen vernachlässige (vgl. auch Hasse/Krücken 1999, S. 37f.). Konkret mit Blick auf die globale

Schulentwicklung geht Adick (1992, S. 124) im Unterschied zu Meyer et al. nicht davon aus, dass die moderne Schule als ein „europäisches Modell" gekennzeichnet werden kann, sondern als ein „universales" Modell gefasst werden muss, „unter den Herrschaftsbedingungen eines hierarchischen Weltsystems", und sie weist die Vorstellung zurück, ein bereits fertiges europäisches Modell von Schule sei auf die ganze Welt übertragen worden. Empirisch auf die von ihr nachgezeichneten Bildungsentwicklungen in Westafrika gestützt, kann die Autorin aufzeigen (ebd., S. 181ff.), dass die Vorstellung von der Verbreitung der modernen Schule als einem oktroyierten Kolonialerbe zu kurz greift und auf die im *world polity*-Ansatz eingenommene Perspektive, die die Verbreitung westlicher Kulturmuster unterstellt, zurückzuführen ist.

Eine weitere Kritik der Autorin (Adick 1992, S. 122) an den bildungssoziologischen Studien zielt auf die Vernachlässigung der inneren Strukturmerkmale von Schule. Dazu ist zu ergänzen, dass Meyer et al. inzwischen in ihren Studien zur Curriculumentwicklung diesen Fragen nachgegangen sind (Meyer/Kamens/ Benavot 1992; Kamens/Meyer/Benavot 1996). Ihre Daten geben jedoch nur begrenzt Auskunft darüber, inwieweit und in welcher Form dieses Kerncurriculum faktisch realisiert wird, welche Inhalte dort behandelt werden und wie sich diese im Zeitverlauf verändert haben könnten.

Meine Kritik am *world polity*-Ansatz knüpft zum einen an die von Adick und Lenhardt vorgebrachte Kritik an, zum anderen bezieht sie sich auf den im *world polity*-Ansatz unterstellten Top-down-Prozess der Diffusion kultureller Strukturmuster und der zentralen Stellung des Nationalstaates in diesem Kontext. Diese Kritikpunkte werden im Folgenden vertieft und es wird vorgeschlagen, von Meyer et al. vernachlässigte neue Strukturbildungen mit Rekurs auf das Konzept ‚Transnationale Bildungsräume' zu berücksichtigen.

2.3 Transnationale Bildungsräume

Empirische Befunde für die hier thematisierte Internationalisierung von Bildung und Schule haben insbesondere die sog. Stanforder Forscher vorgelegt und für die letzten gut zweihundert Jahre, insbesondere aber für die Zeit seit dem Zweiten Weltkrieg zunehmende Konvergenzen im Bildungsbereich aufgezeigt. Theoretisch eingebettet sind diese empirischen Studien in den von Meyer et al. vertretenen neo-institutionalistischen *world polity*-Ansatz. Dieser Ansatz weist neben den hier heraus gestellten Stärken auch die genannten theoretischen Schwächen auf, an die im Folgenden angeknüpft werden soll, und zwar an folgende zwei Aspekte:

Es geht erstens um den im *world polity*-Ansatz unterstellten, eindimensionalen Top-down-Prozess der Diffusion der auf der Ebene der Weltkultur entwickelten kulturellen Strukturmuster insbesondere durch den Nationalstaat, die im *world polity*-Ansatz wirkungsmächtigste Struktur. Meyer (2005, S. 158f.) konzediert diesbezüglich zwar, dass mit dem Bedeutungsgewinn inter- und supranationaler Organisationen ein bisher unabsehbarer Wandel des Nationalstaates und seiner Wirkungsmacht einhergehen könne. Er berücksichtigt jedoch nicht eine neben der

Ebene intergouvernmentaler Austauschbeziehungen angesiedelte, nationalstaatliche Grenzen transzendierende und mit dem Begriff ‚Transnationalismus' gefasste Dimension und ihr Potenzial, einen Wandel des Nationalstaates oder auch der *world polity* zu befördern. Dieser erste Punkt ist, wie im Folgenden gezeigt werden kann, eng verknüpft mit einer zweiten im *world polity*-Ansatz vernachlässigten Dimension: der Ökonomisierung von Bildung und damit einher gehender Konsequenzen für die im *world polity*-Ansatz zentralen Strukturformen: Nationalstaaten, Organisationen und autonome Individuen.

Zur Bearbeitung dieser beiden im *world polity*-Ansatz vernachlässigten Dimensionen wird im Folgenden auf den Begriff ‚Transnationalismus' und darunter gefasste Ansätze rekurriert, die von Ludger Pries (2001) und Thomas Faist (2000) seit den 1990er Jahren in die deutschsprachige Migrationssoziologie eingebracht und in jüngster Zeit punktuell auch in der deutschsprachigen Erziehungswissenschaft aufgegriffen wurden (Adick/Hornberg 2002; Adick 2005; Gogolin/Pries 2004). Beiträge, die Transnationalisierungsansätze für die Analyse von Schulentwicklungen fruchtbar machen, darauf sei an dieser Stelle noch einmal verwiesen, liegen demgegenüber m.W. bisher nicht vor. An dieser Stelle setzt die vorliegende Studie theoretisch und empirisch an: Mit ihr wird das Ziel verfolgt, transnationale Bildungsräume analytisch von anderen, z. B. internationalen und supranationalen Bildungsräumen zu unterscheiden und die hier zur Diskussion stehenden Schulmodelle dahin gehend zu untersuchen, ob mit ihnen die Emergenz transnationaler Bildungsräume einhergeht.

Der Begriff ‚transnational' und damit verknüpfte Entwicklungen fanden, wie hier bereits dargelegt wurde, sporadisch bereits seit den 1960er Jahren Berücksichtigung in der deutschsprachigen Politikwissenschaft; im Folgenden werden zwei seit den 1990er Jahren in der deutschsprachigen Diskussion stark rezipierte Ansätze zu ‚Transnationalismus' aufgegriffen: der von Ludger Pries (2001) vertretenen Ansatz ‚transnationale soziale Räume' und der von Thomas Faist (2000) vertretene Ansatz ‚transstaatliche Räume'. Die beiden Ansätzen zugrunde liegenden theoretischen Grundannahmen werden hier heraus gearbeitet, und zwar unter besonderer Berücksichtig der von den Protagonisten dieser Ansätze geteilten Grundannahmen einerseits und einer Problematisierung der von ihnen gewählten, divergierenden Begriffe „transnational" (Pries) und „transstaatlich" (Faist) andererseits. Im Anschluss an diese Einführung in das Konzept ‚transnationale Räume' wird ein Überblick über dessen Rezeption in der deutschsprachigen Erziehungswissenschaft gegeben und auf den *world polity*-Ansatz rückbezogen: Identifiziert werden Divergenzen hinsichtlich des im *world polity*-Ansatz und im Konzept ‚transnationale Räume' zugrunde gelegten Begriffs von ‚Tansnationalisierung'; und es soll eine unter Berücksichtigung beider Ansätze entwickelte, diese Studie leitende Definition des Begriffs ‚transnationale Bildungsräume' eingeführt werden. Das Kapitel schließt mit den diese Studie leitenden Hypothesen und Ausführungen zum weiteren methodischen Vorgehen.

2.3.1 Theoretische Grundannahmen der Konzepte ‚Transnationale Räume' (Pries) und ‚Transstaatliche Räume' (Faist)

Im deutschsprachigen Raum greifen prominent die Sozialwissenschaftler Ludger Pries und Thomas Faist mit den Begriffen ‚Transnationalismus' und ‚transnational' bezeichnete Phänomene auf und rücken gesellschaftliche Entwicklungen in das Zentrum ihres Interesses, die von ihnen als „Transmigration" bezeichnet werden (Pries 2001, S. 9). Bei dieser Form der Migration handele es sich, um „eine moderne Variante der nomadischen Lebensform" (ebd.), bei der „transnationale soziale Räume" (ebd.) bzw., so die von Faist (2000) gewählte Begrifflichkeit, „transstaatliche Räume" entstehen, die sich über Nationen und Kontinente hinweg erstrecken können und durch die Lebenspraxis der Transmigranten konstituiert würden. Bezüglich der hier interessierenden Begriffe und damit verknüpfte gesellschaftliche Entwicklungen führt Pries (2001, S. 49, Hervorh. im Orig.) aus:

> „Schließlich soll die innovative Diskussion um Transnationalismus und Transmigration vorgestellt werden. Wie bereits mehrfach angesprochen, besteht ihr Spezifikum darin, Migration nicht mehr als einen ein- oder zweimaligen Wechsel zwischen zwei Orten (Herkunfts- und Ankunftsregion) zu betrachten. Vielmehr wird häufigere Hin- und Her- oder auch Dreiecks-Migration als ein genuiner Bestandteil durchaus kontinuierlicher Lebensläufe – im bereits diskutierten Sinne einer Daseins- und nicht nur Übergangsform – verstanden, deren sozialräumliche Konfiguration *pluri-lokal* und im hier interessierenden Fall internationaler Migration transnational ist. Die Sozialräume, in denen sich Transmigranten bewegen, bestehen also aus mehreren sozial strukturierten Flächenextensionen. Die Transnationalismus-Perspektive ist daher auf Phänomene gerichtet, die einerseits die Grenzen von Nationalstaaten und Nationalgesellschaften überschreiten, aber andererseits nicht einfach global im Sinne von ubiquitär oder in ›allen wichtigen Weltregionen präsent‹ sind."

Als empirische Belege für die mit Transmigration einher gehende Entstehung transnationaler sozialer Räume führt Pries (1996, S. 461-470) im Zuge von Arbeitswanderungen zwischen Mexiko und den USA entstandene sog. transnationale Sozialräume an. Demgegenüber plädiert Faist (2000, S. 14) für die Verwendung des Begriffs „transstaatliche Räume" mit der Begründung, dass Nationen nicht immer identisch seien mit Nationalstaaten, ihren Staatterritorien und Regierungen. Als Beispiele führt Faist „multinationale Staaten wie etwa Kanada, Belgien, Indonesien oder Malaysia" (ebd.) an und verweist auf innerstaatliche – nach seiner Definition – nationale Migrationsbewegungen. Die damit benannte Differenz hinsichtlich der von Pries und Faist gewählten Begrifflichkeiten mündet jedoch nicht in de facto differierenden Bezugspunkten: die Nation einerseits und der Staat andererseits, sondern ist der terminologischen Unschärfe bzw. anhaltenden Diskussion um die Auslegung des Nationsbegriffs geschuldet.

Unterschieden werden kann zwischen einem ethnisch und einem staatsbürgerlich abgeleiteten Begriff von Nation (Oberndörfer 1992). Dabei hält ein ethnisch definiertes Nationsverständnis der empirischen Prüfung jedoch nicht stand, sondern entpuppt sich als ideologischer Überbau der Nationalstaatsbildung in Europa seit dem 17. Jahrhundert (Anderson 1988). Vor diesem Hintergrund ist dann aber auch der von Faist (2000, S. 14) vorgetragenen Einschätzung zu widersprechen, es handele sich beispielsweise bei Kanada um einen multinationalen Staat. Vielmehr konnte bereits Steiner-Khamsi (1992) darlegen, wie der kanadische Staat u. a. im Rahmen staatlicher Bildungsangebote ein multikulturelles nationales und explizit kanadisches Staatsverständnis propagiert und im nationalen Selbstverständnis seiner Bürger verankern konnte, bei dem sich Autochthone wie Allochthone als Angehörige distinkter ethnischer Gruppen, ebenso aber auch als Teil der multikulturellen Nation Kanada verstehen. Ähnlich stellt sich die Situation in den klassischen Zuwandererländern USA, Australien und Neuseeland dar. In Europa wäre in diesem Zusammenhang Spanien zu nennen, das sich als eine Nation versteht, wenngleich u. a. Katalonien, das Baskenland und Galizien als Teilautonome Provinzen über Sonderstatuten, und zwar auch im staatlichen allgemein bildenden Bildungsbereich verfügen. Solche Beispiele ließen sich viele finden, denn tatsächlich dominiert entgegen der landläufigen Vorstellung weltweit die Praxis eines Nationalstaats mit mehreren alteingessenen ethnischen Gruppen; dies trifft insbesondere auch auf die noch jungen Nationalstaaten in Afrika zu.

Die damit angerissenen theoretischen und politischen Diskurse um Fremd- und Selbstzuschreibungen, mit ihnen verknüpfte gesellschaftliche Entwicklungen und Interpretationen stellen einen unabgeschlossenen Prozess dar; so hat die Autonome Region Katalonien erreicht, dass sie in dem vom Spanischen Parlament 2006 angenommenen Autonomiestatut ‚Nation‘ genannt wird (die tageszeitung, 12. 05. 2006, S. 9). Empirisch betrachtet ist jedoch zu konzedieren, dass sich das National-Staats-Modell seit dem 17. Jahrhundert als weltweit dominierende Organisationsform territorial verfasster politischer Systeme durchsetzen konnte. Diese Tatsache reflektiert letztlich auch Faist im Rahmen des von ihm vertretenen Ansatzes, wie seine folgende Definition ‚transstaatlicher Räume‘ deutlich macht:

> „»Transstaatliche Räume« bezeichnen hier verdichtete ökonomische und kulturelle Beziehungen zwischen Personen und Kollektiven, die die Grenzen von souveränen Staaten überschreiten. Sie verbinden Menschen, Netzwerke und Organisationen in mehreren Orten über die jeweiligen Staatsgrenzen hinweg. Eine hohe Dichte, Häufigkeit und Langlebigkeit kennzeichnen diese Beziehungen unterhalb bzw. neben der Regierungsebene." (Faist 2000, S. 10) (...) „Transstaatliche Räume umfassen immer einen Mix von staatlichen und nicht-staatlichen Akteuren, welche die jeweiligen Geschehnisse signifikant beeinflussen. Dadurch unterscheiden sich transstaatliche Räume von interstaatlichen Beziehungen." (Ebd., S. 16)

Die von Faist angeführten „souveränen Staaten" (ebd.) sind in der gegenwärtigen gesellschaftlichen Praxis Nationalstaaten, insofern unterscheiden sich Pries und Faist hinsichtlich der von ihnen gewählten Bezugsgröße letztlich nicht. Wollte man dennoch der von Faist geforderten Akzentuierung des ‚Staates‘ als zentralem Bezugspunkt begrifflich stärker gerecht werden, läge es nahe, das Attribut ‚transnational-staatlich‘ einzuführen. Mit Blick auf die Anschlussfähigkeit an die internationale Diskussion und den hier interessierenden Gegenstandsbereich, national-staatlich geprägte und überwiegend in Verantwortung des Nationalstaates betriebene Schulen, wird jedoch auch in dieser Studie der Begriff ‚transnational' verwendet.

Mit den von ihnen vertretenen Ansätzen knüpfen Faist (2000, S. 13) und Pries (2001, S. 18) an einen Diskurs an, der zu Beginn der 1990er Jahre im nordamerikanischen Kontext im Zuge ethnographischer Forschungen mit einem Beitrag von Nina Glick Schiller, Linda Basch und Cristina Blanc-Szanton (1992) angestoßen wurde. In diesem Beitrag zeigen die Autorinnen erste Konturen einer transnationalen Perspektive auf Migration auf, indem sie den Blick auf einen bis dato unberücksichtigten Prozess lenken:

> „… in dem Migranten soziale Felder schaffen, die das Land ihrer Herkunft und das Land ihrer Niederlassung miteinander verbinden. Immigranten, die solche sozialen Felder herstellen, bezeichnen wir also als ›Transmigranten‹. Transmigranten entwickeln und unterhalten vielfältige, grenzüberschreitende Beziehungen im familiären, ökonomischen, sozialen, organisatorischen, religiösen und politischen Bereich." (Glick Schiller/Basch/ Blanc-Szanton 1997, S. 81; zitiert nach der deutschen Übersetzung des 1992 erstmals im Original erschienen Beitrags)

Sowohl Faist (2000, S. 14) als auch Pries knüpfen an die von Glick Schiller et al. (1992/1997) angestoßene Diskussion an, allerdings setzen sie an die Stelle des von Glick Schiller et al. gesetzten Begriffs ‚soziale Felder' den Begriff ‚Raum'. Bei Pries (2001, S. 18) geschieht dies auf dem Hintergrund seiner Kritik, Glick Schiller et al. blieben, indem sie die von ihnen identifizierten „sozialen Felder" als „deterritorialisierte Nationalstaaten" fassen, in ihrem Bestreben, die Vorstellung von Nationen als geschlossene Containergesellschaften zu überwinden, quasi auf halbem Wege stehen. Deterritorialisierte Nationalstaaten entstehen Glick Schiller et al. (ebd.) zufolge zum Beispiel, wenn ein aus Haiti stammender Arzt mit Wohnsitz in New York regelmäßig Geld an seine haitianische Großfamilie überweist, mannigfaltige Beziehungen zu seiner Herkunftsfamilie und -gemeinde unterhält und sich diesen wie auch dem haitianischen Nationalstaat zugehörig fühlt. Der haitianische Staat umgekehrt ist auf das so entstandene Netz von Beziehungen angewiesen und richtet sich zum Zwecke der Inklusion auch in politischer Hinsicht an die außerhalb seines Territoriums lebenden Haitianer (Pries 2001, S. 18).

Von diesem Verständnis eines quasi ausgeweiteten Nationalstaates setzen Faist und Pries sich explizit ab, indem sie auf den Begriff ‚Raum' rekurrieren; bei Pries (2001, S. 53), geschieht dies, indem er „transnationale soziale Räume" wie folgt definiert:

> „Es wird programmatisch vorgeschlagen, *transnationale soziale Räume* als einen Typus pluri-lolaker »Verpflechtungzusammenhänge« (Elias 1986) zu verstehen. *Transnationale soziale Räume* sind danach relativ dauerhafte, auf mehrere Orte verteilte bzw. zwischen mehreren Flächenräumen sich aufspannende verdichtete Konfigurationen von sozialen Alltagspraktiken, Symbolsystemen und Artefakten. *Transnationale soziale Räume* emergieren zusammen mit Transmigranten (und transnationalen Konzernen), beide bedingen einander." (Pries 2001, S. 53, Hervorh. im Orig.)

Im Unterschied zu Pries verzichtet Faist (2000) im Titel des von ihm vertretenen Ansatzes (transstaatliche Räume) auf das Attribut „sozial", greift es jedoch im Hinblick auf den von ihm verwendeten Raumbegriff ebenfalls auf, wie das folgende Zitat zeigt:

> „Wichtig ist nun, dass selbst im Falle von Migration die grenzüberschreitende Expansion sozialer Räume in späteren Phasen prinzipiell auch ohne geographische Mobilität von Menschen vonstatten gehen kann. Dies geschieht etwa über Kommunikationsprozesse, welche bei geographischer Distanz soziale Nähe signalisieren können." (Faist 2000, S. 15)

Mit dem von Pries und Faist eingeführten Raumbegriff richtet sich das Interesse nicht, wie Pries (20001, S. 12) treffend heraus gestellt hat, wie sonst in der Migrationssoziologie üblich, auf die Situation der Allochthonen in ihren Zielländern und/ oder die der Autochthonen bzw. der von Zuwanderung betroffenen Staaten, und es wird auch nicht, wie bei Glick Schiller et al. (1992/1997), von einem quasi verlängerten transnationalen Nationalstaat ausgegangen (Pries 1996, S. 468); die Autoren verwenden vielmehr einen Raumbegriff, den Faist beispielsweise wie folgt definiert:

> „Raum bezieht sich auf die sozialen und symbolischen Beziehungen von Akteuren in und zwischen Territorien bzw. Orten. Der Begriff Raum beinhaltet also nicht allein physische Eigenschaften. Ebenso umfaßt Raum auch makrostrukturelle Voraussetzungen wie soziale und symbolische Bindungen zwischen Personen und Kollektiven und subjektive Einstellungen, Werte und Bedeutungszuschreibungen. Raum und Ort unterscheiden sich demnach insofern, als daß Raum verschiedene territoriale Orte *mitsamt* den vorhandenen und implizierten Beziehungen umfaßt." (Faist 2000, S. 14, Hervorh. im Orig.)

Der Begriff „Raum", dies sei hier noch einmal heraus gestellt, wird in diesem Ansatz mithin nicht im herkömmlichen, physischen Sinne, d.h. für einen Ort (eine Stadt oder ein Land bspw.) verwendet, sondern für relativ dauerhafte, nationale Grenzen überschreitende Beziehungen zwischen Akteuren. Die Entstehung solcher transstaatlichen Räume (Faist) bzw. transnationalen Räume (Pries) kann sowohl durch Akteure und Prozesse von ‚unten' wie auch von ‚oben' befördert werden: also beispielsweise durch Transmigranten im Zuge von Transmigration (Pries 2001, S. 51) oder durch global agierende Unternehmen und/oder Organisationen, die Güter und/oder Informationen austauschen (Faist 2000, S. 11). Auch die seit dem Zweiten Weltkrieg in wachsender Zahl existierenden Nicht-Regierungsorganisationen können in diesem Sinne operieren. Eine unabdingbare Voraussetzung für die Entstehung transnationaler (bzw. transstaatlicher) Räume ist eine zumindest partielle Offenheit von Staaten gegenüber grenzüberschreitenden Bewegungen (Faist 2000, S. 38f.).

Zum besseren Verständnis des von Pries und Faist in die deutsche Diskussion eingebrachten, in der Erziehungswissenschaft noch recht unbekannten Konzepts ‚Transnationalismus' und mit Blick auf die hier im Weiteren angestrebte Konkretisierung ‚Transnationaler Bildungsräume' werden im Folgenden die von Pries und Faist für die Analyse der von ihnen identifizierten ‚transnationalen' bzw. ‚transstaatlichen' Räume vorgeschlagenen Ausdifferenzierungen zusammen gefasst. Beiden Autoren gemeinsam ist, dass sie an den von Pierre Bourdieu (1982, 1985) eingeführten Begriff ‚soziale Räume' anknüpfen, den dieser als Kombinationen sozialer Positionen (in Form von objektiviertem Kapital wie Bildungsabschlüsse) und Lebensstilen (in Form von inkorporiertem Kapital, wie es sich im Habitus ausprägt) definiert hat, bestehend aus drei Grunddimensionen: dem Kapitalvolumen, der Kapitalstruktur (ökonomisches, soziales, kulturelles und symbolisches Kapital) und ihrer Entwicklung im Lebensverlauf (Pries 1996, S. 467). Für die Analyse der Erscheinungsformen internationaler Migration in Gestalt von ‚Transnationalen Sozialen Räumen' schlägt Pries (ebd., S. 467ff.) des Weiteren die Differenzierung entlang von vier analytischen Dimensionen vor; diese sind:

1. der politisch-legale Rahmen von Migrationspolitiken und -regimes in der Herkunfts- und Ankunftsregion;
2. die materielle Infrastruktur in Form von Kommunikationsmedien wie Internet oder Fernsehen, aber auch Transportmedien (Flugzeuge, Schlepperorganisationen) und persönliche Netzwerke;
3. soziale Strukturen und Institutionen, deren besonderes Charakteristikum darin besteht, dass sie ein zwar von der Herkunfts- und Ankunftsregion geprägtes, aber „eigenständiges System der sozialen Positionierung herausbilden" (ebd., S. 468);
4. Identitäten und Lebensprojekte, die sich durch langfristig angelegte, vielfältige und/oder hybride Lebens- und Arbeitsorientierungen auszeichnen.

Faist (2000, S. 19-42) hebt in seiner Systematisierung dagegen stärker auf folgende zwei Aspekte ab: den Grad der Formalisierung und das Potential für Dauerhaftigkeit ‚transstaatlicher Räume'. Das Potential für Dauerhaftigkeit reiche von kurz- bis langlebig, wobei es im konkreten Fall durchaus schwierig sein könne, diesbezüglich zu eindeutigen Aussagen zu gelangen, da ein transnationaler Raum zwar das Potenzial für Langlebigkeit aufweisen, historisch betrachtet jedoch eine noch „junge" Erscheinung darstellen könne. Auf der zweiten Achse fasst Faist den Grad der Formalisierung: Netzwerke zeichnen sich gemäß dieser Kategorisierung durch einen geringen Grad der Formalisierung aus, Organisationen hingegen durch einen hohen. Folgende Typen transnationaler Räume werden entlang dieser Achsen konkretisiert:

Der Typus eines kurzlebigen transnationalen Raums (Typ A) zeige sich, wenn gering formalisierte Kontaktfelder zwischen Gütern, Personen, Informationen und Praktiken bestünden, wie im Fall von Migrantennetzwerken, in denen sowohl Individuen wie auch Kleingruppen wechselseitig Unterstützungsleistungen erbringen, zum Beispiel bei der Wohnungssuche, der Kinderbetreuung oder der Arbeitsplatzsuche. Faist (ebd., S. 35) fasst den in diesem Rahmen praktizierten Austausch in Anlehnung an Paul (1997) als „Massenhandeln", das zwischen vereinzeltem, personalem Handeln einerseits und kollektiv stark institutionalisiertem Handeln andererseits angesiedelt sei. Aufgrund nicht vorhersehbarer äußerer Einflüsse sei solches Massenhandeln in aller Regel nur von kurzer Dauer und nehme häufig einen Verlauf an, den Faist (2000, S. 36) im Hinblick auf Migrationsbewegungen in stilisierter Form in einer kumulativ gedachten S-Kurve veranschaulicht: wenigen Pioniermigranten folge analog zum Schneeballsystem ein deutlicher und schneller Anstieg wandernder Personen, der dann allmählich wieder abnehme.

Typ B repräsentierten demgegenüber Kleingruppen, häufig verwandtschaftlicher Art, die einen hohen Grad der Formalisierung aufweisen, nicht jedoch das Potenzial für Langlebigkeit. Ihr Handeln charakterisiert Faist (ebd., S. 36f.) als „spezifische Reziprozität und fokussierte Solidarität". Ausschlaggebend hierfür seien geteilte Vorstellungen von einer gemeinsamen Herkunft, wie sie beispielsweise auch für ethnische Gruppen kennzeichnend sind, und die potentielle Möglichkeit direkter personaler Begegnung. Klare Rollenerwartungen seien für das Handeln der Beteiligten bestimmend; Solidarität werde sowohl mit Verwandten praktiziert wie auch mit Angehörigen der erweiterten Gruppe oder Gemeinschaft, allerdings überdauere sie selten mehr als eine Generation.

Typ C seien beispielsweise Themen zentrierte Netzwerke, die auf dem Prinzip „Reziprozität als Tausch" basierten. Sie werden von Faist trotz ihrer geringen Formalisierung als langlebig eingestuft, da sie auf geteilten grundlegenden Werten basierten. Der Austausch von Informationen und Dienstleistungen beruhe in diesen Netzwerken auf einem verbindlichen Diskurs und einer gemeinsamen Zielperspektive sowie auf der Erfahrung bereits gelungener Austauschbeziehungen. Als Beispiele für Themen zentrierte Netzwerke führt Faist die vielfältigen, seit den 1970er Jahren aufgekommenen sog. neuen sozialen Bewegungen wie Frauen-, Umwelt- und Menschenrechtsbewegungen an.

Typ D schließlich repräsentierten Gemeinschaften und Organisationen, die ein hohes Maß an Formalisierung auszeichne und die dem Prinzip „generalisierte Reziprozität und diffuse Solidarität" folgten. Im Zentrum der dort stattfindenden Austauschprozesse stehe nicht das individuelle Gelingen, sondern das angestrebte Gleichgewicht innerhalb einer Gruppe von einander unbekannten Personen. Zum Teil träten solche Gemeinschaften und Organisationen, folgt man Faist (ebd., S. 38), auch als „transstaatliche soziale Bewegungen" in Erscheinung, verstanden als „Agglomerationen von Positionen und Beziehungen", die aus älteren transstaatlichen Verflechtungen und lokalen Institutionen hervor gegangen seien und die „im Bewußtsein der Zusammengehörigkeit über kollektive Repräsentationen grenzüberschreitend dazu benutzt werden, grundlegende politische, ökonomische oder soziokulturelle Herrschaftsverhältnisse zu ändern." Beispiele für diesen Typus transnationaler Räume sind Greenpeace und Amnesty International.

Zentral für das Handeln und die Austauschbeziehungen der Akteure in den von Faist idealtypisch gefassten transnationalen Räumen sind die dort zur Verfügung stehenden und aktivierbaren Kapitalien. Der Autor (Faist 2000, S. 28) unterscheidet diesbezüglich zwischen ökonomischem Kapital (z.B. Geld), sozialem Kapital (Beziehungen) und kulturellem Kapital, wobei er letzteres als „Ausdruck symbolischer Bindungen" fasst und unter dem Begriff Humankapital subsumiert. Als ein Merkmal sozialer und kultureller Kapitalien stellt Faist ihre lokale Gebundenheit heraus, da der „Transfer von einem Land in ein anderes nur schwer zu bewerkstelligen ist." (Ebd, S. 32). Dem ist entgegen zu halten, dass diese Charakterisierung auf institutionalisiertes kulturelles Kapital wie z. B. international anerkannte Hochschulzugangsberechtigungen nicht zutrifft. Selbige zeichnet vielmehr ihre internationale Kompatibilität aus, wie in dieser Studie im Folgenden am Beispiel der internationalen Schulen gezeigt werden kann.

An dieser Stelle kann zusammengefasst werden: Das Konzept transnationale Räume ist ein Ansatz mittlerer Reichweite. Es eignet sich als Ergänzung zu dem neo-institutionalistischen *world polity*-Ansatz und der in diesem Rahmen vertretenen globalen Perspektive. Denn mit dem Konzept transnationale Räume können transnationale Beziehungen neben der Regierungsebene erfasst werden (Faist 2000, S. 14; Kleger 1997, S. 288-292), und zwar sowohl im Hinblick auf die damit einher gehenden Konsequenzen für staatliches Handeln, Organisationen (systemische Ebene) und autonome Individuen (lebensweltliche Ebene). Die Teilhabe an transnationalen Prozessen ist auch ohne geographische Mobilität von Menschen möglich, zum Beispiel via Internet, sofern im Rahmen solcher Kommunikationsprozesse trotz geographischer Ferne soziale Nähe entsteht. Transnationale Räume zeichnen sich durch eine gewisse Dichte und Stabilität aus; nicht jeder Migrationsprozess muss zur Entstehung eines transnationalen Raums führen. Die zentrale Position, die im Konzept ‚Transnationale Räume' dem von Bourdieu eingeführten Begriff vom sozialen Raum zukommt, macht das Konzept, wie im Folgenden gezeigt werden kann, anschlussfähig an erziehungswissenschaftliche Fragestellungen.

2.3.2 Die erziehungswissenschaftliche Rezeption des Konzepts ‚Transnationale Räume' und eine diese Studie leitende Definition ‚Transnationale Bildungsräume'

In der deutschsprachigen Erziehungswissenschaft liegen bisher nur vereinzelt Beiträge vor, die an das Konzept transnationale Räume anknüpfen. Prominent vertreten ist in dieser Hinsicht das bereits erwähnte, 2004 erschienene Schwerpunktheft „Transnationale Bildungsräume" der Zeitschrift für Erziehungswissenschaft (Gogolin/Pries 2004), an dem auch der genannte Migrations- und Transnationalismusforscher Ludger Pries mitgewirkt hat. Dort finden sich insgesamt vier Beiträge, die sich mit transnationalen Entwicklungen beschäftigen; drei von ihnen verknüpfen, wie dies auch Gogolin und Pries (ebd., S. 5-19) in ihrem einführenden Beitrag tun, die Themen „Transmigration und Bildung". Bei Steinbach und Nauck (dies. 2004, S. 20-32) geschieht dies hinsichtlich der Mechanismen der Transmission von kulturellem Kapital in Migrantenfamilien; Sara Fürstenau (dies. 2004, S. 33-57) berichtet Teilergebnisse einer von ihr (dies. 2004) durch geführten und unter dem Titel „Mehrsprachigkeit als Kapital im transnationalen Raum" veröffentlichten empirischen Studie, für die die Autorin in Hamburg lebende Jugendliche portugiesischer Herkunft zu ihren (Aus-)Bildungsverläufen und -perspektiven befragt hat. Villányi und Witte (dies. 2004, S. 58-70) befassen sich in ihrem Beitrag mit russischen Jugendkulturen zwischen Globalisierung und Ethnisierung. Sämtliche Beiträge mit Ausnahme des letztgenannten knüpfen an den von Bourdieu eingeführten kapitaltheoretischen Ansatz an. Villányi und Witte erörtern am Beispiel zweier fiktiver russischer Jugendlicher die Frage, wie sich der Prozess der Globalisierung in ihren Lebensstilen ausprägt und rekurrieren dazu auf den von dem Globalisierungstheoretiker Robert Robertson unter dem Stichwort ‚Glokalisierung' vertretenen Ansatz (vgl. dazu bspw. Seitz 2002b, S. 82ff.).

Eine Definition des mit diesem Schwerpunktheft neu eingeführten Begriffs ‚transnationale Bildungsräume' findet sich dort nicht, wohl aber Hinwiese darauf, was die Autoren und Autorinnen darunter verstehen, wie Adick (2005) im Hinblick auf das genannte Schwerpunktheft unlängst ausgeführt hat (ebd., S. 261f.); sie resümiert folgende Kombinationen mit dem Begriff „transnational": In dem Beitrag von Gogolin und Pries fänden sich Begriffsverbindungen wie „Transmigration, Räume (sozialer Raum, Sozialräume), Ebene, Konstellationen, Verflechtungsbeziehungen, Wanderungsbewegungen, aufgespannte Lebenswelten, Inkorporation" (ebd., S. 261) sowie weitere, hier nicht einzeln aufzuführende Begriffsverbindungen. Bei diesen Varianten handele es sich, so Adick (ebd.), nicht um eine Verknüpfung mit pädagogischem Vokabular; ein solches fände sich jedoch bei Fürstenau (2004, S. 33-57), die folgende Begriffskombinationen verwende:

> „– transnationale (Aus-)Bildungs- und Zukunftsorientierungen (S. 33, 37),
> – transnationale (Aus-)Bildungslaufbahnen (S. 33, 37),
> – Sozialisation in transnationalen Sozialräumen (S. 40),
> – transnationale (Aus-)Bildungs- und Berufsorientierungen (S. 42),
> – transnationale (Aus-)Bildungswege und Berufsübergänge (S. 43),
> – transnationale (Bildungs-)laufbahnen (S. 49, 52),
> – transnationale (Aus-)Bildungsverläufe (S. 54)."

Adick (ebd., S. 261) folgert aus den von Fürstenau eingeführten Verbindungen mit dem Begriff „transnational", dass „der damit bezeichnete Begriffsraum – wenngleich von der Autorin nicht ausdrücklich postuliert – als Annäherung an das Konzept ‚Transnationale Bildungsräume' betrachtet werden" könne, dass Fürstenau jedoch nicht ‚Transnationale Bildungsräume' konkretisiere, sondern „Bildungswege in transnationalen Sozialräumen" (ebd.). Das damit von Fürstenau abgesteckte Forschungsfeld greift Adick (2005) auf, und zwar im Rahmen ihres Vorschlags für ein „Gesamtkonzept Transnationale Bildungsräume" (ebd., S. 262-266).

Dieser Vorschlag wird im Folgenden konkretisiert und für diese Studie adaptiert, da mit diesem Konzept eine für diese Studie tragfähige Definition transnationaler Bildungsräume vorliegt, die an die hier im voran gegangenen eingeführten theoretischen Ansätze anknüpft (vgl. auch Adick/Hornberg 2002, unv. Ms.). Der Vorschlag von Adick (2005) für ein Gesamtkonzept ‚Transnationaler Bildungsräume' integriert drei bisher unverbundene Diskurse um:

1. Sozialisation in transnationalen Räumen
2. Transnationale Konvergenzen im Bildungswesen
3. Transnational Education (TNE)

Mit dem Bereich (1) ‚Sozialisation in transnationalen Räumen' wird an die von Faist und Pries eingebrachten, auf dem Hintergrund einer migrationssoziologischen Perspektive entwickelten Konzepte angeknüpft (Adick 2005, S. 256-262). Der Bereich (2) ‚Transnationale Konvergenzen im Bildungswesen' ist durch die hier bereits ausführlich erörterten, im Rahmen des neo-institutionalistischen Ansatzes aufgezeigten weltweiten Bildungsentwicklungen repräsentiert. Dort wie in der Vergleichenden Erziehungswissenschaft findet das Attribut ‚transnational' seit einigen Jahrzehnten schon Verwendung, und zwar im Hinblick auf konvergente Bildungsentwicklungen. So führt Schriewer beispielsweise aus:

> „Systematisch weiterführend sind desgleichen Einsichten, die aus der Analyse der transnationalen Wanderungs-, Diffusions- und Rezeptionsprozesse erwachsen, welche die europäische und dann die weltweite Bildungsgeschichte insbesondere seit dem 19. Jahrhundert mit zunehmender Intensität durchziehen." (Schriewer 1994, S. 30)

Schriewer bezieht sich in seinem Beitrag nicht auf Entwicklungen, wie die von Pries und Faist thematisierten, sondern auf im Rahmen des neo-institutionalistischen Ansatzes identifizierte weltweite Konvergenzen im Bildungsbereich, die von den Stanforder Forschern bereits Mitte der 1980er Jahre mit dem Attribut ‚transnational' gefasst wurden, wie folgende Ausführungen von Boli und Ramirez zeigen:

> „Our perspective rests on the following fonudation: Education as a social institution is a transnational, or ‚world cultural' phenomenon, in preciesely the same sense that science, technology, political theory, economic development and a host of other phenomena are transnational in nature. By this we mean that what education is (its ontology), how it is organized (its structure), and why it is of value (its legitimacy) are features that evolve primarily at the level of *world* culture and world economic system, not at the level of individul nation states or other subunits of the overarching system." (Boli/ Ramirez 1986, S. 66, Hervorh. im Orig.)

Protagonisten des *world polity*-Ansatzes verwenden das Attribut ‚transnational' mithin zur Bezeichnung der von ihnen identifizierten, auf der Ebene der Weltkultur (der ‚world polity') entwickelten und weltweit Niederschlag findenden Konvergenzen, wie sie sich im Bildungsbereich im Verlauf der vergangenen gut zweihundert Jahre entwickelt haben und hier bereits ausführlich erörtert wurden. Diese transnationalen Konvergenzen, so Adick (2005, S. 263), seien zugleich Voraussetzung wie Resultat transnationaler Bildungsräume. Denn die Teilhabe an transnationalen Bildungsräumen erfordere in gewissem Rahmen die Anschlussfähigkeit und Übersetzbarkeit von Bildungsprozessen, Lernerfahrungen, Curriculuminhalten, Zertifikaten und Kompetenzen. Dies impliziere jedoch „keine eindeutige Identität von Bildungsvorstellungen, Programmen und Curricula, wohl aber einen historisch sich abzeichnenden säkularen Trend zu Angleichungen und eine bildungspolitisch gewollte Anschlussfähigkeit sowie gegebenenfalls auch Neu- und Weiterentwicklungen in den transnationalen bzw. transstaatlichen Räumen" (ebd., S. 263). Eine ähnliche Position vertritt im Hinblick auf weltweite konvergente Entwicklungen im Bildungswesen auch Schriewer (1994), allerdings fokussiert er nicht kulturspezifische und/oder konvergente Neu- und Weiterentwicklungen in transnationalen oder transstaatlichen Räumen, sondern kulturelle und nationale Gruppen:

> „Denn der grenzüberschreitenden Diffusion von Wissensbeständen, Organisationsmodellen, Problemlösungsmustern und Politiken stehen auf Seiten der rezipierenden kulturellen oder nationalen Gruppen jeweils spezifische Uminterpretations- und Anverwandlungsleistungen gegenüber. In ihrer Konsequenz werden transnationale Modell-Angebote – in historisch gewiß variablem Ausmaß – in interessengelenkte, selegierte, bedarfs- und situationsspezifisch adaptierte und kulturkonform umgedeutete strukturelle Neubildungen überführt." (Schriewer 1994, S. 30)

Meines Erachtens schließen sich die beiden hier angeführten Positionen nicht aus, sondern ergänzen sich vielmehr. Denn die von Adick (2005) und in dieser Studie thematisierten Transnationalen Bildungsräume repräsentieren von Schriewer zwar nicht avisierte, aber in dem von ihm postulierten Sinne interpretierbare „strukturelle Neubildungen" (Schriewer 1994, S. 30), die von nationalen, inter- und supranationalen Bildungsräumen unterschieden werden können, und zwar dann, wenn man den hier bisher nicht näher erläuterten, von Adick (2005, S. 246-248, 250-258) angeführten Teilbereich transnationaler Bildungsräume: die „Transnational Education (TNE)" hinzu nimmt. Dieser Teilbereich ist zum einen für die mit dieser Studie verfolgte Verschränkung von ‚komparativer' und ‚internationalistischer' Perspektive bedeutsam, zum anderen im Hinblick auf die im *world polity*-Ansatz vernachlässigte ökonomische Dimension, die ihren Niederschlag in der Ökonomisierung von Bildung findet.

Mit dem Begriff ‚Transnational Education (TNE)' werden Bildungsangebote gefasst, die seit einigen Jahren im Hochschul- und im Weiterbildungsbereich u. a. in Gestalt von virtuellen Lehr-Lernangeboten in Erscheinung treten, wo sie von international operierenden Bildungsorganisationen wie Fachhochschulen, Hochschulen und privaten Dienstleistungsunternehmen angeboten werden. Sie werden von der UNESCO und dem Europarat als ‚transnationale' Bildungsangebote etikettiert und von Weber (2004) als eine der fortgeschrittensten Erscheinungsformen von Deregulierung im Tertiären Bildungsbereich eingeordnet. Für die unter diesem Begriff gefassten Entwicklungen hat die UNESCO gemeinsam mit dem Europarat im Juni 2001 einen „Code of Good Practice in the Provision of Transnational Education" formuliert; unter ‚transnational education' wird dort verstanden:

> „All types of higher education study programme, or set of course study, or educational services (including those of distance education) in which the learners are located in a country different from the one where the awarding institution is based. Such programmes may belong to the educational system of a State different from the State in which it operates, or may operate independently of any national system".
> (http://www.uhr.no/internasjonaltsamarbeid/; Abruf vom 23.07.2003)

‚Transnational Education' findet sich, folgt man dieser Definition, nicht im allgemein bildenden Bildungsbereich. Allerdings mag diese Einschränkung auch der gerade erst einsetzenden Auseinandersetzung mit dem Begriff und den darunter gefassten Entwicklungen geschuldet sein; so konstatiert auch Adam (2001, S. 5):

> „Currently, transnational education is an under-researched and often misunderstood area, with no common understanding, definition or approach."

Fasst man den Begriff ‚Transnational Education', wie Adick (2005, S. 251ff.) vorschlägt, weiter als die UNESCO und der Europarat, so können auch im allgemein bildenden Bildungsbereich Entwicklungen identifiziert werden, die darunter zu fassen wären, beispielsweise die in dieser Studie exemplarisch betrachteten internationalen Schulen. Doch bevor dieser Gedankengang konkretisiert werden kann, soll abschließend das von Adick vorgeschlagene und auch für diese Studie adaptierte Gesamtkonzept ‚Transnationale Bildungsräume' im Sinne einer Definition derselben zusammengefasst werden. ‚Transnationale Bildungsräume' sind demnach (Adick 2005, S. 262-266) im Unterschied zu ‚nationalen Bildungsräumen' und zu ‚internationalen Bildungsräumen' durch folgende Merkmale gekennzeichnet:

a. Transnationale Bildungsräume können sich sowohl ‚von unten', d.h. ausgehend von der Lebenspraxis von Migranten, wie ‚von oben', d.h. gefördert durch transnationale Bildungsanbieter entwickeln.

b. Transnationale Bildungsräume funktionieren auf der Basis bereits bestehender transnationaler Konvergenzen und befördern die Entstehung weiterer.

c. In transnationalen Bildungsräumen finden grenzüberschreitende Bildungsprozesse statt, sei es dass Menschen migrieren oder dass lokal Ansässige transnationale Bildungsangebote von transnationalen Anbietern wahrnehmen.

d. Transnationale Bildungsräume sind im Unterschied zu nationalen und internationalen Bildungsräumen non-gouvernemental, d.h. nicht-staatlich, sondern „privat" organisiert.

Anbieter von transnationalen Bildungsangeboten können sowohl for-profit als auch non-profit Organisationen sein, entscheidend sei, dass die Abnehmer solcher Angebote für diese „privat" aufkommen und dass die Existenz der Anbieter von diesem Beitrag abhängig ist. Dies gelte auch für transnationale Bildungsanbieter, die von nationalen oder internationalen Agenturen subventioniert werden, und zwar solange, wie die transnationalen Anbieter die Kontrolle und die Verantwortung für ihr transnationales Bildungsangebot haben und die Existenz desselben sichern können. Sollte der Staat oder eine inter- oder supranationale Organisation diese Aufgaben übernehmen, würde dies den Wechsel in einen nationalen oder internationalen Bildungsraum implizieren. Auch die in transnationalen Sozialräumen lebensweltlich organisierten Bildungswege und Bildungsverläufe seien in diesem Sinne privat organisiert und ggf. finanziert.

Resümierend kann an dieser Stelle festgehalten werden: Die Erziehungswissenschaft hat sich bisher nur in ersten Ansätzen mit dem Begriff ‚transnationale Bildungsräume' und darunter gefasste oder zu fassende Entwicklungen beschäftigt, es liegt jedoch mit dem von Adick (2005) vorgeschlagenen Gesamtkonzept ‚Transnationale Bildungsräume' ein erster und für diese Studie adaptierter Ansatz vor, diese Neuentwicklungen im Bildungsbereich konzeptionell zu fassen. Allerdings fehlt in Adicks Konzept eine Abgrenzung von transnational zu supranational, die in dieser Untersuchung jedoch mit Blick auf die auf Europa ausgerichteten Schulprofile und den Schultyp ‚Europäische Schulen' von Bedeutung ist. Dabei wird auf die in der Migrationssoziologie aufgekommenen theoretischen Konzepte zu transnationalen (Pries) und transstaatlichen (Faist) Räumen rekurriert, um neben und unterhalb der Ebene (national-)staatlicher Container-Gesellschaften sich aufspannende transnationale Verflechtungszusammenhänge, deren Akteure wie Organisationen und Individuen und die von diesen Akteuren geschaffenen transnationalen Beziehungen zu identifizieren und zu analysieren. In diesem Zusammenhang wird ein Raumbegriff eingeführt, der sich von herkömmlichen Raumbegriffen dahin gehend unterscheidet, dass er die „sozialen und symbolischen Beziehungen von Akteuren in und zwischen Territorien bzw. Orten" umfasst (Faist 2000, S. 15). In der hier zugrunde gelegten Konzeption Transnationaler Bildungsräume erweist sich dieser Bezug als weiter führend für die theoretische Befassung mit und die empirische Erforschung von „Sozialisation in transnationalen Sozialräumen" (Adick 2005, S. 262ff.). Ein erstes Merkmal für transnationale Bildungsräume sind daher transnationale Sozialräume.

Ein zweites Merkmal transnationaler Bildungsräume stellen die im Rahmen des neo-institutionalistischen *world polity*-Ansatzes heraus gestellten weltweiten Konvergenzen im Bildungsbereich dar. Sie sind sowohl die Voraussetzung für wie auch das Resultat von Prozessen der Transnationalisierung von Bildung. Von den Stanforder Forschern wurde diese Dimension der Internationalisierung von Bildung bisher nicht berücksichtigt, und zwar aufgrund des von ihnen unterstellten eindimensionalen, Top-down-Prozesses der Diffusion kultureller Strukturmuster, insbesondere durch die ihrer Auffassung nach stärkste Strukturform: die Nationalstaaten. Ein mit der Emergenz transnationaler Bildungsräume möglicherweise einhergehender Bedeutungswandel des Nationalstaates wird von Meyer et al. bisher nicht antizipiert.

Dies erklärt sich nicht zuletzt auch aus der Vernachlässigung der ökonomischen Dimension im *world polity*-Ansatz, der mit dem dritten zentralen Merkmal transnationaler Bildungsräume Rechnung getragen wird: die Ökonomisierung von Bildung. Transnationale Bildungsangebote, wie sie unter dem Etikett „Transnational Education" insbesondere im tertiären Bildungsbereich, aber wie im Folgenden zu zeigen sein wird, auch im Kontext der internationalen Schulen zu finden sind, können sowohl for-profit- wie non-profit-Angebote sein. Sofern sie grenzüberschreitend und in irgendeiner Weise privat (ko-)finanziert sind, finden sie in einem Transnationalen Bildungsraum statt. Werden solche Angebote jedoch von einem Staat, einem Staatenbündnis wie der EU oder einer internationalen Organisation finanziert, findet ein Wechsel von einem transnationalen in einen nationalen, supranationalen oder internationalen Bildungsraum statt.

2.4 Methodologie der Vergleichenden Erziehungswissenschaft und das für diese Studie gewählte methodische Vorgehen

Die Vergleichende Erziehungswissenschaft widmet sich der vergleichenden Forschung von Bildungsentwicklungen. Dabei dient ihr als „Bezugsgröße des Vergleichs (…) gewöhnlich die Nation, der Kulturkreis oder das Sozialsystem" (Hörner 1993, S. 5), wie dies in den zahlreichen von der Vergleichenden Erziehungswissenschaft angefertigten Länderstudien zu einem Bildungssystem zum Ausdruck kommt. Im Laufe ihrer Entwicklung hat die Vergleichende Erziehungswissenschaft eine Methodologie vergleichender Forschung entwickelt, mit der unterschiedliche Funktionen des Vergleichs verknüpft sind.

2.4.1 Funktionen und Methodik des Vergleichs

Einen im Hinblick auf die Methodologie vergleichender Forschung und Funktionen des Vergleichs weiter führenden Beitrag hat Hörner (1993, S. 4-23) vorgelegt, der vier unterschiedliche Formen des Vergleichs unterscheidet, die wie folgt zusammengefasst werden können:

1. Die idiographische Funktion des Vergleichs als Suche nach dem Besonderen. Sie ist disziplingeschichtlich die älteste Funktion des Vergleichs in der Vergleichenden Erziehungswissenschaft. Die idiographische Rekonstruktion eines Bildungsystems oder einer pädagogischen Strömung dient dazu, das Besondere, das Einmalige der untersuchten Phänomene zu identifizieren und zu erklären. Idiographische Vergleiche sind insofern von zentraler Bedeutung, da sie die Grundlage für weiterführende Vergleiche bilden. Sie erfordern eine detaillierte Erfassung und Beschreibung der Untersuchungsgegenstände und ihrer Kontexte, um erste Aufschlüsse und einen ersten Überblick zu gewinnen. Studien, wie die bisher in der Vergleichenden Erziehungswissenschaft dominierenden ‚klassischen' Länderstudien, deren Bezugsgröße „gewöhnlich die Nation, der Kulturkreis oder das Sozialsystem" (ebd., S. 5) sind, und die sich i.d.R. einem nationalen Bildungswesen widmen, erfüllen die idiographische Funktion. Sie bilden die Grundlage für weitere, vertiefende Vergleiche.

2. Die melioristische Funktion des Vergleichs als Suche nach dem besseren Modell. Sie ist das originär politische Motiv für die bereits benannten ‚klassischen' Länderstudien und den Vergleich von Bildungssystemen. Damit verknüpft ist das Ziel, von anderen Staaten und ihren Bildungssystemen für das eigene Bildungssystem zu lernen. Hörner warnt mit Blick auf diese Funktion allerdings vor einem „naiven, vorwissenschaftlichen Übernehmen" (ebd., S. 8) von Modellen und fordert stattdessen die kritische Einordnung und Reflexion des anderen Modells in seinem soziokulturellen Kontext.

3. Die evolutionistische Funktion des Vergleichs als Suche nach dem Entwicklungstrend. Diese Funktion zielt im Unterschied zur idiographischen Funktion nicht auf das Herausarbeiten von Besonderheiten von Bildungssystemen, sondern von allgemeinen Trends oder gar einer Eigengesetzlichkeit einer Ent-

wicklungsdynamik. Die im Vorangegangenen geschilderte weltweite Bildungsexpansion im Verlauf der vergangenen gut 200 Jahre und ihre Interpretation
im Rahmen des *world polity*-Ansatzes (vgl. Kap. 2.2) reflektieren die evolutionistische Funktion des Vergleichens als „Suche nach dem Entwicklungstrend".
Diese Funktion, so Hörner, berge die Gefahr, dass ein identifizierter Entwicklungstrend eine „kryptonormative Funktion" (ebd., S. 9) bekomme, indem er
von politischen Interessenvertretern zu einer sachgesetzlichen Eigendynamik
erklärt und als Argumentationshilfe für die Durchsetzung eigener politischer
Interessen instrumentalisiert werde.

4. Die experimentelle Funktion des Vergleichs als Suche nach dem Universellen.
Diese Funktion des Vergleichs dient, ähnlich der (3) evolutionistischen Funktion, der Identifizierung der Ähnlichkeiten eines analysierten Phänomens. Dies
geschieht jedoch nicht mit dem Ziel der Herausarbeitung eines allgemeinen
Trends, sondern um universelle, staatenunabhängige Strukturen und Funktions-
zusammenhänge von Bildungssystemen zu identifizieren. Dem sozialwissenschaftlichen Experiment ähnlich, dient diese Funktion des Vergleichs auch der
Hypothesengenerierung und -präzisierung.

In Rahmen dieser Studie werden im Folgenden vier internationale Schulmodelle
untersucht. Diese vier Schulmodelle stellen eine Auswahl aus einer Reihe möglicher Varianten dar, wie zum Beispiel: Deutsche Schulen im Ausland oder Schulen dieses Typs anderer Nationen im Ausland (z. B. Amerikanische Schulen in
Übersee), Armeeschulen, wie sie von englischen Streitkräften weltweit und auch
in Deutschland betrieben werden, oder Firmenschulen, wie die von Shell geführten Royal Dutch Shell Schools (für einen Überblick über Erscheinungsformen von
Schulen mit internationalen Aspekten vgl. Kap. 6.1). Es hätten hier auch Schulen
heran gezogen werden können, die ein Profil aufweisen, mit dem internationale
Ziele verfolgt werden, wie dies in Friedensschulen, Agenda 21 Schulen oder in
den Umweltschulen für Europa geschieht. Die Auswahl der hier herangezogenen
vier Schulmodelle geschah unter der Prämisse, eine bestimmte Bandbreite unterschiedlicher Varianten und nicht nur einen bestimmten Typus in den Blick zu nehmen. Aus diesem Grunde wurden die hier betrachteten vier internationalen Schulmodelle anhand von zwei Dimensionen ausgewählt: ihre geopolitische Ausrichtung
(Europa oder die ganze Welt) und ihre institutionelle Artikulation (Schulprofil bzw.
eigenständiger Schultyp).

Da die genannten Merkmale dieser Varianten durch deren Auswahl vorentschieden sind (und sich nicht als Ergebnis eines Vergleichs darstellen), geht es in
der Untersuchung in einem ersten, grundlegenden Schritt darum, zu rekonstruie-
ren, wie sich die vorgenannten Merkmalskombinationen in dem jeweiligen Modell
entfalten, d.h. wie sie sich im historischen Werdegang, in der Organisationsstruktur, im Curriculum und in den von den Schulen vergebenen Abschlusszertifikaten
niederschlagen. Damit entspricht dieses Vorgehen der oben genannten, idiographischen Funktion der Vergleichenden Erziehungswissenschaft. Eine solche idiopra-
phische Bestandsaufnahme ist deswegen erforderlich, weil die mangelnde wissenschaftliche Forschung über alle hier verhandelten internationalen Schulmodelle

keine deduktiv-nomologische Vorgehensweise erlaubt: Es gibt zu keinem Modell einen Stand der Diskussion, geschweige denn eine Theorie, aus der Hypothesen abgeleitet werden könnten, die dann empirisch überprüft werden könnten.

Die hier gewählte Vorgehensweise der idiographischen Rekonstruktion bedient sich zu ihrer kriterienorientierten Strukturierung eines Mehrebenen-Modells. Mit dem Begriff ‚Mehrebenen-Modell' ist hier nicht das statistische Auswertungsverfahren gleichen Namens gemeint (Rasch 1960/1980; Rost 2004), sondern eine empirisch-paradigmatische Herangehensweise, die Jürgen Schriewer (1982, S. 185-236) für die Analyse von Bildungssystemen in der Vergleichenden Erziehungswissenschaft vorgeschlagen hat. Schriewer (1982, S. 185-236) unterscheidet drei Ebenen: a) die Makro- oder Kontextebene, b) die Medium- oder Organisationsebene und c) die Mikro- oder Individualebene (vgl. vertiefend dazu Kap. 2.4.3). In dieser Studie erfolgt die idiographische Rekonstruktion jedes der hier betrachteten Schulmodelle (in den Kap. 3-6) gemäß den genannten Makro-, Medium- und Mikroebenen. Die in Anlehnung an Schriewer strukturierten Bestandsaufnahmen sind (noch) nicht auf den Vergleich fokussiert, sondern liefern zunächst die notwendige Grundlage, auf der in einem weiteren Schritt (vgl. Kap. 7) die vier Schulmodelle miteinander verglichen werden. In einer klassischen Vergleichsmethodik unterscheidet Franz Hilker (1962) folgende „Schritte und Stufen der Vergleichung" (ebd., S. 106, im Folgenden zusammenfassend, S. 106-135):

Deskription: Sie ist die Voraussetzung und Grundlage eines jeden Vergleichs und sollte in Form einer umfassenden und sorgfältigen Bestandsaufnahme der zu untersuchenden Gegenstände geschehen. Grundlage der Deskription können durch eigene Anschauung im Rahmen von Einzel- oder Gruppenreisen empirisch gewonnene Informationen sein, literarische Quellen unterschiedlicher Provenienz, wie sie in Lexika zu finden sind, nationale, interregionale und internationale Vereinbarungen, amtliche und nichtamtliche Veröffentlichungen, Lehrpläne, Stundentafeln, Ausbildungs- und Prüfungsordnungen sowie dokumentarisches Material wie Bücher, Broschüren, Zeitschriften, Gelegenheitsveröffentlichungen oder Filme.

Interpretation: Sie ist eine weitere Vorstufe des Vergleichs und sollte gesellschaftliche Rahmenbedingungen wie zum Beispiel „Tradition und zeitbedingte Veränderung" (ebd., S. 113), „politische Tendenzen und kulturelle Bestrebungen" (ebd., S. 117) sowie „Staat und Gesellschaft" (ebd., S. 119) berücksichtigen.

Juxtaposition: Sie stellt die erste Stufe der Vergleichung dar und umfasst die *Nebeneinanderstellung* der zu untersuchenden pädagogischen Phänomene. Zu berücksichtigen sind auf dieser Stufe des Vergleichs laut Hilker die *„Beteiligung der Nationen an pädagogischen Veränderungen"* (ebd., S. 121) sowie *„Strömungen in der Weltpädagogik"*, wie zum Beispiel der Gebrauch der Nationalsprache im Unterricht (ebd., S. 123, Hervorh. jeweils im Orig.). Eine solche Betrachtung wird als ein dynamischer Prozess verstanden, bei dem sowohl Beschreibung wie auch Interpretation zusammen kommen.

Komparation: Die eigentliche Komparation schließlich ist im Falle von zu klärenden qualitativen Fragen (und im Unterschied zu quantitativen Verfahren) auf einer „zweiten, höheren Stufe" angesiedelt, die von Hilker als *„Komparation, d.h. als Vergleichen im eigentlichen Sinne"* bezeichnet wird; das dabei angewendete „Verfahren (beruht, S.H) nicht auf Messen, sondern auf Erwägen, d.h. *Werten*" (ebd., S. 124, Hervorh. im Orig.). Dabei kann nach der phänomenologischen Methode das Allgemeingültige heraus gearbeitet, auf hypothetischem Wege eine Annahme an Einzelfällen geprüft und es können künftig zu prüfende Hypothesen gewonnen werden.

Hilkers Vergleichsmethodik entspricht einer induktiven Vorgehensweise, wie sie auch heutigen sog. qualitativen Methodenarrangements nahe kommt (vgl. Friebertshäuser & Prengel 1995/2005; Lamnek 1995). Hilker will über die genannten Schritte zu Hypothesen gelangen, die am Ende einer „Komparation" angesiedelt sind und nicht – wie bei deduktiven Verfahren – am Anfang einer Untersuchung stehen. Deduktives Vorgehen empfiehlt sich nur dann, wenn aus bereits vorliegenden Theorien Hypothesen abgeleitet werden können, die dann empirisch geprüft werden können. Dieses ist aber aus den oben genannten Gründen bei dem hier zur Diskussion stehenden Thema nicht möglich, da einschlägige Theorien zum Forschungsgegenstand ‚internationale Schulmodelle' nicht vorliegen. Aus diesem Grunde soll in diesem Falle in Anlehnung an die induktive Vorgehensweise Hilker'scher Art vorgegangen werden. In den Kapiteln 3 bis 6, die der idiographischen Rekonstruktion dienen, kommen Deskription und Interpretation zum Tragen, in dem anschließenden Kapitel 7 Juxtaposition und Komparation.

Die für die im Folgenden angestrebten Bestandsaufnahmen jeweils zur Verfügung stehende Datengrundlage ist äußerst lückenhaft und heterogen. Defizitär ist in fast allen Fällen insbesondere die empirische Forschung, da es kaum Untersuchungen zur Praxis der jeweiligen Schulmodelle gibt. Einschränkend muss an dieser Stelle auch erwähnt werden, dass – wenn empirische Forschungen vorliegen, wie dies etwa in Bezug auf die UNESCO-Projektschulen und die internationalen Schulen der Fall ist – die besagten Forschungen vielfach von Personen aus dem Umfeld der Schulmodelle vorgelegt wurden. Dies besagt nicht unbedingt, dass sie nicht wissenschaftlich sind, muss aber bei der Rezeption mit bedacht werden, da Verzerrungen durch die ‚Insider'-Perspektive nicht ausgeschlossen werden können. Die genannte Heterogenität der Datengrundlage manifestiert sich darin, dass Informationen sowohl aus Selbstdarstellungen bezogen werden müssen, wie auch aus Sekundärliteratur unterschiedlicher Provenienz. Selbstdarstellungen finden sich z. B. in den Internetauftritten der betreffenden Schulmodelle bzw. einzelner ihrer Schulen oder Organisationen, ferner auch in entsprechenden Jahrbüchern, hauseigenen Periodika und Broschüren. Zu diesen Primärquellen kommen je nach Modell unterschiedlich umfangreiche Sekundärquellen in Form von Aufsätzen oder Büchern, die in (nicht hauseigenen) Zeitschriften oder Verlagen erschienen sind, hinzu. In einigen Fällen wurde versucht, durch Nachfrage bei den Dachorganisationen der betreffenden Schulmodelle fehlende Daten (z. B. über die Anzahl der Schulen oder der Schülerinnen und Schüler) und Informationen zu beschaffen. Diese Recherchen erheben nicht den Anspruch einer systematischen Internet-Befragung, sondern haben ergänzenden Charakter.

Um der geschilderten defizitären und heterogenen Quellenlage Rechnung zu tragen, wird den jeweiligen Bestandsaufnahmen in den Kapiteln 3 bis 6 eigens jeweils ein Abschnitt vorangestellt, in dem die Quellenlage zu dem betreffenden

Schulmodell erläutert wird. Am Ende jeder Rekonstruktion wird mit Bezug auf die von Schriewer (1982) vorgeschlagene und für diese Studie adaptierte Mehreben-analyse ferner resümiert, was ins Anbetracht der Quellenlage über die Spezifika des jeweils betrachteten Schulmodells zusammenfassend unter Berücksichtigung der Ebenen der Programmatik und Praxis gesagt werden kann und es wird aufge-zeigt, wo sich nach Meinung der Autorin besonderer Forschungsbedarf zeigt.

Während die Argumentation in den der idiographischen Rekonstruktion gewid-meten Kapiteln aus den dargestellten Gründen insbesondere deskriptiver und inter-pretativer Art ist, da hier die Bestandsaufnahme des jeweiligen Schulmodells inten-diert ist, hat das daran anschließende Kapitel 7 die Funktion, die Befunde vor dem Hintergrund der Theoriediskussion zu vergleichen und zu analysieren. Dazu wird zunächst eine Vergleichsmatrix erstellt, in der die Befunde aus den vorangegange-nen Kapiteln in einer Übersicht pointiert zusammen gestellt sind. Die Kategorien des Vergleichs ergeben sich aus den Kriterien, die für die Makro-, Medium- und Mikroebene herangezogen werden. Auf diese Weise wird noch einmal jedes Schul-modell in seiner ihm eigenen Typik deutlich. Laut der oben genannten Vergleichs-methodik von Hilker (1962) handelt es sich bei dieser Vergleichsmatrix um die „Juxtaposition" der verschiedenen Fälle. Der anschließende ‚eigentliche' Vergleich, die „Komparation", besteht nun darin, vor dem hier ausgebreiteten Theoriehinter-grund des neo-institutionalistischen Ansatzes und des Konzepts ‚Transnationale Bildungsräume' zu Hypothesen zu kommen, die in weiteren Forschungsarbeiten überprüft werden könnten.

2.4.2 Die Untersuchungsgegenstände

In dieser Studie stehen Prozesse der Internationalisierung und Transnationalisie-rung zur Diskussion, die ihren Niederschlag im Bildungsbereich und in der Insti-tution ‚Schule' finden; für diese Institution werden in dieser Studie exemplarisch vier internationale Schulmodelle[1] betrachtet, die internationale Schultypen und Schulen mit internationalem Profil repräsentieren. Diese internationalen Schul-modelle können, wie die folgende Typologie zeigt, in doppelter Hinsicht von ande-ren, ‚herkömmlichen' Schulen unterschieden werden (siehe Schaubild 2.4.2.1).

Es handelt sich zum einen um internationale Schultypen, also um Schulen, die genuin internationale Bildungseinrichtungen sind und für die hier exemplarisch die internationalen Schulen und die Europäischen Schulen betrachtet werden sollen. Zum anderen handelt es sich um Schulen mit internationalem Profil, also um Bil-dungseinrichtungen, die additiv zu ihrem staatlichen Bildungsauftrag ein internati-onales Profil entwickelt haben und für die hier exemplarisch UNESCO-Projekt-schulen und Europaschulen zur Diskussion stehen. Diese Schulen können ferner

---

1   Im Folgenden wird von ‚internationalen Schulmodellen' die Rede sein, wenn sowohl die zwei hier interessierenden internationalen Schultypen wie auch die zwei hier zur Diskus-sion stehenden Schulen mit internationalem Profil angesprochen werden; ist dies nicht der Fall, wird sprachlich differenziert.

Schaubild 2.4.2.1: Typologie internationaler Schulmodelle

Geopolitische Ausrichtung / Institutionelle Artikulation	Schultyp	Schulprofil
Global	Internationale Schulen	UNESCO-Projektschulen
Europäisch	Europäische Schulen	Europaschulen

hinsichtlich ihrer geopolitischen Ausrichtung unterschieden werden. Die Bezeichnung ‚geopolitische Ausrichtung‘ umfasst zwei Aspekte: einen geographischen Raum und politische Organisationen, die diese Räume repräsentieren. Unterschieden wird in dieser Studie zwischen zwei geopolitischen Ausrichtungen:

a) Die globale Ausrichtung manifestiert sich in einer Orientierung an dem geographischen Raum: ‚die Welt‘ und politischen Organisationen wie den Vereinten Nationen, der UNESCO und ggf. weiteren Unterorganisationen, die die Interessen aller in ihr zusammen geschlossenen Staaten, und dies sind alle Nationalstaaten weltweit, vertreten.

b) Die europäische Ausrichtung manifestiert sich in dem geographischen Raum ‚Europa‘ und politischen Organisationen, in denen europäische Staaten zusammen geschlossen sind, wie die supranationale Organisation ‚Europäische Union‘ und ihre Unterorganisationen oder der Europarat, um nur einige zentrale europäische Organisationen zu nennen.

Die hier betrachteten internationalen Schulmodelle können im Hinblick auf ihre geopolitische Ausrichtung wie folgt unterschieden werden: Internationale Schulen und UNESCO-Projektschulen verfolgen eine dezidiert globale Ausrichtung, die alle Staaten weltweit einschließt; Europäische Schulen und Europaschulen hingegen zeichnen sich durch ihre europäische Ausrichtung aus. Ein gemeinsamer Bezugspunkt dieser Schulen ist, dass in ihnen Formen der internationalen Erziehung ihren institutionellen Niederschlag finden: Internationale Schulen und UNESCO-Projektschulen knüpfen explizit an im Kontext der UN und der UNESCO geführte Diskurse an, wie sie bspw. im Rahmen der internationalen Erziehung und im globalen Lernen aufgegriffen werden. Europäische Schulen und Europaschulen kennzeichnet demgegenüber ihr Bezug auf die EG/EU und die europäische Dimension im Bildungswesen.

2.4.3 Die diese Studie leitenden Fragestellungen

In dieser Studie werden im Hinblick auf die hier zur Diskussion stehenden internationalen Schulmodelle folgende Fragestellungen vertiefend bearbeitet:

Erste Fragestellung: *Wie setzen die hier betrachteten Schulmodelle jeweils ‚das Internationale‘ in ihrem Struktur- und Funktionszusammenhang um?*
Der hier gewählte Begriff ‚Struktur- und Funktionszusammenhang‘ soll darauf hinweisen, dass in dieser Studie nicht beansprucht werden kann, etwas über die tatsächliche Umsetzung ‚des Internationalen‘ in die Schulpraxis aussagen zu können, etwa dergestalt, dass Lehrpersonen oder Schülerschaften ‚internationaler‘ denken und handeln als diejenigen anderer Schulen. Wohl aber soll ermittelt werden, in welchen Spezifika und Merkmalen der koordinierenden Organisationen, der Zusammensetzung von Lehrer- und Schülerschaft, des Fächerkanons, der Lehrpläne, der Schulprojekte und Abschlüsse, der Finanzierung usw. sich ‚das Internationale‘ jeweils niederschlägt, sofern man dieses auf der Basis der vorhandenen Daten sagen kann. Die Bearbeitung dieser Fragestellung erfolgt mit Rekurs auf das Mehrebenen-Modell von Schriewer (1982) und im Rahmen einer idiographischen Rekonstruktion insbesondere in den Kapiteln 3 bis 6.

Zweite Fragestellung: *Lässt sich die Konstitution des ‚Internationalen‘ des jeweiligen Modells auf der Folie der Konstitution moderner Bildungssysteme in neoinstitutionalistischer Terminologie interpretieren?*
Im *world polity*-Ansatz wird die Konstitution der modernen Schule abgeleitet aus der Entstehung nationalstaatlich verfasster Gesellschaften, zu deren Legitimierung nationale Schulsysteme beitragen. Diesen Prozess haben Ramirez und Boli (1987) in einer Grafik veranschaulicht, in der die gesellschaftlichen Rahmenbedingungen und Institutionen, die den Nationalstaat als zentrale Organisationsform territorial verfasster politischer Systeme legitimieren, aufgeführt sind (vgl. Schaubild 2.4.3.1).

Im Zentrum dieses Schaubildes steht das europäische Modell nationalstaatlich verfasster Territorialstaaten. Dieses Modell basiert auf legitimatorischen Elementen, die die auf der Ebene der Weltgesellschaft angesiedelten Mythen im Sinne des *world polity*-Ansatzes repräsentieren. Es ist historisch hervorgegangen aus Einflüssen der Reformation und Gegenreformation, der Errichtung eines zwischenstaatlichen Systems und der Durchsetzung der Marktwirtschaft. Die im Zuge dieser Entwicklung entstandenen nationalstaatlichen Bildungssysteme sind sowohl Resultat wie Mittel zur nationalstaatlichen Mobilisierung und zur Aufrechterhaltung der Mythen der *world polity*. Im Zuge der Internationalisierung, Multinationalisierung und Globalisierung der Weltgesellschaft verzeichnen nun inter- und supranationale Organisationen einen Bedeutungsgewinn, der die Nationalstaaten und die Schulsysteme mit neuen Anforderungen konfrontiert. Diese neuen Anforderungen, so die hier im Anschluss an den *world polity*-Ansatz vertretene Hypothese, leiten sich ab aus den von inter- und supranationalen Organisationen adaptierten Mythen. Diese

Schaubild 2.4.3.1: Staatliche Schulsysteme als Resultat der politischen Konstitution nationalstaatlich organisierter Gesellschaften in Europa

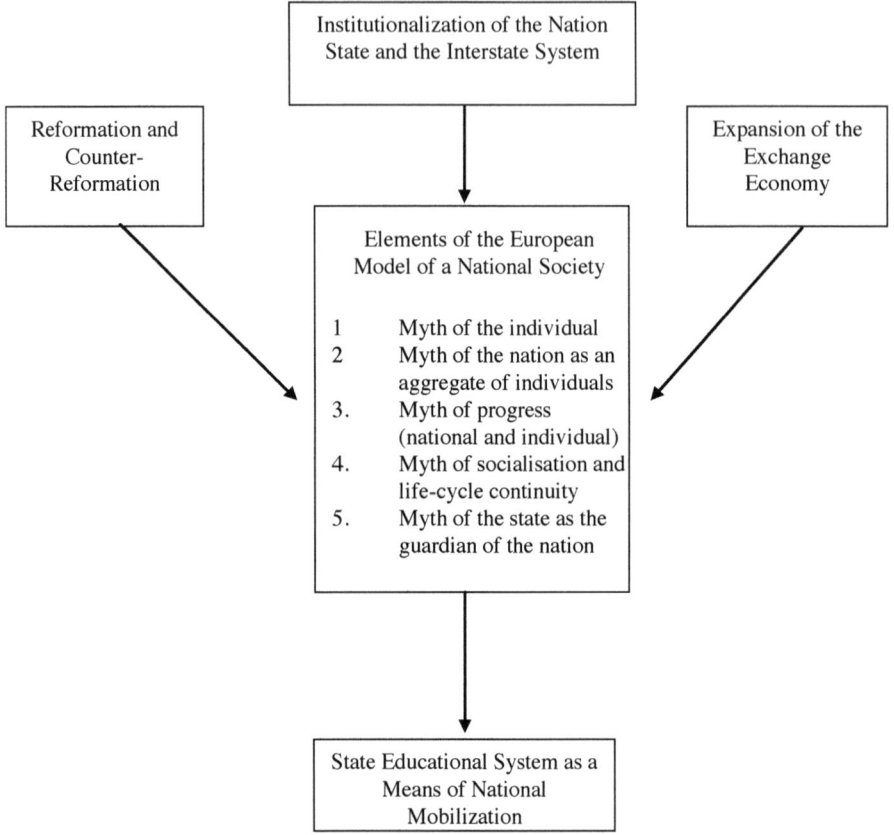

Quelle: Ramirez/Boli 1987, S. 10.

Mythen finden ihren institutionellen Niederschlag in internationalen Schulmodellen wie den hier betrachteten; sie können, daran sei an dieser Stelle erinnert, im Hinblick auf ihren jeweiligen geopolitischen Bezug, europäisch oder international, unterschieden werden. Als Ausgangspunkt für die Konkretisierung der hier aufgeworfenen Fragestellungen dient das o.g. Modell von Ramirez und Boli (1987), wie es in Schaubild 2.4.3.1 visualisiert wurde; es wird in den folgenden Kapiteln als Referenzrahmen für die Darstellung und Analyse der internationalen Schulmodelle sowie der sie leitenden Mythen und ihrer Kontextbedingungen genommen.

Im Vorangegangenen wurde die Plausibilität des neo-institutionalistischen *world polity*-Ansatzes theoretisch kritisch hinterfragt und es konnten in diesem Kontext nicht berücksichtigte Entwicklungen im Bildungsbereich identifiziert werden, die mittels des Konzepts ‚transnationale Bildungsräume' theoretisch bearbeitet und im Folgenden überprüft werden. Damit wird das Ziel verfolgt, bisher in dem von Meyer et al. vorgelegten Modell zu weltweiten Bildungsentwicklungen, aber auch von der Erziehungswissenschaft bisher weitgehend vernachlässigten Akteuren und

Prozessen im Bildungswesen Rechnung zu tragen. Vor diesem Hintergrund lautet eine weitere hier verfolgte Frage:

Dritte Fragestellung: *Welchen ‚Bildungsräumen' sind die jeweiligen Schulmodelle zuzurechnen und wodurch zeichnen sich diese Bildungsräume aus?*

Diese Fragestellung erscheint in gewisser Weise vorentschieden. Denn zwei der Modelle (die Europaschulen und die UNESCO-Projektschulen) gehören in ihrer Gesamtheit eindeutig in die Kategorie ‚nationale Bildungsräume'. Ihr Schulprofil aber, das hier zur Debatte steht, soll daraufhin befragt werden, ob es anderen Bildungsräumen zugerechnet werden kann und was dann das Charakteristische daran ist. Bei den beiden Schultypen (Europäische Schulen und internationale Schulen) soll geprüft werden, ob sie den Kriterien für einen ‚internationalen' oder für einen ‚transnationalen' Bildungsraum entsprechen. Mit Blick auf die Bearbeitung dieser Frage werden im Folgenden die Rahmenbedingungen, Akteure und Handlungszusammenhänge in diesen Bildungsräumen identifiziert und analysiert, und zwar unter Berücksichtigung folgender Indikatoren:

• Dichte und Langlebigkeit der internationalen Schulmodelle und der mit ihnen verbundenen Organisationen;
• nationale, internationale und supranationale Bildungsangebote sowie Angebote der Transnational Education;
• soziale Alltagspraktiken, wie sie sich in der Lehrerrekrutierung oder in den in den Schulmodellen verwendeten Unterrichtssprachen manifestieren;
• Wechselwirkungen zwischen nationalen, internationalen, supranationalen und transnationalen Bildungsräumen und Organisationen.

Eine Anmerkung gilt es dem Folgenden vorauszuschicken: Für diese Studie wurden Quellen und Informationen aus unterschiedlichen Ländern und in unterschiedlichen Sprachen heran gezogen, was Übersetzungsprobleme hinsichtlich der in den Quellen und Informationen verwendeten Begrifflichkeiten mit sich bringt. In dieser Arbeit werden im Folgenden Begrifflichkeiten benutzt, die sich in der deutschen Diskussion eingebürgert haben. Dort findet der im angloamerikanischen Sprachraum benutzte Begriff „education" vielfältige „Übersetzungen" oder Adaptionen: So ist bspw. sowohl von „interkultureller Pädagogik", „interkultureller Erziehung" oder „interkulturellem Lernen" die Rede (vgl. Auernheimer 1996, S. 170-174). Für den Terminus „global education" hat sich im deutschen Sprachraum der Begriff „globales Lernen" durchgesetzt (Seitz 2002b, S. 365-451). Im Hinblick auf Europa und die Europäische Union wird sowohl auf „Bildung" wie auch auf den Begriff „Erziehung" rekurriert (Schleicher/Weber 2000a, 2000b; 2002). Die damit benannte Problematik, dass es sich dabei keinesfalls immer um erziehungswissenschaftlich-systematisch begründete Herleitungen der verwendeten Begriffe handelt, kann an dieser Stelle jedoch nur angemerkt und nicht aufgearbeitet werden.

In den folgenden Kapiteln 3 bis 6 erfolgt zunächst unter Berücksichtigung des von Schriewer (1982) vorgeschlagenen Mehrebenen-Analyse-Modells die idiographische Rekonstruktion der hier interessierenden internationalen Schulmodelle, die die Grundlage bilden für den in Kapitel 7 durchgeführten, Indikatoren gestützten, systematischen und Theorie geleiteten Vergleich der internationalen Schulmodelle. Schriewer (ebd.) unterscheidet in seinem Mehrebene-Analyse-Modell zwischen a) der Makro- oder Kontextebene, b) der Medium- oder Organisationsebene und c) der Mikro- oder Individualebene.

Auf der (a) Makro- oder Kontextebene angesiedelt sind die gesellschaftlichen Rahmenbedingungen von Internationalisierung, die unterschiedlichen geopolitischen Ausrichtungen der Schulmodelle (europäisch vs. international), die diese Ausrichtungen repräsentierenden Organisationen (die EU und die UN), sowie – im Anschluss an den *world polity*-Ansatz – die von diesen Organisationen adaptierten gesellschaftlichen Legitimationen (Mythen). Auf dieser Ebene sind ferner die unterschiedlichen Bildungsräume zu verorten, welchen die hier betrachteten Schulmodelle angehören; sie können sowohl in rechtlicher (staatlich vs. privat) wie in typologischer Hinsicht (international, supranational und transnational) unterschieden werden und sollen im Anschluss an Faist auch hinsichtlich ihrer Dichte (Häufigkeit) und Dauerhaftigkeit untersucht werden.

Auf der (b) Medium- oder Organisations-Ebene werden die Akteure betrachtet, die auf die hier analysierten Schulmodelle Einfluss nehmen sowie die diese Schulmodelle koordinierenden Gremien. Mit Blick auf die Zuordnung dieser Schulmodelle zu einem Bildungsraum werden im Anschluss an das Konzept ‚Transnationale Bildungsräume‘ ferner die Finanzierung und die von den Schulmodellen vergebenen Zertifikate relevant und identifiziert.

Auf der (c) Mikro- oder Interaktions- bzw. Individual-Ebene werden die von den Schulen mit internationalem Profil (Europaschulen und UNESCO-Projektschulen) und von den internationalen Schultypen (Europäischen Schulen und internationalen Schulen) adaptierten Curricula, Unterrichtssprachen sowie die nationalen Zugehörigkeiten der Lehrer- und Schülerschaft betrachtet.

3 Europaschulen

3.1 Die Quellenlage

Erziehung und Bildung in und für Europa, und zwar im engeren Sinne mit Bezug auf die EG/EU, finden in der deutschsprachigen, aber auch in der englischsprachigen Erziehungswissenschaft insgesamt nur wenig Berücksichtigung und dies ganz überwiegend auch erst seit den späten 1980er Jahren (für die deutschsprachige Erziehungswissenschaft vgl. Schäfer 1991). Dies mag die vielfach beklagte Distanz seiner Bürgerinnen und Bürger zu der EU reflektieren, sie mag aber auch dem in der EU für den Bildungsbereich verankerten und rechtlich wirksam werdenden Subsidiaritätsprinzips geschuldet sein (vgl. Kap. 1.3).

Einige, im engeren Sinne die EG/EU bezogene Bildungspolitik und -praxis thematisierende, Beiträge liegen jedoch vor: McLean (1990) bspw. hat im Rahmen eines internationalen historischen Vergleichs der allgemein bildenden Bildungsbereiche für die zum damaligen Zeitpunkt 12 Mitgliedstaaten der EG zentrale Entwicklungslinien und Gemeinsamkeiten europäischer Schulcurricula thematisiert. Dabei kann er aufzeigen, dass und wie die Mitgliedstaaten mit den von ihnen adaptierten Allgemeinbildungsbegriffen und daran anknüpfenden Schultraditionen an drei europäische geisteswissenschaftliche Traditionen anknüpfen: den Rationalismus, den Humanismus und den Individualismus. Ein europäisches Curriculum, so McLeans Schlussfolgerung (ebd., S. 114-118), konstituiere sich aus diesen Traditionen, die in divergierender Ausprägung zwar, aber dennoch in allen Mitgliedstaaten vertreten seien. Demgegenüber ist der in dieser Studie eingangs bereits erwähnte Hermann Röhrs (1988, 1992b) der Frage nach den möglichen Inhalten und Konturen eines noch zu entwickelnden europäischen Schulcurriculums nachgegangen und plädiert in diesem Zusammenhang dafür, ein solches Curriculum in die Friedenserziehung einzubetten und als Weg zu einer weltbürgerlichen Bildung mit dem Ziel der Sicherung des Weltfriedens zu verstehen.

Einige Ansätze einer Erziehung und Bildung für Europa sind bereits seit den 1970er Jahren im Kontext der politischen Bildung entstanden. Dort entwickelte Konzepte heben insbesondere auf die Vermittlung der Kenntnis europäischer Institutionen und Wirkungsmöglichkeiten sowie der staatsbürgerlichen Rechte und Pflichten der EG/EU-Bürger ab (Bundeszentrale für politische Bildung 1986, 1994; Mickel 1991, 1993; Platzer 1992) und knüpfen zum Teil auch an die von der EG/EU seit 1988 geförderte europäische Dimension im Bildungswesen an (Mickel 1979, 1984, 1993). Im Rahmen dieser sowie weiterer, Fächer übergreifender Ansätze kam es auch zu ersten inhaltlichen Konkretisierungen der europäischen Dimension (Landesinstitut für Schule und Weiterbildung NRW 1994, 1995; Scurati 1993, S. 292-304). Demgegenüber befassen sich Beiträge zu bildungspolitischen und rechtlichen Aspekten einer von der EG/EU betriebenen Bildungspolitik mit den äußeren, d.h. gesellschaftlichen Rahmenbedingungen derselben (Fahle 1989; Maaß 1978; Schink 1993; Schmitz-Wenzel 1980) und thematisieren in diesem Zusammenhang insbesondere den Prozess der Verlagerung ehemals ausschließlich nationalstaatlich wahrgenommener Kompetenzen auf die EG/EU (Hrbek 1994).

Die Frage nach der Berücksichtigung der in der EG/EU gegebenen regionalen, ethnischen, kulturellen und sprachlichen Heterogenität und der Berücksichtigung dieser Vielfalt in pädagogischen Theorien, in rechtlichen und schulstrukturellen Rahmenvorgaben und in der Schulpraxis wurde insbesondere im Kontext der interkulturellen Pädagogik thematisiert (Boteram 1993; Gogolin et al. 1991; Hornberg 1999; Luchtenberg/Nieke 1994; Schleicher/Bos 1994). Insgesamt, so muss konstatiert werden, findet die von der EG/EU beförderte Bildungspolitik und -praxis in der Erziehungswissenschaft nur eine vergleichsweise geringe Aufmerksamkeit, vor diesem Hintergrund heben sich die von Schleicher und Weber (2000a,b, 2002) herausgegebenen Sammelbände „Zeitgeschichte europäischer Bildung 1970-2000" ab, die ein breites thematisches Spektrum abdecken und zum Teil europäische Entwicklungen, überwiegend aber bundesrepublikanische programmatische Ansätze und Beispiele aus der Praxis dokumentieren.

3.1 Die Makro- oder Kontextebene: der gesellschaftliche Hintergrund und Kompetenzen der EG/EU im Bildungsbereich

Als Beginn der Europäischen Bewegung nach dem Zweiten Weltkrieg gilt die im Mai 1949 in Den Haag erfolgte Gründung des Europarats (Weidenfeld/Wessels 1994, S. 15)[1], der sich seither insbesondere den Bereichen Bildung, Kultur und Sport sowie der Wahrung der Menschenrechte widmet; die EU ist Mitglied im Europarat, der ausschließlich beratende Funktion hat und über keinerlei gesetzgebende Kompetenzen verfügt, jedoch beträchtlichen Einfluss auf politische Entwicklungen und die Legislative in den ihm angehörenden Ländern nehmen kann, da von den Mitgliedstaaten des Europarats ratifizierte Konventionen dort als Gesetze wirksam werden. Im ersten Jahrzehnt seiner Tätigkeit richtete der Europarat Stipendien und Austauschprogramme im Bildungsbereich ein und verabschiedete eine Reihe von Konventionen, bspw. über die Gleichwertigkeit von Reifezeugnissen (1954), über die Anerkennung von Hochschulabschlüssen (1961) oder über die allgemeine Gleichwertigkeit von Studienzeiten an Universitäten (1957) (Stobart 1994, S. 22). An den Sitzungen der vom Europarat eingerichteten Fachausschüsse nehmen auch Vertreter der EU, der UNESCO, der OECD, der EFTA und anderer Organisationen mit Beobachterstatus teil.

Aus Sicht des Europarats kommt dem Kultur- und Bildungsbereich eine zentrale Rolle im Hinblick auf eine engere Zusammenführung der Völker und Staaten Europas, der Verständigung unter ihnen und zur Wahrung des Friedens zu (Stobart 1994, S. 20). In diesem Zusammenhang wurde von ihm bereits zu Beginn der 1950er Jahre die Einführung eines europäischen Schultags gefordert, der 1953 erstmals realisiert und später unter dem Stichwort „europäische Dimension" im Unter-

---

1   Einige in diesem Kapitel verfolgte Gedankengänge wurden von der Autorin dieser Studie bereits an anderen Stellen entwickelt (Hornberg 1999, S. 91-202; dies. 2002, S. 165-185).

richt ausgebaut wurde (Kruse 1993, S. 49f.), die der Europarat als eine Dimension unter anderen, wie der lokalen, regionalen, nationalen und globalen versteht (Stobart 1994, S. 30). Hatte der Europarat also bereits seit den 1950er Jahren Aktivitäten im allgemein bildenden Bildungsbereich gefördert, so fand dieser in den Römischen Verträgen von 1957, die die Gründung der EG markieren, lediglich im Zusammenhang mit der Berufsbildung Berücksichtigung (vgl. Kap. 1.3). Ursächlich hierfür war der in den Römischen Verträgen zugrunde gelegte Bildungsbegriff, der „lediglich die Ausbildung zum Zwecke einer nachfolgenden Berufsausbildung im Auge hat", so die Auslegung im Europarecht (Fechner 1994, S. 18); mit ihm wurde an Vorstellungen und Zielperspektiven angeknüpft, wie sie Art. 2 des „Vertrages zur Gründung der Europäischen Wirtschaftsgemeinschaft" (EWG) widerspiegelt; dort wird konstatiert:

> „Aufgabe der Gemeinschaft ist es, durch die Errichtung eines gemeinsamen Marktes und die schrittweise Annäherung der Wirtschaftspolitik der Mitgliedstaaten eine harmonische Entwicklung des Wirtschaftslebens innerhalb der Gemeinschaft, eine beständige und ausgewogene Wirtschaftsaufwertung, eine größere Stabilität, eine beschleunigte Hebung der Lebenshaltung und engere Beziehung zwischen den Staaten zu fördern, die in dieser Gemeinschaft zusammengeschlossen sind." (zit. nach Schwencke 2001, S. 162)

Diese zunächst auf die wirtschaftliche Entwicklung der EG fokussierte Perspektive der EG erfuhr jedoch seit der zweiten Hälfte der 1970er Jahre allmählich eine Erweiterung, wobei unter dem Stichwort „Kultur" zunehmend auch Fragen nach der *„Identität der Europäer"* (ebd., Hervorh. im Orig.) aufgeworfen wurden. Den Hintergrund für diese Entwicklung bildeten mehrere Gipfelkonferenzen der EG-Mitgliedstaaten in den Jahren zwischen 1969 und 1973, in deren Verlauf die EG Vertretungen ein „Defizit an europäischer Identität der Bürger Europas" (ebd.) feststellten; eine europäische Identität sei jedoch die „Voraussetzung, um eine europäische Gemeinschaft zu bilden" (ebd.). Den damit eingeleiteten Perspektivenwechsel innerhalb der Gremien der EG reflektieren u. a. die 1983 verabschiedete „Feierliche Deklaration zur Europäischen Union von Stuttgart", die die Finanzierung von Programmen der EG im Bildungsbereich festlegte, sowie die „Erklärung von Fontainebleau" (25./26.6.1984), mit der programmatisch Kooperationen zwischen europäischen Hochschulen zur Verbesserung der Kenntnis der europäischen Kultur und Geschichte und der Förderung eines europäischen Bewusstseins unter seinen Bürgern festgeschrieben wurden (Kommission der Europäischen Gemeinschaften (93) 457 endg. 29.9.1993, S. 16). Ihren Widerhall fanden diese Erklärungen in dem Mitte der 1980er Jahre aufkommenden Topos vom „Europa der Bürger", der „so lange als allgemeines und definitionsbedürftiges ‚Konzept'" benutzt wurde (Schink 1993, S. 60), bis die EG-Mitgliedstaaten mit Ratifizierung der Einheitlichen Europäischen Akte dem Europäischen Binnenmarkt zugestimmt hatten. Ebenfalls in diese Stoßrichtung wies die vom Präsident des Rates der EG gegenüber dem Präsidenten des Europäischen Parlamentes und den Mitgliedstaaten 1978 ergangene Aufforderung (Abl. C 63/36 vom 13.3.1978), künftig den Begriff „Europäische Gemeinschaft (EG) im Singular als Sammelbezeichnung" zu verwenden

(Oppermann 1991, S. 69), um so unter den Bürgern Europas die Herausbildung einer gemeinsamen europäischen Identität zu befördern; hier anknüpfende, in der Folge entstandene weitere Initiativen der EG/EU erfolgten u. a. unter den Schlagworten vom „Europa der Bürger" (Gimbal 2002, S. 341-344) und dem „Europa der Regionen" (Schmuck 2002, S. 135-139).

Unter der Überschrift „Europa der Bürger" war bereits 1974 auf einer Gipfelkonferenz der Staats- und Regierungschefs in Paris eine Arbeitsgruppe damit beauftragt worden, zu untersuchen, unter welchen Bedingungen und zu welchen Zeitpunkten den Bürgern der Mitgliedstaaten besondere Rechte als Angehörige der Gemeinschaft zuerkannt werden könnten. Diese Arbeitsgruppe legte einen Bericht mit dem Titel „Europa für die Bürger" vor, der sich mit dem passiven und aktiven Wahlrecht der Bürger befasste und schließlich zur Einführung der Direktwahl des Europäischen Parlaments führte (Gimbal 2002, S. 341f.). Ein 1984 vom Europäischen Rat in Fontainebleau eingesetzter ad-hoc Ausschuss für ein „Europa der Bürger" hatte demgegenüber zum Ziel, die Identität der EG gegenüber ihren Bürgern zu stärken. Die von diesem Ausschuss erarbeiteten Vorschläge bezogen sich insbesondere auf die Förderung der Freizügigkeit, der wirtschaftlichen und sozialen Stellung der EG-Bürger sowie auf ihre Beteiligung an politischen Prozessen in der Gemeinschaft. Aus diesem Bericht ging schließlich die Unionsbürgerschaft hervor, die 1992 im Vertrag von Maastricht in einem eigenen Titel festgeschrieben und 1999 ohne nennenswerte Veränderungen in den Vertrag von Amsterdam übernommen wurde. Seither haben Unionsbürger, also Staatsangehörige eines Mitgliedstaates der EU, das aktive und passive Wahlrecht; demnach sind sie in einem Mitgliedstaat, dessen Staatsangehörigkeit sie nicht besitzen, in dem sie aber ihren Wohnsitz haben, zur Teilnahme an Kommunalwahlen wie an Wahlen zum Europäischen Parlament berechtigt. Mit der Unionsbürgerschaft verknüpft ist das Ziel, die Identifikation der Bürger der Union mit dieser Staatengemeinschaft zu stärken, sie soll allerdings nicht, so ist es in Art. 17 des Vertrages zur Gründung der Europäischen Gemeinschaft (EGV) festgelegt, die nationale Bürgerschaft ersetzen, sondern lediglich ergänzen (ebd., S. 342ff.; vgl. auch Evers 1996).

Auch mit dem Konzept „Europa der Regionen" strebt die EG/EU eine stärkere Identifikation der Bürger der Gemeinschaft mit derselben an, und zwar über die in diesem Rahmen angestrebte gleichberechtigte Partizipation von Vertretern der regionalen, nationalen und europäischen Ebene an politischen Entscheidungsfindungen (Schmuck 2002, S. 135ff.). Aufgekommen war dieses Konzept bereits in den 1970er Jahren, es fand insbesondere im darauf folgenden Jahrzehnt großen Anklang unter den Bürgern der EG, wenngleich bis heute ungeklärt ist, welches Verständnis einer „Region" zugrunde gelegt wird; handelt es sich dabei um eine Kultur-, Wirtschafts-, Sozial- oder Verwaltungsregion? Die EG/EU versteht unter einer Region im Rahmen ihrer Regional-, Struktur- und Kohäsionspolitik überwiegend eine Verwaltungsregion; der 1994 gegründete „Ausschuss der Regionen" (Mittag 2002, S. 78-81) hat sich demgegenüber immer für die Achtung der kulturellen regionalen Vielfalt und für die Förderung politischer regionaler Kompetenzen eingesetzt, in der Bundesrepublik Deutschland bspw. im

Hinblick auf die gleichberechtigte Beteiligung der Bundesländer an politischen Entscheidungsprozessen in der EG/EU (vgl. auch Klatt 1995).

Im Unterschied zu den von nationalen Bildungswesen adaptierten Bildungsbegriffen, die auch die geistig-moralische Entwicklung der Individuen umfassen (Klafki 1994; für eine europäische Perspektive vgl. Mitter 1993, S. 225f.), reflektiert der von der EG/EU übernommene Bildungsbegriff utilitaristische Interessen. Dieses reduzierte Bildungsverständnis ist überdies eingelagert in eingeschränkte Kompetenzen der EG/EU im allgemein bildenden Bildungsbereich, und zwar auf Grund des im Vertrag über die Gründung der Europäischen Gemeinschaften und im Vertrag über die Gründung der Europäischen Union von 1992 fortgeschriebenen Subsidiaritätsprinzips (Brenner 1994, S. 49f.; Dittmann/Fehrenbacher 1992, S. 478-493); demnach kann die EU in Bereichen, die nicht in ihre ausschließliche Zuständigkeit fallen, nur dann tätig werden:

> „sofern und soweit die Ziele der in Betracht gezogenen Maßnahmen auf Ebene der Mitgliedstaaten nicht ausreichend erreicht werden können und daher wegen ihres Umfanges oder ihrer Wirkung besser auf Gemeinschaftsebene erreicht werden können." (Europäische Union 1993, Vertrag über die Europäische Union 1992, Titel VII, Kap. 3, Abs. 3b)

Zurückzuführen ist diese Einschränkung der rechtlichen Befugnisse der EG/EU im allgemein bildenden Bildungsbereich auf die Haltung der Mitgliedstaaten der EG/EU, die jede von supranationaler Stelle verordnete Form der Vereinheitlichung und Anpassung ablehnen, sowohl im Hinblick auf strukturelle Merkmale als auch auf inhaltliche, curriculare Vorgaben (vgl. Hrbek 1994); auch im Vertrag von Maastricht (1992) fand diese Position unter Kapitel 3 „Allgemeine und berufliche Bildung und Jugend" ihre Fortschreibung, dort wird eingangs auch im Hinblick auf die europäische Dimension im Bildungswesen konstatiert:

> „Art. 126 [Ziele; europäische Dimension] (1) Die Gemeinschaft trägt zur Entwicklung einer qualitativ hochstehenden Bildung dadurch bei, daß sie die Zusammenarbeit zwischen den Mitgliedstaaten fördert und die Tätigkeit der Mitgliedstaaten unter strikter Beachtung der Verantwortung der Mitgliedstaaten für die Lehrinhalte und die Gestaltung des Bildungssystems sowie der Vielfalt ihrer Kulturen und Sprachen erforderlichenfalls unterstützt und ergänzt." (Europäische Union 1993, Vertrag über die Europäische Union 1992, Titel VIII, Kap. 3, Art. 126, Hervorh. im Orig.)

Und in Abs. (4) Art. 126 im Vertrag über die Europäische Union (1992) heißt es weiter:

> „Als Beitrag zur Verwirklichung der Ziele erläßt der Rat gemäß dem Verfahren des Artikels 189b und nach Anhörung des Wirtschafts- und Sozialausschusses der Regionen Fördermaßnahmen unter Ausschluß jeglicher Harmonisierung der Rechts- und Verwaltungsvorschriften der Mitgliedstaaten mit qualifizierter Mehrheit auf Vorschlag der Kommission Empfehlungen." (Europäische Union 1993, Vertrag über die Europäische Union 1992, Titel VII, Kap. 3)

Weitere Vertragsvorgaben und Klauseln des Vertrags von Maastricht eröffnen der EU jedoch Interpretationsspielräume, so dass die Frage nach ihrer Zuständigkeit im Bildungsbereich auf einen unabgeschlossenen, dynamischen Prozess verweist (Fechner 1994, S. 33f.). In programmatischer Hinsicht manifestiert sich die europäische Bildungspolitik seit Bestehen der EG/EU vor allem in Beschlüssen und Entschließungen des europäischen Rates, die unverbindliche Absichtserklärungen darstellen (ebd., S. 19); d.h., es steht den Mitgliedstaaten frei, sich an ihnen zu orientieren oder auch nicht, da sie rechtlich nicht dazu verpflichtet sind. Im Fall der „europäischen Dimension im Bildungswesen" haben sich die europäischen Bildungsminister 1988 jedoch auf eine die Mitgliedstaaten rechtlich bindende Entschließung festgelegt (Rat der Europäischen Gemeinschaften, Abl. C177/02/1989a).

3.2 Die Medium- oder Organisationsebene: die europäische Dimension in den allgemein bildenden Bildungsbereichen in der EG/EU und empirische Befunde zu ihrer Realisierung

Erstmals angedacht worden war die Einführung einer europäischen Dimension im Bildungswesen bereits im ersten, 1976 in Kraft getretenen Aktionsprogramm der EG im Bildungsbereich (Rat der Europäischen Gemeinschaften 1976), das die Basis für alle folgenden Erklärungen und Initiativen bilden sollte (Schink 1993, S. 58). Dort finden sich unter dem Stichwort „europäische Dimension" primär Vorschläge zu organisatorischen Maßnahmen (Lehreraustausch, Einrichtung von Informationsstellen und Herstellung von Kontakten zwischen Lehrerausbildungsstätten); eine inhaltliche Konkretisierung der europäischen Dimension erfolgte zu diesem Zeitpunkt nicht (Janssen 1986, S. 29).

Als jedoch 1985 der Europäische Rat in Mailand den vom Ausschuss „Für das Europa der Bürger" vorgelegten Bericht annahm, wurden zumindest auf der programmatischen Ebene erste Konturen einer europäischen Dimension im Bildungswesen formuliert: In dem o.g. Bericht wurde angeregt, in jedem Mitgliedstaat Zentren zur Unterstützung von Schulen und Lehrenden bei der Berücksichtigung von „Europa im Unterricht" einzuführen, entsprechende Lehrmaterialien und Schulbücher auszuarbeiten und den Schulen zur Verfügung zu stellen, den 9. Mai als „Europatag" einzuführen und ein Zentrum zur Dokumentation des gemeinsamen europäischen Erbes einzurichten. Im Rahmen einer ein Jahr später (1986) unter ihren zwölf Mitgliedstaaten durchgeführten Befragung zum Stand der Umsetzung der europäischen Dimension im Bildungsbereich meldeten sämtliche Mitgliedstaaten zurück, die europäische Dimension in den Fächern Geographie, Geschichte, Ökonomie, Gesellschaftslehre und Sozialkunde zu berücksichtigen, in Großbritannien sei dies ferner in den Fächern Kunst und Musik der Fall; lediglich die Bundesrepublik Deutschland gab an, bereits seit 1978 über einen Erlass „Europa im Unterricht" zu verfügen (Ryba 1992, S. 11-21). Insgesamt führten die Befragten nur wenige konkrete Beispiele für eine Verankerung der europäischen Dimension im Curriculum an und nur eine Minderheit benannte konkrete Kurse oder

Unterrichtssequenzen, die sich explizit mit den Institutionen der EG befassen. Ryba (1992, S. 15) kritisiert im Anschluss an seine Durchsicht der Ergebnisse dieser Befragung, dass sich die Mitgliedstaaten primär darauf konzentrierten, etwas über Europa zu lernen („learning *about* Europe") und nicht, wie man Europäer werde („learning *to be* Europeans", ebd., Herv. im Orig.).

Vor dem Hintergrund dieser insgesamt aus Sicht der EG unzureichenden Verankerung der europäischen Dimension im Bildungswesen gaben ihr die europäischen Bildungsminister mit der Entschließung vom 24. Mai 1988 programmatisch spürbare Unterstützung (Rat der Europäischen Gemeinschaften, Abl. C 177/02/1989a); dort legte der Rat der EG für die europäische Dimension im Bildungswesen folgende Ziele fest:

> „das Bewußtsein der jungen Menschen für die europäische Identität zu stärken und ihnen den Wert der europäischen Kultur und der Grundlagen, auf welche die Völker Europas ihre Entwicklung heute stützen wollen, nämlich insbesondere die Wahrung der Grundsätze der Demokratie, der sozialen Gerechtigkeit und der Achtung der Menschenrechte (Erklärung von Kopenhagen, April 1978), zu verdeutlichen; (...)
> den jungen Menschen eine bessere Kenntnis der Gemeinschaft und ihrer Mitgliedstaaten in ihren historischen, kulturellen, wirtschaftlichen und sozialen Aspekten zu vermitteln und ihnen die Bedeutung der Zusammenarbeit der Staaten der Europäischen Gemeinschaft mit anderen Staaten Europas und der Welt näherzubringen." (Rat der Europäischen Gemeinschaften, Abl. C 177/02/1989a)

Die Mitgliedstaaten werden ferner aufgefordert, die europäische Dimension in die Lehrpläne, in den Unterricht, in pädagogische Unterrichtsmaterialien, die Lehrerausbildung und Schülerbegegnung zu integrieren und an ergänzenden Maßnahmen wie dem Europatag und europäischen Wettbewerben teilzunehmen. Die Mitgliedstaaten ihrerseits verpflichteten sich im Rahmen dieser Entschließung, Leitvorstellungen zur Integration der europäischen Dimension im Bildungswesen zu entwickeln und dem Ausschuss für Bildungsfragen über die von ihnen geförderten Aktivitäten zu berichten, damit dieser bis zum 30. Juni 1991 einen diesbezüglichen Bericht vorlegen kann (Mickel 1991, S. 130-139). Der daraufhin 1991 von der Kommission vorgelegte Bericht über den Ablauf der in den Mitgliedstaaten und von der EG durchgeführten Maßnahmen zur „Stärkung der europäischen Dimension im Bildungswesen" (Kommission der Europäischen Gemeinschaft 1991, SEK (91) 1753) basiert auf einzelstaatlichen Tätigkeitsberichten und politischen Dokumenten, die an die Kommission ergingen und ist in drei Kapitel unterteilt: Abschnitt A dokumentiert die von den Mitgliedstaaten durchgeführten Maßnahmen, Abschnitt B die von der EG initiierten Maßnahmen, Abschnitt C enthält weiterführende Vorschläge. Die Einrichtung eines eigenständigen Unterrichtsfaches „Europäische Dimension" wurde von keinem Mitgliedstaat angestrebt (ebd., S. 4). Die Zusammenschau der von den Mitgliedstaaten im Hinblick auf die europäische Dimension im Bildungswesen entwickelten Aktivitäten reflektiert nach Auffassung der Kommission drei gesellschaftlich-philosophische Ideale:

- „ein Gemeinschaftsideal, wonach „die Mitgliedstaaten ein gemeinsames, globales und kohärentes politisches Konzept erarbeiten müssen";
- ein humanistisches Ideal, das „auf internationales Verständnis abzielt und von der Gewißheit überzeugt ist, daß die Gemeinschaft in stärkerem Maße Frieden, Demokratie und Bewußtsein internationaler Solidarität fördert;"
- eine Perspektive „der Internationalisierung, die auf der Entwicklung eines Europas der kulturellen Vielfalt und stärkeren Mobilität seiner jungen Menschen sowie auf der Entstehung einer interkulturellen Gesellschaft beruht" (Kommission der Europäischen Gemeinschaft, SEK (91) 1753, S. 2).

Die Rückmeldungen der Mitgliedstaaten zum Stand der Berücksichtigung der europäischen Dimension im Bildungswesen resümierend gelangt die Kommission mit Blick auf die Lehrpläne zu der kritischen Einschätzung, dass sich entsprechende Ansätze häufig auf den Fremdsprachen- und Sozialkundeunterricht beschränken, positiv vermerkt sie die Fülle der erarbeiteten Unterrichtsmaterialien zu Europa, steigende Teilnehmerzahlen beim Schüler- und Lehreraustausch und die Zunahme von Schulpartnerschaften in den Mitgliedstaaten (ebd., S. 6-11).

Zwei Jahre später (1993) legte die Kommission der EG das „Grünbuch zur Europäischen Dimension im Bildungswesen" vor (Kommission der Europäischen Gemeinschaften 1993, KOM (93) 457 endg.), um mit Blick auf den im Vertrag von Maastricht (1993) aufgenommenen Artikel 126 allgemeine Bildung über neue Perspektiven im allgemeinbildenden Bildungsbereich nachzudenken (ebd., S. 2, S. 14-16). In diesem Zusammenhang wird dort konstatiert, dass künftig stärker bei der Ausbildung der Lehrkräfte und weiterem pädagogischem Personal anzusetzen sei, denn die Einführung der europäischen Dimension in das Bildungswesen impliziere:

- „daß sie lernen, den Reichtum der europäischen Kulturen zu teilen und zu vermitteln;
- daß sie neben ihrer nationalen und regionalen Zugehörigkeit eine europäische Identität entwickeln;
- daß sie das kulturelle Erbe, die Partnerschaften und Netze als Anhaltspunkte nutzen, um eine Didaktik der europäischen Dimension auszuarbeiten;
- daß sie die kulturellen und sprachlichen Hindernisse überwinden und sich mehrsprachigen und multikulturellen Praktiken zuwenden." (Kommission der Europäischen Gemeinschaften 1993, KOM (93) 457 endg., S. 9)

Im Hinblick auf die von der EG/EU getragenen Europäischen Schulen (vgl. Kap. 4) stellt die Kommission in diesem Zusammenhang fest und schlägt vor, dass nationale Schulen künftig mit den Europäischen Schulen kooperieren sollen, denn:

> „Insbesondere durch die multikulturelle Bereicherung und die Einführung der Fremdsprachen im Fachunterricht sind diese Schulen ein Ort potentieller Innovation, die es zu stärken gilt. Diese neuartige Erfahrung bildet einen Bezugspunkt für die Entwicklung von ‚Labors' der pädagogischen Innovation und begünstigt darüber hinaus eine multikulturelle Lernerfahrung und die Achtung vor der Vielfalt." (ebd., S. 12)

Das Grünbuch zur europäischen Dimension im Bildungswesen (ebd.) und die Entschließung zur Einführung einer europäischen Dimension im Bildungswesen von 1988 (Rat der Europäischen Gemeinschaften 1989a) bilden seither die programmatische Grundlage für die europäische Dimension im Bildungswesen, obgleich im Grünbuch keine weiteren, die Mitgliedstaaten rechtlich bindenden Maßnahmen festgelegt wurden. Mit den letztgenannten Verlautbarungen der EG Bildungsminister zur europäischen Dimension im Bildungsbereich wurden jedoch in den nationalen Bildungswesen Aktivitäten angestoßen, die dort insbesondere seit den 1990er Jahren im Kontext von Europaschulprogrammen und Europaschulen spürbaren Niederschlag finden.

3.3 Die Mikro- oder Interaktions- bzw. Individualebene: Europaschulen in Deutschland

Die EU fordert die Integration der europäischen Dimension auf allen Ebenen des Bildungsbereichs; im allgemein bildenden Bildungswesen haben diesen Anspruch insbesondere Europaschulen aufgegriffen, wie im Folgenden am Beispiel der Bundesrepublik Deutschland aufgezeigt werden kann. Europaschulen sind Bildungseinrichtungen aller Schulformen, die additiv zu ihrem staatlichen Bildungsauftrag ein Europa-orientiertes Schulprofil entwickelt haben. Die Berechtigung zum Tragen des Titels „Europaschule" ist deutschlandweit nicht einheitlich geregelt: So hat das Land Hessen beispielsweise bereits zu Beginn der 1990er Jahre ein eigenes Landesprogramm „Europaschule" auf den Weg gebracht (Schwarz 2002) und auch das Land Berlin 1992 einen eigenen Schulversuch „Staatliche Europa-Schule Berlin" (SESB) aufgelegt (Göhlich 1998); demgegenüber erkennen die zuständigen Behörden in Nordrhein-Westfalen entsprechenden Schulen den Titel „Europaschule" auf der Basis individuell geltender Regelungen zu (Hornberg 2002). Die Zahl der Europaschulen ist in Deutschland insbesondere seit den 1990er Jahren kontinuierlich angestiegen, konkrete bundesweite statistische Angaben zu ihrer Entwicklung im Zeitverlauf wie auch zu ihrer aktuellen Verbreitung liegen jedoch nicht vor. Vor diesem Hintergrund ist es schwierig, einen Überblick über bestehende Europaschulprogramme und Europaschulen zu bekommen, wie auch eine entsprechende Anfrage der Autorin dieser Studie an die deutsche Kultusministerkonferenz erbrachte; die KMK ließ mitteilen, dass sie über keine von ihr dokumentierten Daten hinsichtlich der Verbreitung der Europaschulprogramme und Europaschulen verfüge und verwies als weiterführende Quelle auf Informationen, die im Internet zu finden seien und die auch in die folgende Tabelle (3.3.1) eingeflossen sind. Der dort präsentierte Überblick über die von den bundesdeutschen Ländern entwickelten Europaschulprogramme und von ihnen eingerichteten Europaschulen basiert auf Informationen und Daten einer Internetrecherche der Autorin[2], die diese im Oktober 2008 durchgeführt hat; die dort aufgeführten Angaben

---

2 Die Internetrecherche erfolgte ausgehend von folgender Internetseite des Deutschen Instituts für Internationale Pädagogische Forschung: http://www.dipf.de/datenbanken/; Abruf vom 22.07.2008. Sie wurde um weitere, hier nicht einzeln anzuführende und z. T.

können mithin lückenhaft sein, falls Europaschulen als solche im Rahmen dieser Recherche nicht identifiziert werden konnten, der Autorin weitere Informationen nicht vorlagen oder sich zwischenzeitlich Veränderungen ergeben haben.

Tabelle 3.3.1 reflektiert das Anliegen, einen ersten systematischen Überblick darüber zu gewinnen, a) welche deutschen Bundesländer ein Europaschulprogramm adaptiert haben; b) wie viele Schulen sich in den Bundesländern an einem solchen Programm beteiligen und c), welchen Schulformen diese Schulen angehören. Wie aus dieser Tabelle hervorgeht, ist auf der Basis der hier herangezogenen Informationen davon auszugehen, dass es in Deutschland insgesamt im Juli 2008 mindestens 346 Schulen mit einem europäischen Profil und darunter 146 als Europaschulen etikettierte Schulen gibt. Bayern hatte für eine Dekade, vom Schuljahr 1992/93 bis zum Schuljahr 2002/03, den zeitlich befristeten und mittlerweile ausgelaufenen Schulversuch „Europäisches Gymnasium", an dem sich die hier angeführten Gymnasien beteiligten und für die hier davon ausgegangen wird, dass sie auch heute noch eine entsprechende Schulprofilbildung verfolgen. Im Rahmen dieses Schulversuchs entstandene Unterrichtskonzepte und -materialien sind seither in die Curriculumentwicklung für staatliche Sekundarschulen in Bayern eingeflossen. Baden-Württemberg weist 100 Schulen aller im Bundesland repräsentierten Schulformen mit einem europäischen Profil auf. Über ein eigenes Schulprogramm „Europaschule" verfügen fünf deutsche Länder: das Land Berlin mit dem Schulversuch „Staatliche Europa-Schule Berlin" (vgl. auch Göhlich 1998), sowie die Bundesländer Hessen, Niedersachsen, Sachsen-Anhalt (vgl. auch Sandner 2001) und Thüringen.

---

auch dort angeführte Links ergänzt. Die Angaben in Tab. 3.3.1 schließen die in Bayern an dem zum Schuljahr 2002/03 ausgelaufenen Schulversuch „Europäisches Gymnasium" beteiligten Schulen ein.

Tabelle 3.3.1: Europaschulen in Deutschland (Stand: Juli 2008)

Bundesland	Schul-Programm	Schulen insgs.	GS[1]	GS / HS	GS / RS / HS	HS	HS / RS	RS	GS/ RS/ Gym	Gym.	Gesamt-schulen	BBS.	Förder-schulen
Baden-Württemberg	Schulen mit europäischem Profil	100	7	7	9	0	9	12	2 (ohne GS)	34	0	19	3
Bayern	Schulversuch „Europäisches Gymnasium" (zum Schuljahr 2003/04 ausge-laufen)	82	0	0	0	0	0	0	0	82	0	0	0
Berlin	Europaschulen	21	15	0	0	0	0	1	0	3	2	0	0
Brandenburg	Europaschulen	18	10	0	0	0	0	0	0	4	4	1	1
Bremen	keine Angaben												
Hamburg	keine Angaben												
Hessen	Europaschulen	24	6	0	1	0	0	0	0	6	11	7	0
Mecklenburg-Vorpommern	Europaschulen	21	5	0	0	0	5	0	1	0	10	0	0
Niedersachsen	Europaschulen	11	0	0	0	0	0	1	0	10	0	2	1
Nordrhein-Westfalen	Europaschulen	17	1	0	0	1	0	3	0	5	7	1	0
Rheinland-Pfalz	keine Angaben												
Saarland	keine Angaben												
Sachsen	Europaschulen	1	0	0	0	0	0	0	0	1	0	0	0
Sachsen-Anhalt	Europaschulen	13	1	0	0	0	3	0	0	9	0	3	0
Schleswig-Holstein	Europaschulen	20	0	0	0	0	0	2	0	16	2	7	0
Thüringen	Europaschulen	18	6	0	0	0	3	0	0	5	4	0	0
Europaschulen insgs.		146	38	0	1	1	8	7	1	54	36	21	2
Europaschulen + Schulen mit europäischem Profil insgs.		346	51	7	10	1	20	19	1	175	40	40	5

© S. Hornberg 2010
[1] Legende: GS (Grundschulen), HS (Hauptschulen), RS (Realschulen), Gym (Gymnasien), BBS (Berufsbildende Schulen)
Quelle: Deutsches Institut für Internationale Pädagogische Forschung http://www.dipf.de/datenbanken/; Abruf vom 22.07.2008.

Europaschulen sind in Brandenburg (18), Mecklenburg-Vorpommern (21), Nordrhein-Westfalen (17) und Schleswig-Holstein (20) noch recht gut vertreten, auch wenn diese Bundesländer keine Europaschulprogramme adaptiert haben. Deutlich weniger Europaschulen finden sich demgegenüber in Niedersachsen (11), und zwar trotz des dort adaptierten Europaschulprogramms, sowie in Sachsen (1).

Für die Stadtstaaten Bremen und Hamburg lagen für diese Studie keine Angaben zu Europaschulprogrammen oder Europaschulen vor. Unter den insgesamt 346 Schulen mit einem europäischen Profil und Europa-Schulen im allgemein bildenden Bildungsbereich in Deutschland finden sich nur eine reine Hauptschule (in Nordrhein-Westfalen) und nur fünf Förderschulen, die ein Europaprofil adaptiert haben; ebenfalls schwach vertreten sind, verglichen mit dem Anteil an Gymnasien (175), Realschulen (19). Im berufsbildenden Bereich gibt es 40 Schulen mit einem Europaprofil. Offenbar sind es insbesondere die leistungsstarken Schüler, die mit den Kompetenzen für eine zunehmend internationalisierte Welt ausgestattet werden sollen, wie Krüger-Potratz (1993, S. 6) bereits zu Beginn 1990er Jahre kritisch herausgestellt hat. Europaschulen unterscheidet von anderen staatlichen Schulen generell, dass sie europäische Schwerpunkte setzen; diese manifestieren sich insbesondere (vgl. auch Hornberg 2004, S. 27-29):

- im Fachunterricht und in der Didaktik,
- in einem erweiterten Fremdsprachenangebot,
- im Rahmen von web-gestütztem Lernen,
- in internationalen Kooperationen,
- in Auslandspraktika,
- in der Beteiligung an EU-Förderprogrammen.

Europaschulen kommen mit der von ihnen gewählten Schwerpunktsetzung zwei insbesondere seit den 1990er Jahren von der Bildungspolitik zunehmend gestellten Anforderungen an staatliche Schulen nach: der Entwicklung eines individuellen Schulprofils und der Förderung von Kompetenzen unter den Heranwachsenden, wie sie in einer von Europäisierungs-, Multinationalisierungs- und Globalisierungsprozessen geprägten Welt notwendig erscheinen. In den Europaschulen finden die o.g. Schwerpunktsetzungen landesweit in divergierenden Ausprägungen Berücksichtigung, wie im Folgenden an ausgewählten Beispielen aufgezeigt werden kann.

3.3.1 Das Europaschulprogramm in Hessen

Das Land Hessen zählt in Deutschland zu den ersten Bundesländern, die ein eigenes Europaschulprogramm installiert haben; es basiert auf dem Erlass der Kultusministerkonferenz vom 7.1.1990 „Europa im Unterricht" bzw. dessen Adaptierung durch das Hessische Kultusministerium vom 19.4.1991 (Hessisches Kultusministerium 1991). Heute gibt es in Hessen insgesamt 31 Europaschulen aller Schulformen; die von ihnen zu erfüllenden Anforderungen wurden erstmals im Hessischen Europaschulprogramm von 1994 festgelegt (Hessisches Institut für Bildungsplanung und Schulentwicklung/HIBS 1994, S. 1f.); dort wurde von den Schulen gefordert:

- die Entwicklung einer europäischen Dimension und die Berücksichtigung des interkulturellen Lernens in Unterricht;

- die Übernahme eines stadtteilorientierten Ansatzes und Kooperationen mit umliegenden Schulen;
- die Berücksichtigung reformpädagogischer Elemente im Unterricht;
- die Zusammenarbeit mit freien Trägern und die Entwicklung freiwilliger Nachmittagsangebote für die Schülerschaft;
- die Kooperation mit Schulen im Ausland und die Förderung von Schulpartnerschaften;
- der Schülerschaft die Möglichkeit zu geben, zwischen dem 7. und 13. Schuljahr eine Auslandsjahr zu absolvieren;
- die Entwicklung eines Schwerpunkts ‚ökologische Bildung‘.

Die Schulen sollen ferner als Modelle für den gesamten Schulbereich und als „Innovationskerne" für ihre Region fungieren (Schwarz 2002, S. 123). Gebildet wurden zunächst Europaschulen und assoziierte Europaschulen; letztere erfüllten nicht sämtliche im o.g. Schulprogramm aufgestellten Anforderungen. Im Jahr 2000 wurde diese Differenzierung im Rahmen einer Programmrevision jedoch aufgegeben und die bisher entwickelten Programmbereiche wurden in zwei Entwicklungsfelder zusammengefasst. Das erste Entwicklungsfeld umfasst die *„Europäische Dimension und internationale Orientierung"* mit folgenden Kernbereichen (ebd., S. 126, Hervorh. im Orig.):
- „Erstellung eines schulischen Curriculums zur europäischen Dimension;
- verstärkte Nutzung von europäischen Programmen;
- thematisch orientierte Austauschprogramme und Internet-Projekte;
- internationale Betriebspraktika;
- Ausbau bzw. Einrichtung bilingualer Angebote an allen Europaschulen (Ausbau des Sach-Fach-Unterrichts);
- Sprachintensivkurse, Kompaktlernen, früher Fremdsprachenerwerb, vorgezogene und veränderte Sprachenfolgen;
- interkulturelle Integrationsprojekte;
- Beteiligung am Sprachenportfolio und dem Referenzrahmen des Europarats."

Das zweite Entwicklungsfeld umfasst die Bereiche *„Qualitätssicherung und Methodenlernen"* und folgende Aspekte (ebd.):
- „Alle Vorhaben und Projekte sind einem schulinternen Programmcontrolling und einer systematischen Evaluation unter Einbeziehung der Schulaufsicht und einer externen Evaluation unterworfen. Das entwickelte Verfahren der Budgetierung und des Programmcontrollings wird auf das gesamte Programm übertragen.
- Die Europaschulen führen zur Qualitätssicherung eine Feststellung der Eingangsqualifikationen sowie Lernstandsfeststellungen über die Entwicklungsschritte durch. Ein Portfolio über europaschulspezifische Leistungsnachweise wird für jeden Schüler angelegt.
- Um diese Ziele zu erreichen, werden an den Europaschulen das Methodenlernen sowie Formen des selbst gesteuerten und handlungsorientierten Lernens systematisch eingeübt und im Schulprogramm und -curriculum eingearbeitet.

- Die Europaschulen erstellen im Rahmen ihres Schulprogramms ein Personalentwicklungskonzept, das Maßnahmen der programmbezogenen Lehrerfortbildung einschließt.
- Außerschulische Kooperationspartner werden in diese Maßnahmen einbezogen und unterstützen das Programm und seine Qualitätsentwicklung."

Mit dieser Bündelung der in den Europaschulen entwickelten pädagogischen Ansätze soll eine Standort verbundene Schule mit Bezug auf ein vereintes Europa geschaffen werden; in schulorganisatorischer Hinsicht wird eine Schulqualität und -entwicklung angestrebt, die europäischen Standards gerecht wird (ebd., S. 127). Das Hessische Europaschulprogramm sieht ferner vor, dass im Hinblick auf den europäischen Binnenmarkt und eine zunehmend globalisierte Wirtschaft die europäische Dimension und das interkulturelle Lernen, Auslandsaufenthalte der Schülerschaft und Kooperationen mit ausländischen Organisationen ausgebaut werden. In diesem Zusammenhang wird auch die Entwicklung von neuen Formen des Fremdsprachenunterrichts angestrebt. Die ökologische Schwerpunktsetzung der Hessischen Europaschulen wird nunmehr unter dem Begriff „nachhaltige Entwicklung" gefördert; das Prinzip der Nachbarschaftsschule, Ganztagsangebote sowie die reformpädagogische Ausrichtung der Schulen bleiben bestehen und sollen weiter ausgebaut werden. Im Hinblick auf die Förderung der Selbstverwaltung der Schulen verfügen sie nunmehr über ein von ihnen verwaltetes Budget; angesichts des Pilotcharakters der Europaschulen wurden Formen der internen und externen Evaluation eingeführt, und schließlich sind die Schulen angehalten, ein individuelles Schulprogramm zu entwickeln, das jährlich aktualisiert wird (ebd., S. 128f.). Das Hessische Europaschulprogramm ist bundesweit eines der entwickeltesten, was nicht zuletzt auf die Unterstützung zurückzuführen sein dürfte, die es als Landesschulprogramm erfährt. Die dort verankerten inhaltlichen Bereiche finden sich jedoch auch in anderen Europaschulen wieder, und zwar auch in solchen, die nicht in ein landesweites Europaprogramm eingebettet sind, sondern individuell die Entwicklung eines Europaschulprofils betreiben, wie die folgenden Beispiele aus Nordrhein-Westfalen zeigen.

3.3.2 Europa-orientierte Schulen und die Europaschule Dortmund in Nordrhein-Westfalen

Nordrhein-Westfalen verfügt über kein Europaschulprogramm, dort setzt die Entwicklung eines entsprechenden Schulprofils vielmehr eine ausgeprägte Bereitschaft zur Selbstorganisation und ein hohes Engagement der Beteiligten zur Realisierung der selbst gesteckten Ziele voraus. Der Titel „Europaschule" wird Schulen nach einem individuell gestellten Antrag von den zuständigen Schulbehörden ggf. verliehen; 2008 gab es in diesem Bundesland 17 Europaschulen. Daneben haben sich in Nordrhein-Westfalen Zusammenschlüsse von Schulen entwickelt, die eine explizite Europaorientierung verfolgen, bspw. das Netzwerk Europaorientierter Schulen (NEOS), dem im Mai 2001 insgesamt 31 Schulen aller Schulformen aus sieben Staaten angehörten. Die in diesem Verbund zusammengeschlossen Schulen haben sich im Rahmen der ‚Kölner Erklärung', die von ihnen im Sommer 1999 verabschiedet wurde, verpflichtet:

> „die sprachliche Kompetenz ihrer Schülerinnen und Schüler durch das Erlernen und Anwenden mehrerer Fremdsprachen und die interkulturelle Kompetenz durch eine Erziehung zu Weltoffenheit mit dem Ziel, Fremdheit zu überwinden zu erhöhen." (http://www.kle.nw.schule.de/rs-kleve/wasist-neos.htm; Abruf vom 28.05.2001)

Beteiligt waren an der ‚Kölner Erklärung' Vertreter des Landesinstituts für Schule und Weiterbildung in Soest (NRW), das Ministerium für Schule, Weiterbildung, Wissenschaft und Forschung des Landes NRW, die Bezirksregierung Köln, die Degussa AG, die Handwerkskammer zu Köln sowie die Europaschule Köln. Im Schulalltag setzen die im Netzwerk NEOS zusammengeschlossenen Schulen zur Realisierung der o.g. Zielperspektive folgende Schwerpunkte:

*   die Förderung interkultureller Kompetenzen, und zwar über die Integration des interkulturellen Lernens in den Unterricht sowie durch Projektlernen, unter Berücksichtigung von unterschiedlichen europäischen Regionen, von Festen und Feiern im Schulalltag;
*   die Förderung sprachlicher Kompetenzen über ein erweitertes Fremd-sprachenangebot und mit dem Ziel, der Schülerschaft Grundkenntnisse in min-destens zwei modernen Fremdsprachen zu vermitteln. In diesem Zusammen-hang werden die individuellen Lernschritte der Lernenden dokumentiert, im Rahmen von Austauschprogrammen Fremdsprachenkenntnisse praktisch ange-wendet und von den Schulen offiziell anerkannte Zertifikate über die erbrachten Leistungen vergeben;
*   die Förderung von Orientierungsfähigkeit, und zwar im Rahmen praxisorientier-ter Unterrichtsformen wie Arbeitsgemeinschaften und der Projektarbeit;
*   die Förderung der kommunikativen Kompetenzen der Schülerschaft, u. a. mit Hilfe moderner Kommunikationstechnologien (vgl. http://www.kbs-koeln.de/ europaschule /neos/cologne-declaration.htm; Abruf vom 19.4.2001).

Im Netzwerk NEOS sind nicht nur Schulen, sondern auch Firmen zusammen geschlossen, mit denen die Schulen kooperieren, bspw., indem sie von diesen Com-puterarbeitsplätze zur Verfügung gestellt bekommen oder Schülerinnen und Schü-ler an europäischen Betriebspraktika und Schüleraustauschprogrammen im Aus-land teilnehmen; z. T. werden diese in Form von Stipendien finanziert. 2001 waren die Schulen ferner mit insgesamt 30 Projekten an dem von der EU geförderten Comenius-Programm beteiligt. Jede Schule hat ein individuelles Schulprogramm entwickelt, dessen Realisierung in regelmäßigen Abständen von externen Beratern evaluiert wird. Die Schulen tauschen ihre Schulprogramme untereinander aus und führen regelmäßig Workshops mit einer international zusammengesetzten Schüler-schaft durch; die in diesem Kontext anfallenden finanziellen Kosten werden über einen jährlichen Beitrag von 1000 Euro abgedeckt, den die Mitglieder an ihren Dachverband (NEOS) entrichten.

Im Unterschied zu dem o.g. Netzwerk Europa-orientierter Schulen (NEOS) wurde einer Gesamtschule in Dortmund 1988 der Titel „Europaschule" zuerkannt. Diese Europaschule wurde 2001 von 480 Schülern besucht, die aus sämtlichen Einzugsbereichen der Stadt Dortmund kamen und zu je 1/3 die Befähigung für die Schulformen Haupt-, Realschule und Gymnasium aufwiesen. Seit ihrem Bestehen übersteigt die Zahl der Schulanmeldungen an der Europaschule Dortmund die der zur Verfügung stehenden Plätze; es sind insbesondere hochmobile Eltern und binationale Familien, die den Besuch ihrer Kinder an dieser Schule anstreben. Die Schule hat eine eigene Bibliothek und einige Computerarbeitsplätze; sie beteiligt sich am Modellversuch der Bund-Länder-Kommission „Agenda 21 in der Schule' und hat entsprechende Themen aus dem Bereich der Umwelt- und Gesundheitserziehung in ihr Curriculum integriert. In der unterrichtsfreien Zeit können die Schüler einen Europaclub mit kulturellen Angeboten nutzen; es werden jährlich Exkursionen, Lesungen und Diskussionen mit Zeitzeugen aus Politik, Wirtschaft und Kultur angeboten. Zusätzlich zum Religionsunterricht bietet die Schule ferner Ethikkurse, Synagogen-, Moschee- und Kirchenbesuche an und feiert religiöse Feste verschiedener Glaubensrichtungen. Den Kern des Schulprogramms bilden die Vorbereitung auf ein Leben in Europa und die Montessori-Pädagogik; dem entsprechend verfolgt die Schule einen ganzheitlichen Lernansatz, der sich u.a. in einem breiten Fächer übergreifenden Angebot sowie in einem auf Kommunikation ausgerichteten Sprachunterricht niederschlägt. Das Fremdsprachenangebot umfasst neben Englisch und Französisch auch Spanisch. Die Schule hat zahlreiche Schulpartnerschaften in und außerhalb Europas und fördert einen intensiven Schüleraustausch; in diesem Zusammenhang finden auch Informationstechnologien Berücksichtigung. Die Europaorientierung von Schulen führt auch zu Kooperationen mit der Wirtschaft, z.B. indem den Schulen Hard- und Software zur Verfügung gestellt werden und der Schülerschaft die Möglichkeit gegeben wird, Praktika im Ausland zu absolvieren, wie dies im o.g. Netzwerk Europa-orientierter Schulen (NEOS) der Fall ist.

3.4 Zusammenfassende Charakterisierung der Europaschulen

Europaschulen rekurrieren in geopolitischer Hinsicht auf Europa und die EG/EU; sie sind in dem hier exemplarisch betrachteten Bildungsraum der Bundesrepublik Deutschland im Pflichtschulbereich angesiedelt; d.h. es handelt es ich bei ihnen um staatliche Schulen, die ein Europaprofil adaptieren. Gemessen an der Zahl sämtlicher Pflichtschulen in diesem Gebiet ist ihr Anteil an diesen jedoch nicht sehr hoch, sodass nur eine mittlere Dichte und Häufigkeit konstatiert werden. Im Vorangegangenen konnte gezeigt werden, dass die von der EG/EU angestrebte Entwicklung einer europäischen Dimension im Bildungswesen in ihren Mitgliedstaaten zunächst nur schleppend vorankam, dann aber seit den 1980er Jahren einen deutlichen Aufschwung erfuhr. In Deutschland markiert diesen Wandel die seither wachsende Zahl von Europaschulen, von denen es 2008 mindestens 146 gibt.

Die EU als supranationale Organisation kann aufgrund des nach wie vor geltenden Subsidiaritätsprinzips ihren Einfluss im allgemein bildenden Bildungsbereich nur begrenzt geltend machen, und zwar insbesondere über Anreize, die von ihr geschaffen werden, bspw. über zusätzliche finanzielle Förderungen, wie sie von den Schulen im Rahmen des Comenius-Programms wahrgenommen werden können. Als weiteres Mittel der Einflussnahme der EG/EU auf den allgemein bildenden Bildungsbereich erweisen sich die von ihr unter dem Dach der ‚europäischen Dimension im Bildungswesen geförderten Bestrebungen zur Förderung einer ‚europäischen Identität', einer ‚Europäischen Bürgerschaft' und einer ‚Europäischen Kulturen- und Sprachenvielfalt'. Die deutsche Kultusministerkonferenz hat diese Aspekte mit dem von ihr 1978 erlassenen und 1990 überarbeiteten Beschluss „Europa im Unterricht" aufgegriffen und damit für Akteure unterhalb der nationalen Ebene einen Rahmen geschaffen, um Schulen bei der Entwicklung des Schulprofils ‚Europaschule' zu unterstützen. In der Praxis findet dies z. T. im Kontext von Europaschulprogrammen Resonanz, die die Bundesländer aufgelegt haben, z. T., indem entsprechenden Schulen auf Antrag der Titel ‚Europaschule' zugesprochen wird.

Europaschulen sind staatliche Schulen, die gemäß den für sie geltenden Lehrplanvorgaben unterrichten und die üblicherweise an ihnen erwerbbaren Schulberechtigungen vergeben. Der Unterricht wird in diesen Schulen in der Nationalsprache (in diesem Fall in der deutschen Sprache) abgehalten; das von den Schulen adaptierte Europaschulprofil fungiert als Schwerpunktsetzung, die im Rahmen der den Schulen zur Verfügung stehenden curricularen Freiräume realisiert wird. Von der Schülerschaft erbrachte zusätzliche Leistungen werden ihnen z. T. in Form von zusätzlichen Qualifikationsnachweisen attestiert. Unter den Europaschulen sticht insgesamt der geringe Anteil von Hauptschulen und von Schulen für Lernbehinderte hervor; dem gegenüber gut vertreten sind im allgemein bildenden Bildungsbereich Gymnasien mit einem Europaschulprofil.

Weitere Gründe für die Adaptierung des Schulprofils ‚Europaschule' durch staatliche Schulen, so die hier vertretene Annahme, könnten sein, dass die Schulen damit drei Entwicklungen nachkommen, die in den vergangenen gut zwei Jahrzehnten im Bildungsbereich an Relevanz gewonnen haben: Erstens, die von der EG/EU mit Nachdruck vertretene Forderung, die europäische Dimension im allgemein bildenden Bildungsbereich zu berücksichtigen. Wie die hier vorgestellten Daten zeigen, stößt diese Forderung in den deutschen Bundesländern auf unterschiedliche Resonanz: Hessen und Berlin bspw. greifen sie dezidiert im Rahmen von Europaschulprogrammen auf; dies mag nicht zuletzt auf den hohen Anteil von Schülerinnen und Schülern aus europäischen Staaten, aber auch mit Migrationshintergrund an den Schulen in diesen Bundesländern zurück zu führen sein. Neue Bundesländer (wie Thüringen, Sachsen-Anhalt und Mecklenburg-Vorpommern) mögen demgegenüber Europaschulprogramme adaptieren, um Schulen bei der Entwicklung eines individuellen Schulprofils zu unterstützen. Diese Form der Schulentwicklung wird seit den 1980er Jahren insbesondere im Kontext der Diskussionen um die erweiterte Autonomie der Einzelschule diskutiert und seither im Pflichtschulbereich zunehmend realisiert (vgl. Döbert/Geißler 1997). Dies wäre ein zweites Motiv für die Gründung von Europaschulen. Und schließlich erleichtert drittens die rasch voran schreitende technische Entwicklung der neuen Medien (insbesondere des Internets) Schulen eine kostengünstige und synchrone Kommunikation über nationale Grenzen hinweg. Mit diesem Punkt eng verknüpft ist ein weiterer Aspekt: im Kontext der Profilbildung ‚Europaschule' entstehen Netzwerke, wie das hier vorgestellte NEOS, an dem auch potentielle Sponsoren der Schulen und potentielle Arbeitgeber der Schülerschaft beteiligt sind. Ein Zusammenhang zwischen diesem letzten Punkt wie auch den anderen genannten Aspekten und der Einrichtung von Europaschulen ist bisher jedoch nicht empirisch nachgewiesen worden.

3.5 Resümee

Die EG/EU verfolgt ihre bildungspolitischen Bestrebungen zur Förderung einer europäischen Dimension im allgemein bildenden Bildungsbereich insbesondere seit den 1970er Jahren. Hier anschließend haben die Mitgliedstatten der EG/EU die von dieser supranationalen Organisation seither programmatisch vorgenommenen Ausdifferenzierungen aufgegriffen und divergierende Ansätze zu ihrer Berücksichtigung entwickelt. In der Bundesrepublik Deutschland entstanden im Anschluss hieran seit den 1980er Jahren Schulen mit einem Europaprofil, wie sie im Vorangegangenen vorgestellt wurden. Erziehungswissenschaftliche Beiträge, die sich mit diesen Entwicklungen im Rahmen eines internationalen oder europäischen Vergleichs beschäftigen, sind äußerst rar, Verweise auf empirische Befunde finden sich lediglich in Berichten der EG/EU. Diese Berichte liefern einen Überblick über von den Mitgliedstaaten ergriffene und erhobene Initiativen zur Realisierung der europäischen Dimension im Bildungswesen; sie sind älteren Datums, insofern sie Entwicklungen in der Praxis der zweiten Hälfte der 1980er Jahre erfassen.

Von den hier exemplarisch betrachteten deutschen Bundesländern wurden die von der EG/EU programmatisch vorgegebenen Ansätze zur Realisierung einer europäischen Dimension im allgemein bildenden Bildungsbereich in unterschiedlicher Ausprägung und Intensität aufgegriffen: Einige Bundesländer haben programmatische Vorgaben formuliert und in diesem Zusammenhang ‚Europaschulprogramme' aufgelegt, so prominent zum Beispiel Hessen und Berlin. Andere Bundesländer, z.B. Nordrhein-Westfalen, verzichten bislang auf ein solches Rahmenprogramm und vergeben den Titel ‚Europaschule' Schulen individuell. Es zeigt sich insofern kein einheitliches Bild hinsichtlich der Einrichtung eines Europaschulprofils und seiner Verankerung in den deutschen Bundesländern. Dies ist vermutlich nicht zuletzt darauf zurück zu führen, dass weder die EG/EU, noch ihre Mitgliedstaaten, noch die deutschen Bundesländer diesbezüglich einheitliche, rechtlich bindende Vorgaben adaptiert haben. Die supranationale Organisation EG/EU ist in dieser Hinsicht in ihren Möglichkeiten aufgrund des in der EG/EU geltenden Subsidiaritätsprinzips eingeschränkt; die allgemein bildenden Bildungsbereiche in den deutschen Bundesländern fallen unter das geltende föderale Ordnungsprinzip der Bundesrepublik Deutschland und damit in die Zuständigkeitsbereiche der Kultusministerien. Vor diesem Hintergrund und mit Blick auf die eingangs konstatierte Ferne ihrer Bürgerinnen und Bürger zu der EG/EU reflektiert die Fülle der von den deutschen Bundesländern ergriffenen Maßnahmen zur Förderung der europäischen Dimension im Bildungswesen in Form von Europaschulprogrammen und Schulen mit einem Europaprofil ein deutlich artikuliertes Interesse an der Berücksichtigung der europäischen Integration in der Schulpraxis. Von der deutschsprachigen Erziehungswissenschaft und erziehungswissenschaftlichen Forschung wurden dieses internationale Schulmodell bisher nur vereinzelt thematisiert; empirische Studien zur Schulpraxis, die über einzelne regionale Evaluationen hinaus reichen, wie sie im Falle des hessischen Europaschulprogramms durchgeführt und hier rezipiert wurden, liegen nicht vor. Vielmehr entstanden die wenigen Beiträge, die sich mit diesem Schulprofil beschäftigen, überwiegend im Kontext der von den Bundesländern aufgelegten Schulprogramme und in dem Umfeld der Schultypen; sie zeichnen sich überwiegend durch eine Darstellung der programmatischen Vorgaben und der zu ihrer Realisierung angestrebten und, wie im Falle der hessischen Europaschulen, adaptierten pädagogischen Konzepte und Ansätze auf. Der damit benannte Mangel an empirisch erhobenen Daten zu den von den Bundesländern aufgelegten Schulprogrammen und der Praxis dieses internationalen Schultyps erschwert eine systematische Bestandsaufnahme seiner Entwicklung wie des aktuellen Standes.

Vor diesem Hintergrund konnten im Vorangegangenen mit Blick auf die Makro- und Kontextebene die Kompetenzen und programmatischen Vorgaben der supranationalen Organisation EG/EU heraus gearbeitet werden, der die internationale Schulprofilbildung ‚Europaschule‘ ihre Existenz verdankt. In einem zweiten Schritt war es hinsichtlich der Medium- oder Organisationsebene möglich, über die exemplarische Betrachtung von Europaschulen in Deutschland zu zeigen, das und in welcher Form dieses internationale Schulmodell in deutschen Bundesländern institutionell verankert ist und es konnten zentrale Länder übergreifende programmatische Schwerpunkte dieses Schulprofils und in diesem Rahmen favorisierte pädagogische Ansätze, wie das interkulturelle Lernen, identifiziert werden. Für die dritte Ebene des Vergleichs, die Mikro- oder Interaktions- bzw. Individualebene, wurden die wenigen in der Sekundärliteratur niedergelegten Ausführungen zu der Praxis von Europaschulen heran gezogen sowie von der Autorin dieser Studie dokumentierte Fallbeispiele. Darüber hinaus gehende, systematisch erhobene empirische Daten liegen zu diesem internationalen Schulmodell in publizierter Form m.W. weder für einzelne Europaschulen, für einzelne deutsche Bundesländer, noch für Deutschland insgesamt oder gar in einem internationalen Vergleich vor und konnten entsprechend hier nicht heran gezogen und ausgewertet werden. Es zeigt sich mithin diesbezüglich ein Forschungsdefizit, dessen Bearbeitung tiefer gehende Erkenntnisse über die Praxis von Schulen mit einem Europaprofil liefern und weiter führende Schlüsse ermöglichen würde als dies der aktuelle Kenntnisstand erlaubt.

4 Europäische Schulen

4.0 Die Quellenlage

Europäische Schulen sind von der EU getragene, ausschließlich in ihrem Zuständigkeitsgebiet angesiedelte Schulen, von denen es heute insgesamt vierzehn gibt. Aufgrund ihrer geringen Verbreitung stellen sie nur ein schmales Segment der internationalen Schulentwicklung dar und konnten das Interesse der Erziehungswissenschaft bisher nur punktuell gewinnen: Es finden sich im deutschsprachigen (Kohls 1984; Loser 1992; Sachse 1986; Ruppert 1966) wie auch im europäischen Raum i.d.R. nur kürzere Aufsätze älteren Datums (Farrar/Christian 1977; Marjoram/Williams 1977) und wenige Monographien (Ramirez 1971; Titone 1972). Lediglich Borkenhagen (1997) hat eine aktuellere wissenschaftliche Studie zur Europäischen Schule verfasst. Insofern musste für die hier vorliegende Studie auch sog. graue Literatur aus dem Umfeld der Europäischen Schulen beschafft, gesichtet und ausgewertet werden.

Folgt man Hart (1993, S. 67), dem ehemaligen langjährigen Direktor der Europäischen Schule Mol und engagierten Vertreter dieses internationalen Schultyps, dann können zwei Ursachen für die geringe Aufmerksamkeit, die die Europäischen Schulen bisher in der bildungspolitisch interessierten Öffentlichkeit wie auch in der Erziehungswissenschaft fanden, identifiziert werden: Zum einen hätten sich die Schulen, insbesondere in ihren Anfangsjahren, uninteressiert gegenüber Außenkontakten gezeigt (ebd.): „They were closed, rather self-satisfied institutions, largely indifferent to public relations, (...) unenthusiastic about their links with other educational institutions". Zum anderen hätten die nationalen Bildungsbehörden in der EG/EU die Modellfunktion der Europäischen Schulen für nationale Schulen nicht erkannt: „The member states of the European Community do not treat the European Schools as pioneer schools whose experiences can be drawn upon and transferred to national schools trying to adjust to the demands of a more mobile society" (Hart 1993, S. 68). An dieser Haltung gegenüber den Europäischen Schulen halten die Mitgliedstaaten und die supranationale Organisation, die EU, wie im Folgenden gezeigt werden kann, auch heute noch fest.

4.1 Die Makro- oder Kontextebene: Ursprung, rechtliche Grundlagen und äußere Schulstrukturen

Ihre Entstehung verdanken die Europäischen Schulen einer Initiative von Bediensteten der Europäischen Gemeinschaft für Kohle und Stahl (EGKS). Der Vertrag über die Gründung der EGKS war 1951 von sechs europäischen Staaten – Belgien, Luxemburg, Frankreich, Italien, den Niederlanden und der Bundesrepublik Deutschland – abgeschlossen worden und 1952 in Kraft getreten (Oppermann 1991, S. 11). Die daraufhin bei der EGKS, die ihren Sitz in Luxemburg hat, ihre Tätigkeit aufnehmenden Bediensteten vermissten an ihrem Dienstort ein

Bildungsangebot, das den besonderen Bedürfnissen ihrer Kinder Rechnung tragen würde und begründeten eine Initiative zur Einrichtung eines Kindergartens. Unterstützt wurde ihr Vorhaben von der luxemburgischen Regierung und von den Kultusministerien der in der EGKS zusammengeschlossenen Länder, sodass 1953 zunächst ein Kindergarten und in den Folgejahren eine Primar- und eine Sekundarschule eingerichtet werden konnten (Borkenhagen 1997, S. 15-25). Am 12. April 1957 ratifizierten die sechs Teilnehmerstaaten der EGKS einen zwischenstaatlichen Vertrag über die Satzung der Europäischen Schulen, und zwar im selben Jahr, in dem sie die Römischen Verträge über die Gründung der Europäischen Wirtschaftsgemeinschaft (EWG) und der Europäischen Atomgemeinschaft (EURATOM) unterzeichneten, die Vorläufer der späteren EG und EU (Weidenfeld 2002, S. 14-17). Die Europäischen Schulen wurden im Hinblick auf die Schaffung einer europäischen politischen Gemeinschaft gegründet, und zwar als eine „Sozialleistung für die Bediensteten der Organe und Einrichtungen der Union", so die Auslegung des Europäischen Parlaments (Europäisches Parlament 2002/D\454784DE. doc 2002, S. 3). Ihr Auftrag wurde in der „ersten Erwägung der Vereinbarung über die Satzung der Europäischen Schulen" festgelegt (ebd.), dort heißt es:

> „Für den gemeinsamen Unterricht der Kinder der Bediensteten der Europäischen Gemeinschaften werden zur *Sicherung des ordnungsgemäßen Funktionierens der Europäischen Organe* bereits 1957 Lehranstalten mit der Bezeichnung „Europäische Schule" eingerichtet." (Europäisches Parlament 2002/D\454784DE.doc 2002, S. 3, Hervorh. im Orig.)

Europäische Schulen sind seit ihrer Gründung in den Staaten der Gemeinschaft als öffentlich-rechtliche Anstalten anerkannt, und zwar gegenwärtig auf der Basis einer intergouvernementalen Konvention von 1993, die die 1957 von den sechs Mitgliedstaaten verabschiedete Konvention, in der die Satzung der Europäischen Schulen festgelegt worden war, abgelöst hat (Europäische Gemeinschaften 1993). Schulträger und zuständig für äußere wie innere Schulangelegenheiten ist der eigens für diesen Zweck gegründete, zweimal jährlich tagende Oberste Rat der Europäischen Schulen, der sich aus je einem Vertreter der Mitgliedstaaten, der Europäischen Kommission und des Europäischen Patentamtes zusammensetzt. Der Vorsitz im Obersten Rat wechselt analog zur alphabetischen Reihenfolge seiner Mitgliedstaaten jährlich. Bis 2002 mussten Beschlüsse des Obersten Rates einstimmig gefällt werden, als sich dieses Verfahren jedoch mit steigender Zahl der EU-Mitgliedstaaten und ihrer Vertreter im Obersten Rat als Hemmnis für seine Arbeit erwies, wurde 1993 die o.g. neue, seit September 2002 von allen EU-Mitgliedstaaten ratifizierte und seither gültige Konvention zur Satzung der Europäischen Schulen verfasst. Diese Konvention ermöglicht eine Beschlussfassung des Obersten Rates auf der Basis einer Zweidrittelmehrheit (Büro des Generalsekretär des Obersten Rates der Europäischen Schulen 2004a,b, S. 2).

Der Oberste Rat ist das zentrale Steuerungsorgan für sämtliche Belange der Europäischen Schulen. Ihm unterstehen ein Verwaltungs- und ein Finanzausschuss sowie zwei für die pädagogischen Arbeitsgebiete der Schulen zuständigen Inspektionsausschusse, einer für den Kindergarten-/Primarschulbereich und einer für den Sekundarschulbereich. Auf lokaler Ebene kooperiert der Oberste Rat mit dem Verwaltungsrat der Einzelschule, dem die Schulleitung, zwei Vertreter des Lehrkörpers und der Elternvereinigung (ein Vertreter für den Kindergarten und die Primarschule und ein Vertreter für die Sekundarschule) angehören. Vertreter der Europäischen Gemeinschaft und von Organisationen, mit denen der Oberste Rat entsprechende Abkommen vereinbart hat, können stimmberechtigte Mitglieder im Verwaltungsrat der Einzelschule sein; die Personalausschüsse des Lehrpersonals haben im Verwaltungsrat lediglich beratende Funktion. Gleiches gilt, wie in den deutschen Bundesländern auch, für die Schülergremien. Schaubild 4.1.1 gibt einen Überblick über die Struktur und die Kompetenzen der für die Europäischen Schulen zuständigen Ausschüsse:

Schaubild: 4.1.1:   Ausschussstruktur der Europäischen Schulen

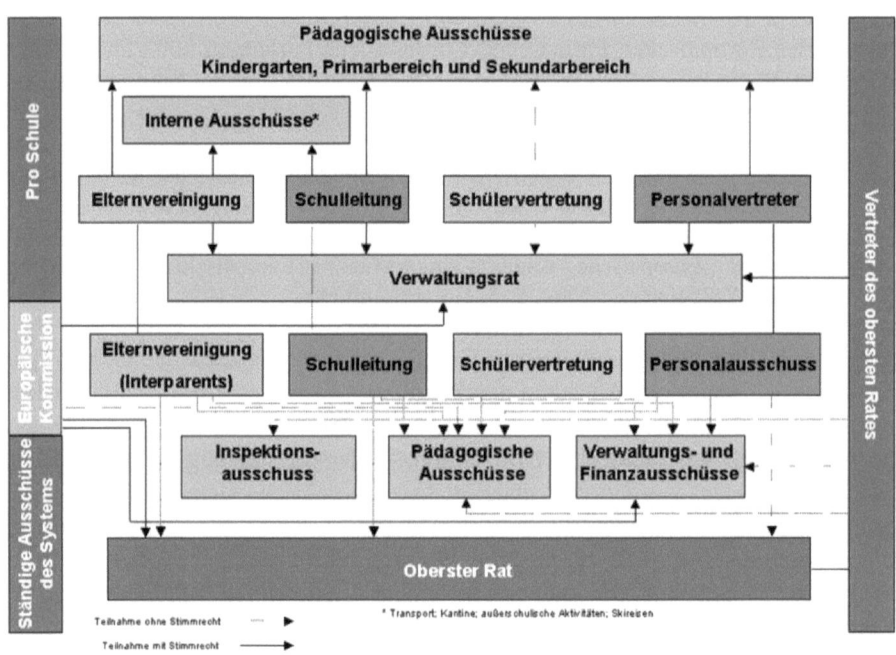

Quelle: Büro des Vertreters des Obersten Rates der Europäischen Schulen: Die Europäischen Schulen o.J., S. 23.

Die Schulleitung an Europäischen Schulen wechselt regulär im Turnus von sieben, maximal nach 11 Jahren und impliziert auch einen Nationalitätenwechsel; ihre Ernennung erfolgt jeweils durch den Obersten Rat, der hierzu Vorschläge aus den Mitgliedstaaten einholt. Die Lehrerschaft an den Schulen setzt sich aus Staatsbediensteten der Mitgliedstaaten zusammen, deren Freistellungsdauer je nach Mitgliedstaat differiert und für deutsche Lehrkräfte auch heute noch neun Jahre beträgt (Sachse 1986, S. 69; Pinck 1998, S. 37). Die Lehrkräfte an Europäischen Schulen sollen gemäß den Einstellungsvoraussetzungen neben ihrer Erstsprache mindestens eine weitere europäische Nationalsprache in Wort und Schrift beherrschen (Sachse 1986); Weiterbildungsangebote für sie werden vom Obersten Rat autorisiert (Borkenhagen 1997, S. 40-47, 140-152). Die für die Gründung einer Europäischen Schule notwendigen Schulgebäude stellt der Mitgliedstaat der EU zur Verfügung, in dem die Schule angesiedelt ist. Zur Deckung der für den laufenden Betrieb der Schule anfallenden Kosten schließt der Oberste Rat mit der Regierung des betreffenden Staates ein Abkommen (ebd., S. 43). Mit Einrichtung eines eigens für diesen internationalen Schultyp geschaffenen Schulträgers, der für die äußeren wie für die inneren Schulangelegenheiten verantwortlich zeichnet, hat die europäische Staatengemeinschaft ein Steuerungsorgan für die Europäischen Schulen geschaffen, das in dieser Form in der EU einzigartig ist.

4.2 Verbreitung und Finanzierung

Bis 2007 wurden von der EG/EU an den Standorten zentraler europäischer Verwaltungsbehörden und Forschungseinrichtungen insgesamt 14 Europäische Schulen in sieben Mitgliedstaaten der EU eingerichtet (vgl. Tab. 4.2.1.):

Tabelle 4.2.1: Standorte und Gründungsjahre der Europäischen Schulen (Stand: 2008)

Name der Schule und Standort	Land	Gründungsjahr
Europäische Schule Luxemburg I	Luxemburg	1953
Europäische Schule Brüssel I / Uccle	Belgien	1958
Europäische Schule Mol	Belgien	1960
Europäische Schule Varese	Italien	1960
Europäische Schule Karlsruhe	Deutschland	1962
Europäische Schule Bergen	Niederlande	1963
Europäische Schule Brüssel II/ Woluwé	Belgien	1974
Europäische Schule München	Deutschland	1977
Europäische Schule Culham	Großbritannien	1978
Europäische Schule Brüssel III / Ixelles	Belgien	1999
Europäische Schule Frankfurt/M.	Deutschland	2002
Europäische Schule Alicante	Spanien	2002
Europäische Schule Luxemburg II	Luxemburg	2005
Europäische Schule Brüssel IV	Belgien	2007

© S. Hornberg 2010
Quelle: http://www.eursc.org/SE/html; Abruf vom 16.06.2008.

Die Mehrzahl der Europäischen Schulen (acht insgesamt, vgl. Tab. 4.2.1) wurde in den 1960er und 1970er Jahren gegründet; erst seit Ende der 1990er Jahre kamen weitere sechs Schulen hinzu. Die von 1978 bis 1999, also immerhin gut zwei Dekaden während Stagnation von Neugründungen Europäischer Schulen ist darauf zurückzuführen, dass die Einrichtung Europäischer Schulen von der personellen Erweiterung bereits bestehender oder der Errichtung neuer, der EG/EU unterstehenden Behörden abhängt, wozu es in diesem Zeitraum nicht in hinreichendem Umfang kam. Am 01. September 2007 besuchten europaweit insgesamt 21.021 Schüler Europäische Schulen, dies stellt eine Zunahme der Schülerschaft von rund 15% im Zeitraum von 2002 bis 2007 dar (vgl. Tab. 4.2.2). Hinsichtlich ihrer Größe, gemessen an der Schülerzahl, differieren die Schulen deutlich:

Tabelle 4.2.2: Schülerzahlen an Europäischen Schulen nach Schulstufen (Stand: 1. September 2007)

Schulen	Stufe	2002	2004	2006	2007	Unterschied zwischen 2002 und 2007	
		Schüler	Schüler	Schüler	Schüler	Schüler	%
Alicante	Kinderg.	123	118	121	120	-3	-2%
	Primar.	341	413	377	377	36	11%
	Sekundar.	-	419	492	520	520	24%*
Gesamt Alicante		464	950	990	1017	553	119%
Bergen	Kinderg.	80	65	48	54	-26	-33%
	Primar.	263	239	189	189	-74	-28%
	Sekundar.	385	360	326	311	-74	-19%
Gesamt Bergen		728	664	563	554	-174	-24%
Brüssel I	Kinderg.	191	208	283	251	60	31%
	Primar.	742	870	1145	1181	439	59%
	Sekundar.	1202	1316	1526	1613	411	34%
Gesamt Brüssel I		2135	2394	2954	3045	910	43%
Brüssel II	Kinderg.	198	237	228	192	-6	-3%
	Primar	1059	1088	1044	1034	-25	-2%
	Sekundar	1525	1592	1647	1667	142	9%
Gesamt Brüssel II		2782	2917	2919	2893	111	4%
Brüssel III	Kinderg.	213	248	160	157	-56	-26%
	Primar.	902	1049	975	897	-5	-1%
	Sekundar.	1435	1476	1511	1567	132	9%
Gesamt Brüssel III		2550	2773	2646	2621	71	3%
Brüssel IV	Kinderg.	-	-	-	77	-	-
	Primar.	-	-	-	95	-	-
	Sekundar.	-	-	-	0	-	-
Gesamt Brüssel IV		-	-	-	172	-	-
Culham	Kinderg.	87	91	68	72	-15	-17%
	Primar.	361	347	335	315	-46	-13%
	Sekundar.	455	451	429	440	-15	-3%
Gesamt Culham		903	889	832	827	-76	-8%
Frankfurt/M.	Kinderg.	82	97	129	120	38	46%
	Primar.	217	392	403	413	196	90%
	Sekundar.	-	320	405	445	445	39%*

Gesamt Frankfurt/M.		299	809	937	978	679	227%
Karlsruhe	Kinderg.	69	72	52	77	8	12%
	Primar.	463	405	360	351	-112	-24%
	Sekundar.	644	597	552	573	-71	-11%
Gesamt Karlrsuhe		1176	1074	964	1001	-175	-15%
Luxemb. I	Kinderg.	411	273	283	305	-106	-26%
	Primar.	1400	811	868	923	-477	-34%
	Sekundar.	1913	2017	2134	2148	235	12%
Gesamt Luxemburg I		3724	3101	3285	3376	-348	-9%
Luxemb. II	Kinderg.	-	203	202	217	217	7% *
	Primar.	-	624	720	680	680	9% *
	Sekundar.	-	-	-	-	-	-
Gesamt Luxemburg II		-	827	922	897	897	8%
Mol	Kinderg.	41	36	49	58	17	41%
	Primar.	202	195	197	186	-16	-8%
	Sekundar.	433	412	408	413	-20	-5%
Gesamt Mol		676	643	654	657	-19	-3%
München	Kinderg.	94	99	107	116	22	23%
	Primar.	611	644	702	727	116	19%
	Sekundar.	716	761	790	823	107	15%
Gesamt München		1421	1504	1599	1666	245	17%
Varese	Kinderg.	115	93	112	128	13	11%
	Primar	545	520	490	469	-76	-14%
	Sekundar	709	704	715	720	11	2%
Gesamt Varese		1369	1317	1317	1317	-52	-4%
Gesamt	Kinderg.	1704	1840	1842	1944	240	14%
	Primar	7106	7597	7805	7837	731	10%
	Sekundar	9417	10425	10935	11240	1823	19%
	Insgesamt	18227	19862	20582	21021	2794	15%

© S. Hornberg 2010
Prozentangaben gerundet.
* Unterschied zwischen 2004 und 2007.
Quelle: Oberster Rat der Europäischen Schulen (2007): Jahresbericht der Generalsekretärin des Obersten Rates der Europäischen Schulen. AZ: 112-D-2007-de-3, sowie Angaben unter http://www.eursc.org/SE/html; Abruf vom 28.02.2008 und eigene Berechnungen der Unterschiede zwischen 2002 und 2007.

Aus Tabelle 4.2.2 geht hervor, dass 2007 die Europäische Schule Luxemburg I mit 3.376 Schülern die größte Einrichtung dieser Art darstellte, gefolgt von den Europäischen Schulen Brüssel I mit 3.045 Schülern und Brüssel II mit 2.893 Schülern. Damit sind diese Schulen im Hinblick auf ihre Schülerzahlen als außerordentlich große Schulen einzustufen. In diesem Sinne ebenfalls noch „große" Schulen stellen die Europäischen Schulen in München (1.666 Schüler) und in Karlsruhe (1.001 Schüler) dar. Mit einem Plus von 227% verzeichnete die stärkste Schülerzunahme im Zeitraum von 2002 bis 2007 die Europäische Schule Frankfurt/M., gefolgt von der Europäischen Schule Alicante mit einem Plus von 119%. „Kleine" Europäische Schulen, gemessen an ihrer Schülerzahl, bestanden 2007 in Culham (827 Schüler), Mol (657 Schüler) und Bergen (554 Schüler). Die erst 2007 gegründete Europäische Schule Brüssel IV befand sich mit 172 Schülern noch in der Aufbauphase. Europäische Schulen werden von Schülern mit divergierenden, von der Europäischen Union definierten Zugangsberechtigungen besucht:

- zu Kategorie I gehören sog. ‚berechtigte Schüler', dies sind „Kinder von Bediensteten und Einrichtungen der Europäischen Gemeinschaft und bestimmter anderer Bediensteter";
- zu Kategorie II gehören Schüler, „die individuellen Vereinbarungen unterliegen (überwiegend mit ortsansässigen Unternehmen)"; diese Unternehmen übernehmen die Kosten für den Schulbesuch der Schüler;
- zu Kategorie III gehören Schüler, für die ihre Eltern Schulgeld entrichten (Europäisches Parlament 2002/D\454784DE.doc 2002, S. 4).

2004 belief sich das von den Eltern eines Schülers, der der Kategorie III zugerechnet wird, für den Schulbesuch ihres Kindes zu entrichtende Schulgeld an der Europäischen Schule Karlsruhe bspw. auf jährlich 1.927.49 Euro für den Vorschulbereich, 1.947.35 Euro für die Primarschule und 2.653.50 Euro für den Sekundarschulbereich.[1] Die Anteile der Schüler an Europäischen Schulen, die nicht der Kategorie I angehören, schwanken je Schulstandort erheblich, wie Tabelle 4.2.3 zeigt, in der für das Jahr 2001 die numerischen und prozentualen Anteile der unter die Kategorie I fallenden Schüler ausgewiesen sind.

Tabelle 4.2.3: Numerische und prozentuale Anteile der Schüler an Europäischen Schulen nach Kategorien und Schule (Stand: 1. September 2001)

Schulen	Zahl der Schüler	Anteil an der Gesamtzahl	Zahl der Schüler der Kategorie 1	Anteil der Schüler der Kategorie 1
Luxemburg	3.685	22%	2.773	75%
Brüssel I / Uccle	2.324	14%	1.730	74%
Brüssel II/ Woluwé	2.767	16%	2.358	85%
Brüssel III / Ixelles	1.655	10%	1.345	81%
München	1.396	8%	846	61%
Varese	1.346	8%	542	40%
Karlsruhe	1.204	7%	119	10%
Culham	938	6%	104	11%
Bergen	812	5%	123	15%
Mol	740	4%	130	18%
Insgesamt	16.867	100%	10.070	60%

Quelle: Europäisches Parlament 2002/D\454784DE.doc 2002, S. 4.

Demnach (vgl. Tab. 4.2.3) verzeichnete die Europäische Schule in Karlsruhe 2001 nur 10% ‚berechtigte Schüler' und damit unter den Europäischen Schulen den geringsten Anteil an dieser Schülerschaft, gefolgt von den Schulen in Culham

---

1   Vgl. http://www.eursc.org/SE/html/; Abruf vom 10.03.2004.

(11%), Bergen (15%) und Mol (18%). Berücksichtigt man ferner, dass in diesen Anteilen ‚berechtigter Schüler' auch Kinder enthalten sind, deren Eltern Bedienstete der Europäischen Schulen sind oder an Europäischen Einrichtungen als abgeordnete nationale Sachverständige und nicht als Gemeinschaftsbedienstete beschäftigt sind, so ergeben sich für die im Jahr 2000 bestehenden zehn Europäischen Schulen folgende Anteile von Schülern, deren Status dem eigentlichen Existenzzweck der Europäischen Schulen entspricht (vgl. Tab. 4.2.4):

Tabelle 4.2.4: Zahl der Schüler auf der Grundlage des tatsächlichen „Existenzzwecks" der Europäischen Schulen (Zahlen zum 15.10.2000)

Schulen	Zahl der Schüler	Zahl der Schüler der Kategorie 1	Kinder von Bediensteten der Schulen	Zahl der Schüler der Kategorie 1 („netto")	Anteil der Schüler der Kategorie 1 („netto")
Luxemburg	3.642	2.726	160	2.566	70%
Brüssel I / Uccle	2.431	1.692	113	1.579	68%
Brüssel II/ Woluwé	2.786	2.329	100	2.229	81%
Brüssel III / Ixelles	1.500	1.122	54	1.068	65%
München	1.335	795	70	725	52%
Varese	1.341	514	83	431	32%
Karlsruhe	1.176	114	41	73	6%
Culham	903	129	61 + 24 *	44	5%
Bergen	793	127	58	69	8%
Mol	670	134	50	84	11%
Insgesamt	16.577	9.682	790	8.868	53%

* Kinder von Bediensteten der Schule: 61
Kinder von Bediensteten des UKAEA-Forschungsinstituts: 24
Quelle: Europäisches Parlament 2002/D\454784DE.doc 2002, S. 5.

Das Europäische Parlament hat, vertreten durch seinen Berichterstatter Herbert Bösch, mit Blick auf die hier dokumentierten Anteile ‚berechtigter' und ‚nichtberechtigter Schüler' an Europäischen Schulen grundsätzliche Fragen bezüglich der Existenzberechtigung dieses Schultyps aufgeworfen, und zwar auf dem Hintergrund der von der EU zum Erhalt dieser Schulen beigesteuerten erheblichen finanziellen Aufwendungen einerseits und der vergleichsweise geringen Einflussmöglichkeiten der EU im Hinblick auf die Finanzierung, Neueröffnung oder Schließung bereits bestehender Schulen andererseits. Im Haushaltsjahr 2002 bspw. belief sich der Anteil der von der EU für die Europäischen Schulen aufgebrachten Kosten mit insgesamt 108.024.760 Euro auf mehr als die Hälfte (58,6%) des gesamten Haushalts der Europäischen Schulen. Weitere Einnahmequellen der Schulen waren im selben Jahr Beiträge der Mitgliedstaaten in Höhe von insgesamt 41.483.002 Euro (22,5% des Gesamthaushalts der Europäischen Schulen), Beiträge von Unternehmen in Höhe von 18.352.476 Euro (10,0%), nicht einzeln ausgewiesene Beiträge von Eltern und dem Europäischen Patentamt sowie nicht spezifizierte „sonstige Einnahmen" (Europäisches Parlament 2002/D\454784DE.doc 2002, S. 6).

Ursächlich für die geringen Einflussmöglichkeiten der EU bei Finanzierung, Neueröffnung und Schließung Europäischer Schulen sind Ungleichheiten zwischen Legislativ- und Haushaltsbefugnissen, wie sie in der „Vereinbarung über die Satzung der Europäischen Schulen von 1957" festgeschrieben und mit der 1994 in Kraft getretenen und seither gültigen intergouvernementalen Konvention übernommen worden waren (Europäische Gemeinschaften, Abl. L 212 vom 17.8.1994). In beiden Vertragswerken war festgelegt worden, dass die Europäischen Schulen dem Obersten Rat unterstehen, der auch ihren Haushalt bestimmt. Im Obersten Rat haben alle Mitgliedstaaten, die Europäische Kommission und das Europäische Patentamt je eine Stimme, und so verfügen auch Mitgliedstaaten, die nur einen geringen Beitrag zahlen (z. T. beläuft er sich auf nur 1-2% des Gesamthaushalts der Schulen), über den gleichen Einfluss wie die Europäische Union (vertreten durch die Europäische Kommission), die die Hauptlast der Kosten für die Europäischen Schulen trägt.

Das damit benannte Ungleichgewicht zwischen Legislativ- und Haushaltsbefugnissen rührt daher, dass die legislativen Vorschriften zwischenstaatlichen, die Haushaltsvorschriften supranationalen Charakter haben, denn in Artikel 13, Absatz 2 der Vereinbarung über die Satzung der Europäischen Schulen steht: „Die Haushaltsbehörde ... legt den Beitrag der Europäischen Gemeinschaft fest." Andererseits heißt es in Artikel 25, Absatz 2: „Der Haushalt der Schulen wird finanziert durch ... den Beitrag der Europäischen Gemeinschaften, der die Differenz zwischen den Gesamtausgaben der Schulen und der Gesamtheit der übrigen Einnahmen decken soll" (Europäisches Parlament 2002/D\454784DE.doc 2002, S. 7). Auf diese Weise, so die Kritik des Berichterstatters des Europäischen Parlaments, werde die „Haushaltsbehörde zu einer Zahlstelle degradiert" (ebd.); stattdessen, so der Vorschlag des Berichterstatters, sollte eine der beiden folgenden Möglichkeiten Anwendung finden:

> „das Beschlussfassungsorgan (der Oberste Rat) sollte zahlen; in diesem Fall müssten die Mitgliedstaaten uneingeschränkt für die Schulen aufkommen; das zahlende Organ (in erster Linie die Haushaltsbehörde) beschließt, und in diesem Fall hätte die Kommission Entscheidungsbefugnis bezüglich der Schulen." (Europäisches Parlament 2002/D\454784DE.doc 2002, S. 7)

Hinter diesem Vorschlag des Europäischen Parlaments verbergen sich im Wesentlichen finanzielle Interessen, denn die EU sieht, vertreten durch ihre Haushaltsbehörde, in dem kommenden Jahren steigende Kosten auf sich zukommen. Diese ergeben sich aus den von der Haushaltsbehörde der EU prognostizierten, weiter sinkenden Nachfrage von ‚berechtigten Schülern' (Kategorie I) an einigen Standorten Europäischer Schulen (z. B. Culham, Varese, Bergen, Mol, Karlsruhe) und einer antizipierten Nachfrage nach Schulneugründungen an potentiellen Standorten von Einrichtungen der Gemeinschaft in den neuen, seit 2004 hinzugekommenen Beitrittsländern. Vor diesem Hintergrund, so die Berechnung des Europäischen Parlaments, werden die von der EU zu tragenden Kosten für die Europäischen Schulen im Vergleich zum Haushaltsjahr 2002 bis zum Jahr 2011 auf bis zu 2,42% jährlich ansteigen (Europäisches Parlament 2002, DT/454784DE.doc, S. 2).

Europäische Schulen sind im Vergleich zu nationalen Schulen kostenintensiver, wenngleich nicht kostenintensiver als andere internationale Schulen im Ausland, wie das Europäische Parlament betont (ebd., S. 7). Im Haushaltsjahr 2000 bspw. beliefen sich die niedrigsten für einen Schüler an einer Europäischen Schule aufzubringenden Kosten auf 8.552.00 Euro (Europäische Schule Brüssel), die höchsten aufzubringenden Kosten auf 14.208 Euro (Europäische Schule Bergen). Ein Vergleich der für einen Schüler an einer nationalen allgemein bildenden Schule und an einer Europäischen Schule jährlich anfallenden Kosten kann an dieser Stelle aufgrund fehlender Informationen hinsichtlich der für die Berechnung der Kosten für einen Schüler an einer Europäischen Schule zugrunde gelegten Posten nicht sachgerecht geleistet werden; das Europäische Parlament (ebd., S. 8) hat jedoch darauf verwiesen, dass die Pro-Kopf-Ausgaben für Schüler an Europäischen Schulen deutlich höher sind als die Pro-Kopf-Ausgaben für Schüler an nationalen Schulen. Ursächlich hierfür seien die höheren Personalkosten an Europäischen Schulen, die 84% der Gesamtkosten ausmachen (ebd., S. 8).

Diese hohen Personalkosten sind auch die Ursache für die Kostenschwankungen je Schüler und Jahr zwischen den Europäischen Schulen, d.h. kleine Europäische Schulen sind aufgrund der geringen Schülerzahl bei gleichzeitiger Aufrechterhaltung des Lehrangebots in vollem Umfang, d.h. mit dem entsprechenden Lehrpersonal, kostenintensiver als große Europäische Schulen. Der Berichterstatter des Europäischen Parlaments kritisiert in diesem Zusammenhang, dass das Europäische Parlament und die Europäische Kommission den vom Obersten Rat für die Europäischen Schulen jährlich aufgestellten Haushaltsplänen bisher unkommentiert zugestimmt hätten und fordert statt dessen angesichts gewandelter gesellschaftlicher und wirtschaftlicher Rahmenbedingungen eine inhaltliche Auseinandersetzung mit diesem Schultyp und einen politischen Beschluss des Parlaments auf der Basis einer kritischen Erörterung der Annahmen, „auf die sich die Existenzberechtigung der Schulen stützt" (Europäisches Parlament 2002, DT/454784DE.doc, S. 2). Damit hat das Europäische Parlament eine Frage aufgeworfen, mit der es der Entwicklung Rechnung trägt, dass auch nationale allgemein bildende Schulen in der EU von einer in wachsendem Umfang multikulturellen Schülerschaft besucht werden. Diese Schulen haben heute, anders als vor mehr als fünfzig Jahren, als die erste Europäische Schule gegründet wurde, mannigfaltige Ansätze adaptiert, die der ethnisch-kulturellen Heterogenität der Schülerschaft Rechnung tragen, z. B. solche, die im Kontext der inter- und multikulturellen Erziehung entstanden sind (Auernheimer 1996, 2003). Vor diesem Hintergrund ist dann aber auch nach der besonderen Leistung der Europäischen Schulen zu fragen, die über den an sie ergangenen Auftrag „zur Sicherung des ordnungsgemäßen Funktionierens der europäischen Organe" beizutragen, hinausgeht (Europäische Gemeinschaften 1993).

4.3 Die Medium- oder Organisationsebene: Bildungsziele und innere Schulstrukturen

Die europäische Staatengemeinschaft hat mit den Worten von Jean Monnet, dem französischen Planungskommissar der EKGS (Weidenfeld/Wessels 2002, S. 14), für die Europäischen Schulen folgende Bildungsziele vorgegeben, die sich in den Grundsteinen sämtlicher Europäischen Schulen wieder finden:

> „Zusammen erzogen, von Kindheit an von den trennenden Vorurteilen unbelastet, vertraut mit allem, was groß und gut in den verschiedenen Kulturen ist, wird ihnen, während sie heranwachsen, in die Seele geschrieben, dass sie zusammengehören. Ohne aufzuhören, ihr eigenes Land mit Liebe und Stolz zu betrachten, werden sie Europäer, geschult und bereit, die Arbeit ihrer Väter vor ihnen zu vollenden und zu verfestigen, um ein vereintes und blühendes Europa entstehen zu lassen." (Büro des Vertreters des Obersten Rates der Europäischen Schulen, o.J., S. 7)

Den Kern dieser vor mehr als einen halben Jahrhundert für die Europäischen Schulen programmatisch verankerten Bildungsziele bilden zwei Aspekte, die diesen Schulen ihre spezifisch europäische Prägung verleihen: Angestrebt wird zum einen, die Schüler bei der Entwicklung einer europäischen, vorurteilsfreien Identität zu unterstützen, zum anderen sollen sie „eine der eigenen Herkunft verbundene Erziehung" erfahren (Loser 1992, S. 326). Die Europäischen Schulen verfolgen damit eine doppelte Zielsetzung, die sich in ihren Bildungszielen und ihren pädagogischen Leitvorstellungen, in ihren äußeren und inneren Schulstrukturen manifestiert.

Europäische Schulen sind Ganztagsschulen, die den Kindergarten-, den Primar- und den Sekundarschulbereich umfassen; die reine Schulzeit beträgt 12 Jahre. Der Kindergarten nimmt Vier- bis Sechsjährige auf, die Primarschule umfasst fünf Jahre und richtet sich an 6- bis 11-jährige Schüler. Die Sekundarschule umfasst sieben Schuljahre und nimmt alle Schüler auf, die erfolgreich eine Primarschule absolviert haben. Der Quereinstieg an einer Europäischen Schule ist bis zu Beginn der sechsten Klasse der Sekundarschule möglich. Um an den Prüfungen für das Europäische Bakkalaureat, einer in der EU und zum Teil auch darüber hinaus international anerkannten Hochschulzugangsberechtigung, teilnehmen zu können, müssen die Schüler die letzten beiden Schuljahre der Sekundarschule erfolgreich absolviert haben (Büro des Generalsekretärs des Obersten Rates der Europäischen Schulen, 2004b).

Schulabschlüsse unterhalb der Hochschulreife, also z.B. ein mittlerer Abschluss wie die Mittlere Reife in Deutschland, können an Europäischen Schulen nur auf Antrag erworben werden. Dies hat in der Vergangenheit zahlreiche Diskussionen in den Schulen und den für sie zuständigen Ausschüssen ausgelöst und zum Teil auch zu Bestrebungen geführt, solche Abschlüsse einzuführen. Dazu kam es bspw., als deutlich wurde, dass nur ca. 25% der Schülerschaft, die Mitte der 1960er Jahre in die erste Klasse der Sekundarschule eingetreten waren, die siebte Klasse erreichten, ohne mindestens ein Schuljahr wiederholt zu haben (insgesamt sind an Europäischen Schulen maximal zwei Schuljahrwiederholungen möglich). Der daraufhin als Modellversuch eingeführte, die ersten fünf Schuljahre der Sekundarstufe umfassende kurze Ausbildungsgang, der grundlegende Kenntnisse für eine berufsvorbereitende Qualifikation vermitteln sollte (vergleichbar der deutschen Mittleren Reife), wurde jedoch bereits 1970 mangels Nachfrage wieder eingestellt, obwohl der Pädagogische Ausschuss die Empfehlung, einen solchen alternativen Ausbildungsgang zu schaffen, aufrecht hielt (Borkenhagen 1997, S. 96-105). Zurückgeführt wird das Scheitern dieses Bildungsangebots, für dessen Einrichtung seit 1978 keine Europäische Schule mehr einen Antrag gestellt hat, auf mangelnde Nachfrage auf Seiten der Eltern der Schülerschaft, die einem elitären Bildungsverständnis, das zur Hochschulreife führt, verhaftet seien. Seither können Schüler nach erfolgreicher Absolvierung der fünften Sekundarschulklasse zwar prinzipiell ein Zeugnis bekommen, das ihnen diese Leistung attestiert; ein solches Zeugnis wird von den nationalen Regierungen jedoch nur „eventuell" als Äquivalent für einen Mittleren Abschluss anerkannt (ebd., S. 106).

Nationale Schulen erteilen i.d.R., mit Ausnahme des Fremdsprachenunterrichts, monolingualen Unterricht, an dem alle Schüler, unabhängig von ihrer Primärsprache, teilnehmen (Gogolin 1994). Ausnahmen hiervon sind Schulen mit einem entsprechenden Profil, wie die bilingualen Berliner Europaschulen (Göhlich 1998), oder Schulsysteme, die durchgängig oder zum Teil mehrsprachig organisiert sind, wie das spanische Schulsystem, in dem die autonomen Provinzen neben der National- und Unterrichtssprache Kastilisch auch die jeweilige Regionalsprache verwenden können. Europäische Schulen weisen demgegenüber im Hinblick auf ihre innere Schulstruktur eine institutionalisierte Multilingualität auf, die über die gesamte Schulzeit (Klassen 1-12) realisiert wird: Dazu findet einerseits im Rahmen von Sprachsektionen, die Amtssprachen[2] der EU umfassen, der Unterricht in den Hauptfächern in der Herkunfts- oder Primärsprache (Sprache/L I) eines Schülers statt, andererseits im Rahmen von gemischtsprachlichen Gruppen Fachunterricht in einer vom Schüler gewählten Fremdsprache (L II). Gibt es an einer Schule keine mit der Primärsprache (L I) eines Schülers korrespondierende Sprachsektion, kann er kurzfristig individuellen Intensivunterricht in einer anderen Sprache bekommen, um ihm künftig die Teilnahme am Unterricht in der entsprechenden Sprachsektion zu ermöglichen. In der Sekundarschule können die Schüler weitere Fremdsprachen hinzu wählen (vgl. vertiefend dazu das folgende Kapitel 4.4).

Die innere Organisationsstruktur der Europäischen Schulen, bei der mehrere Sprachsektionen nebeneinander bestehen, ist historisch gewachsen und spiegelt die o.g. „doppelte Zielsetzung" der Schulen wider: Der im Rahmen der Sprachsektion stattfindende Unterricht in der Herkunftssprache der Schüler folgt dem nationalen Lehrplan eines EU-Mitgliedstaates und soll gewährleisten, dass die Schüler ihre Herkunftssprache beherrschen und mit ihrer Herkunftskultur vertraut sind. Demgegenüber zielt der im Laufe der 12 Schuljahre zunehmende Anteil am Fachunter-

---

2   Bis zur Osterweiterung im Mai 2004 gab es in der EU folgende Amtssprachen: Dänisch, Deutsch, Englisch, Finnisch, Französisch, Griechisch, Italienisch, Niederländisch, Portugiesisch, Schwedisch und Spanisch. Seit dem 1. Mai 2004 sind folgende weitere Amtssprachen hinzugekommen: Estnisch, Lettisch, Litauisch, Maltesisch, Polnisch, Slowakisch, Slowenisch, Tschechisch und Ungarisch.

richt, der in gemischtsprachlichen Gruppen in den von den Schülern gewählten Fremdsprachen erteilt wird, auf die Förderung von Fremdsprachenkompetenzen und interkultureller Begegnungen, um unter den Schülern eine tolerante, der Vielfalt der europäischen Kulturen positiv gegenüber stehende Haltung auszubilden. In einer Informationsbroschüre der Europäischen Schule Karlsruhe heißt es dazu:

> „(...) zur Stärkung der Schulgemeinschaft ist einer der Schwerpunkte des Unterrichts das Erlernen und Anwenden fremder Sprachen und damit zugleich das Kennen- und Verstehenlernen verschiedener europäischer Kulturen." (Europäische Schule Karlsruhe, o.J., S. 11)

In den Anfangsjahren der Europäischen Schulen erwies sich die institutionelle Verankerung der Sprachsektionen noch als vergleichsweise unproblematisch: Die ersten dieser Schulen umfassten – entsprechend dem Bedarf, den Bedienstete aus den damals sechs Mitgliedstaaten der EG angemeldet hatten – eine deutsche, eine französische, eine italienische und eine niederländische Sprachsektion (Malms 1965, S. 302). Mit Aufnahme neuer Mitgliedstaaten in die EG/EU kamen seither jedoch vielerorts weitere Sprachsektionen hinzu, sodass die Europäische Schule Luxemburg, die größte unter den Europäischen Schulen, 2003 über insgesamt 11 Sprachsektionen verfügte (Büro des Generalsekretärs des Obersten Rates der Europäischen Schulen, 2004a, S. 10). Sprachsektionen werden generell nur für offizielle Amtssprachen der EU eingerichtet, d.h. europäische Minderheitensprachen wie Baskisch usw. sind hiervon ebenso ausgenommen wie außereuropäische Sprachen (Weber 2002). Dennoch stellt sich, angesichts der 2004 erfolgten Osterweiterung der EU, die Frage, in welchem Umfang neue Sprachsektionen in den Schulen eingerichtet werden sollen und/oder können im Hinblick auf die damit verknüpften höheren finanziellen Kosten umso dringender, wie die vom Europäischen Parlament u. a. mit Bezug auf diese Entwicklung aufgeworfene Frage nach der Existenzberechtigung der Europäischen Schulen zeigt.

4.4 Die Mikro- oder Interaktions- bzw. Individualebene: Lehrpläne und Leistungsbewertung

Die Lehrpläne für sämtliche an den Europäischen Schulen unterrichteten Fächer müssen vom Obersten Rat genehmigt werden; sie wurden im Laufe der Jahre harmonisiert und orientieren sich an den für die Fächer in den Mitgliedstaaten zugrunde gelegten Mindeststandards (Loser 1992, S. 329f.). Ausgenommen hiervon ist der Unterricht in der Primärsprache, der ausschließlich nationalen Lehrplänen folgt. Die Europäischen Schulen haben mithin kein originär neues, europäisches Curriculum entwickelt, sondern die mit der Erstellung der Lehrpläne beauftragten Experten aus den Mitgliedstaaten und Inspektionsausschüsse der Europäischen Schulen einigten sich auf der Basis bereits vorliegender, in den nationalen Schulen verwendeter Lehrpläne auf die Unterrichtsinhalte für die an den Europäischen Schulen unterrichteten Fächer. Begründet wurde dieses Vorgehen vom Obersten Rat der Europäischen Schulen einerseits damit, dass die Europäischen Schulen explizit keinen Modellschulcharakter hätten und insofern auch keine eigenständige Curriculumentwicklung betreiben dürften. Andererseits verwies der Oberste Rat in diesem Zusammenhang darauf, dass die (Wieder-)Eingliederung der Schüler in das Schulsystem ihres Herkunftslandes gewährleistet sein müsse und die Lehrpläne der Europäischen Schulen aus diesem Grund mit den nationalen Lehrplänen kompatibel sein müssten (Borkenhagen 1997, S. 158f.).

Die Europäischen Schulen haben im Laufe ihres über 50-jährigen Bestehens einige Unterrichtsmaterialien entwickelt, und zwar insbesondere in den 1970er Jahren. Vornehmlich für den Geschichtsunterricht, so die vertretene Auffassung, benötigten die Schulen eigene Lehrbücher, „weil dort die Geschichte frei von Chauvinismus und Vorurteilen gelehrt werden soll, und das Fach Geschichte in der Ergänzungssprache unterrichtet wird, so daß die Lehrbücher in einer leicht verständlichen Sprache verfaßt sein müssen" (SCHOLA EUROPEA ex foedere decem nationum 1983, S. 19, zit. nach Borkenhagen 1997, S. 153). Doch konnten die von den Europäischen Schulen entwickelten Unterrichtsmaterialien mit Ausnahme eines europäischen Atlas keine nennenswerte Breitenwirkung erzielen, da sie von den Lehrenden an den Europäischen Schulen nicht hinreichend verwendet wurden, und zwar mit Verweis darauf, dass sie im Vergleich zu den von den Nationalstaaten adaptierten Unterrichtsmaterialien zu teuer seien. Die zu Beginn der 1960er Jahre von der EG eigens für den Vertrieb der von den Europäischen Schulen entwickelten Lehrbücher gegründete „Gesellschaft für Veröffentlichungen der Europäischen Gemeinschaft" wurde daraufhin aus Kostengründen zu Beginn der 1980er Jahre wieder aufgelöst (ebd., S. 151f.)

Das Primarstufencurriculum

Die Primarstufe an Europäischen Schulen erstreckt sich auf insgesamt fünf Schuljahre. Die im Primarstufencurriculum verankerten Fächer ‚Erste Sprache' (L I), Mathematik, Kunsterziehung, Umweltstudium und Religion/Moral werden in den Sprachsektionen in den Primärsprachen der Schüler unterrichtet. Im Unterschied dazu findet der Unterricht in den ebenfalls zum Primarstufencurriculum gehörenden Fächern ‚Erste gewählte Fremdsprache' (L II)[3], Musik- und Leibeserziehung in gemischten Sprachgruppen statt. Von der dritten Klasse an kommen ferner ‚Europäische Stunden' hinzu, in denen die verbale Kommunikationsfähigkeit in der ersten Fremdsprache (L II), die Kommunikation zwischen Angehörigen divergierender Sprachgruppen und Nationalitäten sowie das Bewusstsein für eine europäische Identität und für europäische Perspektiven gefördert werden sollen. Die Teilnahme am Religions- oder Moralunterricht ist für alle Schüler gemäß Art. 4 der Satzung der Europäischen Schulen verpflichtend (Loser 1992, S. 329). Eine Unterrichtsstunde umfasst in den ersten beiden Schuljahren 30 Minuten, die wöchentliche Unterrichtszeit 25,5 Stunden; ab der dritten Klasse dauert eine Unter-

---

3   Hinsichtlich der ersten Fremdsprache können die Schüler in der Primarschule zwischen Deutsch, Englisch und Französisch wählen.

richtstunde 45 Minuten, die wöchentliche Unterrichtszeit erhöht sich ab der vierten Klasse auf 27,15 Stunden (vgl. Tab. 4.4.1):

Tabelle 4.4.1: Fächerangebot und Unterrichtsumfang im Primarschulbereich an Europäischen Schulen

	1. und 2. Klasse Anzahl Stunden von 30 Minuten	3., 4. und 5. Klasse Anzahl Stunden von 45 Minuten
Muttersprache (L I)	16	9
Mathematik	8	7
Sprache II (L II)	5	5
Umweltstudium	2	4
Kunsterziehung	4	1
Musik	3	1
Leibeserziehung	4	1
Religion/Moral	2	2
Soziokulturelle und sportliche Aktivitäten (Europäische Stunden)	-	3
Pausen (in Stunden)	3 ½	2 ½
Gesamtanzahl Wochenstunden	25 ½	27 ¼

Quelle: Büro des Vertreters des Obersten Rates der Europäischen Schulen, o.J., S. 15.

Bis einschließlich der zweiten Klasse der Primarschule erhalten die Schüler jeweils halbjährlich ein Zeugnis, in dem ihre Persönlichkeit, ihre Schwächen und Lernfortschritte im Rahmen einer formlosen Beurteilung festgehalten werden. Ab der dritten Klasse der Primarschule werden Zeugnisse ausgestellt, und für die Kernfächer L I (erste Sprache), L II (erste Fremdsprache), Mathematik und Umweltstudium (früher Sachkunde) erfolgt eine Benotung, und zwar in Form der Buchstaben A bis E. Diese Buchstaben stehen für folgende Leistungen: A = sehr gut, B = gut, C = zufriedenstellend, D = mangelhaft und E = ungenügend (Borkenhagen 1997, S. 57).

Das Sekundarstufencurriculum

Die Segregation in Sprachsektionen setzt sich auch in der sieben Jahre umfassenden Sekundarschule fort, wo sie um ein sukzessive ausdifferenziertes Fächerangebot erweitert wird. In den ersten drei Jahren der Sekundarschule, der sog. Beobachtungsstufe, werden alle Schüler entlang eines gemeinsamen Lehrplans unterrichtet; in den meisten Fächern findet der Unterricht in den Sprachsektionen in ihrer ersten Sprache (L I) eines Schülers statt, Ausnahmen hiervon sind die Fächer „Leibeserziehung" oder „Musikerziehung". In der zweiten Klasse der Sekundarstufe müssen die Schüler eine zweite europäische Fremdsprache oder Latein (L III) hinzunehmen; ab der dritten Klasse der Sekundarstufe ist die Ausweitung auf eine weitere europäische Fremdsprache (L IV) fakultativ. Der Unterricht in den Fächern Geographie und Geschichte findet ab diesem Zeitpunkt in der ersten Fremdsprache (L II) statt (Pinck 1998, S. 35). Das im Primarstufencurriculum verankerte Fach „Europäische Stunden" entfällt. Der Unterricht von der ersten bis zur dritten Klasse der sog. Beobachtungsstufe der Sekundarstufe umfasst insgesamt folgende Fächer und Ergänzungsfächer, die jeweils in folgendem Wochenstundenumfang unterrichtet werden (vgl. Tab. 4.4.2):

Tabelle 4.4.2: Fächer- und Wochenstundenumfang 1., 2. und 3. Klasse an Europäischen Schulen

	1. Klasse	2. Klasse	3. Klasse
Muttersprache (L I)	6	5	4
Mathematik	4	4	4
Sprache II (L II)	5	4	4
Sprache III (L III)	-	3 (a)	3 (a)
Leibeserziehung	3	3	3
Religion/Moral	2	2	3
Humanwissenschaften	3	3	3
Integrierte Wissenschaften	4	4	4
Latein	-	-	4
Kunsterziehung	2	2	2 (b)
Musikerziehung	2	2	2 (b)
I.K.T. (Informations- und Kommunikationstechnologie)	1	1	-
Ergänzungsfächer (Photographie, Aquarell, Informatik, Technologie, usw.)	-	1 (c)	2 (c)
Gesamtanzahl Wochenstunden	32	33 oder 34	31, 33 oder 35

Legende:
(a) die Schüler können eine der offiziellen Sprachen wählen, die sie noch nicht erlernt haben
(b) die Schüler, die Latein wählen, können Kunst- oder Musikerziehung aufgeben
(c) die Ergänzungsfächer sind wahlfrei für die Schüler der 2. und 3. Klasse
Quelle: Büro des Vertreters des Obersten Rates der Europäischen Schulen, o.J., S. 16.

In der vierten und fünften Klasse der Sekundarschule, der sog. Vororientierungsstufe, kommt es zu einer Differenzierung zwischen Pflichtfächern und Wahlfächern, und es kann eine weitere Sprache, in diesem Fall „Altgriechisch", hinzugenommen werden (vgl. Tab. 4.4.3).

Tabelle 4.4.3: Fächer- und Wochenstundenumfang in der vierten und fünften Klasse (Vororientierungsstufe) der Sekundarstufe an Europäischen Schulen

Pflichtfächer	Anzahl Wochenstunden
Muttersprache (L I)	4
Mathematik	4 oder 6 (a)
Sprache II (L II)	3
Sprache III (L III)	3
Biologie	2
Chemie	2
Physik	2
Geographie	2
Geschichte	2
Leibeserziehung	2
Religion oder Moral	1
Wahlfächer	
Sprache IV (L IV)	4
Latein	4
Altgriechisch	4
Wirtschafts- und Sozialwissenschaften	4
Kunsterziehung	2
Musikerziehung	2
Informatik	2

Die Schüler wählen ihre Fächer so, dass die Gesamtzahl ihrer Wochenstunden zwischen minimal 31 und maximal 35 Stunden liegt.
Legende:
(a) hängt von der Wahl des Schülers ab
Quelle: Büro des Vertreters des Obersten Rates der Europäischen Schulen, o.J., S. 17.

Auf der oberen Sekundarstufe, der sog. Orientierungsstufe, die die 6. und 7. Klasse umfasst, kommen des Weiteren folgende Fächer hinzu (vgl. Tab. 4.4.4):

Tabelle 4.4.4: Fächer- und Stundenumfang in der sechsten und siebten Klasse (Orientierungs-stufe) der Sekundarstufe an Europäischen Schulen

Pflichtfächer				Wahlfächer				Ergänzungsfächer	
Spalte 1		Spalte 2		Spalte 3		Spalte 4		Spalte 5	
Sprache I	3	Biologie	2	Latein *	4	Vertief. Sprache I	3	Labor Physik	2
Sprache II	3	Geschichte	2	Altgriechisch *	4	Vertief. Sprache II	3	Labor Chemie	2
Mathematik dreistündig	3	Geographie	2	Geographie	4	Vertief. Math. °	3	Labor Biologie	2
oder		Philosophie	2	Philosophie	4			Informatik	2
Mathematik fünfstündig	5			Sprache III	4			Einführung i.d. Wirtschaft ^	2
Religion/ Moral	1			Sprache IV *	4			Soziologie	2
Leibes-erziehung	2			Geschichte	4			Kunsterziehung	2
				Wirtschafts-wissenschaften	4			Musikerziehung	2
				Physik	4			Sport	2
				Chemie	4			Etc.	2
				Biologie	4				
				Kunsterziehung	4				
				Musikerziehung	4				

Die Schüler müssen alle Fächer der Spalte 1 belegen. Biologie, Geschichte und Philosophie müssen entweder in Spalte 2 oder in Spalte 3 belegt werden. Biologie aus Spalte 2 oder 3 ist Pflicht, wenn Physik oder Chemie aus Spalte 3 nicht gewählt werden. Die Schüler müssen mindestens zwei Wahlpflichtfächer aus Spalte 3 oder 4 belegen, um sicherzustellen, dass der Wochenstundenplan mindestens 31 Stunden beträgt. Sie können weitere Wahl- und Ergänzungsfächer bis zu einer maximalen Wochenstundenzahl von 35 wählen.
* Die Schüler können diese Kurse nur belegen, wenn sie sie als Wahlfächer in der 4. und 5. Klasse gewählt haben.
° Vertiefungskurs Mathematik kann nur in Verbindung mit Mathematik fünfstündig aus Spalte 1 gewählt werden.
^ Nicht möglich, wenn bereits in Spalte 3 gewählt.
Quelle: Büro des Vertreters des Obersten Rates der Europäischen Schulen, o.J., S. 18.

Die Leistungsüberprüfung in der Sekundarschule erfolgt regelmäßig in Form einer kontinuierlichen Beurteilung der vom Schüler im Unterricht erbrachten mündlichen Leistungen, in Form von Lernzielkontrollen, schriftlichen Hausarbeiten und Klassenarbeiten. Zeugnisse werden, je nachdem, ob an einer Schule das Schuljahr in Trimester oder Semester aufgeteilt ist, jeweils am Ende einer solchen Phase vergeben. Die Benotung findet mit Hilfe der Ziffern 0 bis 10 statt. Mit Blick auf diese Noten sowie auf die Anerkennung des Europäischen Bakkalaureats als Hochschulzugangsberechtigung in Deutschland hatte die deutsche Kultusministerkonferenz (KMK) erstmals 1975 mit einem Beschluss einen Umrechnungsschlüssel für die von den Europäischen Schulen vergebenen Noten vorgegeben (Beschluss der KMK vom 08.12.1975)[4]. Dieser Beschluss wurde von ihr im März 2002 überarbei-

---

4 Für eine differenzierte Aufstellung des seit der Abiturprüfung 2003 für die Anerkennung des Europäischen Bakkaleureats als Hochschulzugangsberechtigung in Deutschland gültigen Umrechnungsschlüssels vgl. Sekretariat der Ständigen Konferenz der Kultusminister der Länder in der Bundesrepublik Deutschland 2002, Gesch.Z.: II C – 8125, S. 4.

tet (Beschluss der KMK vom 08.12.1975 i.d.F. vom 15.03.2002). Damit reagierte die KMK auf einen Beschluss des Obersten Rates aus dem Jahr 1995, in dem dieser die bis dahin für die Europäischen Schulen geltenden Notenbereiche neu definiert hatte; mit Beginn des Schuljahres 1995/'96 trat der Beschluss des Obersten Rates in Kraft. Die KMK passte die in Deutschland anzuwendende Umrechungstabelle für die von den Europäischen Schulen vergebenen Noten – nach einer sieben Jahre umfassenden Erprobungsphase der neuen Noten an den Europäischen Schulen – den gewandelten Bedingungen an. Seit 2002 gilt für Deutschland folgender Umrechnungsschlüssel (vgl. Tab. 4.4.5):

Tabelle 4.4.5: Von der Bundesrepublik Deutschland adaptierter Umrechnungsschlüssel für die von den Europäischen Schulen vergebenen Noten (Stand: 2003)

Deutsche Note	Europäische Note
Sehr gut	10 – 9,0
Gut	8,9 – 8,0
Befriedigend	7,9 – 7,0
Ausreichend	6,9 – 6,0
Mangelhaft	5,9 – 4,0
Ungenügend	3,9 – 0

Die Teilnahme an den Prüfungen für den Erwerb des Europäischen Bakkalaureats setzt die erfolgreiche Absolvierung der Orientierungsphase der Sekundarschule voraus. Die Prüfungsordnung für das Europäische Bakkalaureat wurde zuletzt im Januar 2003 modifiziert; die dort niedergelegten Vorgaben sind seit dem Schuljahr 2003/04 rechtskräftig (Büro des Generalsekretärs des Obersten Rates der Europäischen Schulen, 2004b).

4.5 Die europäische Dimension in den Europäischen Schulen

Die europäische Dimension schlägt sich in den Europäischen Schulen in einem mehrsprachigen Unterricht nieder, der aufgrund der Breite der von den Schülern wählbaren Sprachen an allgemein bildenden Schulen weltweit einzigartig sein dürfte. Dieses Angebot zielt darauf, dass die Schüler nach erfolgreichem Abschluss der Europäischen Schule mindestens zwei, nach Möglichkeit drei europäische Sprachen gut beherrschen (Malms 1965; Loser 1992). Die wenigen umfangreicheren wissenschaftlichen Studien zu diesem Schultyp haben diesem Aspekt besondere Aufmerksamkeit geschenkt, datieren allerdings alle aus den 1970er und 1980er Jahren (ebd., S. 331-334). Loser (ebd.) hat diese Studien zu Beginn der 1990er Jahre ausgewertet und folgende zentrale Ergebnisse herausgestellt: So erbrachte eine von Kohls 1984 durchgeführte, nicht repräsentative Untersuchung, für die Jahres- und Abiturzeugnisse von Primarschülern der Europäischen Schule Brüssel I sowie von diesen Schülern bearbeitete Fragebögen ausgewertet wurden, dass bilinguale und mehrsprachige Schüler in ihrer Erstsprache (L I) bis zum Abitur nur „sehr mäßige Leistungen" erbrachten und generell in allen Fächern als „relativ leistungsschwach" einzustufen waren (Kohls 1984, S. 61, zit. n. Loser 1992, S. 332).

Ein von Beatens, Beardsmore und Swain (1985) zu Beginn der 1980er durchgeführter Vergleich des Mehrsprachigkeitsmodells der Europäischen Schule Brüssel I mit dem kanadischen Immersions-Konzept – Zielsprache beider Modelle war die französische Sprache – fiel demgegenüber „eindeutig zugunsten des Brüsseler Modells aus" (Loser 1992, S. 334). Allerdings führt Loser (ebd., S. 335) in diesem Zusammenhang auch an, dass die französische Sprache im belgischen Kontext eine höheres Prestige genieße als in Kanada und dass die Brüsseler Schule im Unterschied zu den kanadischen Versuchsschulen eine „Elite-Schule" darstelle, da ihre Schüler i.d.R. der Mittelschicht angehörten und überdies aus zweisprachigen Familien kämen. Seither sind m.W. keine weiteren Studien dieser Art mehr angefertigt worden, sodass über die aktuelle Situation keine Aussagen möglich sind. Lediglich von Hayden und Thompson (1995, 1997, 1998) im Hinblick auf die internationale Erziehung und die Wahrnehmung derselben aus der Sicht von Lehrern und Schülern in den 1990er durchgeführte empirische Studien, an der auch Schüler Europäischer Schulen beteiligt waren, erbrachten, dass letztere dem Erlernen und der Beherrschung von Fremdsprachen größere Bedeutung beimessen als Schüler internationaler Schulen (vgl. vertiefend zu diesen Studien Kap. 6.3.6).

Nach Auffassung des Generalsekretärs des Obersten Rates der Europäischen Schulen (Pinck 1998, S. 32-34) finden sich ferner die in dieser Studie im Kontext der Europaschulen erläuterten, von der Kommission der EG im Grünbuch „zur europäischen Dimension im Bildungswesen" verankerten Empfehlungen in den Europäischen Schulen wieder (Kommission der Europäischen Gemeinschaften 1993, KOM (93) 457 endg.): Diesen entsprächen das umfangreiche Sprachangebot der Schulen, die in der Primarschule erteilten Europäischen Stunden, die ihre Fortsetzung im Sekundarschulbereich z. B. in den Fächern Geographie und Geschichte finden, sowie extracurriculare, schulübergreifende Angebote wie die im Turnus von zwei Jahren stattfindenden Sportwettbewerbe, an denen alle Europäischen Schulen teilnähmen sowie von den Schulen veranstaltete Jugendkulturtage.

4.6 Zusammenfassende Einschätzung der Europäischen Schulen

Die Organisationsstruktur der Europäischen Schulen, wonach die Schüler im Verlauf ihrer Schulzeit zwar einen wachsenden Anteil des Unterrichts in gemischtsprachlichen Gruppen absolvieren, primär aber in sprachlich homogenen Abteilungen unterrichtet werden, wirft die Frage danach auf, ob damit nicht einer Segregation der Schülerschaft in ethnisch-kulturell und sprachlich homogene Gruppen Vorschub geleistet wird. Das so u.U. beförderte, eher unverbundene Nebeneinander der unterschiedlichen kulturellen und sprachlichen Gruppen könnte sich als hinderlich erweisen für die Realisierung der Zielperspektive, unter der Schülerschaft eine vorurteilsfreie, anderen Kulturen und ihren Vertretern gegenüber von Offenheit und Akzeptanz geprägte Haltung zu schaffen. Empirische Studien, die sich mit diesem

Aspekt befassen und hierüber Auskunft geben könnten, stehen jedoch nicht zur Verfügung.

Ein weiterer Kritikpunkt an den Europäischen Schulen ist ihre Zielgruppe. Vereinzelt ist in diesem Zusammenhang heraus gestellt worden, dass es sich bei diesen Schulen um „Eliteschulen" handele (Loser 1992, 335), da sie vorrangig Kinder von Bediensteten der EU aufnehmen und Schüler, deren Eltern dieses Kriterium nicht erfüllen, nur dann zulassen, wenn die Schulen noch über freie Plätze verfügen. Die letztgenannten müssen dann im Unterschied zu den erstgenannten für den Schulbesuch ihrer Kinder ein Schulgeld entrichten. Die Tatsache, dass es sich bei den Europäischen Schulen um Bildungseinrichtungen handelt, für die die EU und die Nationalstaaten, in denen die Schulen angesiedelt sind, die Kosten tragen, die Schulen also aus öffentlichen Mitteln finanziert werden, zieht allerdings die Überlegung nach sich, ob die von den Eltern sog. ‚nicht-berechtigter' Schüler privat aufzubringenden Schulgelder gerechtfertigt sind. Dieser Aspekt gewinnt nicht zuletzt angesichts der seit Gründung der ersten Europäischen Schule insgesamt zunehmenden Migration in der EG/EU aktuell an Relevanz, denn andere Bevölkerungsgruppen sehen sich im Hinblick auf die Schulsituation ihrer Kinder mit vergleichbaren Problemen konfrontiert, wie sie Bedienstete der EU haben. Nationale Schulen haben seit den 1970er Jahren auf die Problematik einer zunehmend multikulturellen Schülerschaft reagiert und seither entsprechende Ansätze interkulturellen Lernens entwickelt und adaptiert (Auernheimer 1996, 2003). Vor diesem Hintergrund stellt sich die Frage, welche Gründe dagegen sprechen, dass diese Schulen auch von den Kindern der Bediensteten der EU besucht werden; zumal sich dies auch positiv auf die Integration dieser Schüler in die Aufnahmegesellschaft auswirken könnte.

Angesichts der genannten Punkte sowie im Hinblick auf die vom Obersten Rat der Europäischen Schulen geförderte Inselstellung dieser Schulen, stellt sich die grundsätzliche Frage nach ihrer Existenzberechtigung. Europäische Schulen haben aus Sicht der EU explizit nicht Modellschulcharakter; die Sichtung der Literatur zu diesen Schulen legt den Schluss nahe, dass dieses Faktum Auswirkungen auf den Transfer der von diesen Schulen entwickelten Ansätze, Lehrpläne und Unterrichtsmaterialien auf nationale Schulen hat. Diesbezüglich kann mit Blick auf die Bundesrepublik Deutschland bspw. lediglich im Falle des Schulversuchs „Staatliche Europaschule Berlin" eine Kooperation mit den Europäischen Schulen konstatiert werden (Göhlich 1998). Diese Kooperation war nicht zuletzt durch das Bestreben der Förderer des Schulversuchs ‚Staatliche Europaschule Berlin' motiviert, in Berlin eine neue Europäische Schule zu gründen; die Bundesregierung hat jedoch keinen entsprechenden Antrag gestellt (Pinck 1998, S. 31). Verknüpft war das Interesse an der Einrichtung einer Europäischen Schule in Berlin auch damit, den Erwerb des Europäischen Bakkalaureats zu ermöglichen. Doch auch dieses Vorhaben konnte im Rahmen des Schulversuchs ‚Staatliche Europaschule Berlin' nicht realisiert werden, da das Europäische Bakkalaureat „integraler Bestandteil des Statuts" der Europäischen Schulen ist und nur von diesen Schulen vergeben werden darf (ebd., S. 32).

4.7 Europäische Schulen – eine Exklave in der Europäischen Union

Europäische Schulen repräsentieren einen supranationalen Schultyp mit einem geopolitischen Bezug auf das geographische Gebiet Europa und die supranationale Organisation EU. Ausschließlich letztere ist befugt, Europäische Schulen zu gründen; sie unterstehen einem eigens für sie geschaffenem Schulträger, dem Obersten Rat der Europäischen Schulen, der sich aus Vertretern der EU und ihrer Mitgliedstaaten zusammen setzt und auf supranationaler Ebene verankert ist. Europäische Schulen finden sich ausschließlich in der EU und dort mit insgesamt 14 Schulen nur in geringer Anzahl; sie vergeben eine innerhalb der EU und z.T. darüber hinaus anerkannte Hochschulzugangsberechtigung: das Europäische Bakkalaureat. Ein zentrales Merkmal dieser Schulen ist die ihnen originäre innere Organisationsstruktur in Form von Sprachabteilungen; dort findet der Unterricht partiell entlang von Lehrplänen statt, die in diesen Schulen entwickelt wurden und den Mindeststandards der nationalen Pflichtschulwesen in der EU entsprechen.

Mit dem Unterricht in homogenen Sprachabteilungen sowie mit dem von der Primar- bis zur Sekundarschule sukzessive zunehmenden Unterricht in gemischtsprachlichen Gruppen weisen die Europäischen Schulen europaweit einzigartige Organisationsstrukturen auf. Mit diesen verknüpft die EU das Ziel, die Schülerschaft sowohl in ihren Herkunftskulturen und Herkunftssprachen wie auch bei der Entwicklung einer von EG/EU angestrebten ,Europäischen Identität' und ,Europäischen Bürgerschaft' zu fördern. In diesem Zusammenhang wird auch auf eine ,Europäische Erziehung' und die ,Interkulturelle Erziehung' rekurriert – bspw. im Hinblick auf das Ziel, unter den Schülern eine vorurteilsfreie, anderen Kulturen und ihren Vertretern positiv gegenüberstehende Haltung zu entwickeln – programmatisch und mit den inneren Organisationsstrukturen der Schulen wird jedoch primär dem Aspekt der Ausbildung von Fremdsprachenkompetenzen Rechnung getragen. Dies könnte darauf hindeuten, dass im Rahmen der Europäischen Schulen eine europäische Variante der interkulturellen Erziehung verfolgt wird, in deren Zentrum die Förderung von Mehrsprachigkeit, begrenzt auf europäische Sprachen steht.

Als zentrales Koordinationsgremium dieser Bildungseinrichtungen fungiert der Oberste Rat der Europäischen Schulen; über ihn kann die supranationale Organisation EU zwar ihre Ziele im Rahmen eines Top-down-Prozesses verfolgen, sie sieht sich jedoch mit den Interessen und Ansprüchen ihrer Mitgliedstaaten konfrontiert, die ihre nationalen Bildungsräume schützen, indem sie die Genese eines für alle Bürger der EU zugänglichen europäischen Bildungsraums verhindern. M.a.W.: Die Europäischen Mitgliedstaaten streben bisher weder eine europaweite flächendeckende Verbreitung dieses supranationalen Schultyps noch die Adaption der von den Europäischen Schulen entwickelten Bildungsgänge und Schulberechtigungen durch nationale Pflichtschulen an. Dies hat zur Folge, dass die Europäischen Schulen in den Pflichtschulwesen der EU weitgehend isoliert sind, weshalb sie in dieser Studie als eine europäische Exklave in der EU eingeordnet werden, mit nur geringem Einfluss auf die Entwicklung einer Europäischen Bildung und die Entstehung eines Europäischen Bildungsraumes. Diesen Beschränkungen könnte nur dann entgegen gewirkt werden, wenn sich die EU und ihre Mitgliedstaaten entschließen würden, staatliche Pflichtschulen und die Europäischen Schulen für einen wechselseitigen Austausch zu öffnen. Bislang verhindern die Mitgliedstaten einen solchen Prozess jedoch, den die EU aufgrund ihres Status als supranationale Organisation und des in den EG/EU-Verträgen verankerten Subsidiaritätsprinzips nur mit Zustimmung der Mitgliedstaaten anstoßen könnte.

4.8 Resümee

Die Europäischen Schulen bilden, wie hier heraus gearbeitet wurde, eine Exklave in der EG/EU; sie stießen bisher weder in der Erziehungswissenschaft noch in der Bildungsforschung auf ein breiteres Interesse. Dies erschwert eine systematische Bestandsaufnahme sowohl der Programmatik als auch insbesondere der Praxis dieses internationalen Schultyps. Empirische Studien zu den Europäischen Schulen fokussieren, wie im Vorangegangenen deutlich wurde, insbesondere den Aspekt des Mehrsprachenlehrens und -lernens und sind älteren Datums. Die hier rezipierte, von Borkenhagen (1997) verfasste, Studie stellt insofern eine Ausnahme dar, da sie zum einen jüngeren Datums ist, zum anderen eine wissenschaftliche Qualifikationsarbeit darstellt und schließlich eine gute Kenntnis der Praxis Europäischer Schulen spiegelt, denn die Autorin war über viele Jahre als Lehrkraft an einer Europäischen Schule tätig. Damit handelt es sich hierbei aber um einen der wenigen publizierten Beiträge, der einen Überblick und einige Einblicke in die Praxis dieses internationalen Schulmodells gibt. Darüber, ob und in welcher Weise sich an diesem internationalen Schulmodell unter der Lehrer- und Schülerschaft europäische Perspektiven und eine europäische interkulturelle Erziehung, wie sie mit den Lehrplanvorgaben angestrebt werden, etablieren können, liegen nur wenige empirisch abgesicherte Erkenntnisse vor. Sie wurden nicht mit Fokussierung auf die Europäischen Schulen, sondern auf die internationalen Schulen erhoben, und werden in dieser Studie in Kapitel 6.3.6 berichtet.

Vor dem Hintergrund der hier dokumentierten schmalen Sekundärliteratur und Datenbasis konte in diesem Kapitel auf der Makro- oder Kontextebene ein Überblick über die dieses internationale Schulmodell befördernden Rahmenbedingungen in Gestalt der von EG/EU als supranationaler Organisation formulierten programmatischen Ziele gegeben werden sowie darüber, in welcher Weise diese Ziele ihren Niederschlag auf der Medium- oder Organisationsebene in der Schulstruktur, im Fächerangebot und in den Fächervorgaben der europäischen Schulen finden. Dabei wurde das besondere Augenmerk auf solche Aspekte gelegt, die dieses internationale Schulmodell auszeichnen, die mithin sein Bemühen um eine internationale, in diesem Falle europäische, Orientierung markieren. Hinsichtlich der Mikro- oder Interaktions- bzw. Individualebene; d.h. der Praxis in den Einzelschulen, konnten nur einzelne empirisch belegte Aussagen festgehalten werden, da diesbezüglich nur wenige und überwiegend veraltete Daten vorliegen. Weiterführende Annahmen basieren entsprechend auf Einschätzungen der Autorin dieser Studie zu möglichen Wirkungen der Schulstrukturen und Fächervorgaben, die im Anschluss an einzelne, in der Sekundärliteratur oder in der sog. grauen Literatur zu diesem internationalen Schulmodell niedergelegten Aussagen formuliert und begründet werden können.

Das damit benannte Defizit empirisch erhobener und ausgewerteter Erkenntnisse zu den möglichen Auswirkungen der Organisationsstruktur der Europäischen Schulen wie auch der von ihnen adaptierten Lehrpläne auf die Schulpraxis muss umso mehr verwundern, wenn man sich vergegenwärtigt, dass dieser internationalen Schultyp angesichts seiner Schwerpunktsetzung und Erfahrungen im Bereich des Fremdsprachenlernens europäischer Sprachen beispielsweise im Hinblick auf den von der EU verfassten und von ihr propagierten Sprachenportfolio, der aktuell einigen Ortes bereits Eingang in nicht solcherart profilierte staatliche allgemein bildende Schulen findet, von Interesse sein könnte.

5   UNESCO-Projektschulen

5.0 Die Quellenlage

Mit den UNESCO-Projektschulen haben sich weder die internationale noch die deutschsprachige Erziehungswissenschaft bisher intensiv beschäftigt. Es finden sich nur einige wenige, überwiegend im Kontext des UNESCO-Projektschulnetzwerkes entstandene, Monographien und Aufsätze zu diesem internationalen Schulmodell. Vor diesem Hintergrund wird für die hier vorliegende Studie auch auf Internetquellen zurückgegriffen, die von der internationalen Dachorganisation der UNESCO-Projektschulen, der UNESCO, und ihrer Vertretung in Deutschland, der Deutschen UNESCO-Kommission, bereit gestellt werden. Des Weiteren wurde von der Autorin dieser Studie sog. graue Literatur zu den UNESCO-Projektschulen zusammen getragen und gesichtet, die ihr zum Teil auch auf ihre Anfrage hin von der Deutschen UNESCO-Kommission zur Verfügung gestellt wurde.

Anders als im Falle der Europaschulen und der Europäischen Schulen stehen für die UNESCO-Projektschulen jedoch recht aktuelle empirische Daten zur Verfügung. Diese Daten sind in einer 2003 veröffentlichten Studie zum Stand der Arbeit der UNESCO-Projektschulen weltweit dokumentiert (ASPnetCongressWD4 2003), die die UNESCO anlässlich des 50-jährigen Bestehens dieses internationalen Schulmodells im Jahr 2003 in Auftrag gab. Die dieser Erhebung zugrunde liegenden Daten wurden von Mitarbeiterinnen und Mitarbeitern des Centre for International Education and Research an der Universität Birmingham (UK) im Zeitraum zwischen Mai 2002 und Mai 2003 an UNESCO-Projektschulen weltweit erhoben; ausgewählte Ergebnisse dieser Studie werden im Folgenden vertiefend behandelt. Damit kann im Falle dieses internationalen Schulmodells auf programmatische Vorgaben, vereinzelte wissenschaftliche Publikationen und empirisch gewonnene Daten zurück gegriffen werden, die einige Einblicke in die Praxis der UNESCO-Projektschulen ermöglichen.

5.1 Die Makro- oder Kontextebene: Entstehung und Ziele

Die ersten UNESCO-Modellschulen wurden von der UNESCO 1953 gegründet. Damit verfolgte sie das Ziel, über die Förderung der Zusammenarbeit im Bereich der Bildung, der Wissenschaft, der Kultur und der Kommunikation zum Frieden weltweit beizutragen,

> „um in der ganzen Welt die Achtung vor Recht und Gerechtigkeit, vor den Menschenrechten und Grundfreiheiten zu stärken, die den Völkern der Welt ohne Unterschied der Rasse, des Geschlechts, der Sprache oder der Religion durch die Charta der Vereinten Nationen bestätigt worden sind" (Art. I.1 der UNESCO Verfassung).

Im Jahr ihrer Gründung nahmen zunächst 33 Schulen in 15 Staaten ihre Arbeit als Modellschulen auf (Fuchs 1995, S. 1); 2003 feierte das aus dieser Initiative hervorgegangene Netzwerk der UNESCO-Projektschulen, dem zu diesem Zeitpunkt 7.400 Bildungseinrichtungen angehörten, in Auckland (Neuseeland) sein 50-jähriges Bestehen (ASPnet CongressWD5-23 May 2003, S. 1[1]). Die in diesem Netzwerk zusammengeschlossenen, in insgesamt 170 Staaten angesiedelten UNESCO-Projektschulen verfolgen das Ziel, einen Beitrag zur Entwicklung einer Kultur des Friedens zu leisten: Seit 1974 bildet den konzeptionellen Rahmen dieser Schulen die zum damaligen Zeitpunkt von den Delegierten der 18. Generalkonferenz der UNESCO in Paris verabschiedete Empfehlung „über die Erziehung zur internationaler Verständigung und Zusammenarbeit und zum Frieden in der Welt sowie die Erziehung zur Achtung der Menschenrechte und Grundfreiheiten" (UNESCO 1974), also die hier bereits erörterte „Empfehlung zur internationalen Erziehung" der UNESCO (vgl. Kap. 1.5). Fast drei Dekaden später wurde diese Empfehlung im November 2001 um die von der UNESCO-Generalkonferenz verabschiedete „Allgemeine Erklärung zur kulturellen Vielfalt" ergänzt (UNESCO-Generalkonferenz 2001, abgedruckt in forum 2003, S. 101-106). Folgt man Schöfthaler, dem damaligen Generalsekretär der Deutschen UNESCO-Kommission, so stellt diese Erklärung „ein Manifest der kulturellen Selbstbestimmung dar" (Schöfthaler 2003, S. 88); denn seither werde kulturelle Identität nicht mehr länger nur mit ethnischer Herkunft, nationaler und/oder sprachlicher Zugehörigkeit gleichgesetzt, sondern Personen oder Gruppen werde das Recht zuerkannt, ihre eigenen „dynamischen und vielfältigen Identitäten" zu definieren.

Dies ist ein erster Hinweis darauf, dass die hier bereits erörterten, im Rahmen der internationalen Erziehung erfolgten Weiterentwicklungen und Ausdifferenzierungen derselben von den UNESCO-Projektschulen aufgegriffen werden; ein weiterer Indikator dafür sind die von den Schulen heute programmatisch gesetzten Schwerpunkte, wie sie in den für sie geltenden Grundsätzen festgeschrieben sind. Exemplarisch für diese werden im Folgenden die 1993 von der deutschen UNESCO-Kommission verabschiedeten und in den Leitlinien von 2000 weiterentwickelten „Grundsätze für die Mitarbeit im Schulprojekt der Deutschen UNESCO-Kommission" zusammengefasst wieder gegeben[2]. UNESCO-Projektschulen verpflichten sich auf der Basis der von ihnen adaptierten Grundsätze[3]:

- innerhalb wie außerhalb des Unterrichts zur Orientierung an den Ideen der internationalen Verständigung und des interkulturellen Lernens und zur Offenheit gegenüber neuen Ideen und vernachlässigten Themen;

---

1 Diese Quelle lautet vollständig: ASPnet CongressWD5-23 May 2003: UNESCO Associated School Project Network (Aspnet): Historical Review 1953–2003; sie ist in dieser Form im Literaturverzeichnis verzeichnet, wird aber im Folgenden in der im laufenden Text verwendeten, gekürzten Form wieder gegeben. Zu finden ist diese Quelle im Internet unter: http://www.unesco.org/education.asp.

2 Vgl. http://www.unesco.de/37.html?&L=0; Abruf vom 21.12.2009. Eine englischsprachige Version der Grundsätze der im ASPnet zusammen geschlossenen Schulen findet sich unter: http://www.unesco.org.education.asp.

3 Vgl. http://www.unesco.de/37.html?&L=0; Abruf vom 21.12.2009.

- zur Kooperation mit anderen Schulen, Bildungseinrichtungen, Kommunen, interessierten Personen und Organisationen und zur Entwicklung eines Schulprofils, das die Anliegen der Vereinten Nationen unterstützt;
- im Bewusstsein der Einen Welt an der Bearbeitung der Schlüsselprobleme der Menschheit mitzuwirken: der Verwirklichung der Menschenrechte, der Bekämpfung von Armut und Elend sowie an der Akzeptanz von Anderen;
- lokale Aktivitäten zu entfalten, die dem Grundsatz folgen „global Denken, lokal Handeln" und sich aktiv am internationalen Netzwerk der UNESCO-Projektschulen, an Schulpartnerschaften, Brief- und elektronischen Kontakten und interregionalen UNESCO-Projekten zu beteiligen;
- internationale Begegnungen und den internationalen Austausch zu fördern, und zwar im Rahmen von Festen, Projekten, Austauschprogrammen, Tagungen, Seminaren und Camps.

Ihrem Selbstverständnis zufolge sind UNESCO-Projektschulen innovative Schulen mit einem offenen Konzept, die seit ihrer Gründung insbesondere die Projektmethode verfolgen und verpflichtet sind, ein an den Grundsätzen der UNESCO orientiertes Schulprofil zu entwickeln (Hartmann 2001, S. 149).

5.2 Die Medium- oder Organisationsebene: Organisationsstruktur des Netzwerkes und Verbreitung der Schulen

Die UNESCO, der aktuell 192 Staaten angehören (Stand: 2009), hat ihren Hauptsitz in Paris; die Bundesrepublik Deutschland und die Deutsche Demokratische Republik traten ihr 1951 bei. Jeder Mitgliedstaat der UNESCO hat eine UNESCO-Kommission eingerichtet, die von einem Generalsekretär geleitet wird; in Deutschland nimmt diese Aufgabe gegenwärtig Dr. Roland Bernecker am Hauptsitz der Deutschen UNESCO-Kommission in Bonn wahr. In jedem Staat, der sich am Netzwerk der UNESCO-Projektschulen beteiligt, gibt es ferner einen nationalen, sog. „federal coordinator", also einen auf Bundesebene verantwortlichen Koordinator; in Deutschland ist dies derzeit Volker Hörold. Hauptsitz der deutschen Bundeskoordination der UNESCO-Projektschulen ist ebenfalls Bonn. Unterhalb der Bundesebene gibt es Regionalkoordinatoren, in Deutschland je einen für jedes Bundesland. Das Netzwerk der deutschen UNESCO-Projektschulen verfügt über eine viermal jährlich erscheinende, auf der Homepage des deutschen Netzwerks abrufbare und in Papierform erhältliche Publikation, die Zeitschrift „forum."[4] Das folgende Schaubild (vgl. Schaubild 5.2.1) gibt einen Überblick über die am Netzwerk der UNESCO-Projektschulen beteiligten Akteure und zeigt die üblichen Kommunikationswege zwischen ihnen auf:

---

4   Vgl. http://www.ups-schulen/de

Schaubild 5.2.1: Das Schulnetz der UNESCO-Projektschulen

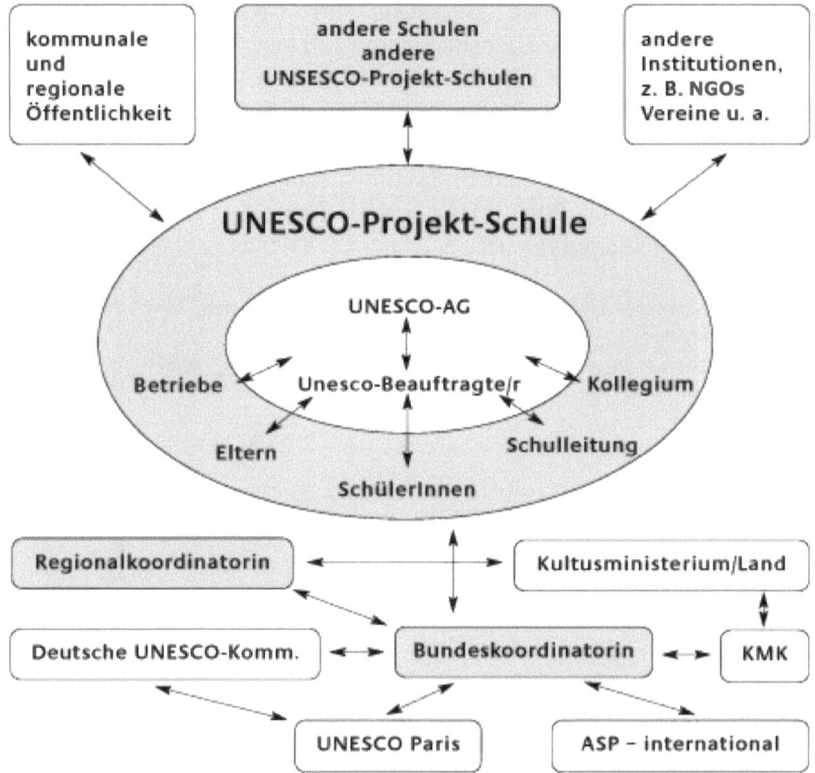

Quelle: Buckendahl 2003, S. 52.

Mitglied im Netzwerk der UNESCO-Projektschulen können Kindergärten, Lehrer-bildungseinrichtungen und Schulen mit divergierenden Schulträgern aller Schul-formen werden – also sowohl staatliche und private Primar- und Sekundarschulen wie auch berufsbildende Schulen. UNESCO-Projektschulen sind Bildungseinrich-tungen, die additiv zu ihrem staatlichen Bildungsauftrag ein internationales Schul-profil entwickelt haben. Mit der Aufnahme in das Netzwerk der UNESCO-Projekt-schulen sind für die Schulen keine besonderen finanziellen Einnahmen verknüpft, allerdings haben sie Zugang zu den von der UNESCO bereitgestellten Dienstleis-tungen, z. B. in Form von Publikationen und Beratungen durch Experten (Hart-mann 2001, S. 139). Um in das Netzwerk aufgenommen werden zu können, müs-sen Schulen in Deutschland die Zustimmung der für sie zuständigen Behörden einholen und einen entsprechenden Antrag bei der auf Bundesebene angesiedel-ten Koordinationsstelle einreichen. Diese stellt mit Hilfe der Regionalkoordinato-ren im Laufe von drei Jahren fest, ob die Schule die für UNESCO-Projektschulen geltenden Grundsätze in ihr Schulprogramm aufgenommen und in der Schulpraxis entsprechende Ansätze entwickelt hat und entscheidet dann über eine Aufnahme der Schule in das Netzwerk; die Schulen ihrerseits benennen Koordinatoren als Ansprechpartner.

Anlässlich des 50-jährigen Bestehens des Netzwerkes der UNESCO-Projektschulen hat das Centre for International Education and Research an der Universität Birmingham (UK) im Auftrag der UNESCO im Zeitraum zwischen Mai 2002 und Mai 2003 eine empirische Studie zum Stand der UNESCO-Projektschulen durchgeführt, deren Ergebnisse seit 2003 vorliegen (ASPnetCongressWD4 2003). In dieser Studie ist die numerische Entwicklung der UNESCO-Projektschulen weltweit seit 1953 bis 2003 erfasst worden (ebd., S. 10f.); demzufolge zeigt sich folgende Entwicklung (vgl. Tab. 5.2.1):

Tabelle 5.2.1: Anzahl der UNESCO-Projektschulen und der Staaten, in denen diese Schulen angesiedelt sind (1953-2008)

Jahr	Anzahl der Schulen	Anzahl der Staaten
1953–1954	33	15
1963–1964	191	42
1973–1974	923	63
1981–1983	1672	81
1992–1993	2900	116
2003	7344	170
2008	7900	176

Quelle: http://portal.unesco.org/education/en/ev.php-RL_ID=7366&URL_DO=DO_TOPIC&URL_SECTION=201.html; Abruf vom 05.10.2005.

Aus Tabelle 5.2.1 wird deutlich, dass es in den Jahren 1953 und 1954, also ein Jahr nach Gründung der UNESCO-Projektschulen, weltweit insgesamt 33 solcher Schulen in 15 Staaten gab; diese Zahlen erhöhten sich in den kommenden 30 Jahren auf insgesamt 1.672 Schulen in 81 Staaten (1981–1983). Einen deutlichen Aufschwung erfuhr das Netzwerk der UNESCO-Projektschulen in der Dekade von 1992 bis 2003 mit einem Anstieg auf insgesamt 7.344 Schulen in 170 Staaten am Beginn des neuen Jahrtausends; 2008 gab es weltweit 7.900 UNESCO-Projektschulen in 176 Staaten. Ursächlich für diesen deutlichen Anstieg war die Entscheidung der UNESCO, gezielt den Ausbau ihres Netzwerkes voran zu treiben, in deren Folge sie eine forcierte Werbung für das Netzwerk an Pflichtschulen betrieb und fortan auch im berufsbildenden Bildungsbereich angesiedelte Bildungseinrichtungen und Lehrerbildungseinrichtungen in das Netzwerk aufnahm (ASPnetCongressWD4 2003, S. 10). 2003 waren von 190 in den Vereinten Nationen und der UNESCO zusammen geschlossenen Staaten (und dies waren faktisch alle Staaten dieser Welt) 170 im Netzwerk der UNESCO-Projektschulen vertreten. Die Schulen verteilten sich 2003 auf folgende Weltregionen und Schultypen (vgl. Tab. 5.2.2):

Tabelle 5.2.2: UNESCO-Projektschulen nach Schultyp und Weltregion (Stand: 2003)

	Nursery/ Pre-school	Primary	Primary/ Secondary	Secondary	Vocational/ Technical Education	Teacher Training	Total	No. Of Countries
Africa	32	799	260	491	33	51	1666	40
Arab States	11	166	52	234	2	9	474	17
Asia & The Pacific	8	381	41	778	51	27	1286	38
Europe & North America	48	481	108	1370	134	109	2250	45
Latin America & The Caribbean	98	815	256	412	22	65	1668	30
World Total	197	2642	717	3285	242	261	7344	170

Quelle: ASPnetCongressWD4 2003, S. 10.

Die für 2003 erfassten Bildungseinrichtungen, die dem Netzwerk der UNESCO-Projektschulen angehören, verteilen sich auf die Weltregionen wie folgt (vgl. Schaubild 5.2.2):

Schaubild 5.2.2: Anteile der im Netzwerk der UNESCO-Projektschulen zusammen geschlossenen Bildungseinrichtungen nach Weltregionen (Stand: 2003)

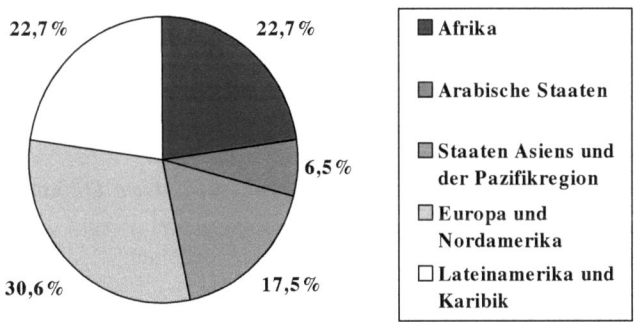

Legende: Staaten Afrikas: n = 40, Arabische Staaten: n = 17, Staaten in Lateinamerika und der Karibik n = 30.
Quelle: Eigene Berechnungen nach ASPnetCongressWD4 2003, S. 10. Für die absoluten Zahlen der hier erfassten Bildungseinrichtungen vgl. Tab. 5.2.2.

Wie dem Schaubild (vgl. Schaubild 5.2.2) zu entnehmen ist, stellen europäische und nordamerikanische Staaten mit 30,6% den größten Anteil unter den in diesem Netzwerk zusammen geschlossenen Bildungseinrichtungen, gefolgt von den Staaten Afrikas, Lateinamerikas und der Karibik mit je gleichen Anteilen von je 22,7%. Die Staaten Asiens und der Pazifikregion kommen zusammen auf einen Anteil von 17,5% an den UNESCO-Projektschulen weltweit, die arabischen Staaten hingegen nur auf einen Anteil von 6.5%. In der hier herangezogenen Studie sind weder die prozentualen Anteile der dort zusammengefassten Weltregionen, in denen es UNESCO-Projektschulen gibt, explizit ausgewiesen noch werden die darunter gefassten Staaten einzeln aufgeführt. Insofern ist es schwierig, zu Aussagen zu gelangen, die den auffallend geringen Anteil solcher Schulen in den Arabischen Staaten erklären könnten. Allerdings haben die Autorinnen und der Autor der Studie an anderer Stelle herausgestellt (ebd., S. 13), dass politische, ökonomische und geographische Rahmenbedingungen der Staaten sowie die Beziehungen zwischen den Schulen und nationalen Bildungsministerien entscheidenden Einfluss auf die Präsenz und die Praxis von UNESCO-Projektschulen in den Ländern haben. In diesem Zusammenhang wurde auch darauf verwiesen, dass in den Palästinensischen Gebieten angesiedelte UNESCO-Projektschulen alltäglicher Gewalt ausgesetzt seien und insofern nur unter äußerst erschwerten Bedingungen eine Erziehung zum Frieden und zur gewaltfreien Konfliktlösung verfolgen könnten, da dies auch als Parteinahme für den Feind gewertet werden könne. Insgesamt sind UNESCO-Projektschulen jedoch trotz der z. T. in den Staaten vorherrschenden extrem belastenden Rahmenbedingungen, aufgrund von Kriegen und der Armut weiter Teile der Bevölkerung, recht gut vertreten. Dies zeigt bspw. der Anteil solcher Schulen in Afrika im Vergleich zu Europa und Nordamerika.

Sekundarschulen (3.285) stellen 2003 weltweit den größten Anteil an den UNESCO-Projektschulen, gefolgt von Primarschulen (2.642) und von Schulen, die den Primar- und den Sekundarschulbereich in sich vereinigen (717). Am geringsten vertreten sind demgegenüber vorschulische Einrichtungen (197); Einrichtungen der beruflichen Bildung (242) und Lehrerbildungseinrichtungen (261) finden sich weltweit ebenfalls seltener. Das bedeutet, dass die insgesamt 6.644 Schulen im Pflichtschulbereich mit einem Anteil von 90,5% an allen erfassten Bildungseinrichtungen (7.344) das Gros der UNESCO-Projektschulen weltweit bilden. Dies ist im Hinblick auf den geringen Anteil von 3,3% beruflichen Schulen hervorzuheben; die ebenfalls geringen Anteile vorschulischer Einrichtungen (2,7%) und Lehrerbildungsinstitutionen (3,6%) erklären sich daraus, dass diese Bildungseinrichtungen erst seit den 1980er (vorschulische Einrichtungen) und 1990er Jahren (Lehrerbildungsinstitutionen) Mitglied im Netzwerk werden können.

In der Bundesrepublik Deutschland gab es Ende der 1980er Jahre insgesamt 18 anerkannte UNESCO-Projektschulen, vierzehn Jahre später (1994) waren es fast 60 (Fuchs 1995, S. 1), 2008 hat sich ihre Zahl auf insgesamt 188 erhöht und damit mehr als verdreifacht. In der folgenden Tabelle 5.2.3 sind die 2008 deutschlandweit angesiedelten UNESCO-Projektschulen nach Schulformen und Bundesländern ausgewiesen:

Tabelle 5.2.3: UNESCO-Projektschulen in Deutschland nach Schulformen und insgesamt (Stand: Juli 2008)

Bundesland	GS	HS	RS	IGS	KGS	GYM	BBS	PS	FS	Nennungen	Schulen insgesamt
Baden-Württemberg	2	2	1	-	1	6	4	1	1	18	15
Bayern	7	4	4	-	-	10	3	1	-	29	23
Berlin	4	2	1	1	-	2	-	1		11	7
Brandenburg	5	-	-	3*	-	1	-			9	9
Bremen	-	1	1	-	1	2	2	2		9	4
Hamburg	1	1	1	-	-	3	-	1		8	5
Hessen	3	-	-	5	1	6	-	3		18	15
Mecklenburg-Vorpommern	1	2	2	2	-	1	-			8	6
Niedersachsen	1	4	2	2	1	10	2		1	23	18
Nordrhein-Westfalen	4	2	2	4	-	12	1	1	1	27	26
Rheinland-Pfalz	1	-	2	1	-	4	1	1	1	11	10
Saarland	-	-	-	1	-	4	-	1		6	6
Sachsen	2	1	1	-	-	3	-	6		13	12
Sachsen-Anhalt	3	1	3	1	-	8	-	2		18	17
Schleswig-Holstein	2	2	1	2	-	3	-			10	7
Thüringen	1	1	2	-	-	4	-	1		9	8
Gesamt	37	23	23	19	4	79	13	21	4	227	188

© S. Hornberg 2010
*In Brandenburg: Gesamtschulen mit gymnasialer Oberstufe
Legende: GS = Grundschule, HS = Hauptschule, RS = Realschule, IGS = Integrierte Gesamtschule, KGS = Kooperative Gesamtschule, GYM = Gymnasium, BBS = Berufsbildende Schule
Quelle: Eigenen Berechnungen nach: http://www.ups-schulen.de/; Abfrage vom 17.08.2008.

Deutschlandweit dominiert unter den Schulformen, die das Schulprofil: UNESCO-Projektschule adaptiert haben, das Gymnasium (79), gefolgt von der Grundschule (37). Hauptschulen (23) und Realschulen (23) sind seltener, aber durchaus noch gut vertreten. Die geringeren Anteile Integrierter (19) und Kooperativer Gesamtschulen (4) erklären sich nicht zuletzt aus der geringeren Verbreitung dieser Schulformen bundesweit. Von den berufsbildenden Schulen haben sich 13 für eine solche Schulprofilbildung entschieden.

5.3 Schwerpunkte der UNESCO-Projektschulen seit den 1950er Jahren

In der hier heran gezogenen Dokumentation anlässlich des 50-jährigen Bestehens des Netzwerkes der UNESCO-Projektschulen sind aus Sicht der UNESCO und des Netzwerkes die von ihm in den vergangenen fünf Dekaden verfolgten Schwerpunkte dargestellt (vgl. ASPnet CongressWD5-23 May 2003); diese werden im Folgenden zusammengefasst wiedergegeben. Dabei wird sich zeigen, dass die im Rahmen des Netzwerkes seit seiner Entstehung bis heute gesetzten Prioritäten die eingangs in dieser Studie nachgezeichneten Ausdifferenzierungen der internationalen Erziehung seit den 1950er Jahren reflektieren (vgl. Kap. 1.5; vgl. ASPnet CongressWD5-23 May 2003, S. 5-23):

Die erste Dekade (1953-1963)

Im Zentrum der ersten Dekade der UNESCO-Projektschularbeit stand die Förderung der ‚Erziehung zur internationalen Verständigung'. Um hierzu Initiativen zu entwickeln, trafen sich 1953 in Paris 21 Repräsentanten von 33 Sekundarschulen aus 15 Staaten[5]; sie legten den Grundstein für die Arbeit des Netzwerkes und postulierten für die ersten UNESCO-Modellschulen folgende Arbeitsschwerpunkte: die Rechte der Frauen, andere Kulturen, Menschenrechte und das UN-System. Damit verknüpfte man bereits zu diesem frühen Zeitpunkt das Ziel, eine Erziehung für das Zusammenleben in einer Weltgemeinschaft zu schaffen (ebd., S. 3). In den Folgejahren konzentrierten sich die Aktivitäten der UNESCO auf die Produktion von Ländermonographien und von Textbüchern für den Fremdsprachenunterricht. Da zu diesem Zeitpunkt lediglich Sekundarschulen zu den UNESCO-Projektschulen zählten, wurde ferner mit Nachdruck angestrebt, künftig auch Primarschulen zu beteiligen. Aufgrund der breiten Unterstützung der Arbeit der ersten Modellschulen durch Lehrende, nationale Bildungsministerien und nationale Koordinatoren der UNESCO wurde 1963 auf einer Konferenz in Sèvres, Frankreich, an der auch Vertreter internationaler Schulen teilnahmen, beschlossen, ein weltweites Netzwerk von UNESCO-Projektschulen zu schaffen.

Die zweite Dekade (1964-1973)

Die zweite Dekade der UNESCO-Projektschulen und erste Dekade ihrer Arbeit im Rahmen des Netzwerkes war geprägt von den Themen ‚lebenslanges Lernen', ‚funktionaler Analphabetismus' und dem 1972 von der UNESCO unter der Federführung von Edgar Faure verfassten Bericht „Learning to be". Dort wurden vier Grundannahmen postuliert; erstens: dass die Weltgemeinschaft gemeinsame Ziele, Probleme und Entwicklungen aufweise, trotz der Unterschiede zwischen den Nationen und den Menschen; zweitens: ein Glaube an die Demokratie, zu der Erzie-

---

5   Vertreten waren folgende Staaten: Belgien, Costa Rica, Ekuador, Bundesrepublik Deutschland, Frankreich, Japan, Jugoslawien, Niederlande, Norwegen, Pakistan, Schweden, Schweiz, Vereinigtes Königreich, Vereinigte Staaten von Amerika, Uruguay.

hung einen wesentlichen Beitrag leisten könne; drittens: dass nur die völlige Erfüllung („total fulfilment") eines jeden Individuums das Ziel von Entwicklung sei; und viertens: dass nur lebenslanges Lernen einen ganzen Menschen formen könne (ebd., S. 5).

1965 nahm das Netzwerk der UNESCO-Projektschulen erstmals auch Primarschulen auf, um so seine Wirkungskraft zu erhöhen; gleichzeitig wurde auch die Produktion von Lehrbüchern ausgeweitet. Lehrende der am Netzwerk beteiligten Schulen formulierten in diesen Jahren immer häufiger das Interesse an innovativen Lehr-Lernformen zur Förderung sozialer Kompetenzen; dieses Anliegen griff die UNESCO im Rahmen von zwei großen Tagungen im Deutschen UNESCO-Institut in Hamburg auf, aus denen eine entsprechende Handreichung für Lehrende hervorging. Sie umfasste Beispiele und Informationen für die Realisierung von Gruppenarbeiten und Rollenspielen, die die kommunikativen Fähigkeiten der Lernenden, Gewaltfreiheit, Respekt vor anderen und die Solidarität mit anderen fördern sollten. Am Ende der Dekade, 1973, wurden die Schwerpunkte für die folgenden zehn Jahre festgelegt: Sie umfassten eine stärkere Konzentration auf die Lehrerausbildung, die Nutzung und den Umgang mit den Neuen Medien sowie auf das interkulturelle Lernen. In organisatorischer Hinsicht wurde die Intensivierung der Zusammenarbeit zwischen der UNESCO und den regionalen UNESCO-Bureaus beschlossen.

Die dritte Dekade (1974-1983)

Die dritte Dekade der UNESCO-Projektschulen beherrschten die Themen ‚Umwelt und Ökologie', die feministische Bewegung und die von der UNESCO verabschiedete „Empfehlung über die Erziehung zu internationaler Verständigung und Zusammenarbeit und zum Weltfrieden, sowie die Erziehung im Hinblick auf die Menschenrechte und Grundfreiheiten" (UNESCO 1974), da sie aus Sicht der UNESCO einen entscheidenden Schritt zur Förderung der internationalen Erziehung darstellten. Ein weiterer Schritt in dieser Hinsicht war die Entscheidung, künftig auch vorschulische Einrichtungen in das Netzwerk der UNESCO-Projektschulen aufzunehmen und eine Studie zum Stand der Arbeit des Netzwerkes durchzuführen, um künftige Arbeitsschwerpunkte zu ermitteln. Im Anschluss an die dort gewonnenen Ergebnisse konzentrierte sich die UNESCO in den kommenden Jahren auf die Anwerbung weiterer Staaten und Schulen für eine Teilnahme am Netzwerk, auf die Einrichtung neuer Lehrerbildungs- und Forschungseinrichtungen und die Entwicklung von Unterrichtsmaterialien für den Bereich der Menschenrechtserziehung.

Die vierte Dekade (1984-1993)

Auch die vierte Dekade war geprägt von Bemühungen, das weltweite Netz der UNESCO-Projektschulen auszubauen. 1986 fand am Hauptsitz der UNESCO in Paris das erste von ihr organisierte internationale Jugendtreffen mit Teilnehmern aus Ost- und Westeuropa statt. 1989 verabschiedeten die Vereinten Nationen die Kinderrechtskonvention, die sämtlichen UNESCO-Projektschulen zuging. Parallel dazu bot die UNESCO Lehrerfortbildungsveranstaltungen an, in denen Ansätze zur Integration dieser Thematik im Schulunterricht aufgezeigt und erprobt wurden. Im selben Jahr entstand im Rahmen einer in Helsinki abgehaltenen Konferenz der UNESCO das „Baltic Sea Project", das „Ostseeprojekt", an dem sich seither neun Anrainerstaaten der Ostsee mit insgesamt ca. 300 Schulen beteiligen, darunter auch die Bundesrepublik Deutschland.

1990 fand in Jomtien (Thailand) die Weltbildungskonferenz „Education for All" statt, auf der die UNESCO und andere internationale Organisationen in der ‚Weltdeklaration Bildung für alle' (Weltdeklaration, 1990) das Recht eines jeden Menschen auf Bildung festschrieben. Drei Jahre später feierten die UNESCO-Projektschulen im Landesinstitut für Schule und Weiterbildung Soest (Deutschland) ihr vierzigjähriges Bestehen und gründeten formal das Netzwerk der UNESCO-Projektschulen. Damit einher ging der Ausbau von Unterstützungsangeboten für die am Netzwerk Beteiligten. In diesem Rahmen wurden u. a. weitere Lehrerfortbildungsangebote geschaffen und Schulpartnerschaften zwischen Schulen in Ländern des Nordens und des Südens ausgebaut.

Die fünfte Dekade (1994-2003)

Insbesondere im Rahmen der fünften Dekade des Netzwerkes der UNESCO-Projektschulen konnte es seine Aktivitäten deutlich ausbauen und setzte auch inhaltlich einen neuen Akzent. Aus der 1992 in Rio de Janeiro abgehaltenen Konferenz der Vereinten Nationen für Umwelt und Entwicklung ging die „Agenda 21" hervor, in deren Folge „Bildung für eine nachhaltige Entwicklung" zu einem der zentralen Themen der UNESCO-Projektschulen avancierte. 1994 wurden in Genf im Rahmen des 44. Internationalen Bildungskongresses eine Deklaration und ein integrierter Rahmenaktionsplan zur Erziehung für Frieden, Menschenrechte und Demokratie verabschiedet, die Aspekte thematisierten, die in der von der UNESCO 1974 verabschiedeten „Empfehlung über die Erziehung zu internationaler Verständigung und Zusammenarbeit und zum Weltfrieden sowie die Erziehung im Hinblick auf die Menschenrechte und Grundfreiheiten" (UNESCO 1974) nur wenig Berücksichtigung gefunden hatten: Demokratie, interkulturelles Lernen und Umweltbildung, die Gleichberechtigung der Geschlechter und der Verweis auf das soziale Geschlecht (gender), ein positiver Friedensbegriff, der nicht länger nur die Abwesenheit von Krieg impliziert, die Förderung der Fähigkeit zur gewaltlosen Konfliktlösung und die Aufwertung der außerschulischen Bildung (Declaration and Integrated Framework of Action on Education for Peace, Human Rights and Democracy. (http://www.unesco.org/; Abruf vom 22.10.2004).

1996 erschien der unter der Leitung des ehemaligen Präsidenten der Europäischen Kommission im Auftrag der UNESCO verfasste „UNESCO-Bericht zur Bildung für das 21. Jahrhundert" unter dem Titel: „Lernfähigkeit. Unser verborgener Reichtum" (Delors 1996); dort wurden folgende „vier Säulen der Bildung" identifiziert: „Lernen, Wissen zu erwerben", Lernen zu handeln", Lernen zusammenzuleben" und „Lernen für das Leben" (ebd., S. 73-84). Aus der im Jahr 2000 in Dakar (Senegal) abgehaltenen Weltbildungskonferenz der UNESCO ging ein

Rahmenaktionsplan hervor, in dem als Zielperspektive formuliert wurde, den ca. 120 Millionen Kindern weltweit, die keinen Zugang zu Bildung haben, bis zum Jahr 2015 eine Grundbildung zu ermöglichen und mindestens 50% der ca. 800 Millionen Erwachsenen, die weder lesen noch schreiben können, die Wahrnehmung entsprechender Bildungsangebote zu ermöglichen. Darüber hinaus entstanden in dieser Dekade im Rahmen des Netzwerks der UNESCO-Projektschulen weltweit zahlreiche, hier nicht einzeln aufgeführte Projekte im Kontext einer „Bildung für nachhaltige Entwicklung" wie z. B. das „Caribbean Sea Project", es wurden Handreichungen für Lehrer, z. B. zum Thema „Demokratie, Toleranz und Menschenrechte" erstellt und internationale Jugendtreffen durchgeführt. Die Verbreitung und Nutzung der Neuen Informationstechnologien wird als ein zentrales Element des internationalen und interkulturellen Austauschs verstanden und seither aktiv gefördert. Schwerpunkte der 2004 angebrochenen Dekade sind die ‚friedliche Konfliktlösung', der ‚Schutz der Umwelt für eine nachhaltige Zukunft', ‚Präventionserziehung im Hinblick auf Drogen und HIV-AIDS', die ‚Verbesserung der physischen Erziehung und des Sports zur Förderung von Frieden und kultureller Vielfalt' sowie die ‚Bewahrung des Weltkulturerbes'; der letztgenannte Aspekt wurde hier noch nicht thematisiert, zählt aber zu den zentralen Arbeitsbereichen der UNESCO seit ihrer Entstehung.

5.4 Die Mikro- oder Interaktions- bzw. Individualebene: Erfahrungen aus der Schulpraxis der UNESCO-Projektschulen

Aktuelle Forschungsergebnisse, die im Rahmen der hier heran gezogenen empirischen Studie zum Stand der Arbeit des Netzwerks der UNESCO-Projektschulen gewonnen wurden, geben Aufschluss darüber, welche Resonanz die hier umrissenen Schwerpunkte der UNESCO und des Netzwerks in den ihm angeschlossenen Schulen finden (ASPnetCongressWD4 2003). Die Erhebung fand im Zeitraum zwischen Mai 2002 und Mai 2003 statt; um alle relevanten Ebenen (die lokale, regionale und nationale Ebene) zu berücksichtigen, wurde ein breit gefächertes, in englischer, französischer und spanischer Sprache abgefasstes Instrumentarium eingesetzt[6]:

- Ein 44 Items umfassender Schulfragebogen, der an je 10 UNESCO-Projektschulen in jedem der insgesamt 171 Staaten weltweit verschickt wurde (dies waren ca. 25% aller UNESCO-Projektschulen weltweit); der Rücklauf belief sich auf insgesamt 649 auswertbare Fragebögen aus 91 Staaten, (ca. 9% aller UNESCO-Projektschulen);
- ein Fragebogen für nationale (in der Terminologie der UNESCO: federal) Koordinatoren der UNESCO-Projektschulen, der an sämtliche Koordinatoren der im Netzwerk vertretenen Staaten ging; der Rücklauf belief sich auf 78 auswertbare Fragebögen;

---

6   Die mit den Instrumenten erhobenen Inhalte werden im Weiteren zusammen mit den Ergebnissen berichtet.

- ein Interviewleitfaden für die Befragung je eines von den staatlichen Ministerien nationaler Bildungswesen benannten Entscheidungsträgers; für die Auswertung zugrunde gelegt werden konnten insgesamt 60 Interviews;
- ein für die Erstellung von Schulprofilen ausgelegter, vertiefender Fragebogen, der an 50 UNESCO-Projektschulen in 25 Staaten ging und aus dem 41 Schulprofile in 23 Staaten resultieren;
- vertiefende Evaluationsstudien zu insgesamt 15 Staaten (je drei Staaten in jeder der fünf Weltregionen), die mit Hilfe regionaler Koordinatoren durchgeführt wurden; für den Bericht ausgewertet wurden insgesamt 18 Evaluationsstudien;
- von fünf ausgewählten erziehungswissenschaftlichen Fakultäten durchgeführte empirische Studien; drei der aus diesen Studien hervor gegangene Berichte (Ägypten, West Indies, Australien) wurden in dem Abschlussbericht berücksichtigt;
- Interviews mit Mitarbeiterinnen und Mitarbeitern am Hauptsitz der UNESCO (Paris); 32 dieser Interviews wurden für den Bericht zugrunde gelegt;
- teilnehmende Beobachtungen bei Tagungen des UNESCO-Netzwerkes in Oslo und Treviso sowie in diesem Rahmen von der Forschergruppe durchgeführte Interviews, von denen insgesamt 18 ausgewertet wurden.

Das für die Studie gewählte Vorgehen erfüllt nicht die Anforderungen, die an repräsentative Studien gestellt werden. Dies konzedieren auch die für die Studie Verantwortlichen (ASPnetCongressWD4 2003, S. 7f.), die darauf verweisen, dass potentiell an der Erhebung Beteiligte nicht teilnahmen, da die Untersuchungsinstrumente sie zu spät erreichten oder sprachliche Barrieren nicht überwunden werden konnten, aber auch, dass wenig bis gar nicht engagierte nationale Koordinatoren und UNESCO-Projektschulen nicht an der Erhebung teil genommen haben. Insofern handelt es sich bei dem zugrunde gelegten Sample um eine Auswahl engagierter Akteure und Schulen. Im Folgenden werden die Ergebnisse dieser Studie zusammen gefasst:

Danach befragt, welche Motive die Schulen veranlasst hätten, dem Netzwerk der UNESCO-Projektschulen beizutreten, rangierte das Ziel, die von der UNESCO vertretenen Werte: Demokratie, Menschenrechte, Frieden, Umweltschutz, Welt- und Nationalerbe, interkulturelles Verständnis („intercultural understanding") und interkulturelle Zusammenarbeit sowie die Aufmerksamkeit für globale Entwicklungen („global awareness") zu unterstützen, an erster Stelle[7] (ebd., S. 11). An zweiter Stelle fand sich das eng mit den erstgenannten Motiven verknüpfte Bestreben, internationale und interkulturelle Kontakte im Sinne eines „international understanding" zu fördern, und zwar im Zuge von Netzwerkarbeit und internationalem Austausch. Nur einige wenige der Befragten meldeten zurück, sie seien von Bildungsbehörden zu einer Teilnahme am Netzwerk aufgefordert oder diesbezüglich angefragt worden. Die für die Studie Verantwortlichen folgern aus diesen Befunden, dass die UNESCO die Schulen mit den von ihr verfolgten Schwerpunkten gut erreicht, da die Beschäftigung mit diesen als Motiv für die Entwicklung

---

7   Konkretere Angaben als diese sind dem Bericht leider nicht zu entnehmen.

dieses Schulprofils noch vor der Wahrnehmung internationaler und interkultureller Kontakte rangiere.

Des Weiteren danach befragt, in welchem Umfang die UNESCO-Schwerpunkte in den Schulen von den am Bildungsalltag Beteiligten unterstützt würden, meldeten 39,1% der befragten Schulen zurück, dies träfe auf mehr als die Hälfte der Lehrenden an ihren Schulen zu; 60,9% der befragten Schulen konnten dies nur für weniger als die Hälfte der Lehrenden an ihrer Schule bestätigen. Die Unterstützung der Schüler für entsprechende Aktivitäten erscheint demgegenüber größer: 51,9% der Schulen gaben an, mehr als die Hälfte ihrer Schüler unterstützten die UNESCO-Schwerpunkte, 48,1% der Schulen konstatierten dies träfe auf weniger als die Hälfte der Schüler zu. Für UNESCO-Projektschulen in Deutschland zeigte sich, dass ca. 2-10 Lehrende (1-30% des Kollegiums) permanent an allen Aktivitäten beteiligt sind, die übrigen nur im Rahmen von besonderen Aktivitäten wie Projekttagen (ebd., S. 12).

Unter den Auswirkungen, die die Übernahme eines Schulprofils als UNESCO-Projektschule auf die Adaption innovativer Lehr-/Lernmethoden hat, wurden demokratische, partizipative, konstruktivistische und experimentelle Ansätze am häufigsten genannt (38), gefolgt von außerschulischen Aktivitäten wie Museumsbesuche, Kooperationen mit außerschulischen Organisationen und ausländischen Volontären (29). Beide Aspekte finden ihren Niederschlag ferner in kooperativen Unterrichtsformen wie Gruppenarbeiten (28), forschendem Lernen (26) und Projektarbeit (24), aber auch in diskursiven Unterrichtsformen wie Debatten, round tables oder Debattierclubs (16). Unter dem Stichwort ,Interdisziplinarität' wurden Aktivitäten zur Integration von Theorie und Praxis, zur Förderung von Multilingualität und der Beschäftigung mit den Menschenrechten erfasst (14). Die Berücksichtigung audiovisueller Medien (14) und neuer Informationstechnologien (13) sowie die Förderung von team teaching (12) und praktischer Arbeit (7) wurden demgegenüber seltener angeführt.

Diese Beispiele werfen angesichts der geringen Zahl der Rückmeldungen nur Schlaglichter darauf, welchen Einfluss die Profilbildung als UNESCO-Projektschule auf die Übernahme innovativer Lehr-/Lernformen in den Schulen hat. Dabei zeigt sich, dass in diesem Zusammenhang von allen am Bildungsalltag Beteiligten stärker kooperative, von Gleichberechtigung geprägte Aktivitäten entwickelt werden; die für dieses Schulprofil typische Projektarbeit zählt allerdings (legt man die hier gewonnenen Ergebnisse zugrunde) nicht zu den Elementen, die vorrangig die Unterrichtspraxis an UNESCO-Projektschulen prägen. Insgesamt, so der Befund der Autorinnen und des Autors der Studie (ebd., S. 46), unterstütze und legitimiere das Netzwerk der UNESCO-Projektschulen das von den Schulen adaptierte Profil, fördere die Übernahme innovativer Lehr-/Lernformen und von Multilingualität und ergänze auf nationaler Ebene entwickelte Ansätze im Bereich ,Menschenrechte und Demokratie, interkulturelle Erziehung und Ökologie'. Das Netzwerk zeichne sich ferner durch ausgeprägte internationale Kooperationen, gut zugängliche und weit verbreitete Unterrichtsmaterialien aus und fördere das Ansehen der UNESCO. Nationale, regionale und lokale Akteure seien hoch motiviert; insbesondere ärmere Gegenden profitierten von dem Netzwerk und ihre Isolation nehme ab.

Kritisch verweist der Bericht darauf (ebd., S. 47), dass der Einfluss des Netzwerkes der UNESCO-Projektschulen auf nationale Bildungswesen (gemessen an den Kontakten zwischen Verantwortlichen des Netzwerks und nationaler Bildungsagenturen) weltweit deutlich differiere, und dass es von außen, z. B. von der Erziehungswissenschaft, nur rudimentär wahrgenommen werde. Mit Blick auf die Einzelschule konstatieren sie, dass einige wahrscheinlich zu wenig fokussiert auf ausgewählte Schwerpunkte seien und zu viele Dinge gleichzeitig berücksichtigten und inaktive Schulen das Netzwerk belasten. Kritisch wird von ihnen abschließend ferner die äußerst schmale Datenlage zu den UNESCO-Projektschulen und dem Netzwerk beurteilt.

5.5 Zusammenschau: Internationale Erziehung in einem internationalen Bildungsraum

Wie im Vorangegangenen gezeigt wurde, ist die Zahl der UNESCO-Projektschulen seit Gründung dieser ersten Schulen 1953 durch die UNESCO weltweit angestiegen, und zwar aufgrund dezidierter Bemühungen der UNESCO zur Verbreitung dieses internationalen Schulmodells insbesondere seit den 1990er Jahren. Die im Netzwerk der UNESCO-Projektschulen zusammen geschlossenen Bildungseinrichtungen sind überwiegend im Pflichtschulbereich angesiedelte, staatliche wie private Schulen, die additiv zu ihrem i.d.R. staatlichen Bildungsauftrag ein internationales Schulprofil adaptiert haben. Sie unterrichten gemäß den für sie geltenden (national-)staatlichen Lehrplanvorgaben und vergeben die üblicherweise an staatlichen Schulen erlangbaren Schulberechtigungen. Mit ihrer Anbindung an die UNESCO und dem von ihnen adaptierten Schulprofil als UNESCO-Projektschule verfolgen die Schulen in geopolitischer Hinsicht eine globale Ausrichtung, die sie im Rahmen ihrer curricularen Freiräume realisieren. Mit der Verankerung dieser Schulen im Rahmen eines von der UNESCO installierten Netzwerkes von UNESCO-Projektschulen betreibt die UNESCO aktiv die Ausbreitung und Verfestigung dieses internationalen Schulmodells.

Im Rahmen ihrer Schulprofilbildung greifen die UNESCO-Projektschulen die von den Vereinten Nationen und der UNESCO postulierten Schwerpunkte, wie Völkerverständigung und Entwicklung, Menschenrechte und Frieden, Nachhaltigkeit und Globalisierung auf. Dies geschah zunächst im Kontext der internationalen Erziehung und gewinnt seither in Form ihrer Ausdifferenzierungen in Gestalt der Entwicklungspädagogik, der interkulturellen Erziehung, der Bildung für eine nachhaltige Entwicklung und des globalen Lernens an Bedeutung. Die diesen Schulen in ihrem Titel festgeschriebene didaktische Schwerpunktsetzung, das Projektlernen, manifestiert sich in internationalen Kooperationsprojekten wie dem Baltic Sea Project, aber auch in kleineren, auf der Ebene der Einzelschulen angesiedelten Projekten. Die in den Staaten auf den unterschiedlichen Ebenen (national und regional) angesiedelten Koordinationsgremien des Netzwerks der UNESCO-Projektschulen unterstützen die Einzelschulen bei der Realisierung der vom Netzwerk verfolgten

Ziele, prüfen aber auch in regelmäßigen Abständen die Umsetzung derselben und können Schulen ggf. den Titel ‚UNESCO-Projektschule' aberkennen.

Die Unterrichtssprachen an den UNESCO-Projektschulen sind i.d.R. die in den Staaten weltweit jeweils praktizierten National- und/oder Regionalsprachen, auch wenn manche Schulen sich durch eine Förderung der Herkunftssprachen von Zuwanderern auszeichnen. Die von den internationalen Organisationen UN und UNESCO programmatisch vorgegebenen Schwerpunkte werden inzwischen auch jenseits der Profilbildung als UNESCO-Projektschule von Akteuren im (national-) staatlichen Pflichtschulbereich aufgegriffen: so in Deutschland im Rahmen der ‚Bildung für eine nachhaltige Entwicklung', wie sie unter dem Titel ‚Agenda 21' erfolgt, oder der 1996 von der Kultusministerkonferenz (KMK) erlassenen Empfehlung „Interkulturelle Bildung und Erziehung in der Schule" (KMK 1996).

In international-vergleichender Perspektive gibt es Anzeichen dafür, dass im Falle dieses internationalen Schulmodells ein Zusammenhang besteht zwischen den seit den 1980er Jahren weltweit u. a. von der Weltbank und der OECD geförderten Ansätzen für eine erweiterte Autonomie und Schulprofilbildung der Einzelschule und der seit den 1990er Jahren global ansteigenden Zahl von UNESCO-Projektschulen. Die Schulen verhalten sich vor diesem Hintergrund rational: denn mit der Übernahme dieses Schulprofils kommen sie nicht nur global aufgestellten und national aufgegriffen Anforderungen an die Schule nach, sondern gewinnen zugleich die Unterstützung einer international renommierten Organisation wie der UNESCO. Dies schlägt sich nicht nur in dem oftmals kostenfreien Zugang zu Unterrichtsmaterialien und den von dem Netzwerk darüber hinaus bereitgestellten Unterstützungsleistungen nieder, sondern auch in einem mit dem gesellschaftlichen Ansehen der UNESCO korrespondierenden Prestigegewinn der Schulen. Es wäre wünschenswert, diesbezüglich wie auch zu Aspekten der Alltagspraxis von UNESCO-Projektschulen weitere empirische Daten heran ziehen zu können; doch auch im Falle dieses internationalen Schulprofils besteht ein eklatanter Mangel an empirischen Studien, die bspw. Aufschluss geben könnten über die Motive für die Übernahme dieses Schulprofils und die Realisierung des programmatischen Anspruchs in der Schulrealität.

5.6 Resümee

Aufgrund der bereits eingangs in diesem Kapitel benannten schmalen Literaturbasis zu den UNESCO-Projektschulen wurde für die vorliegende Studie auch auf Darstellungen, Veröffentlichungen und Verlautbarungen der UNESCO und des UNESCO-Projektschulnetzwerkes zurück gegriffen, die im World Wide Web zu finden sind. Damit wird in dieser Studie dem Umstand Rechnung getragen, dass internationale Organisationen wie die UNESCO, im Netzwerk der UNESCO-Projektschulen zusammen geschlossene Schulen und mit ihnen verbundene Organisationen dieses Medium stark nutzen, um über ihre Ziele, die von ihnen verfolgten Ansätze und realisierten Tätigkeiten zu informieren. Dies reflektiert vermutlich auch das Anliegen des Netzwerkes der UNESCO-Projektschulen, kostengünstig und in weiten Teilen der Welt wahrgenommen zu werden und zugänglich zu sein.

Für die hier vorliegende Studie wurden Quellen aus dem World Wide Web primär als Informationsquellen genutzt und, sofern möglich, mit Hilfe weiterer Informationen auf ihre Zuverlässigkeit geprüft. Dies geschah über Rückfragen der Autorin dieser Studie an die für die Quellen Verantwortlichen, weitere Sekundärliteratur oder sog. graue Literatur. Wenngleich es sich bei diesen Quellen häufig um Vorschläge für konzeptuelle Ansätze und programmatische Vorgaben handelt, so konnte im Falle der UNESCO-Projektschulen jedoch auch auf eine im Auftrag des Netzwerkes, nach wissenschaftlichen Kriterien erstellte und ausgewertete empirische Studie zum Stand der Arbeit der UNESCO-Projektschulen (ASPnetCongressWD4 2003) zurück gegriffen werden, die vom Netzwerk der UNESCO-Projektschulen als Downloadversion auf seiner Homepage, d.h. weltweit zugänglich, zur Verfügung gestellt wird. Diese Studie erbrachte wichtige, empirisch belegte Informationen und Kenntnisse hinsichtlich der Rahmenbedingungen und erfolgten Arbeit an den im Netzwerk zusammen geschlossenen Bildungseinrichtungen.

Im Vorangegangenen wurde auf der Makro- oder Kontextebene die UNESCO als die zentrale, dieses internationale Schulmodell leitende Organisation identifiziert, und es wurden die von dieser internationalen Organisation im allgemein bildenden Bildungsbereich verfolgten und propagierten Ziele heraus gearbeitet, die eine dezidiert globale Perspektive reflektieren (vgl. ASPnet CongressWD5-23 May 2003). Auf der Medium- oder Organisationsebene konnten ferner die Organisationsstrukturen und Angaben zur Verbreitung dieses internationalen Schulmodells dokumentiert sowie zentrale Akteure des UNESCO-Projektschulnetzwerkes in den Staaten sowie Organisationsformen der Schulen im Rahmen ihrer Schulprofilbildung heraus gearbeitet werden. Von der UNESCO und im Kontext des Netzwerkes bereit gestellte und hier dargestellte Sachverhalte wurden jeweils auf ihren überprüften Informationsgehalt hin reduziert oder mit Hilfe von verfügbarer Sekundärliteratur ergänzt. Auf der Mikro- und Interaktions- bzw. Individualebene konnten ferner die von den UNESCO-Projektschulen im Verlauf des fünfzigjährigen Bestehens des Netzwerkes der UNESCO-Projektschulen weltweit gesetzten Schwerpunkte im Überblick heraus gearbeitet werden (ASPnet CongressWD5-23 May 2003). Die hier heran gezogene, 2003 veröffentlichte Studie zum Stand der UNESCO-Projektschulen liefert überdies empirische Daten (ASPnetCongressWD4 2003), die Einblicke in die Schulpraxis ermöglichen, die aber auch zeigen, wie schwierig es ist, ein geographisch derart weit verzweigtes Schulnetzwerk empirisch zu beforschen. Vor dem Hintergrund der Erfahrungen mit dieser Studie wäre es insofern sinnvoll, weitere nationale oder regionale empirische Studien anzufertigen, um tiefere Einblicke in die Schulpraxis zu gewinnen, wie dies beispielsweise im Rahmen von nationalen Erweiterungsstudien zu internationalen Schulleistungsstudien geschieht.

6 Internationale Schulen

6.0 Die Quellenlage

Hinsichtlich der internationalen Schulen und der mit ihnen verbundenen Organisationen bietet sich eine etwas günstigere Quellenlage als im Falle der vorgenannten internationalen Schulmodelle, vor allem im englischsprachigen Raum. Dort haben sich insbesondere Hayden und Thompson am Centre for the Study of Education in an International Context an der Universität von Bath (UK) mit diesem internationalen Schulmodell beschäftigt, die auch einige im Folgenden rezipierte empirische Studien in diesem Feld durchgeführt haben. Im deutschsprachigen Raum liegen demgegenüber nur sehr wenige und dann auch nur Beiträge älteren Datums zu den internationalen Schulen vor und keine empirisch gewonnenen Erkenntnisse. Es finden sich allerdings einige im Umfeld dieser Schulen und ihrer Organisationen verfasste, regelmäßig erscheinende Publikationen. Zu nennen ist in diesem Zusammenhang insbesondere das viermal jährlich in englischer Sprache erscheinende International Schools Journal, dessen Ausgaben für dieses Kapitel im Hinblick auf die hier interessierenden Fragestellungen ausgewertet wurden.

Darüber hinaus wurde auch im Falle der internationalen Schulen und der mit ihnen verbundenen Organisationen auf sog. graue Literatur aus dem Umfeld derselben zurückgegriffen sowie auf Internetquellen. Auf letztere musste auch in diesem Fall aus den bereits im Kontext der UNESCO-Projektschulen genannten Gründen rekurriert werden, um über die für diese Studie nicht hinreichende Primär- und Sekundärquellenlage hinausgehende Informationen zu gewinnen. In diesem Zusammenhang hat die Autorin dieser Studie, um die Zuverlässigkeit der von ihr zusammen getragenen statistischen und zum Teil auch inhaltlichen Informationen zu prüfen, auch schriftliche Anfragen an die Informationsquellen und an weitere Akteure aus dem Umfeld der internationalen Schulen gerichtet. Die vorliegenden Daten und Informationen wurden unter Berücksichtigung dieser Rückmeldungen und, sofern vorhanden, weiterer Sekundärliteratur oder zur Verfügung stehenden empirischen Daten ausgewertet und für das vorliegende Kapitel verwendet.

6.1 Die Makro- oder Kontextebene: Ursprünge und Erscheinungsformen

Die erste Bildungseinrichtung, die den Titel „Internationale Schule" trug, wurde 1924 in Genf (Schweiz) unter der Schirmherrschaft des Völkerbundes gegründet. Damit verknüpfte man das Ziel,

> „(...) die neue Gemeinschaft, in der die Schüler zusammenleben und aufwachsen sollen, mit einem aufrichtigen Glauben an den Internationalismus zu erfüllen." (Ecolint o.J., S. 7, zit. n. Fox 1991, S. 327)

Die „International School of Geneva" oder Ecole Internationale de Genève (Ecolint) gibt es auch heute noch, sie wird überwiegend von den Kindern der bei den Vereinten Nationen Beschäftigten besucht. 2009 verzeichnet diese an drei Standorten in und um Genf herum angesiedelte Schule rund 4000 Schüler aller Nationalitäten; sie gehört damit, wie auch die 1947 von den Vereinten Nationen in New York gegründete „United Nations International School" (UNIS), zu den größten Bildungseinrichtungen dieser Art. Beide Schulen hatten Modellcharakter für die in nennenswertem Umfang erst nach dem Zweiten Weltkrieg entstandenen internationalen Schulen (Kohl 1991, S. 272). In Deutschland beispielsweise wurde die erste internationale Schule 1957 in Hamburg gegründet. Den Anstoß dafür gab die Schließung der britischen Armeeschule, die bis dato den Bedarf an englischsprachigem Unterricht abgedeckt hatte und den Erwerb englischsprachiger, überwiegend britischer Schulabschlüsse ermöglichte (Wilcox 1991). 2009 gibt es in Deutschland insgesamt 39 internationale Schulen oder Schulen mit internationalen Zweigen; es handelt sich überwiegend um Bildungseinrichtungen mit Privatschulcharakter (Vogel 1991), die als Ergänzungsschulen zu staatlichen Schulen fungieren (Avenarius 2000, S. 215-223). Ausnahmen hiervon sind bspw. die im Jahr 2000 vom Berliner Senat gegründete „State International School Berlin" oder die „Independent Bonn International School". Erstere ist gänzlich als Ersatzschule anerkannt; im Falle letzterer der dort angesiedelte Primarschulbereich.

Zwei Erklärungsansätze zur Entstehung und Verbreitung der internationalen Schulen dominieren in der einschlägigen Literatur: Angeführt wird einerseits, und zwar insbesondere im Umfeld der internationalen Schulen, ein normativ geprägtes Gründungsmotiv, wie es auch Kohl (1991, S. 272) in einer der wenigen deutschsprachigen Publikationen zu dieser Thematik übernommen hat: Demnach verbanden die Protagonisten internationaler Schulen mit der Einrichtung solcher Bildungseinrichtungen das Ziel, den internationalen Austausch und interkulturellen Dialog zu fördern, um so zu einem besseren Verständnis der Völker unter einander und zu mehr Frieden in der Welt beizutragen. Mit dieser Perspektive orientierte man sich nicht zuletzt an der 1974 von der UNESCO verabschiedeten Erklärung zur Internationalen Erziehung (UNESCO 1974). Zwischen der UNESCO und der damals im Vergleich zu heute noch recht kleinen Gruppe von Protagonisten internationaler Schulen bestand seit den 1960er Jahren eine enge Kooperation, und so war es auch die UNESCO, die die ersten internationalen Konferenzen von Vertretern internationaler Schulen organisierte und beherbergte (Hill 2000, S. 32f.).

Im Unterschied zur oben genannten Interpretation rekurrieren andere auf die seit den 1950er Jahren zunehmende Migration hochqualifizierter Arbeitskräfte, die zu einer steigenden Nachfrage nach international kompatiblen Bildungsgängen für die Kinder dieser Arbeitskräfte und zur Gründung internationaler Schulen geführt habe:

> „They have been created piecemeal, in response to immediate need, in answer to local pressure from globally mobile business enterprises, development aid agencies and diplomats for a (largely) English-medium education of sufficient quality to reduce the potentially negative impact of parental career moves on accompanying children, and to ease re-entry into national systems. Their driving force is pragmatic, not philosophical." (Bartlett 1998, S. 77f.)

Ein Beleg für die Einschätzung, dass es insbesondere als Reaktion auf eine steigende Nachfrage zur Gründung internationaler Schulen kommt, könnte der Umstand sein, dass es in den Jahren zwischen 1924-1947 in keinem nennenswerten Umfang zu Neugründungen internationaler Schulen kam, wohl aber seither (vgl. vertiefend hierzu Kap. 6.2.1). Darüber hinaus schließen sich beide Erklärungsansätze nicht aus, sondern argumentieren auf unterschiedlichen Ebenen: Einerseits wird abgehoben auf eine analytische Betrachtungsweise, die mit der pragmatischen Bearbeitung migrationsbedingter Erfordernisse argumentiert. Andererseits wird auf einer normativen Ebene argumentiert, in deren Zentrum weniger die gesellschaftliche Ausgangslage als vielmehr die aus ihr zu ziehenden Konsequenzen für Bildung und Erziehung stehen, in diesem Fall die Herausbildung eines Schulprofils, das internationale Schulen von staatlichen und anderen privaten Bildungseinrichtungen unterscheidet. Und schließlich ist es rückblickend wie aktuell schwierig, mit Blick auf die internationalen Schulen zu unterscheiden, ob sie eher einer wie auch immer definierten Schulphilosophie von Internationalität und internationaler Erziehung verpflichtet sind oder pragmatischen Erfordernissen nachkommen, wie auch im Umfeld der internationalen Schulen konstatiert wird:

> „Many such schools have grown up in response to local circumstances on a relatively *ad hoc* basis and, although there are certainly subgroupings controlled by central organisations (such as the network of international schools supported by Royal Dutch Shell), for the most part the body of international schools is a conglomeration of individual institutions which may or may not share an underlying educational philosophy." (Hayden/Thompson 1995a, S. 332, Hervorh. im Orig.)

Die seither unter der Bezeichnung „internationale Schule" firmierenden Bildungseinrichtungen zeichnen sich durch ihre Vielfalt aus, die zum einen dem Umstand geschuldet ist, dass viele dieser Bildungseinrichtungen aus bereits existierenden Schulen mit ihren lokal angepassten, individuellen Schulprofilen im Laufe der Zeit erst hervorgegangen sind (z. B. Botschaftsschulen); zum anderen sehen sich aber auch neu gegründete Schulen mit der Notwendigkeit konfrontiert, den jeweiligen Bedingungen vor Ort Rechnung zu tragen. Eine weitere Schwierigkeit in diesem weiten Feld eine tragfähige Orientierung zu finden, besteht darin, dass bis heute aus dem Kontext der internationalen Schulen weder eine allgemein gültige Definition einer „internationalen Schule" noch der „internationalen Erziehung und Bildung" hervorgegangen ist:

> „No one has so far come up with a definition of ‚international school' that does not exclude some schools which consider themselves international, and does include others which may not. (...) There is no shortage of definitions of international education, either." (Murphy 2000, S. 6)

In diesem Sinne konstatieren auch Hayden und Thompson (2000, S. 2) mit Blick auf die zunehmende Zahl internationaler Schulen weltweit und ihre Profilbildung:

„Such a lack of shared agreement not withstanding, it seems likely that there are currently at least one thousand such institutions (...) which include amongst their number those with differing philosophies.“

Die Mehrzahl dieser weltweit seit dem Zweiten Weltkrieg entstandenen Bildungseinrichtungen war zunächst als amerikanische und englische Privatschulen organisiert, d.h. sie offerierten amerikanische und englische Curricula sowie die entsprechenden Schulabschlüsse (Willis/Enloe 1990, S. 170). Bereits zu diesem recht frühen Zeitpunkt in der Geschichte der internationalen Schulen erwies sich ihre Orientierung an nordamerikanischen und englischen Curricula jedoch zunehmend als problematisch, da sich die Schülerschaft an diesen Bildungseinrichtungen sukzessive ethnisch, kulturell und sprachlich heterogener präsentierte: Hatte sie zunächst ganz überwiegend aus englischsprachigen Kindern von im Ausland arbeitenden amerikanischen und englischen Eltern bestanden, so wuchs seit den 1950er Jahren kontinuierlich die Zahl einheimischer Schüler an den weltweiten Standorten der internationalen Schulen. Damit sahen sich diese Bildungseinrichtungen aber auch mit neuen Bedingungen konfrontiert, auf die sie reagieren mussten.

Vor diesem Hintergrund und angesichts der seit der zweiten Hälfte des 20. Jahrhunderts deutlich steigenden Zahl internationaler Schulen entstand in den 1960er Jahren eine Initiative zur Konzipierung und Realisierung einer international kompatiblen Hochschulzugangsberechtigung, wie sie seit 1968 in Form des Internationalen Bakkalaureat (IB) vorliegt und international anerkannt wird (Bartlett 1998; Fox 1998); das IB erlaubt seinen Absolventen die Aufnahme eines Hochschulstudiums an einer weltweit ständig wachsenden Zahl von Hochschulen. Beteiligt waren an der Entwicklung des IB und des zunächst die letzten beiden Jahre der Sekundarstufe umfassenden Curriculums einige der in den späten 1950er und 1960er Jahren einflussreichsten Vertreter nationaler Bildungswesen: So förderte in der Bundesrepublik Deutschland beispielsweise der damalige Direktor des Max-Planck-Instituts für Bildungsforschung und Präsident des Bildungsrates, Hellmut Becker, die Entwicklung des internationalen Oberstufencurriculums. Frankreich beteiligte sich als erstes europäisches Land unter der Federführung des damaligen Rektors der Universität von Nancy und der Direktorin des Zentrums für Forschung und Experiment in Sèvres auch finanziell an der Entwicklung dieses Projekts, von dem die französische Regierung annahm, sie könne im Hinblick auf die Überarbeitung ihres Baccalauréats von ihm profitieren. Großbritannien war durch den ehemaligen Leiter des „Department of Educational Studies" in Oxford und Mitbetreiber der pädagogischen Reform im englischen Schulwesen vertreten. Aus Belgien kam der damalige Direktor des „Carnegie Endowment for World and Peace" und spätere Leiter der „European Science Foundation". Und schließlich hatte, neben der Vielzahl der bereits zum damaligen Zeitpunkt engagierten Praktiker in Internationalen Schulen, der damalige Direktor des „US College Entrance Examination Board's Advance Placement Program" beträchtlichen Einfluss auf die Ausgestaltung des internationalen Oberstufencurriculums und auf das IB (Fox 1991, S. 328).

Allein diese Aufzählung einiger der an der Entwicklung einer international kompatiblen Hochschulzugangsberechtigung und dem ihm angeschlossenen Curriculum beteiligten Repräsentanten nationaler Bildungsagenturen ist ein Indiz für die Bedeutung, die diesem Projekt von Seiten nationaler Bildungswesen zu jener beigemessen wurde. Deutlich wird an dieser Stelle aber auch die Dominanz der zum damaligen Zeitpunkt wirtschaftlich und politisch einflussreichen Staaten Frankreich, Großbritannien, der Bundesrepublik Deutschland sowie der Vereinigten Staaten von Amerika im Rahmen dieses Vorhabens.

Den Aufschwung, den die internationalen Schulen seit dem Zweiten Weltkrieg erfahren, verdanken sie weltweit, insbesondere aber in Europa, der stetig wachsenden Zahl hochmobiler, hochqualifizierter Arbeitskräfte. Unter ihnen waren viele, die zusammen mit ihrer Familie ins Ausland gingen und sich mit dem Problem konfrontiert sahen, ihren Kindern eine mit ihrem Herkunftsland und zugleich international kompatible Schulbildung zu ermöglichen. Besonders betroffen von dieser Entwicklung waren in den 1950er und 1960er Jahren britische und amerikanische Eltern, die sich häufig für eine monatelange Trennung von ihren Kindern entschieden, die sie mangels Alternativen auf renommierte britische Privatschulen mit Internatscharakter schickten. Damit unterschieden sich diese Familien von den ebenfalls in nennenswertem Umfang im Ausland angesiedelten Streitkräften, deren Kinder die zahlreichen Armeeschulen besuchten, die Auslandsschulen des jeweiligen Landes darstellen. Daneben besuchten aber auch Kinder von Missionarsfamilien und Botschaftsangehörigen Bildungseinrichtungen, die den Titel „internationale Schule" trugen. Vor diesem Hintergrund hat Kohl (1991, S. 274-275) folgende Schulen als „Erscheinungsformen von internationalen Schulen und Schulformen mit internationalen Aspekten" kategorisiert:

- nationale Schulen, die additiv zu ihrem nationalen Curriculum ein internationales Ergänzungsprogramm anbieten, indem sie internationale Curricula und Abschlüsse integrieren, z. B. in Form des IB und IB-Oberstufencurriculums; aber auch UNESCO-Projektschulen fallen in diese Kategorie;
- Botschaftsschulen, die von diplomatischen Vertretungen eingerichtet und unterhalten werden, den Kindern der Angehörigen der Botschaften offen stehen und internationale Aspekte integriert haben;
- Privatschulen, die aus Stiftungsgeldern finanziert werden oder Gewinn orientiert arbeiten und internationale Aspekte berücksichtigen;
- nationale Auslandsschulen, die für die im Ausland lebenden Angehörigen einer Nation errichtet wurden, z. B. die Griechischen Schulen (vielerorts in Deutschland);
- Armeeschulen für die im Ausland stationierten Angehörigen der Streitkräfte. Diese Bildungseinrichtungen stellen nationale Auslandsschulen dar und berücksichtigen nur selten internationale Aspekte. Eine Sonderform dieser Schulen bilden die von der NATO eingerichteten Schulen, die ausschließlich den Kindern der bei ihr Beschäftigten zugänglich sind (z. B. die SHAPE International School in Belgien, die zehn nationale Sektionen umfasst);
- die von der EG/EU eingerichteten und seither von ihr getragenen Europäischen Schulen (vgl. Kap. 4 dieser Studie);

- bilinguale bzw. bikulturelle Schulen, wie bspw. die „John F. Kennedy Schule" in Berlin, an der der Unterricht je zur Hälfte in der deutschen und in der englischen Sprache abgehalten wird und die sich zwei Kultursystemen verpflichtet fühlt;
- Missionsschulen, die für die Kinder der im Ausland tätigen, überwiegend US-amerikanischen Missionarsfamilien eingerichtet wurden (in Deutschland z. B. die nach wie vor als katholische Privatschule betriebene Black Forest Academy, Firmenschulen (Company Schools) wie die von der Unternehmensgruppe Phillips in Eindhoven (Niederlande) eingerichtete „Regional International School" sowie die von Shell weltweit betriebenen „Royal Dutch Shell Schools".

Die genannten Schulen können hinsichtlich folgender Merkmale unterschieden werden:
- sie sind im Ausland angesiedelt und folgen einem vom Aufnahmeland abweichenden nationalen Curriculum;
- die Schülerschaft besteht zu einem nennenswerten Anteil aus allochthonen Schülern, die mindestens einer anderen Nation, oftmals mehreren anderen Nationen angehören als die autochthone Schülerschaft;
- die Schulen werden von einer Schülerschaft besucht, die mindestens eine vom Aufnahmeland abweichende Muttersprache spricht, mancherorts auch mehrere;
- viele der genannten Schulen haben als Unterrichtssprache Englisch; die Sprache der jeweiligen autochthonen Bevölkerung findet als Fremdsprachenangebot Berücksichtigung;
- ein nennenswerter Teil der Lehrenden an diesen Schulen hat eine andere Nationalität und Muttersprache(n) als die sie umgebende Gesellschaft;
- die Schulen offerieren curriculare Bausteine mit einer internationalen Ausrichtung und/oder international anerkannte Abschlüsse, z. B. das Internationale Bakkalaureat oder das Europäische Bakkalaureat.

Im Unterschied zu diesen von ihr (Kohl 1991, S. 274) als „Erscheinungsformen internationaler Schulen und als Schulformen mit internationalen Aspekten" kategorisierten Bildungseinrichtungen versteht die Autorin (ebd., S. 273f., Hervorh. im Orig.) unter einer *„Internationalen Schule* im engeren Sinn" eine Schule

> „deren Lehrer- und Schülerschaft mehreren Nationalitäten angehört, die ein umfangreiches, intensives Fremdsprachenprogramm vorsieht, mindestens zwei nationale Curricula samt den dazugehörigen Abschlüssen oder ein internationales Curriculum (z. B. das Internationale Bakkalaureat Programm) anbietet, in ideologischer und politischer Hinsicht unabhängig ist und sich internationalen Werthaltungen verpflichtet fühlt".

Dieser Definition einer internationalen Schule entsprechen nach Kohl (ebd., S. 274) die internationalen Schulen, wie sie in Deutschland bspw. in Düsseldorf, in Frankfurt am Main, Hamburg oder München zu finden sind; sie stellen nach Auffassung der Autorin die wichtigste Gruppe unter den internationalen Schulen dar und werden stark beeinflusst von den United World Colleges, die eine dezidiert international geprägte Weltanschauung vertreten. Auf beide Schultypen werde ich im Folgenden vertiefend zurückkommen.

Im Unterschied zu Kohl (ebd.), daran sei an dieser Stelle erinnert, wird in dieser Studie zwischen Schulen mit internationalem Profil und internationalen Schultypen differenziert. Exemplarisch für Schulen mit internationalem Profil wurden hier im Vorangegangenen Europaschulen und UNESCO-Projektschulen betrachtet. Exemplarisch für internationale Schultypen wurden die Europäischen Schulen erörtert, die von Kohl (ebd., S. 267) als „Schulformen mit internationalen Aspekten" kategorisiert werden, und zwar aufgrund der mit diesen Schulen einher gehenden geographischen und ideologischen Einschränkung, die auch von der Autorin dieser Studie herausgestellt wurde. Dennoch werden die Europäischen Schulen in dieser Studie als eine Erscheinungsform eines internationalen Schultyps eingeordnet, da sie a) ein explizit internationales Curriculum oder Teile eines solchen offerieren und b) eine entsprechende Schulberechtigung vergeben. Diese Kriterien erfüllen auch Schulen, die die Bezeichnung „internationale Schule" tragen, und im Folgenden näher betrachtet werden sollen; es handelt sich um:

- Die United World Colleges (UWC), die einer besonders begabten Schülerschaft offen stehen und das für die Sekundarstufe konzipierte IB-Curriculum anbieten, an dessen Ende der Erwerb des IB steht;
- Schulen, die vom European Council of International Schools (ECIS) oder einer vergleichbaren Akkreditierungseinrichtung, z. B. der International Schools Association (ISA), als internationale Schulen anerkannt werden. Zu unterscheiden ist im Hinblick auf diese Schulen zwischen solchen, die
  a) mindestens zwei nationale Curricula und Abschlüsse sowie das IB und IB-Oberstufencurriculum anbieten;
  b) ausschließlich das IB und IB-Curricula offerieren.

6.2 Die Medium- oder Organisationsebene: Organisationen und Netzwerke internationaler Schulen

Staatliche allgemein bildende Schulen sind als Teil nationaler Bildungswesen eingebettet in historisch gewachsene nationalstaatliche Organisationsstrukturen. Damit unterliegen sie dem jeweiligen rechtlich verankerten Regelwerk und den weisungsbefugten Behörden, sie können andererseits aber auch auf die damit einhergehenden Dienstleistungen zurückgreifen. Auch für Privat- oder Ersatzschulen sind – zumindest in Europa – die nationalen Schulverfassungen bindend; dort wird ihnen jedoch grosso modo ein Sonderstatus zuerkannt, der ihnen im internationalen Vergleich in variierendem Ausmaß Autonomie beispielsweise hinsichtlich der pädagogischen Schwerpunktbildung, der Auswahl des Lehrpersonals und der Lehrmittel zuerkennt (Jach 1999). Schulen, die sich explizit als „Internationale Schulen" bezeichnen, variieren seit Gründung der ersten dieser Bildungseinrichtungen hinsichtlich ihres formalen Status und ihres Bildungsangebots, wie hier bereits im Hinblick auf die Erörterung der Frage, welche Kriterien eine Schule erfüllen sollte, die das Attribut „international" im Titel trägt, angedeutet wurde. Unterschieden werden müssen:

- internationale Schulen, die von einem Land im Ausland gegründet werden, dem Curriculum des Gründungslandes folgen, die entsprechenden Berechtigungen vergeben und Auslandsschulen mit Privatschulcharakter repräsentieren (zum Beispiel amerikanische Schulen in Übersee);
- internationale Schulen, die ein Curriculum des Landes, in dem sie angesiedelt sind und die entsprechenden Berechtigungen anbieten sowie ein oder mehrere ausländische Curricula und die unabhängige Privatschulen oder Privatschulen im Sinne von Ersatzschulen darstellen;
- internationale Schulen, die ein ausländisches Curriculum sowie internationale Curricula und Berechtigungen offerieren und als unabhängige Privat- oder Ersatzschulen organisiert sind (zum Beispiel internationale Schulen, die das IB und IB-Curricula anbieten);
- staatliche Schulen, die zusätzlich zu staatlichen Curricula und Berechtigungen über einen internationalen Zweig verfügen (zum Beispiel staatliche Schulen in Kanada oder Schweden, die neben ihren nationalen Bildungsgängen und Berechtigungen auch das IB und IB-Oberstufencurriculum anbieten).

Folgt man Hill (2000, S. 24), dann waren im Jahr 2000 beispielsweise von den insgesamt 1.080 (100%) Schulen, die der International Baccalaureat Organization (IBO) angeschlossen waren, also das IB und IB-Curriculum übernommen hatten, 43% staatliche Bildungseinrichtungen, ein Drittel der übrigen 57% waren nationale Privatschulen im Sinne von Ersatzschulen, ein Drittel (ca. 360 Schulen) aller Schulen waren unabhängige Privatschulen. Nationale Schulen werden, ob im Inland oder im Ausland, von ihren Regierungen finanziell und zum Teil auch personell ausgestattet; wenngleich in einigen Ländern, so zum Beispiel in Indien, von der Schülerschaft bzw. ihren Eltern auch für staatliche Schulen ein geringes Entgelt zu entrichten ist. Auch Privatschulen im Sinne von Ersatzschulen bekommen in der Regel den weit überwiegenden Teil ihrer Unkosten vom Staat erstattet und tragen nur einen vergleichsweise geringen Teil selber, wie Jach (1999) in einem guten Überblick über die in den europäischen Staaten diesbezüglich geltende Praxis gezeigt hat. Unabhängige Privatschulen müssen demgegenüber sämtliche anfallenden Kosten übernehmen; diese werden in der Regel über die von den Schülereltern zu entrichtenden Schulgelder sowie über finanzielle Beiträge von Sponsoren aufgebracht. Im Falle der internationalen Schulen, die, wie hier pointiert dargestellt wurde, in schulrechtlicher und organisatorischer Hinsicht häufig Mischformen darstellen, oder von staatlichen Schulen, die das IB und IB-Curricula anbieten, treten nun neben staatlich aufgebrachte Dienstleistungen solche, die von anderen, nicht-staatlichen Agenturen erworben werden müssen. Im Umfeld der internationalen Schulen haben sich bis heute eine ganze Reihe solcher nicht-staatlichen Dienstleistungsanbieter etabliert; sie operieren zum Teil als privatwirtschaftlich organisierte, zum Teil als gemeinnützig anerkannte Organisationen.

Ein zentrales Motiv für die Entstehung dieser heute im Umfeld der internationalen Schulen existierenden Organisationen war nicht zuletzt die unter diesen Bildungseinrichtungen vorherrschende Vielfalt, der ihre Protagonisten mit einer gewissen Standardisierung zu begegnen suchten, um so der Schülerschaft den

Übergang von einer internationalen Schule auf eine andere zu erleichtern und interessierten Schulen Serviceangebote zur Verfügung zu stellen, die explizit ihren weltweit differierenden, lokal spezifischen Erfordernissen Rechnung tragen würden, aber auch, um eine internationale Erziehung im Rahmen eines internationalen Curriculums und einer international kompatiblen Hochschulzugangsberechtigung zu fördern. Vor diesem Hintergrund hat sich seit Gründung der ersten internationalen Schulen und insbesondere seit den 1950er Jahren ein breit gespanntes, weltweit agierendes Netzwerk gebildet, in dessen Zentrum die internationalen Schulen stehen. Im Folgenden wird ein Überblick über die zentralen, dieses Netzwerk nachhaltig formenden Organisationen gegeben.

International Schools Association (ISA)

Eine der einflussreichsten Organisationen im Kontext der internationalen Schulen ist die International Schools Association (ISA) mit Hauptsitz in Genf. Sie wurde 1951 im Haus der UNESCO in Paris gegründet, und zwar im Rahmen einer auf Initiative der drei Internationalen Schulen von Genf, der neu gegründeten United Nations International School in New York und Vertretungen der Vereinten Nationen erfolgten Zusammenkunft. Die ISA ist ein nach Schweizer Recht eingetragener gemeinnütziger Verein, der bei seiner Entstehung das bis dato als Zusammenschluss internationaler Schulen dienende International Schools Liaison Commitee ablöste (Fox 1991, S. 237; Kohl 1991, S. 280). Zwei Motive prägten die Gründung dieser Dachorganisation internationaler Schulen: das pragmatische Anliegen, ein für internationale Schulen einheitliches Curriculum und eine weltweit anerkannte Hochschulzugangsberechtigung zu entwickeln sowie der normative Anspruch, die internationale Verständigung zu fördern (Renaud 1991, S. 7). Die von der ISA seit ihrem Bestehen verfolgte Realisierung des zunächst angestrebten zweijährigen Oberstufencurriculums, einschließlich des Internationalen Bakkalaureats als einer international kompatiblen Hochschulzugangsberechtigung, wurde finanziell unterstützt von der UNESCO, dem Twentieth Century Fund und der Ford Foundation. Die ISA hat konsultativen Status zur UNESCO und zum United Nations Economic and Social Council (ECOSOC), mit denen sie enge Kooperationen verbindet. Im Umfeld der internationalen Schulen und ihrer Organisationen wird dieser Dachorganisation häufig die Funktion eines „think tank" zugeschrieben, da sie sich insbesondere mit curricularen Fragen zur internationalen Erziehung beschäftigt und diesbezüglich allgemein sowie im Kontext des IB und der IB-Curriculumentwicklung über beträchtlichen Einfluss verfügt (Timmermans 2000, S. 57).

Der gewählte Vorstand (Board) der ISA setzt sich aus Vertretern internationaler Schulen und von Universitäten weltweit zusammen. Die ISA verfügt über je ein Geschäftsbüro in Genf (Schweiz) und Boca Raton (USA). Diesem Dachverband gehören sowohl Schulen an, die das Internationale Bakkalaureat und IB-Curricula anbieten, wie auch Schulen, die sich durch eine internationale Schülerschaft und Interesse an internationaler Erziehung auszeichnen. 2002 waren dies weltweit insgesamt 65 Schulen in 31 Ländern; bis 2007 hat sich ihre Anzahl um 25 Schulen auf insgesamt 90 Schulen in 46 Staaten erhöht, wie die folgende Tabelle (vgl. Tab. 6.2.1) zeigt:

Tabelle 6.2.1: Der International Schools Association (ISA) angeschlossene Schulen weltweit (Stand: 2007)

Staat	Anzahl der Schulen (Stand 2002)	Anzahl der Schulen (Stand 2007)	Unterschied zwischen 2002 und 2007
Ägypten	0	1	1
Argentinien	4	2	-2
Australien	0	1	1
Bahrain	0	1	1
Chile	2	2	0
Costa Rica	1	1	0
Deutschland	4	2	-2
Dominikanische Republik	1	6	5
El Salvador	1	1	0
Equador	2	1	-1
Finnland	2	3	1
Frankreich	3	1	-2
Georgien	0	3	3
Ghana	2	2	0
Großbritannien	1	2	1
Guatemala	0	1	1
Indien	1	12	11
Indonesien	1	1	0
Japan	1	1	0
Kanada	8	4	-4
Liberia	0	1	1
Malaysia	0	1	1
Mexiko	1	2	1
Nepal	0	1	1
Niederlande	3	1	-2
Nigeria	1	6	5
Österreich	1	0	-1
Pakistan	0	1	1
Panama	1	0	-1
Paraguay	1	0	-1
Phillippinen	0	3	3
Puerto Rico	1	0	-1
Russland	2	1	-1
Schweden	1	1	0
Schweiz	4	3	-1
Spanien	3	4	1
Sri Lanka	1	1	0
Südafrika	0	3	3
Tansania	1	0	-1
Thailand	1	0	-1
Türkei	0	1	1
Ungarn	1	1	0
Uruguay	0	1	1
Vereinigte Arabische Emirate	0	1	1
Vereinigte Staaten von Amerika	8	9	1
Schulen Insgesamt	65	90	25

© S. Hornberg 2010

Quelle: Eigene Berechnungen nach Angaben der ISA 2002 und 2008 (http://www.isa.org/; Abruf vom 09.04.2002 und 02.07.2008)

Die Zahl der dieser Dachorganisation angehörenden Schulen ist deutlich geringer als die der Schulen, die mit der (im Folgenden vorgestellten) International Baccalaureate Organization verbunden sind. Dennoch ist der Einfluss der ISA auf die Entwicklung der internationalen Schulen und internationaler Curricula beträchtlich, wie die folgenden Beispiele zeigen. Zu den ersten Aktivitäten der ISA zählt eine zu Beginn der 1960er Jahre unter finanzieller Beteiligung der UNESCO durchgeführte Studie, in der es um die praktische Durchführbarkeit der internationalen Harmonisierung nationaler Curricula und didaktischer Methoden ging (Renaud 1991, S. 7). Im Rahmen dieser Studie entstand zunächst ein für die letzten beiden Jahre der Sekundarstufe konzipiertes Geschichtscurriculum, das von der Schülerschaft an ausgewählten internationalen Schulen in einer Erprobungsphase 1964 erstmals absolviert und mit einer Prüfung abgeschlossen werden konnte (ebd.). In den 1980er Jahren lag der Schwerpunkt der Arbeit der ISA auf der Konzipierung eines internationalen Curriculums für die Sekundarstufe I (für 11- bis 16-Jährige), das schließlich mit Unterstützung der International Baccalaurerate Organization zum International Baccalaureate Middle Years Program (IBMYP = Internationales Bakkalaureat-Curriculum für die Sekundarstufe I) ausgebaut wurde und Schulen seit 1994 zur Verfügung steht.

Des Weiteren wurden von der ISA Rahmenkonzepte und Curricula zur Erziehung für den Frieden und für eine nachhaltige Entwicklung ausgearbeitet[1]; diesbezüglich relevante Materialien wie auch Informationen zu den im Turnus von zwei Jahren von der ISA organisierten Kongressen zu Themen der internationalen Erziehung sind im Internet öffentlich zugänglich und abrufbar. Zu den weiteren Aktivitäten dieser Organisation zählen die finanzielle Unterstützung bei der Erarbeitung von mündlichen Sprachprüfungen in Englisch für die Primarstufe bis zur Sekundarstufe II, die Veröffentlichung der einmal jährlich erscheinenden Zeitschrift „ISA News", in der über die Arbeit dieser Dachorganisation berichtet wird, sowie die Ernennung der Preisträger des je einmal jährlich ausgeschriebenen und vergebenen „International Humanism Award" und des „ISA Distinguished Service Award". Als Instrument zur Selbstevaluation von Schulen wurde ferner ein Manual erarbeitet, das es Schulen ermöglicht, eigenständig zu beurteilen, inwieweit sie international orientiert arbeiten[2] (Timmermans 2000, S. 59f.). Um die genannten Dienstleistungen der ISA in Anspruch nehmen zu können, müssen interessierte Bildungseinrichtungen Mitglied in diesem Dachverband werden und jährliche Beiträge in der Größenordnung von 1.000 – 2.500 Schweizer Franken (SF) entrichten (Stand 2009)[3]. Ziel der ISA ist es, langfristig ein weltweites Netz internationaler Schulen

---

1   Education for Peace – A Curriculum Framework K-12; Education for Sustainability – A Curriculum Framework K-12. Vgl. http://www.isaschools.org/index.php?option=com_content&task=blogcategory&id=19&Itemid=62; Abruf vom 07.07.2009.

2   Self-Assessing Internationalism, an Instrument for Schools (http://www.isa.org; Abruf vom 06.04.2002) sowie Art of Peace Project. http://www.isaschools.org/index.php?option=com_content&task=blogcategory&id=18&Itemid=64/; Abruf vom 07.07.2009.

3   Schulen mit weniger als 500 Schülern zahlen 1.000 SF; Schulen mit mehr als 500 und weniger als 1000 Schülern 1.500 SF; Schulen mit mehr als 1000 Schülern 2.500 SF jährlich. http://www.isaschools.org/index.php?option=com_content&task=view&id=19&Itemid=56; Abruf vom 07.07.2009.

zu etablieren. Dazu kooperiert sie nicht nur mit Schulen weltweit, sondern insbesondere auch mit der IBO.

International Baccalaureate Organization (IBO)

1965 wurde im Zuge der von der ISA vorangetriebenen Entwicklung eines internationalen Curriculums und einer internationalen Hochschulzugangsberechtigung das International Schools Examination Syndicate (ISES) gegründet, doch bereits 1967 wurde diese Einrichtung in International Baccalaureate Office, heute International Baccalaureate Organization (IBO) umbenannt. Die IBO ist ein gemeinnütziger Verein mit Hauptsitz in Genf und konsultativem Status zur UNESCO und zum Europarat; ihre Leitung hat der International Council of Foundation of International Schools. Letzterer tritt einmal jährlich in Genf zusammen und wird von der Standing Conference of Governments and Heads of International Schools (Ständige Konferenz der Schulleitungen und Schulleitungsgremien Internationaler Schulen), die das Internationale Bakkalaureat und IB-Curricula anbieten, unterstützt (Blackburn 1991, S. 16). Der Council of Foundation of International Schools setzt sich zu je einem Drittel aus Repräsentanten internationaler Schulen, nationaler Regierungen und ad personam berufenen Vertretern internationaler Organisationen des Bildungs- und Wirtschaftsbereichs zusammen. Unter der Ägide der IBO entstanden in Kooperation mit internationalen Schulen in den Jahren von 1965-1969 das Curriculum, die Didaktik und die Prüfungen für die Sekundarstufe II, die den Grundstein bildeten für das aktuell gültige IB-Curriculum; sie wurden zunächst zwischen 1970 und 1976 an ausgewählten Schulen in experimenteller Form eingeführt. Am Ende der sog. Experimentierphase nahmen insgesamt 55 Schulen an dem IB-Programm[4] teil.

Das in diesem Kontext ebenfalls vorangetriebene und seit 1968 interessierten Schulen zugängliche Internationale Bakkalaureat ist eine international kompatible und von einer wachsenden Zahl von tertiären Bildungseinrichtungen weltweit anerkannte Hochschulzugangsberechtigung, die Züge eines weltweiten „Zentralabiturs" trägt, da alle Schüler identische Prüfungen ablegen (Blackburn 1991, S. 16). Zugang zu diesen Prüfungen haben ausschließlich diejenigen, die mindestens in der Sekundarstufe II das IB-Curriculum absolviert haben. Die Entwicklung der IB-Curricula obliegt heute dem von der IBO eingerichteten Curriculum Board und den zahlreichen ihm angegliederten Subject Committees, deren Mitglieder zum Teil ebenfalls Vertretungen internationaler Schulen sind, so dass auch Schulpraktiker direkten Einfluss auf die Formulierung der Curricula nehmen. Die für den Erwerb des IB zu absolvierenden Prüfungsleistungen werden von einem von der Administration der IBO weitgehend losgelöst arbeitenden Board of Chief Examiners, für das weltweit Universitätsprofessoren rekrutiert werden, formuliert und bewertet. Mehr als 1000 Assistant Examiners unterstützen die Tätigkeit des Board of Chief Examiners (ebd.). Mit zunehmender Fülle der Aufgaben ging auch eine

---

4   In dem diesen Kontext dominierenden englischen Sprachgebrauch ist durchgängig vom International Baccalaureat Programme (IB-Programme) die Rede, wenn auf die entsprechenden Curricula rekurriert wird. Hier wird im Weiteren mit Blick auf eine deutsche Leserschaft der Begriff „Curriculum" verwendet (vgl. dazu auch Kap. 6.3.2).

räumliche und sächliche Aufgabenteilung innerhalb der IBO einher: So obliegt die Betreuung aller geschäftlichen und finanziellen Angelegenheiten heute der Zweigstelle in Cardiff, Wales; ebenfalls dort angesiedelt sind die für die Curriculumentwicklung und die Leistungsbewertung zuständigen Büros, das Curriculum Board und das Examinations Office. Das Centre for the Study of Education in an International Context (CEIC) an der Universität Bath, England, beforscht mit Unterstützung der IBO internationale Schulen weltweit; der Direktor dieses Zentrums ist darüber hinaus Leiter des Bereichs „international education" der IBO. Als Pendants zu den Zweigstellen der IBO in Genf und Cardiff wurden weitere regionale Büros eingerichtet: zunächst 1975 in Nordamerika (New York, IBNA), zuständig für US-amerikanische und kanadische Schulen, und 1978 in Europa (zunächst in London, seit 1994 in Genf, IBAEM), zuständig für Afrika, Europa und den Mittleren Osten. 1982 wurden ein Büro der IBO in Lateinamerika (Buenos Aires, IBLA), zuständig für Lateinamerika und das regionale Büro in Singapur (IBAP), zuständig für den pazifischen Raum (Blackburn 1991, S. 15f[5]) eingerichtet.

Allein diese Auflistung der an der Entstehung, Ausgestaltung und Koordination des Internationalen Bakkalaureats und den IB-Curricula für die Sekundarstufe II, I und die Primarstufe beteiligten Einrichtungen zeigt, wie weit verzweigt, personell und finanziell aufwendig das so entstandene Angebot inzwischen ausdifferenziert ist. Die damit verbundenen Unkosten werden zum Teil über Gebühren abgedeckt, die die Eltern zu entrichten haben, wenn ihr Kind die IB-Prüfungen ablegt. Des Weiteren müssen die internationalen Schulen oder staatliche Schulen mit einem internationalen Zweig die Kosten für die Anschaffung der Lehrpläne für das IB-Curriculum übernehmen, wollen sie dieses anbieten. Da an der inhaltlichen Ausgestaltung der Curricula und der Prüfungen neben den dem IBO direkt unterstehenden Einrichtungen auch externe Vertreter nationaler Hochschuleinrichtungen beteiligt sind, ist mittlerweile, wie sich bereits hier andeutet, ein breites Netzwerk entstanden, das bis in die nationalen Bildungswesen hineinreicht.

International Schools Services (ISS)

Neben der IBO erkannte eine weitere Organisation die Notwendigkeit einer Koordination der internationalen Schulen bereits zu einem recht frühen Zeitpunkt: die amerikanische International Schools Foundation, aus der 1955 der International Schools Services (ISS) hervor ging. Auch diese Dachorganisation ist eine nonprofit Organisation, in diesem Fall nach amerikanischem Recht und mit Hauptsitz in Princeton (USA). Der ISS unterstützt 2009 ca. 500 internationale Schulen weltweit. Zu seinen Dienstleitungen zählt die Gründung und Leitung internationaler Schulen sowie die Rekrutierung von Lehrkräften und Verwaltungspersonal. Der ISS verfügt über ein ausgebautes Netzwerk von Serviceanbietern, deckt alle im Schulleben relevanten Bereiche ab und bietet darüber hinaus auch Dienstleistungen im universitären Bereich an:

---

5   Vgl. auch die laufend aktualisierte Website des IBO: http://www.ibo.org/

> „Since 1955, ISS has grown into a dynamic educational force in the over-
> seas community. A nonprofit corporation dedicated to excellence for children
> attending overseas schools worldwide, ISS is the world's leader in provid-
> ing a comprehensive range of quality educational services for schools, edu-
> cators, families and corporations." (http://www.iss.edu/index.asp; Abruf vom
> 07.07.2009)

Der ISS offeriert eigene, kontinuierlich erscheinende einschlägige Publikationen, wie das ISS Directory of International Schools, die viermal jährlich erscheinende Zeitschrift ,NewsLinks' und Veröffentlichungen zu ausgewählten Themen.

European Council for International Schools (ECIS)

Bereits 1962, bei einem Treffen der ISS, an dem 14 Leitungskräfte internationaler Schulen teilnahmen, hatte Mary Christ Fleming, damalige Direktorin der American School in Switzerland (Kohl 1991, S. 281) die Idee vorgetragen, eine neue Dachorganisation für internationale Schulen zu gründen. Ein Jahr später wurde im Mai 1963 in der Schweiz erstmals die Einrichtung eines Council of European Schools Serving American Students diskutiert und in diesem Zusammenhang auch die Möglichkeit in Betracht gezogen, eine europäische Abteilung des US-amerikanischen ISS zu gründen. Als im Frühjahr 1964 jedoch das US State Department eine Kommission zur Koordinierung der Stiftungsgelder für amerikanische Schulen in Übersee einsetzte und das Office of Overseas Schools einrichtete, gab dies den entscheidenden Anstoß für die Gründung einer eigenständigen europäischen Dachorganisation internationaler Schulen, und zwar nicht zuletzt vor dem Hintergrund der Überlegung, dass

> „The ISS is not a membership organization and cannot, in any case, do many
> of the things for us which we should properly be doing for ourselves. Nor
> can we join the US State Department." (Paterson 1991, S. 39)

Der schließlich 1965 von 18 Schulleitungen und sieben unterstützenden Organisationen in Genf als gemeinnütziger Verein nach Schweizer Recht eingetragene European Council of International Schools (ECIS) orientierte sich bei seiner Entstehung an den von der ISS vorgegebenen Rahmenbedingungen, mithin an den im amerikanischen Kontext entwickelten Vorgaben. Er konnte sich seither als zentrale Dachorganisation internationaler Schulen vornehmlich in Europa, aber auch weltweit etablieren. 1970 entstand sein erstes Sekretariat in Genf; es wurde 1974 von der seither bestehenden Zentrale in Petersfield (England) abgelöst. Regionale Zweigstellen des ECIS gibt es heute in Madrid (Spanien), New Jersey (USA) und Kilmore (Australien) (ECIS 2000a, S. IX). Mitglied in diesem europäischen Dachverband internationaler Schulen können sowohl Bildungseinrichtungen als auch Individuen und Unternehmen werden; der gemeinnützige Verein finanziert sich aus Mitgliederbeiträgen, Spenden und Honoraren für von ihm erbrachte Dienstleistungen. 1975, bei seinem zehnjährigen Bestehen, zählte der ECIS bereits folgende Einrichtungen mit folgendem Status zu seinen Mitgliedern:

- „81 Schulen in Europa als reguläre Mitglieder;
- 108 Schulen außerhalb Europas, Universitäten und Einrichtungen des tertiären Bildungsbereichs als assoziierte Mitglieder;
- 25 im Bildungsbereich tätige Dienstleistungsfirmen als unterstützende Mitglieder,
- 8 individuelle Mitglieder und 14 Ehrenmitglieder."

Doch bereits sechs Jahre später (1981) erwiesen sich diese Kategorien für die schnell anwachsende Organisation als insuffizient, und zwar insbesondere angesichts der steigenden Nachfrage nach Schulneugründungen und Umwidmungen bereits bestehender Bildungseinrichtungen in internationale Schulen, so dass seither folgende Mitgliedschaftskategorien für Schulen bestehen:
- reguläre Mitgliedschaft: Schulen weltweit mit vollem Wahlrecht im ECIS;
- assoziierte Mitgliedschaft: Schulen außerhalb Europas, die nicht über das Wahlrecht im ECIS verfügen;
- provisorische Mitgliedschaft: neu gegründete oder bereits etablierte Schulen, die vom ECIS als neues Mitglied aufgenommen wurden. Einrichtungen mit diesem Status werden ausschließlich vom ECIS-Direktorium vorgeschlagen;
- zukünftige Mitgliedschaft: In diese Kategorie fallen Schulneugründungen sowie Schulen, die ein Schulprogramm gemäß der Statuten des ECIS planen. Die hierunter gefassten Schulen können in diesem Status zwei Jahre verbleiben, danach entscheidet das ECIS über die Möglichkeit der Bewerbung für eine Mitgliedschaft (http://www.ecis.org/; Abruf vom 18.07.2003).

Das Spektrum der vom ECIS angebotenen Dienstleitungen umfasste bereits bis 1991 zentrale Bereiche der inneren Schulentwicklung, sowohl in organisatorischer wie in curricularer und pädagogischer Hinsicht, dies zeigt die folgende Auflistung der vom ECIS wahrgenommenen Aufgaben (Paterson 1991, S. 39):
- Evaluation und Beratung internationaler Schulen
- Vermittlung von Lehrkräften
- schulinterne Lehrerfortbildung
- Bereitstellung und Verbreitung von Informationen zur Curriculumentwicklung, Didaktik und des Unterrichtsmaterials.

Aufgrund der wachsenden Nachfrage kamen seither folgende Aufgabenfelder und Aktivitäten im Bereich der äußeren Schulentwicklung sowie im Hinblick auf die Absolventen internationaler Schulen hinzu:
- Beratung bei der Gestaltung der Schulgelände und -gebäude
- Informationen zu Stipendienmöglichkeiten für Absolventen internationaler Schulen
- Akkreditierung internationaler Schulen in Form von Leistungsbeurteilungen und Leistungsmessungen unter der Schülerschaft.

Die vom ECIS wahrgenommenen Dienstleitungen umfassen mithin ein Spektrum, das sowohl Aufgaben umfasst, die in der Bundesrepublik Deutschland beispielsweise in den sog. „inneren Schulbereich" fallen und dort von den Kultusministerien der Länder wahrgenommen werden (z. B. Curriculumentwicklung und Schulaufsicht im engeren Sinne), als auch Aufgaben, die dort zu den äußeren Schulangelegenheiten zählen und den Kommunen obliegen (zum Beispiel Beratung bei der Gestaltung der Schulgelände) (Schulz 1981, S. 95f.). Anders als deutsche staatliche Bildungsbehörden hat der ECIS jedoch keine gesetzgebende Funktion. Als externe Akkreditierungseinrichtung stellt er dennoch eine machtvolle Institution für internationale Schulen dar, indem er die Einhaltung der von ihm definierten Standards garantiert und Unterstützung bei ihrer Realisierung offeriert (Murphy 1998). Zugänglich sind den im ECIS zusammengeschlossenen Bildungseinrichtungen regelmäßig erscheinende Fachzeitschriften, Monographien und Sammelbände. Die folgenden, regelmäßig erscheinenden und jeweils aktualisierten Veröffentlichungen des ECIS geben einen Überblick über ihre aktuellen Tätigkeitsfelder[6]: International Schools Directory; Higher Education Directory; International Schools Magazine; International Schools Journal; Approaches to Learning; The ECIS Policy Planner; The Most Important Decision; Sample Contract for Heads of International Schools; Languages and Cultures; Effective Libraries in International Schools; Financial Plans; Guide to School Evaluation and Accreditation; Planning School Buildings; Fellowship Grant Publications.

Zweimal jährlich finden unter der Ägide des ECIS an wechselnden Orten in Europa große Bildungskongresse und sog. Kontaktbörsen zur Vermittlung von Lehrkräften und dem Führungspersonal für internationale Schulen statt (Garton 2000). Jährlich besuchen tausende bereits beschäftigte und neue Arbeitsplätze anstrebende Lehr- und Führungskräfte internationaler Schulen die als Kontaktbörsen konzipierten Veranstaltungen, die neben ihrer Funktion als Arbeitsvermittlung jeweils ein thematisch umrissenes, breit angelegtes inhaltliches Programm offerieren. Insofern dienen diese Kongresse auch dem Informationsaustausch der weltweit an unterschiedlichen Orten lebenden und arbeitenden Lehrkräfte, der Sichtung neuer Unterrichtsmaterialen usw. im Rahmen der Informationsstände der ebenfalls dort vertretenen einschlägigen Verlage, wie bspw. John Catts Educational. Angesichts dieses Leistungsangebots und seiner Funktion als Akkreditierungseinrichtung, die den Eltern der Schülerschaft an internationalen Schulen – den Abnehmern eines Dienstleistungsangebots auf einem internationalen Bildungsmarkt – eine Orientierung gibt und die Einhaltung von Mindeststandards garantiert, nimmt der ECIS heute eine zentrale Stellung im Netzwerk der internationalen Schulen ein.

6.2.1 Die weltweit Verbreitung internationaler Schulen

Die Zahl internationaler Schulen steigt bis heute stetig an, eindeutige, abgesicherte statistische Angaben zur weltweiten Verbreitung dieses Schultyps sind allerdings nur schwer zu ermitteln und lagen auch für diese Studie nur begrenzt vor. Eine Möglichkeit, diesbezüglich einigermaßen verlässliche Angaben zu gewinnen,

---

6   Vgl. http://www.ecis.org/htm/

stellen jedoch die kontinentalen Dachorganisationen internationaler Schulen und Akkreditierungseinrichtungen dar, die gemäß ihren jeweiligen Statuten interessierten allgemein bildenden Schulen den Titel „Internationale Schule" verleihen; damit einher gehen divergierende Formen der Mitgliedschaft in diesen Organisationen, wie im Vorangegangenen erläutert wurde. Im Folgenden werden, um einen ersten Eindruck von der Präsenz internationaler Schulen weltweit zu gewinnen, zunächst statistische Angaben zu den im ECIS, den im europäischen Dachverband der internationalen Schulen zusammengeschlossenen allgemein bildenden Bildungseinrichtungen gegeben, da die Auswertung und Aufbereitung der von dieser Organisation veröffentlichten Angaben auch eine rückblickende Darstellung der quantitativen Entwicklung der im ECIS zusammengeschlossenen internationalen Schulen erlaubt.

Die folgenden Daten basieren auf Informationen des jährlich vom ECIS veröffentlichten Schools Directory, hier auf der Ausgabe für die Jahre 2000/01. Folgt man den dort zusammengestellten Angaben, so zeigt sich, dass die als internationale Schulen erfassten Bildungseinrichtungen zum Teil bereits seit 1859 bestehen. Es wäre jedoch irreführend anzunehmen, dass sie bereits zu diesem frühen Zeitpunkt als Schulen dieses Typs existierten; es handelt sich hierbei vielmehr um solche allgemein bildenden Bildungseinrichtungen, die zu einem späteren, nicht genannten Datum in internationale Schulen umgewandelt wurden. Diese Daten werden hier dennoch, in Ermangelung anderer Informationen und um eine erste Entwicklung nachzuzeichnen, aufgeführt, denn sie veranschaulichen die steigende Nachfrage nach internationalen Schulen im Zeitverlauf, wie sie in Schaubild 6.2.1.1 dokumentiert wird:

Schaubild 6.2.1.1:   Dem ECIS angeschlossene internationale Schulen weltweit nach Gründungsjahren (Stand: 2001)

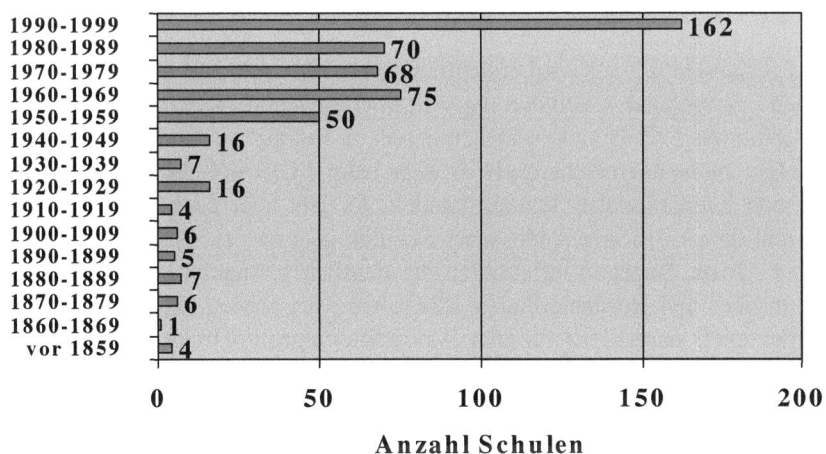

Anmerkung: Hier sind nur Schulen erfasst, deren Gründungsjahr bekannt ist.
Quelle: Eigene Berechnungen nach ECIS International Schools Directory 2000/01 und eigenen Recherchen.
© S. Hornberg 2010

Enthalten sind in diesem Schaubild, dies gilt es hier einschränkend voraus zu schicken, nur diejenigen Schulen, für die der Gründungszeitpunkt bekannt ist. Von ca. 1859 bis 1999 wurden demnach insgesamt 497 internationale Schulen gegründet[7]. Zu den ursprünglich bereits seit dem 19. und 20. Jahrhundert bestehenden, aber erst zu einem späteren Zeitpunkt in internationale Schulen umgewandelten Einrichtungen gehören insbesondere renommierte Privatschulen. Zu einem signifikanten Anstieg der Zahl internationaler Schulen kam es bereits seit den 1950er, insbesondere aber seit den 1990er Jahren; aufgeschlüsselt nach Weltregionen waren dem ECIS angeschlossene internationale Schulen 2001 weltweit in folgendem Umfang vertreten:

Schaubild 6.2.1.2:   Dem ECIS angeschlossene internationale Schulen weltweit nach Regionen (Stand: 2001)

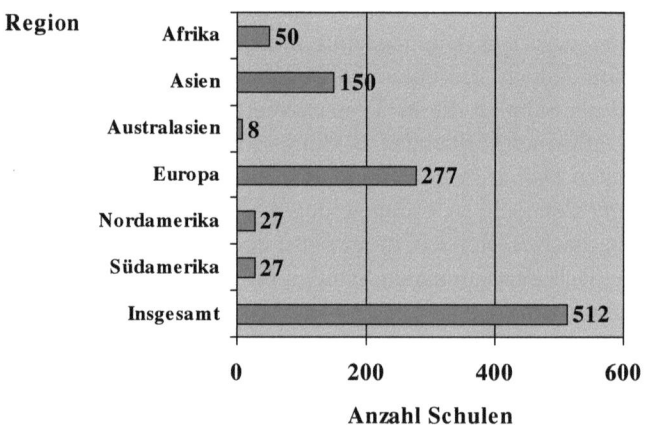

Quelle: Eigene Berechnungen nach ECIS International Schools Directory 2000/01 und eigenen Recherchen.
© S. Hornberg 2010

Aus Schaubild 6.2.1.2 wird ersichtlich, dass 2001 mit 277 dem ECIS angeschlossenen internationalen Schulen die weit überwiegende Mehrzahl der dort insgesamt aufgeführten 512 Bildungseinrichtungen in Europa zu finden sind – dies kann insofern nicht überraschen, als es sich beim ECIS um den europäischen Dachverband internationaler Schulen handelt. Es gibt aber auch eine bemerkenswerte Anzahl dem ECIS angeschlossener Schulen in Asien (150) sowie immerhin noch 50 in Afrika. Dagegen reflektieren die deutlich geringeren Anteile solcher Schulen in Süd- und Nordamerika (je 27) sowie Australasien (8) die Präsenz weiterer, vornehmlich nordamerikanischer Akkreditierungseinrichtungen für internationale

---

7   In ihrem Beitrag zu den internationalen Schulen liefert Kohl (1991) ebenfalls statistische Angaben zu den Gründungsjahren und der Verbreitung dieses Schultyps. Die dort auf der Basis des ECIS Schools Directory von 1989 aufbereiteten Daten weichen von den hier vorgestellten statistischen Angaben ab. Dies ist meines Erachtens nur so zu erklären, dass der ECIS die von ihm für die von mir benutzte Ausgabe des ECIS Schools Directory 2000/01 bereitgestellten Daten bereinigt hat.

Schulen in diesen Regionen. D.h., die auf der Basis der Mitgliedschaft im ECIS zusammengestellten Daten zur Verbreitung der internationalen Schulen erweisen sich im Hinblick auf die zuletzt genannten Weltregionen als nicht aussagekräftig.

Eine weitere Möglichkeit, um einen Überblick über die Zahl der internationalen Schulen weltweit zu gewinnen, besteht in der Fokussierung auf allgemein bildende Bildungseinrichtungen, die das IB und IB-Curricula anbieten; diese Schulen werden jährlich von der IBO bzw. ihren vier regionalen Zweigstellen weltweit statistisch erfasst und ausgewiesen. Einen Überblick über sämtliche von der IBO im September 2003 und im Juni 2008 registrierte Schulen gibt die folgende Tabelle 6.2.1.1. Dort werden die Schulen dahingehend unterschieden, welche Teile der IB-Curricula sie anbieten, also zum Beispiel nur das Primarstufencurriculum (Primary Years Program/PYP), das Curriculum für die Sekundarstufe I (Middle Years Program/MYP) oder das Oberstufencurriculum (Diploma Program/DP) und den entsprechenden Abschluss, das Internationale Bakkalaureat (IB.) Demnach zeigt sich: 2003 gab es weltweit insgesamt 1.569 Schulen, die das gesamte IB-Curriculum oder Teile desselben unterrichteten. Bereits fünf Jahre (2008) später hat sich diese Zahl um 767 auf 2.336 Schulen, und damit um rund 49% erhöht. Unterschieden nach Weltregionen bietet sich folgende Verteilung der Curricula auf internationale Schulen weltweit:

Tabelle 6.2.1.1: Schulen, die IB-Curricula anbieten, nach Weltregionen (Stand: 2003 und 2008)

Regionen	Program	2003	2008	Unterschied zwischen 2003 und 2008	
		Schulen	Schulen	Schulen	%
Afrika, Europa Mittlerer Osten	DP	324	467	143	44%
	MYP	60	14	-46	-77%
	PYP	41	24	-17	-41%
	DP/MYP/PYP	20	46	26	130%
	DP/MYP	16	34	18	113%
	DP/PYP	23	25	2	9%
	PYP/MYP	22	12	-10	-45%
Gesamt Afrika, Europa, Mittlerer Osten		**425**	**622**	**197**	**46%**
Asien-Pazifik	DP	116	159	43	37%
	MYP	43	36	-7	-16%
	PYP	31	40	9	29%
	DP/MYP/PYP	13	40	27	208%
	DP/MYP	11	17	6	55%
	DP/PYP	6	24	18	300%
	PYP/MYP	4	17	13	325%
Gesamt Asien-Pazifik		**190**	**328**	**138**	**73,%**
Lateinamerika	DP	153	166	13	9%
	MYP	22	4	-18	-82%
	PYP	19	16	-3	-17%
	DP/MYP/PYP	8	17	9	113%
	DP/MYP	11	13	2	18%
	DP/PYP	2	13	11	550%
	PYP/MYP	0	10	10	—
Gesamt Lateinamerika		**194**	**239**	**45**	**23%**
Nordamerika	DP	500	637	137	27%
	MYP	100	237	137	137%
	PYP	24	145	121	504%
	DP/MYP/PYP	0	11	11	—
	DP/MYP	0	92	92	—
	DP/PYP	0	10	10	—
	PYP/MYP	0	10	10	—
Gesamt Nordamerika		**64**	**1178**	**1114**	**174%**
Gesamt	DP	1093	1429	336	31%
	MYP	225	291	66	29%
	PYP	115	225	110	96%
	DP/MYP/PYP	41	114	73	178%
	DP/MYP	38	156	118	311%
	DP/PYP	31	72	41	132%
	PYP/MYP	26	49	23	88%
Gesamt		**1569**	**2336**	**767**	**49%**

© S. Hornberg 2010
Legende:
PYP=Primary Years Program/ Primarstufencurriculum
MYP=Middle Years Program/ Sekundarstufe-I-Curriculum
DP=Diploma Program/ Oberstufencurriculum
IB=International Baccalaureate/ Internationales Bakkalaureat, international anerkannte
Hochschulzugangsberechtigung
* Keine Informationen verfügbar.
Prozentangaben gerundet.
Quelle: Informationen der IBAEM, IBNA, IBLA, IBAP 2003, 2008 und eigene Berechnungen nach: http// www.ibo.org; Abruf vom 07.09.2003 und 23.06.2008.

Die hier dokumentierten Angaben, die die Zahl der Schulen unterschieden nach Weltregionen widerspiegeln, wurden von den vier regionalen Zweigstellen der IBO erhoben. Diese Zweigstellen sind jeweils zuständig für die Regionen Nordamerika (IBNA), Lateinamerika (IBLA), den asiatisch-pazifischen Raum (IBAP) und die Weltregionen Afrika, Europa und den Mittleren Osten (IBAEM); wobei nicht nachvollziehbar ist, warum die drei letzt genannten Weltregionen zusammengefasst wurden. Die von der Zentralstelle der IBO in Genf angegebenen Zahlen weichen zum Teil von den von den regionalen Zweigstellen der IBO angegebenen Zahlen ab. Hier wurden jeweils die Angaben der Letzteren zugrunde gelegt, und zwar vor dem Hintergrund, dass die regionalen Zweigstellen über die aktuellsten Daten verfügen.

Deutlich wird aus Tabelle 6.2.1.1, dass in dem hier erfassten Zeitraum von fünf Jahren, d.h. zwischen 2003 und 2008, insbesondere die Zahl der Schulen angestiegen ist, die alle drei IB-Curricula anbieten, nämlich von 41 Schulen (2003) um 73 auf insgesamt 114 Schulen (2008); dies entspricht einer Steigerung von 178%. Dabei verzeichnen insbesondere das erst seit 1992 verfügbare MYP, das Curriculum für die Sekundarstufe I, sowie das erst seit 2003 zugängliche PYP, das Primarstufencurriculum, weltweit eine deutliche Zunahme und Verbreitung[8]. Die Möglichkeit, die gesamte Schullaufbahn ein internationales Curriculum zu absolvieren, stößt mithin auf positive Resonanz. Betrachtet man die hier dargestellten Daten vor dem Hintergrund des regionalen Vergleichs, so zeigt dieser erste Überblick ferner, dass die Nachfrage nach internationalen Curricula im hier betrachteten Zeitraum insbesondere in Nordamerika stark angestiegen ist (nämlich um 174%). Um im Hinblick auf die regionale Verteilung der internationalen Schulen weltweit einen differenzierteren Eindruck zu gewinnen, werden im Folgenden diese Angaben, sofern mir die entsprechenden Daten zugänglich waren, aufgeschlüsselt nach Staaten dargestellt. Die folgenden Tabellen spiegeln für die Jahre 2003 und 2008 die von den regionalen Zweigstellen der IBO registrierten Schulen, die das IB und/oder Teile der IB-Curricula offerieren, nach Staaten wider. Für die Region Nordamerika ergibt sich demnach, folgt man den Angaben der IBO-Nordamerika (IBNA) für Februar 2003 und Juni 2008 folgendes Bild:

---

8   Eine vertiefende Darstellung und Befassung mit den IB-Curricula erfolgt in Kap. 6.3.1-6.3.5.

Tabelle 6.2.1.2: Vom IBNA erfasste internationale Schulen, die das IB und/oder IB-Curricula anbieten, nach Curriculum und Staaten in Nordamerika (Stand: 2003 und 2008)

Regionen	Program	2003	2008	Unterschied zwischen 2003 und 2008	
		Schulen	Schulen	Schulen	%
Bahamas	DP	1	3	4	200%
	MYP	0	2	2	—
	PYP	1	1	2	—
Gesamt Bahamas		2	6	4	200%
Bermuda	DP	2	2	4	—
	MYP	0	1	1	—
	PYP	0	0	0	—
Gesamt Bermuda		2	3	1	50%
Dominikanische Republik	DP	1	1	2	—
	MYP	0	0	0	—
	PYP	0	0	0	—
Gesamt Dominikanische Republik		1	1	1	—
Curaçao	DP	1	0	1	-100%
	MYP	0	0	0	—
	PYP	0	0	0	—
Gesamt Curaçao		1	1	1	—
Kanada	DP	89	122	211	37%
	MYP	71	128	199	80%
	PYP	6	36	42	500%
Gesamt Kanada		166	286	120	72%
USA	DP	406	618	1024	52%
	MYP	29	256	285	783%
	PYP	17	138	155	700%
Gesamt USA		452	1002	550	122%
Gesamt	DP	500	746	1246	49%
	MYP	100	387	487	287%
	PYP	24	175	199	629%
	Gesamt	624	1308	684	110%

© S. Hornberg 2010
Prozentangaben gerundet.
Quelle: Informationen der IBAEM, IBNA, IBLA, IBAP 2003 und 2008 sowie http://www:ibo.org; Abruf vom 07.09.2003 und 08.09.2008.

Für das Jahr 2008 sind in Tabelle 6.2.1.2 insgesamt 1.308 Schulen erfasst, die das IB und/oder IB-Curricula anbieten; dies entspricht einer Zunahme von 684 Schulen oder rund 110% in dem hier betrachteten Zeitraum. Das Gros dieser Schulen befindet sich in den USA (2008: 1.002 Schulen), gefolgt von Kanada; nur 11 Schulen sind in den anderen genannten Staaten angesiedelt. Wie sieht es demgegenüber in Lateinamerika aus? Auch diesbezüglich können einige Angaben zusammengestellt werden, wie Tabelle 6.2.1.3 zeigt:

Tabelle 6.2.1.3: Vom IBLA erfasste internationale Schulen, die das IB und/oder IB-Curricula anbieten, nach Curriculum und Staaten (Stand: 2003 und 2008)

Regionen	Program	2003	2008	Unterschied zwischen 2003 und 2008	
		Schulen	Schulen	Schulen	%
Argentinien	DP	42	43	1	2%
	MYP	6	5	-1	-17%
	PYP	4	7	3	75%
Gesamt Argentinien		52	55	3	6%
Bolivien	DP	1	2	1	100%
	MYP	0	0	0	—
	PYP	0	0	0	—
Gesamt Bolivien		1	2	1	100%
Brasilien	DP	9	11	2	22%
	MYP	0	0	0	—
	PYP	2	3	1	50%
Gesamt Brasilien		11	14	3	27%
Chile	DP	14	16	2	14%
	MYP	3	4	1	33%
	PYP	1	4	3	300%
Gesamt Chile		18	24	6	33%
Costa Rica	DP	4	7	3	75%
	MYP	0	0	0	—
	PYP	0	0	0	—
Gesamt Costa Rica		4	7	3	75%
Ecuador	DP	11	22	11	100%
	MYP	2	1	-1	-50%
	PYP	0	1	1	0%
Gesamt Ecuador		13	24	11	85%
El Salvador	DP	2	3	1	50%
	MYP	0	0	0	—
	PYP	0	0	0	—
Gesamt El Salvador		2	3	1	50%
Guatemala	DP	1	4	3	300%
	MYP	0	0	0	—
	PYP	0	0	0	—
Gesamt Guatemala		1	4	3	300%
Honduras	DP	1	1	0	0%
	MYP	0	0	0	—
	PYP	0	0	0	—
Gesamt Honduras		1	1	0	0%
Kolumbien	DP	11	19	8	73%
	MYP	0	3	3	0%
	PYP	0	3	3	0%
Gesamt Kolumbien		11	24	13	118%
Mexiko	DP	23	46	23	100%
	MYP	5	19	14	280%
	PYP	8	31	23	288%

Gesamt Mexiko		36		-36	-100%
Nicaragua	DP	2	2	0	0%
	MYP	0	0	0	—
	PYP	0	0	0	—
Gesamt Nicaragua		2	2	0	0%
Panama	DP	1	1	0	0%
	MYP	0	0	0	—
	PYP	0	0	0	—
Gesamt Panama		1	1	0	0%
Paraguay	DP	2	1	-1	-50%
	MYP	1	1	0	0%
	PYP	0	0	0	—
Gesamt Paraguay		3	2	-1	-33%
Peru	DP	12	17	5	42%
	MYP	2	6	4	200%
	PYP	2	5	3	150%
Gesamt Peru		16	28	12	75%
Uruguay	DP	3	5	2	67%
	MYP	1	3	2	200%
	PYP	0	1	1	100%
Gesamt Uruguay		4	9	5	125%
Venezuela	DP	9	9	0	0%
	MYP	1	2	1	100%
	PYP	0	1	1	100%
Gesamt Venezuela		10	12	2	20%
Gesamt	DP	148	163	15	10%
	MYP	21	25	4	19%
	PYP	17	25	8	47%
		186	212	26	14%

© S. Hornberg 2010
Prozentangaben gerundet.
Quelle: Eigene Zusammenstellung nach Angaben der IBLA; http://www.ibo.org; Abruf vom 07.08.2003 und 07.09.2008.

Folgt man Tabelle 6.2.1.3 dann führte die regionale Zweigstelle des „IBO Latin America" (IBLA) im Juni 2008 insgesamt 212 Schulen in 17 Staaten, die das IB und/oder IB-Curricula offerieren; dies entspricht in dem hier betrachteten Zeitraum einem Anstieg von 26 Schulen oder 14%. Dabei sind die im Zuständigkeitsbereich der Regionalstelle der IBO für Lateinamerika angesiedelten Schulen, die IB-Curricula übernommen haben, stärker auf mehrere Staaten verteilt als dies in Nordamerika der Fall ist. Insgesamt, dies haben die hier referierten Daten gezeigt, ist seit den 1950er und insbesondere seit den 1990er Jahren ein deutlicher Anstieg von internationalen Schulen und von Schulen, die IB-Curricula anbieten, zu verzeichnen, insbesondere in den Industriestaaten. Ursächlich hierfür dürfte der höhere Anteil zugewanderter hochqualifizierter und hochmobiler Arbeitskräfte an der Bevölkerung in diesen Staaten sein und die damit einhergehende Nachfrage nach einem international kompatiblen Bildungsangebot und Schulabschluss für ihre Kinder.

6.2.2 Rechtlicher Status und Rahmenbedingungen

Internationale Schulen können sowohl in staatlicher wie auch in privater Träger-schaft organisiert sein. Sind sie in privater Trägerschaft organisiert, hat dies Konsequenzen sowohl im Hinblick auf die finanzielle Förderung der Schulen wie auch die staatliche Anerkennung der von ihnen angebotenen Bildungsgänge und Berechtigungen. In Deutschland bspw. wird bezüglich der als Privatschulen aner-kannten Bildungseinrichtungen zwischen sog. „Ersatzschulen" und sog. „Ergän-zungsschulen" unterschieden (Avenarius 2001, S. 215-223). Mit dem Besuch von Ersatzschulen können Schüler ihrer staatlich verankerten Schulpflicht nach-kommen, denn Ersatzschulen sind vom Staat anerkannte und finanziell maßgeblich unterstützte Bildungseinrichtungen in privater Trägerschaft (ebd.). Häufig unter-richten solche Ersatzschulen in privater Trägerschaft staatliche Curricula, vergeben die entsprechenden staatlichen Schulabschlüsse und ergänzen dieses Angebot ledig-lich um ausgewählte Aspekte. Dies trifft bspw. auf das Gros der als Ersatzschulen in Deutschland anerkannten Privatschulen zu, die in kirchlicher Trägerschaft ste-hen und eine dezidiert christliche Ausrichtung verfolgen (Mason 1992, S. 25-30). Solche staatlich anerkannten Privatschulen mit dem Charakter von Konfessions-schulen finden sich vielfach in Europa und sind insbesondere in Spanien stark ver-treten (Jach 1999).

Demgegenüber sind unabhängige Privatschulen Bildungseinrichtungen, die i.d.R. keine finanzielle Unterstützung vom Staat erhalten, da sie in Deutschland bspw. lediglich als Ergänzungsschulen anerkannt werden; d.h. mit dem Besuch einer Ergänzungsschule kann i.d.R. nicht der Schulpflicht nachgekommen werden. Es gibt jedoch Ausnahmen: So sind in Deutschland und auch in anderen europä-ischen Staaten u. a. Waldorfschulen als Ersatzschulen anerkannt. Waldorfschulen sind mithin Schulen in staatlicher Trägerschaft gleichgestellt, obwohl an ihnen nicht die staatlich vorgegebenen Curricula unterrichtet werden. Darüber hinaus gibt es in Deutschland jedoch im allgemein bildenden Bildungsbereich nur wenige Ergänzungsschulen, die staatlichen Schulen gleichgestellt sind, und es bietet sich überdies in den Bundesländern diesbezüglich ein uneinheitliches Bild (Mason 1992, S. 27). Ein weiteres prominentes Beispiel für unabhängige Privatschulen in Europa sind die englischen public schools (Glowka 1996). Für den Besuch dieser Schulen müssen die Schülereltern i.d.R. ein Schulgeld entrichten, da unabhängige Privatschulen überwiegend entweder als private Stiftungen oder als eine GmbH geführt werden und keine finanzielle Unterstützung vom Staat erhalten. Der engli-sche Staat stellt jedoch für besonders begabte Schüler Stipendien für den Besuch der renommierten public schools zur Verfügung; die an diesen Schulen erworbenen Abschlüsse eröffnen ihren Absolventen oftmals den Eintritt in die renommiertesten Universitäten auch außerhalb Großbritanniens. Vergleichbare Regelungen gibt es auch in anderen Staaten, sodass sich weltweit kein einheitliches Bild hinsichtlich der finanziellen Förderung von unabhängigen Privatschulen und der Anerkennung der von ihnen vergebenen Berechtigungen durch die Staaten präsentiert.

Viele internationale Schulen sind als unabhängige Privatschulen organisiert und erheben beträchtliche Schulgelder. Diese Schulgelder werden entweder von den

Eltern oder deren Arbeitgebern aufgebracht, wobei beide Seiten diesen Faktor häufig bereits bei Arbeitsvertragsverhandlungen berücksichtigen (Willis/Enloe 1990, S. 174). Zwar gibt es auch Stipendienkontingente für Schüler, deren Eltern sich den Besuch einer internationalen Privatschule finanziell nicht leisten können, doch sind diese äußerst knapp bemessen. Insofern geht mit dieser Schulform eine sozio-ökonomisch hergeleitete Auslese der Schülerschaft einher, die nicht zuletzt eine Ursache dafür ist, dass den internationalen Schulen ein elitärer Charakter anhaftet. Das in der öffentlichen Wahrnehmung vorherrschende und von den Protagonisten internationaler Schulen oftmals gepflegte Image einer „Eliteschule" leitet sich insofern nicht primär von den erbrachten Leistungen der Schüler ab, sondern von dem ökonomischen und sozialen Kapital der Schüler bzw. dem ihrer Familien (Bourdieu 1982b). Bei ihnen handelt es sich oftmals, wie hier bereits herausgestellt wurde und von Schulpraktikern sowie in der Sekundärliteratur berichtet wird (Willis/Enloe 1990, S. 171ff.), um Kinder, deren Eltern als leitende Angestellte in internationalen Organisationen oder internationalen Konzernen beschäftigt sind.

Die Spannbreite der anfallenden Kosten pro Schüler variiert zwar je nach Weltregion und Staat, insgesamt jedoch in viel geringerem Umfang, als angesichts der weltweit erheblich divergierenden Pro-Kopf-Einkommen zu erwarten wäre. Unterschiede bezüglich der Schulgebühren gehen jedoch in jedem Fall mit dem Lebensalter der Schülerschaft, der von ihnen besuchten Schulstufe und den von ihnen in Anspruch genommenen Dienstleistungen (z.B. Internatsunterbringung) einher: Die als unabhängige Privatschule geführte International School Eerde in Ommen in den Niederlanden bspw., eine wie die meisten internationalen Schulen als Ganztagsangebot organisierte Bildungseinrichtung, ist in einem ehemaligen Schloss untergebracht; die Unterkünfte für die Internatsschüler befinden sich in den modernisierten Stallungen rund um das Schloss. Die Schule ist Mitglied des ECIS, der IBO und der ISA sowie der Niederländischen Vereinigung für Internate (VIN); das IB und die entsprechenden Curricula werden von ihr angeboten. Für den Besuch dieser Schule sind im Schuljahr 2009/10 Gebühren in folgender Höhe zu entrichten[9]:

Für den Besuch der Primarstufe:
- International Primary School, 1st term: 9.240 Euro
- International Junior School, 2nd term: 3.960 Euro

Für den Besuch der Sekundarstufe:
- International Secondary School, 1st term:12.600 Euro
- International Secondary School, 2nd term: 5.400 Euro

Die Schulanmeldung kostet einmalig 2.500 Euro; jährlich fallen darüber hinaus 750 Euro für mediale Ressourcen an. Da internationale Schulen i.d.R. als Ganztagsschulen organisiert sind, sind überdies Kosten für die Mittagsverpflegung

---

9 Zuverlässige und aktualisierte Angaben zu den im Falle eines Schulbesuchs anfallenden Kosten finden sich auf den Websites der Dachorganisationen internationaler Schulen (vgl. bspw.: http://www.ecis.org/). Für die hier berichteten Kosten vgl. http://www.eerde.nl/du/images/fee_structure_2009_2010.pdf ; Abruf vom 09.09.2009.

zu entrichten. An sämtlichen internationalen Schulen weltweit fallen ferner weitere Kosten für Examensprüfungen an. Vor dem Hintergrund dieser Summen, die weltweit nur ein vergleichsweise schmales gesellschaftliches Segment für ein Kind oder gar mehrere aufzubringen vermag, erstaunt es umso mehr, dass in den vergangenen Jahren insbesondere die Zahl einheimischer Eltern, die ihre Kinder zu einer internationalen Schule mit Privatschulcharakter schickt, deutlich angestiegen ist. Dies belegt exemplarisch eine von der Unternehmensberatung PriceWaterHouseCoopers 2001 im Auftrag des Amts für Wirtschaft und Arbeit des Kantons Zürich durchgeführte Studie, in der es darum ging, die Nachfrage nach einer weiteren, neu zu gründenden internationalen Schule mit Privatschulcharakter in Zürich zu erheben (PriceWaterHouseCoopers/Amt für Wirtschaft und Arbeit des Kantons Zürich 2001). Die Studie erbrachte, dass insbesondere auch permanent in der Schweiz lebende (einheimische und zugewanderte) Familien in wachsendem Maße bereit sind, Schulgebühren in dieser Höhe zu entrichten, um ihren Kindern den Besuch einer englischsprachigen Schule und den Erwerb einer international kompatiblen Hochschulzugangsberechtigung zu ermöglichen.

6.2.3 Die Schulorganisation

Im Hinblick auf ihre internen Organisations- und Verwaltungsstrukturen sind internationale Schulen am ehesten mit angelsächsischen Schulen vergleichbar (zu letzteren vgl. Bellenberg/Böttcher/Klemm 2001, S. 146ff.). Jede Einrichtung verfügt über einen im Turnus von zwei bis drei Jahren wechselnden, gewählten Schulvorstand (school board), dem Elternvertreter, die Schulleitung und weitere Vertreter der Schule, wie Lehrende, angehören. Rolle und Aufgaben der Schulleitungen an internationalen Privatschulen unterscheiden sich deutlich von denen deutscher Schulleitungen, da erstere in viel stärkerem Umfang als letztere Managementaufgaben wahrnehmen, wie dies beispielsweise auch an englischen und US-amerikanischen Schulen üblich ist und seit den 1990er Jahren im Kontext der Frage nach neuen Wegen zur Bildungsfinanzierung diskutiert wird (Böttcher/Weishaupt/Weiß 1997; Weiß 1999). So entfällt ein Großteil der zur Verfügung stehenden Ressourcen und Kapazitäten des Leiters einer internationalen Privatschule auf die Akquirierung von Fördermitteln und das finanzielle Management, den Austausch mit Sponsoren und die Selbstdarstellung der Schule sowie die Rekrutierung des Lehrpersonals. Bei ihrer Einstellung erhalten Schulleitungen, Lehrende und das übrige Personal zeitlich befristete Verträge, die jeweils individuell ausgehandelt werden. Es ist durchaus üblich, dass diese Lehrenden als Teil ihres Arbeitsvertrags den kostenlosen Schulbesuch ihrer Kinder sowie eine kostengünstige Unterkunft in der Nähe der Schule aushandeln. Solche Vergünstigungen stellen häufig ein zentrales Motiv für die Aufnahme einer Lehrtätigkeit an internationalen Privatschulen dar, da sich diese Lehrkräfte eine solche Schule für ihre Kinder andernfalls nicht leisten könnten.

Ein seit einigen Jahren schon thematisiertes Problem internationaler Schulen ist der häufige Personalwechsel unter Schulleitungen, Vertretern der school boards und Lehrenden; zum Teil wird pro Schuljahr ein Drittel des Personals ausgetauscht. Hawley (1994, S. 8ff.) hat auf der Basis empirischer Daten für den Zeitraum von 1980 bis 1990 belegt, dass von insgesamt 251 von amerikanischen Organisationen akkreditierten, internationalen Schulen 65 durchschnittlich einmal jährlich eine neue Schulleitung einstellten. Littleford (1999, S. 22) der sich auf die von Hawley (1994) erhobenen Daten bezieht, hat ferner ausgeführt, dass Ende der 1990er Jahre fast 80% aller Schulleiter „ihre" Schule nicht auf eigenen Wunsch verließen, sondern weil ihnen gekündigt wurde. Ursächlich für diesen häufigen Personalwechsel sei (Hawley 1994, S. 25), neben anderen Faktoren wie fehlenden und unzureichenden Leitungserfahrungen, dass school boards in den 1960er Jahren angeraten wurde, die Arbeitsverträge von Schulleitungen zeitlich zu befristen, um so „frischen Wind" in die Schule zu bringen und Eltern stärker als bisher in das Schulleben einzubeziehen. In Folge dieser Entwicklung erhalten die Leiter von Privatschulen heute in der Regel zweimal je drei Jahre umfassende Arbeitsverträge[10], wobei bereits nach Ablauf des ersten Vertrags die Möglichkeit zur Vertragsauflösung besteht. Am Ende der insgesamt sechs Jahre Schulleitungstätigkeit ist dann oftmals eine Pause von einem Jahr vorgesehen, die in der Praxis bewirkt, dass Schulleitungen nicht an „ihre" Schule zurückkehren (ebd.). Mit dieser Entwicklung geht oftmals ein häufiger Wechsel unter den Mitgliedern der school boards einher, die zum Teil bereits nach ein oder zwei Jahren ausscheiden (Hawley 1994, S. 13ff.). Schulleitungen verlassen ferner spätestens durchschnittlich beim vierten Wechsel des Vorsitzenden des Schulvorstands die Schule, da sie sich nicht in die Lage versetzt sehen, ein vertrauensvolles Verhältnis und eine kontinuierliche Kooperation mit dem school board aufzubauen; Vertreter der schools boards andererseits fühlen sich von den an sie herangetragenen Aufgaben überfordert und sind schon nach drei Jahren „ausgebrannt" (Littleford 1999, S. 26).

Eine Folge solcher Entwicklungen kann eine ausnehmend starke Rolle des Lehrerkollegiums an einer Schule sein, da es die einzige Konstante darstellt und nicht selten der Maxime folgt: „We have outlasted previous heads and we will outlive this one". (Littleford 1999, S. 27). In diesem Zusammenhang ist ferner bemerkenswert, dass die Fluktuation unter den Mitgliedern und Leitungen von school boards, die überwiegend von Eltern vertreten werden, deren Kinder eine Schule aktuell besuchen, am höchsten ist und innerhalb von school boards, die primär von Gemeindemitgliedern und Eltern früherer Schüler gestellt werden, am geringsten (ebd. S. 27f.). Dieser Befund scheint mir im Hinblick auf die unter dem Stichwort von der erhöhten Autonomie und Selbständigkeit der Einzelschule international geführte Diskussion um eine stärkere Einbeziehung von Schülereltern in das Schulleben von besonderem Interesse (Döbert/Geißler 1997), da viele der dort anvisierten Veränderungen in internationalen Privatschulen seit Jahrzehnten bereits praktiziert und mögliche Folgekosten, wie auch das folgende Beispiel zeigt, hier offenbar werden.

---

10 Die Leitung internationaler Privatschulen liegt zu 80% in männlicher Hand, wenngleich Lehrerinnen insgesamt immerhin ca. die Hälfte aller Lehrkräfte an internationalen Schulen stellen (Thearle 1999). Hier zeigt sich mithin eine Verteilung, wie wir sie auch aus dem bundesrepublikanischen staatlichen allgemein bildenden Bildungsbereich kennen.

Zu den zentralen Aufgaben der Schulleitungen und school boards gehört die Auswahl und Rekrutierung der Lehrkräfte einer Schule. Damit unterscheidet sich dieses System z. B. vom deutschen oder französischen staatlichen Schulwesen, in dem die dafür zuständigen staatlichen Behörden auch heute noch überwiegend geeignete Lehrkräfte auswählen und den Schulen zuweisen.[11] Da Rolle und Bedeutung der Lehrkräfte für die Gestaltung des Schulalltags kaum überschätzt werden können, fällt den mit ihrer Rekrutierung betrauten Gremien und Personen eine wichtige Aufgabe zu, auf die sie sachkompetent vorbereitet sein sollten; solche Sachkompetenz kann beispielsweise im Fall der im school board aktiven Elternvertreter jedoch keineswegs vorausgesetzt werden, mögen ihre Interessen und Bestrebungen auch legitim und gut begründet sein. Vor diesem Hintergrund und in dem Bestreben, die Rekrutierung der Lehrkräfte pragmatisch zu handhaben, hat sich deshalb unter internationalen Privatschulen heute weltweit ein Rekrutierungsmuster durchgesetzt, bei dem Lehrende nach den folgenden Merkmalen kategorisiert werden (Garton 2000, S. 86): Ausschlaggebend für die Anstellung an einer internationalen Schule ist demnach, ob Lehrende

- in dem Land, in dem die Schule angesiedelt ist, ausgebildet wurden;
- in dem Land, in dem die Schule angesiedelt ist, bereits leben, aber im Ausland ausgebildet wurden;
- zum Zeitpunkt der Rekrutierung im Ausland leben und explizit für eine Schule angeworben werden müssen.

Nach Einschätzung von Garton (2000, S. 86-89) stellen die beiden erstgenannten Gruppen das Gros der Lehrerschaft an internationalen Privatschulen dar. Die Gründe für ihre Anstellung sind mannigfaltig; sie betreffen in erster Linie aufenthalts- und arbeitsrechtliche Bestimmungen sowie monetäre Kosten. Bei den bereits im Ausland lebenden und angeworbenen Lehrkräften handelt es sich häufig um Ehepartner von Botschaftsangestellten sowie von Mitarbeitern internationaler Organisationen und Konzerne. Anders als im Ausland rekrutierte Lehrkräfte, die die höchsten Kosten verursachen, da für sie anteilig Erstattungen für ihre Unterkunft, Flüge in ihr Heimatland usw. anfallen, sind sie zum einen kostengünstiger und verfügen zum anderen in pädagogischer Hinsicht über vergleichbare Qualifikationen und Sprachkenntnisse, da es sich bei ihnen häufig um Englischmuttersprachler handelt. Inländische Lehrkräfte sind demgegenüber insgesamt kostengünstiger, aber nicht immer in der gewünschten Weise ausgebildet. Neben pädagogischen Motiven, die dennoch zur Einstellung des letztgenannten Lehrpersonals führen, wie Vertrautheit mit den örtlichen Gegebenheiten und Kulturen sowie der Beherrschung der Landessprache(n), begünstigen nicht zuletzt der Kostenfaktor und die Aussicht auf eine langfristige Zusammenarbeit ihre Einstellung. Dennoch kann von einer Gleichbehandlung der genannten Lehrergruppen keine Rede sein, da Bewerber, deren Mutter- oder Familiensprache Englisch ist, von internationa-

---

11 Sog. Schulscharfe Ausschreibungen erlauben in Nordrhein-Westfalen beispielsweise zwar die Auswahl und Einstellung einiger Lehrender direkt durch die Schule; das Gros der Lehrenden wird jedoch in allen deutschen Bundesländern nach wie vor von den zuständigen staatlichen Behörden eingestellt und bedarfsgerecht den Schulen zugewiesen.

len Privatschulen, insbesondere von jenen, die das IB und IB-Curricula anbieten, bevorzugt rekrutiert werden. Sie stammen vor allem aus den USA, Kanada, Australien, Neuseeland und Großbritannien:

> „Most teachers on the international circuit are ... either British or American. In a small but growing way, this trend is being strengthened by the wish of the IB schools in, for example Holland and the Scandinavian countries, to recruit British teachers to teach IB courses in their mother-tongue English." (Scutliffe 1991, S. 175)

Die Schulen kommen mit dieser Rekrutierungspraxis ihren Abnehmern entgegen, die für ihre Kinder Unterricht in englischer Sprache und ein internationalen Standards entsprechendes Curriculum favorisieren. Seit vakante Lehrerstellen an internationalen Schulen im Internet ausgeschrieben werden,[12] ist die Zahl der Bewerbungen weltweit und der einem Bewerbungsgespräch vorausgehenden Kontakte zwischen der ausschreibenden Schule, in der Regel vertreten durch den Schulleiter, und den Kandidaten drastisch angestiegen. Dies wird von Schulleitungen einerseits positiv aufgenommen, da bereits in diesem frühen Stadium eine Selektion stattfindet; andererseits erfordert dieses Prozedere gegenüber der früheren Praxis deutlich mehr Zeit. International tätige Lehrervermittlungsagenturen und Dachverbände internationaler Schulen, die u. a., wie bereits dargestellt (vgl. Kap. 6.2), weltweit Bildungskongresse und Lehrerkontaktbörsen ausrichten, haben deshalb in diesem Zusammenhang an Bedeutung und Einfluss gewonnen. Denn ihre als Dienstleistung erbrachte und also solche entgoltene Vorauswahl hilft den Schulen, den Rekrutierungsprozess zeiteffektiver zu gestalten, sie treten damit aber auch einen Teil ihrer Selbstgestaltungsmöglichkeiten an eine externe Instanz ab. Zwar verfügen die hier zur Diskussion stehenden Organisationen im Vergleich zu staatlichen Bildungsbehörden über keinerlei legislative Befugnisse und insofern de jure über weniger Einfluss und Kontrollmöglichkeiten; angesichts des auf den Schulen lastenden Drucks zur Koordination und Bündelung von Ressourcen übertragen diese jedoch zunehmend Aufgaben auf ihre Dachverbände und mit ihnen verbundene Organisationen, die infolgedessen bspw. Arbeitsverträge formulieren und den Schulen bereitstellen oder Unterstützung bei der Auswahl von Lehrkräften in Form von manuals, guidelines und Tagesveranstaltungen offerieren. Allein diese wenigen Beispiele lassen erkennen, über welches Gestaltungspotenzial diese Organisationen insofern im Hinblick auf die internationalen Schulen de facto verfügen. Dass in diesem Kontext insbesondere auch betriebswirtschaftliche Interessen und Aspekte eine zentrale Rolle spielen, wurde hier bereits herausgestellt.

In räumlicher und organisatorischer Hinsicht vereinen internationale Schulen oftmals den Kindergarten, Vorschul-, Primarschul-, Sekundarstufe I- und Sekundarstufe II-Bereich auf einem Schulgelände, unter der Leitung eines Schulleiters und eines school boards. Dies ist darauf zurückzuführen, dass die Schulen ihrer Klientel die Absolvierung der gesamten Schullaufbahn an einer Schulform ermöglichen wollen, aus Kostengründen jedoch nicht mehrere Standorte und Verwaltungs-

---

12 Vgl. zum Beispiel: http://www.ecis.org/ oder http://www.ibo.org/

einheiten finanzieren können. Schulen dieser Größenordnung verfügen mithin analog zu den genannten Schulstufen über mehrere Abteilungen und aufgrund ihrer zum Teil ausgeprägten Qualifikationsbreite hinsichtlich der erwerbbaren Schulabschlüsse über ein breites Lehrangebot. Da internationale Schulen in der Regel ferner als Gesamtschulen angelegt sind, kommt eine weitere, innere Differenzierung hinzu. Um die Spannbreite der damit verknüpften Angebote umreißen zu können, müssen die von diesen Schulen vergebenen Schulabschlüsse berücksichtigt werden.

6.2.4 Das Berechtigungswesen

Das Berechtigungswesen an internationalen Schulen ist ein kompliziertes Geflecht aus einerseits nationalen Schulabschlüssen und andererseits einem originär für diese Schulform entwickelten Schulabschluss. Unter den nationalen Berechtigungen dominierten in den vergangenen Jahrzehnten insbesondere nordamerikanische und englische Schulberechtigungen; aktuell können an internationalen Schulen weltweit folgende Abschlüsse erworben werden, wobei das Angebot von Schule zu Schule differieren kann (Ellwood 1999; Fox 1998):

- nordamerikanische Abschlüsse wie das Standard High School Diploma, in dessen Rahmen die Schüler credits (Punkte) für den Besuch nordamerikanischer Colleges und Universitäten akkumulieren;
- nordamerikanische Abschlüsse wie das Advanced Placement Diploma, das im Anschluss an das nordamerikanische High School Diploma erworben werden kann. Dazu müssen die Schüler ein Jahr lang erfolgreich High School Kurse absolvieren, die dem Kursangebot auf dem Niveau nordamerikanischer Colleges entsprechen, sowie credits erwerben. Das Advanced Placement Diploma berechtigt zum Besuch nordamerikanischer Universitäten;
- das International Advanced Placement Diploma, das eng an das nordamerikanische Advanced Placement Diploma angelehnt ist und künftigen Studierenden den Besuch von Universitäten außerhalb Nordamerikas ermöglicht (sofern die aufnehmende Universität den Abschluss anerkennt);
- das Mitte der 1980er Jahre an der Universität Cambridge (England) entstandene und seither vom dort angesiedelten Local Examinations Syndicate abgenommene International General Certificate of Education O-Level, ein Mittlerer Schulabschluss, dem die Absolvierung der damit verbundenen Curricula für die Schulstufen 9 und 10 vorausgeht und der zur Teilnahme am International Baccalaureat Diploma Program (IBDP) berechtigt;
- das Advanced International Certificate of Education für die Oberstufe, das seit 1996 ebenfalls vom Local Examinations Syndicate der Universität Cambridge vergeben wird und als Fortsetzung des International General Certificate of Education konzipiert ist. Beide Bildungsgänge wurden ursprünglich für britische Schulen außerhalb des Vereinigten Königreichs eingerichtet, können aber auch von anderen Bildungseinrichtungen übernommen werden;

- das Internationale Bakkalaureat (IB), eine weltweit anerkannte Hochschulzugangsberechtigung. Der Erwerb des IB ist an die Teilnahme am International Baccalaureate Diploma Program (IB DP), einem Curriculum für die Schulstufen 11 und 12 und an die erfolgreiche Absolvierung von Prüfungsleistungen geknüpft.

Um die genannten Abschlüsse erwerben zu können, können in der Primarstufe und in der Sekundarstufe I divergierende Curricula absolviert worden sein. Der Wechsel von einer nationalen zu einer internationalen Schule während dieser Phase der Schulausbildung ist grundsätzlich möglich; für den Besuch der oben genannten Angebote in der Sekundarstufe II müssen allerdings die entsprechenden Eingangsvoraussetzungen erfüllt sein. Originär für die internationalen Schulen wurden Mitte der 1960er Jahre das Internationale Bakkalaureat (IB) und das zwei Jahre umfassende IB-Oberstufencurriculum entwickelt, und zwar im Anschluss an Veröffentlichungen der ISA zu dieser Thematik. Die dort entwickelten Vorschläge konnten 1967 auf einer Konferenz in Sèvres unter großem Engagement der Beteiligten erstmals in konkrete Rahmenbedingungen und Zielvorgaben für diese originär neue und weltweit einzigartige Hochschulzugangsberechtigung und das ihr vorausgehende Oberstufencurriculum umgewandelt werden (vgl. auch Fox 1998, S. 65ff.):

> „Es ist heute kaum mehr möglich, nachzuvollziehen, mit welchem Elan diese kleinen Reformgruppen weltweit die Ziele der Konferenz in Sèvres verwirklichten.(...) Bis 1973 arbeitete eine kleine Gruppe von renommierten Professoren aus acht Ländern in dem ‚Board of Chief Examiners' zusammen und legte damit den Grundstein für das hohe Niveau, für welches das IB heute bekannt ist." (Dies. 1991, S. 331)

Von 1963 bis 1970 befassten sich Professoren aus der Bundesrepublik Deutschland, Großbritannien, Frankreich, Schweden und den USA mit der Ausgestaltung des IB und des IB-Oberstufencurriculums und präsentierten schließlich Vorschläge, die den Ansprüchen europäischer und amerikanischer Universitäten gerecht werden sollten (Jenkins 1998, S. 94). Diese Vorschläge basierten u. a. auf den Ergebnissen eines unter der Leitung von Alec Peterson, dem ersten Generaldirektor der IBO, an der Universität Oxford durchgeführten Forschungsprojekts, mit dem folgende Schwerpunkte gesetzt wurden:

> „1) a comparative analysis of upper secondary educational programmes in European countries, undertaken in cooperation with the Council of Europe
> 2) a study of university expectations for upper secondary school students preparing to enter higher education
> 3) a statistical comparison of IB pilot examination results with those of national school-leaving examinations such as British A-levels and US College Board Tests." (Fox 1998, S. 66)

Im Rahmen dieses Forschungsprojekts wurde die Dokumentation und Analyse bereits existierender europäischer, nationaler Oberstufencurricula genutzt, um zentrale dort geteilte Wissensinhalte zu identifizieren; die Erhebung zu den Universitätseingangsvoraussetzungen diente der Diskussion um Bildungs- und Erziehungsziele. Der statistische Vergleich der 1970/'71 erhobenen Examensresultate von Oberstufenschülern an IB-Pilotschulen und von Sekundarschülern an staatlichen Schulen in England und Nordamerika führte aufgrund des zu kleinen Samples zwar nicht zu verallgemeinerbaren Ergebnissen; die gewonnenen Daten reflektierten jedoch, dass beide Gruppen gleichwertige Leistungen erbrachten (Fox 1998, S. 66ff.). Begleitet und unterstützt wurde die Arbeit der Forschergruppe insbesondere von Lehrenden der Internationalen Schule in Genf (Schweiz), sowie weltweit von weiteren ausgewählten Pilotschulen. Zu diesen Pilotschulen zählten: das Atlantic College in Wales (GB), die United Nations International School in New York City (USA), das International College in Beirut (Libanon), die International High School in Kopenhagen (DK), die Iranzamin International School in Teheran (Iran) und die North Manchester High School für Mädchen (GB).

Diese Schulen entwickelten zusammen mit dem Forschungsteam die ersten, in englischer und französischer Sprache abgefassten IB-Curricula und Prüfungsaufgaben, die sie 1968 erstmals in der Schulpraxis erprobten. Als besonders schwierig erwies sich in diesem Zusammenhang für die Curriculumplaner, dass zwei fundamental divergierenden Bildungssystemen Rechnung getragen werden sollte: dem dezentralisierten britischen und dem zentralisierten französischen Bildungswesen. Die Orientierung an diesen beiden Bildungssystemen war nicht nur auf die länderspezifischen Kenntnisse der zum damaligen Zeitpunkt beteiligten Akteure zurückzuführen, sondern auch dem Umstand geschuldet, dass die Mehrzahl der Eltern der Schüler an internationalen Schulen für ihre Kinder einen Studienplatz in diesen Staaten oder in den USA anstrebten (Fox 1998, S. 66). Hier zeigt sich bereits in der ersten Entwicklungsphase des IB und IB-Oberstufencurriculums eine westlich-eurozentrische Ausrichtung, wie sie sich auch in folgendem Zitat wiederfindet, das den in der einschlägigen Sekundärliteratur und von der IBO immer wieder hervorgehobenen Enthusiasmus der Gründungsgeneration des IB und IB-Oberstufencurriculums beschreibt:

> „The original ‚architects' of the IB project attempted to put aside the constraints of existing systems (in the words of Gerad Renaud: ‚the prisoners of old traditions') and to focus on a key question: ‚in the context of today's world in ‚developed' countries, what areas of knowledge and which competences would equip young people equally well for university studies and for a professional career?' The exploration of this question led to the identification of the fundamental educational criteria that link the philosophy of the IB with its basic curricula structure (IBO 1985)." (Fox 1998, S. 67)

Vor diesem Hintergrund wurden 1967 folgende pädagogische Leitmotive für das IB und das Oberstufencurriculum formuliert, die nach wie vor Gültigkeit beanspruchen (vgl. ebd., S. 67f.):

- Priorität für eine zur kritischen Reflexion befähigende Erziehung und Bildung gegenüber einer reinen Wissensakkumulation;
- Hinführung zum selbständigen Arbeiten und zur praktischen Anwendbarkeit von Wissen;
- Entwicklung einer internationalen Perspektive bei der Thematisierung von Problemen der Menschheit;
- Verknüpfung von fachlichen und außerunterrichtlichen Aktivitäten – orientiert an einem ganzheitlichen Erziehungs- und Bildungskonzept, in dessen Zentrum die Bildung des ganzen Menschen steht.

Diese Kriterien spiegeln bereits auf den ersten Blick in Westeuropa und Nordamerika gewachsene pädagogische Traditionen insbesondere reformpädagogischer Provenienz sowie Bildungsvorstellungen zur internationalen Erziehung wider, wie sie von der UNESCO in der entsprechenden Entschließung 1974 niedergelegt wurden (UNESCO 1974). Im Anschluss an die genannte, 1967 in Sèvres abgehaltene Konferenz wurden die Curricula für die zwei Jahre umfassende Oberstufe und die Prüfungen für die Hochschulzugangsberechtigung in einer sechs Jahre dauernden Versuchsphase von 1969-1975 an den von der IBO und den nationalen Regierungen weltweit anerkannten Pilotschulen von jährlich 500 Schülern absolviert. Nach Abschluss der experimentellen Einführungsphase des IB und IB-Oberstufencurriculums fand 1976 in Den Haag unter Beteiligung von Regierungsvertretern aus Belgien, der Bundesrepublik Deutschland, Dänemark, Frankreich, Großbritannien, Italien, Iran, Marokko, den Niederlanden, Nordamerika, Kamerun, Kanada, Rumänien, Schweden und der Schweiz sowie Angehörigen der UNESCO die erste „IB Standing Conference of Governments" statt, in deren Folge sich 15 der dort vertretenen europäischen Staaten bereiterklärten, die Arbeit des IBO künftig auch finanziell zu unterstützen (Fox 1991, S. 334). Nicht vertreten waren auf dieser Konferenz weitere, über Pilotschulen an der experimentellen Phase beteiligte afrikanische Staaten sowie die Länder des Mittleren Ostens und Lateinamerikas – ohne dass dies damals problematisiert worden wäre. Doch bereits vier Jahre später auf einer 1980 von der IBO veranstalteten Konferenz in Singapur zeigte sich, dass das in Den Haag entworfene Curriculum von den zum damaligen Zeitpunkt nicht beteiligten, außereuropäischen Staaten als eurozentrisch kritisiert und seine Überarbeitung eingefordert wurde (Fox 1998, S. 71).

Auf das allen interessierten Schulen seit 1968 zugängliche IB und Oberstufencurriculum folgte erst 1994 das Curriculum für die Sekundarstufe I und erst weitere drei Jahre später (1997) das Primarstufencurriculum. Das IB und die entsprechenden Curricula werden heute in englischer, französischer und spanischer Sprache angeboten; seit einigen Jahren kann das MYP auch in der chinesischen Sprache Mandarin absolviert werden. Theoretisch ist es also möglich, in den drei erstgenannten Sprachen eine komplette IB-Schullaufbahn zu durchlaufen. Das IB und das IB-Oberstufencurriculum gelten im Vergleich zu den parallel an internationalen Schulen angebotenen nordamerikanischen und englischen Oberstufencurricula und Abschlüssen als eine in akademischer Hinsicht anspruchsvolle Alternative mit einer hohen Arbeitsbelastung, die zu absolvieren in der Regel nur „guten", leistungsstarken Schülern angeraten wird (Barnes 1998).

Das Interesse internationaler Schulen an der Entwicklung des IB und IB-Oberstufencurriculums war in den 1960er Jahren groß, da sie sich zunehmend mit einer Fülle von an sie herangetragenen curricularen Optionen einschließlich der damit verbundenen Berechtigungen und der Anerkennung derselben durch Universitäten weltweit konfrontiert sahen. Diesen Bestrebungen der Schülereltern konnten viele Schulen einerseits jedoch auf Grund des finanziellen Aufwands, im Hinblick auf die Schulorganisation, das Personal, Unterrichtsmaterialien usw., nur bedingt nachkommen; andererseits zeigte sich vielerorts, dass ein breites curriculares Angebot zu unerwünschten Segregationserscheinungen innerhalb der Schülerschaft entlang ethnischer, kultureller und sprachlicher Grenzziehungen führte. Insbesondere von Schulen, die explizit ein internationales Profil anstrebten, um so einen Beitrag zur Völkerverständigung zu leisten (so der damalige Sprachgebrauch; Fox 1991, S. 330ff.), wurden solche Separierungen jedoch vehement abgelehnt und die Entwicklung eines internationalen Curriculums und einer entsprechenden Berechtigung favorisiert (Fox 1991 S. 65f.).

Bisher wurde die Option, das IB und IB-Curricula auch an staatlichen Schulen zu absolvieren, hier nur am Rande thematisiert (vgl. Kap. 6.2.2). Diese Möglichkeit hatte die Heads Standing Conference (HSC), ein Ausschuss der IBO, der für die Implementierung des IB und der IB-Curricula sowie für die dafür zu entrichtenden Gebühren zuständig ist, bereits 1977 mit Vertretern nationaler Bildungswesen verabredet. Eine Folge dieser Übereinkunft war, dass die von ihnen repräsentierten nationalen Regierungen einen Teil der für die Entwicklung des IB und des Oberstufencurriculums aufzubringenden finanziellen Kosten übernahmen und auch heute noch einen Teil der Unkosten tragen, die mit der Adaptation dieses Bildungsangebots durch staatliche Schulen einhergehen. Im Gegenzug erbot sich die IBO, die nationalen Bildungswesen bei der Implementierung dieser Curricula zu unterstützen, zum Beispiel indem sie Workshops zur Lehrerfortbildung durchführte. Das IB und die IB-Curricula werden an staatlichen Bildungseinrichtungen in nennenswertem Umfang insbesondere in Nordamerika und Kanada angeboten, sowie in Europa in den skandinavischen Ländern (vgl. www.ibo.org; Abruf vom 16.12.2003); seit Öffnung der Staaten der ehemaligen Sowjetunion vereinzelt auch dort (Murphy 2000). So erhielten zur Zeit der Perestroika beispielsweise zwei Schulen in Slowenien sowohl die staatliche Erlaubnis als auch staatliche finanzielle Unterstützung bei der Einführung des IB-Curriculums in Form eines nationalen Experiments (vgl. Fox 1998, S. 72). In Deutschland gibt es 2009 insgesamt 13 staatliche Schulen, die IB Curricula anbieten, darunter die eingangs bereits erwähnte „State International School Berlin" sowie die „Independent Bonn International School".

In der Bundesrepublik Deutschland als Ersatzschulen anerkannte internationale Schulen sind in finanzieller Hinsicht staatlichen Schulen gleichgestellt; staatliche Schulen, die zusätzlich zu ihren nationalen Curricula IB-Curricula anbieten, tragen i.d.R. alle anfallenden Gebäude-, Ausstattungs- und Personalkosten; die Schülereltern müssen zusätzlich „lediglich" für das IB und die IB-Curricula anfallende

Kosten für Unterrichtsmaterialien, Prüfungsleistungen usw. aufbringen, mithin für von der IBO erbrachte Dienstleistungen (Hill 2000, S. 26ff; vgl. vertiefend hierzu das folgende Kapitel 6.3). Das IB wird heute von einer Vielzahl von Universitäten weltweit anerkannt, dies zeigt bspw. das jährlich von der ECIS (2000) veröffentlichte und aktualisierte Higher Education Directory, in dem für das Jahr 2001 insgesamt allein 392 englischsprachige, dem ECIS angehörende tertiäre Bildungseinrichtungen in Nordamerika, dem Vereinigten Königreich und Europa aufgeführt sind. Die IBO nennt für das Jahr 2003 insgesamt 1.079 tertiäre Bildungseinrichtungen weltweit, die das IB anerkennen. Die weit überwiegende Mehrheit dieser Einrichtungen befindet sich in Nordamerika, dem Vereinigten Königreich, in Europa und Australien; in Deutschland traf dies im Jahr 2003 auf insgesamt 36 Universitäten und Fachhochschulen zu[13]. Eine Erklärung für den vergleichsweise geringen Anteil tertiärer Bildungseinrichtungen in Deutschland, die das IB anerkennen, könnte der Umstand sein, dass deutschen Staatsangehörigen ein an einer internationalen Schule in Deutschland erworbenes IB bis 2001 nicht als Hochschulzugangsberechtigung anerkannt wurde; mit dem seither geltenden Erlass wurde diese Einschränkung jedoch aufgehoben (KMK 2001). Die IBO wirbt seit 2003 damit, dass viele britische Universitäten, die das IB als Hochschulzugangsberechtigung anerkennen, IB-Absolventen als besser auf ein Hochschulstudium vorbereitet einstufen als diejenigen, die eine britische Hochschulzugangsberechtigung erworben haben[14].

6.3 Die Mikro- oder Interaktions- bzw.- Individualebene: Genese und Ausgestaltung des Internationalen Bakkalaureat-Curriculums

Die weltweit angesiedelten internationalen Schulen verbindet weder ein einheitliches Schulprofil noch folgen sie einem gemeinsamen Curriculum (Blaney 1991, S. 199). Die Spannbreite umfasst vielmehr auch Schulen, die ein oder zwei nationale Curricula anbieten, wobei Varianten dominieren, bei denen das nationale Curriculum des Landes, in dem die Schule angesiedelt ist, und ein nordamerikanisches oder englisches Curriculum unterrichtet werden (Willis/Enloe 1990, S. 170-174). Nur wenige internationale Schulen reklamieren für sich ein einheitliches Schulprofil auf der Basis eines geteilten Verständnisses von internationaler Erziehung und Bildung. Zu diesen zählen, wie zahlreiche Autoren in diesem Kontext auch in jüngerer Zeit immer wieder herausstellen (Hayden/Thompson 1995a; Hill 2002, S. 21f.; Murphy 2000, S.5ff.), die für eine explizit multikulturelle Schülerschaft gegründeten United Nations International School und die United World Colleges:

---

13 http://www.ibo.org/; Abruf vom 05.11.2003 sowie vom 19.01.2004.
14 http://www.ibo.org; Abruf vom 16.12.2003 und 18.12.2009.

> „With the exception of isolated clusters such as the United World Colleges, international schools share no recognized philosophical foundation. There are no deeply held, publicly declared beliefs and values to bind them, to bond them into a coherent global system." (Bartlett 1998, S. 7)

Das für die United World Colleges zugrunde gelegte Verständnis von internationaler Erziehung hatte maßgeblichen Einfluss auf die Ausgestaltung des IB und der IB-Curricula. Im Mission Statement der United World Colleges, das die für diese Schulen gültigen Leitvorstellungen dokumentiert, wird im Hinblick auf die internationale Erziehung konstatiert:

> „Through international education, shared experience and community service, United World Colleges enable young people to become responsible citizens, politically and environmentally aware, committed to the ideals of peace, justice, understanding and co-operation, and to the implementation of these ideals through action and personal example." (Mission Statement der United World Colleges, überarbeitete Version von 1995, zit. n. Jenkins, 1998, S. 93)

Bis heute gibt es weltweit insgesamt zehn United World Colleges; die erste dieser Schulen, die wie die englischen Sixth-Form-Colleges lediglich die zwei Jahre dauernde Oberstufe umfassen, wurde 1962 in Wales (GB) gegründet und firmiert seither unter dem Namen „United World College of the Atlantic" (Rawlings 1999, S. 19f.)[15]. Einer ihrer Gründungsväter war der hier eingangs bereits erwähnte deutsche Reformpädagoge Kurt Hahn (vgl. Kap. 1.3), dessen pädagogische Leitvorstellungen zunächst für die United World Colleges und in der Folge auch für das Internationale Bakkalaureat-Curriculum maßgebend waren, weshalb sie hier knapp aufgegriffen werden sollen.

Kurt Hahn, daran sei an dieser Stelle noch einmal erinnert, wurde am 06.06.1886 als Sohn jüdischer Unternehmer in Berlin geboren. Er arbeitete zunächst als Privatsekretär des damaligen Reichskanzlers Prinz Max von Baden, musste aber 1933 vor den Nationalsozialisten nach England flüchten und kehrte erst 1952, also fast zwanzig Jahre später nach Deutschland zurück. Er starb am 14.12.1974 in Salem am Bodensee (Ziegenspeck 1987, S. 2). Kurt Hahns Erziehungs- und Bildungsvorstellungen waren geprägt von reformpädagogischen Idealen und Ansätzen, insbesondere der Deutschen Landerziehungsheimbewegung des ausgehenden 19. und angehenden 20. Jahrhunderts (Röhrs 1991b, S. 125-130). Die in diesem Umfeld bspw. von Hermann Lietz formulierten reformpädagogischen Auffassungen verband Hahn mit Erziehungsvorstellungen moderner englischer

---

15 Weitere United World Colleges entstanden seither in Singapore (1971: United World College of South East Asia), Vancouver Island, Canada (1974: Lester B. Pearson United World College of the Pacific), Mbabane, Swaziland (1981: Waterford KaMhlaba United World College of Southern Africa), New Mexico, USA (1982: Armand Hammer United World College of the American West), Duino, Italien (1982: United World College of the Adriatic), Barinas, Venezuela (1988: Simon Bolivar United World College of Agriculture), Hong Kong (1992: Li Po Chun United World College of Hong Kong), Haughland, Norwegen (1995: Red Cross Nordic United World College) und in Pune, Indien (1997: Mahindra United World College of India).

public schools und entwickelte eine auf Charakterbildung fokussierende Erziehungskonzeption unter dem Motto: „Leben und Lernen mit Kopf, Herz und Verstand" (Fischer 1991, S. 4). 1958, sechs Jahre nach seiner Rückkehr nach Deutschland, führte Hahn in einem von ihm gehaltenen Vortrag mit Bezug auf die hier im Folgenden thematisierten, von ihm gegründeten Schulen „Salem" (in Deutschland) und „Gordonstoun" (in Schottland) mit Blick auf die von ihm verfolgten Erziehungsziele aus:

> „Um Ihnen deutlich zu machen, wohin die pädagogische Bewegung strebt, der ich diene, habe ich Ihnen den abschließenden Bericht an die Eltern mitgebracht, den sowohl Gordonstoun wie Salem versenden. Die hier aufgeführten Eigenschaften wurden vor 30 Jahren in einer Leiterversammlung, der Vertreter Salems, der Hermann-Lietz-Schulen, der Solings und Schondorfs beiwohnten, als verpflichtende Ziele anerkannt: Ich lese die Überschriften vor: Gemeinsam, Gerechtigkeitsgefühl, Fähigkeit zur präzisen Tatbestandsaufnahme, Fähigkeit, das als Richtig erkannte gegen Unbequemlichkeiten, Strapazen, Gefahren und Hohn der Umwelt durchzusetzen, Fähigkeit des Planens, des Organisierens, Fähigkeit, sich in unvorhergesehenen Situationen zu bewähren, Leistungen im Unterricht." (Hahn 1957, S. 3)

Hahn verfolgte die Perspektive einer Erziehung, die die Schülerschaft zur aktiven politischen Verantwortung im Hinblick auf den Staat, die bürgerliche Demokratie und das Gemeinwesen sowie zur Übernahme und Wahrnehmung moralischer Verantwortung angesichts sich wandelnder Normen und Werte befähigen sollte (Hahn 1959; Röhrs 1991b, S. 108-112). Pädagogisch umgesetzt wurden diese Bildungs- und Erziehungsvorstellungen im Rahmen einer von Hahn entwickelten Erlebnispädagogik (ebd., S. 128f.). Diese fand ihren Niederschlag zunächst in dem in Deutschland 1920 gegründeten und weithin bekannten Landerziehungsheim „Schule Schloss Salem" und in den von Hahn in England und Schottland eingerichteten Outward Bound Schools. Sie sollte mit Gründung des ersten United World College of the Atlantic 1962 auch im Rahmen dieses Schultyps verankert werden, und zwar in dem an diesen Schulen praktizierten gemeinwesenorientierten Unterricht, der im Falle des United World College of the Atlantic auch den Rettungsdienst auf See umfasst (Fischer 1991, S. 9ff.).

1934 gründete Hahn in Anlehnung an die 1920 in Deutschland eingerichtete Internatsschule Schloss Salem die Internatsschule Gordonstoun. Ihr folgten bis heute weltweit insgesamt sechs weitere solcher Schulgründungen in Großbritannien, vier in Europa, sechs in Nordamerika, vier in Indien sowie je eine in Australien und Kenia. Seit 1966 verstehen sich diese Schulen als sog. „Round Square Conference Schools", benannt nach einem Gebäudeteil der Internatsschule Gordonstoun. Hahn selbst wandte sich aufgrund der veränderten politischen Lage seit den 1950er Jahren stärker einer internationalen Perspektive zu und entwickelte die Idee eines „Atlanischen Staatsbürgertums" (Fischer 1991, S. 18), das zu fördern er in den United World Colleges anstrebte:

„Unsere Atlantischen Jungen werden sich der kleinen Gemeinschaft verpflichtet fühlen, in der sie zusammen gearbeitet, Wagnisse bestanden und im Dienst des Nächsten sich eingesetzt haben. Sie werden lernen, noch ein anderes Land neben dem eigenen Vaterland zu lieben. Das wird ein Schritt sein auf dem Weg zu einem Atlantischen Staatsbürgertum." (Hahn 1957, in Knoll 1998, S. 284)

Für das 1962 gegründete United World College of the Atlantic wurden zunächst ausschließlich männliche Schüler (heute arbeiten diese Colleges überwiegend koedukativ) aus verschiedenen Ländern im Rahmen eines nach wie vor praktizierten Auswahlverfahren rekrutiert, in dem intellektuelle Fähigkeiten, Grundwissen und persönliche Reife der Aspiranten im Vordergrund standen. Ca. 50% der Schüler an den United World Colleges erhielten ein Stipendium, das ihnen den Besuch dieser Internatseinrichtung ermöglichte (Rawlings 1999, S. 19). Auch heute noch wird ein solcher vergleichsweise hoher Anteil an Stipendiaten angestrebt, allerdings kann er in diesem Umfang nicht mehr von allen Schulen vergeben werden. Demgegenüber orientieren sich das Lehren und Lernen sowie die Gestaltung des Schulalltags in all seinen Facetten an den United World Colleges im Kern auch heute noch an den Erziehungs- und Bildungsvorstellungen Kurt Hahns, die mit den Begriffen „Menschlichkeit, Frieden, Gleichberechtigung, Freiwilligkeit, Verständigung, vorurteilsfreie und kooperative Begegnung" umschrieben werden können (Fischer 1991, S. 23). In der Praxis wird ihnen mit dem Prinzip der demokratischen Mitverantwortung und gemeinsamen, verantwortungsbewussten Gestaltung der Schul- bzw. Internatsschulpraxis entsprochen; darüber hinaus erstrecken sie sich auch auf das die Schule umgebende Gemeinwesen. Dazu finden Gemeinschaftsprojekte im kommunalen Sozialdienst, im Umweltschutz oder auch im Rettungsdienst statt, wie beispielsweise am United World College of the Atlantic.

Zwischen Kurt Hahn und denjenigen, die eine international kompatible Hochschulzugangsberechtigung und ein dieser vorhergehendes Oberstufencurriculum anstrebten, bestanden schon zu einem recht frühen Zeitpunkt Kontakte. Aus diesem Austausch ging 1962 das erste Modell eines solchen Curriculums hervor, das unter der Leitung von Alec Peterson, dem damaligen Direktor des Department of Educational Studies an der Universität Oxford (GB) und seit Mitte der 1960er Jahre erster Direktor der IBO, entwickelt und zunächst vom United World College of the Atlantic adaptiert wurde. Das erstmals 1968 staatlichen wie privaten internationalen Schulen zugängliche und seither von allen United World Colleges übernommene IB-Oberstufencurriculum basiert auf diesem Modell (Hill 2002, S. 23). Es wurde erst 1992, also immerhin ein Vierteljahrhundert später, um das Curriculum für die Sekundarstufe I (Middle Years Program/1992) und 1997 um das Curriculum für die Primarstufe (Primary Years Program) ergänzt. Insofern handelt es sich bei den beiden letztgenannten Curricula um noch „junge" Erscheinungsformen. Nach Auffassung von Bartlett (1998, S. 78) sind sie die „Garanten" für eine internationale Erziehung an internationalen Schulen und repräsentieren, wie Hill (2000, S. 29) ausgeführt hat, „international education programmes", gemäß der von der UNESCO zur Internationalen Erziehung formulierten Erklärung von 1974 (bzw. ihrer überarbeiteten Fassung von 1997), wenngleich der Autor einschränkend hinzufügt: „as imperfect as these programmes may be in realising all the aims". Ein Kritikpunkt an den IB-Curricula, dies wurde schon zu einem relativ frühen Zeitpunkt in den 1970er Jahren deutlich (Yip 2000, S. 44), ist ihre anglo- und eurozentrische Ausrichtung, die den zum Zeitpunkt ihrer Entstehung dominierenden Einflüssen nordamerikanischer und westlicher Bildungsvorstellungen geschuldet ist, wie auch Peterson (1979, S. 3), der an der Entwicklung des IB und -Oberstufencurriculums beteiligt war, einräumt:

> „It is impossible to deny therefore that the thinking which underlay the curriculum was Western European and North American in origin, but with this limitation it drew on a wide range of traditions."

Um einen Überblick über die im o.g. Zitat angesprochenen mannigfaltigen Einflüsse auf die IB-Curricula zu gewinnen, werden im Folgenden die den IB-Curricula zugrunde liegenden Bildungs- und Erziehungsziele konkretisiert und im Anschluss daran wird die Kritik, diese Curricula seien „eurozentrisch" (vgl. Yip 2000, S. 44), vor dem Hintergrund des Geschilderten eingeordnet.

6.3.1 Im IB-Curriculum verankerte Erziehungs- und Bildungsziele

Mitte der 1960er Jahre war einerseits die Nachfrage nach internationalen Schulen bereits deutlich angestiegen; andererseits hatten die unter Vertretern der IBO und der ISA, der UNESCO, nationaler Regierungen und Schulleitungen internationaler Schulen geführten Diskussionen über die Modalitäten zur Realisierung einer international kompatiblen Hochschulzugangsberechtigung und eines dieser vorausgehenden Oberstufencurriculums bereits konkrete Vorschläge erbracht und Aktivitäten nach sich gezogen. Um diese besser koordinieren zu können, übertrug man bereits 1967 die Leitung der damit verbundenen Aufgaben der IBO, die seither für das IB und IB-Curriculum verantwortlich zeichnet. Nun ist die IBO aber, dies wurde hier bereits ausgeführt, keine supranationale Organisation wie die Europäische Union, an die ihre Mitgliedstaaten nationale Kompetenzen abgetreten haben, sondern ein nach Schweizer Recht eingetragener gemeinnütziger Verein. Das unter der Ägide der IBO seit 1967 entwickelte Interna tionale Bakkalaureat- und Oberstufencurriculum, das Curriculum für die Sekundarstufe I und die Primarstufe entstanden mithin weder in einem nationalen Rahmen, noch basieren sie auf Abkommen, die von einer supranationalen Organisation für die dort zusammengeschlossenen Nationalstaaten rechtlich bindend getroffen wurden. Praktisch bedeutet dies, dass das IB und die IB-Curricula von den Nationalstaaten nicht als äquivalent zu nationalen Bildungsabschlüssen und Curricula anerkannt werden müssen.

Vor diesem Hintergrund gehörte zu den ersten Aufgaben, denen sich die IBO Ende der 1960er Jahre widmete, die Anerkennung des IB und IB-Oberstufencurriculums durch nationalstaatliche Vertretungen. Die diesbezüglich in der Bundesrepublik Deutschland von der Kultusministerkonferenz 1986 erlassene, hier bereits erwähnte und 2001 modifizierte Verlautbarung ist ein Beispiel für den Erfolg dieser

Verhandlungen (KMK 2001) [16], die zum Teil sogar dazu führten, dass sich einige Regierungen, u. a. die Deutschlands, Frankreichs, Großbritanniens und Nordamerikas, auch an der Konzipierung des IB und des Oberstufencurriculums beteiligten. Finanziell unterstützt wurden diese Aktivitäten in den Jahren zwischen 1964 und 1976 von der UNESCO, dem Twentieth Century Fund und der Ford Foundation (Hill 2002, S. 25). Die seither unter der Ägide der IBO entwickelten IB-Curricula, ihre Bildungs- und Erziehungsziele sind im Mission Statement der IBO von 1996 niedergelegt, dort wird ausgeführt:

> „Through comprehensive and balanced curricula, coupled with challenging assessments, the International Baccalaureate Organization aims to assist schools in their endeavours to develop the individual talents of young people and teach them to relate the experience of the classroom to the realities of the world outside. Beyond intellectual rigour and high academic standards, strong emphasis is placed on the ideals of international understanding and responsible citizenship, to the end that IB students may become critical and compassionate thinkers, lifelong learners and informed participants in local and world affairs, conscious of the shared humanity that binds all people together while respecting the variety of cultures and attitudes that makes for the richness of life." (IBO 1996, in dies. 1997, S. 3)

Diese Bildungs- und Erziehungsziele reflektieren ein Verständnis von internationaler Erziehung, wie es in seiner moderneren Variante, der global education vertreten wird, prominent zum Beispiel von Selby (2000; vgl. auch Kap. 1.5). Es manifestiert sich im Mission Statement der IBO in dem dort verankerten Einfluss der Diskurse zur interkulturellen Pädagogik, zur Zielperspektive des „lebenslangen Lernens", wie sie von der UNESCO vorangetrieben werden (Delors 1996), sowie im Hinblick auf die dort angestrebte Bewusstmachung der Interdependenz vom Lokalen und Globalen und der Befähigung zu einem verantwortungsvollen Handeln vor diesem Horizont („to the end that IB students may become critical and compassionate thinkers, lifelong learners and informed participants in local and world affairs"; IBO 1997, S. 3). Daneben sticht im Mission Statement der IBO aber auch der eingangs eingeführte Verweis auf ein akademisch anspruchsvolles Curriculum hervor, dessen Zielerreichung, so wird dort betont, im Rahmen einer ebenso anspruchsvollen Lernleistungsmessung überprüft werde. Die Hervorhebung dieses Aspekts ist sicherlich zunächst einmal dem Umstand geschuldet, dass es sich hierbei um Bildungsangebote handelt, die mit nationalen Curricula sowie dem Privatschulwesen konkurrieren und insofern das Vertrauen der potentiellen Abnehmer in die Leistungsfähigkeit dieses Bildungsangebots stärken sollen. Hier anknüpfend reflektiert die Nachdrücklichkeit des Verweises meines Erachtens aber auch die Tatsache, dass es sich um eine Bildungs- und Qualifizierungsoption handelt, die

---

16 Bis zu diesem Datum wurde deutschen Staatsangehörigen ein an einer internationalen Schule in Deutschland erworbenes IB nicht als Hochschulzugangsberechtigung für deutsche Universitäten anerkannt. Mit dem neuen Erlass aus dem Jahr 2001 wurde diese Regelung aufgehoben. Der aktuell gültige Erlass, der einigen terminologischen Modifikationen im IB-Curriculum Rechnung trägt, z. B. heißt Art/Design seit Mai 2000 Visual Arts, datiert vom 18.11.2004.)

ihren Abnehmern, den Schulen und Schülern, nur dann zugänglich ist, wenn sie die damit verbundenen finanziellen Kosten direkt übernehmen.

Bildungs- und Erziehungsziele manifestieren sich in Lehr- und Lernzielen, die zentrale Steuerungsvariablen zur Realisierung der auf nationaler, supranationaler oder transnationaler Ebene formulierten Ansprüche an das Bildungswesen darstellen. In internationaler Perspektive sind Lehr- und Lernziele auf unterschiedlichen Entscheidungsebenen zu finden und mit divergierenden makro- bis mikrodidaktischen Diskursen verbunden, wie Adick (2003, S. 88) dargelegt hat:

- „Auf der Weltebene finden sich Lehr- und Lernziele bspw. in Programmen internationaler Organisationen wie UNESCO und OECD;
- auf der einzelstaatlichen Entscheidungsebene sind sie in rechtlichen und bildungspolitischen Rahmenvorgaben wie Lehrplänen und Prüfungsordnungen enthalten;
- auf der Ebene der Unterrichtsfächer treten sie in Fachdidaktiken und Schulbüchern zu Tage;
- auf der Ebene von Unterrichtsgegenständen erscheinen sie in der didaktischen Analyse und Planung einzelner Themen;
- in der Unterrichtspraxis sind sie am Handeln der Lehrenden und Lernenden ablesbar."

Lehr- und Lernziele stellen, verbunden mit Inhalten, *„inhaltlich-intentionale Steuerungselemente des Unterrichts"* dar (ebd., S. 88, Hervorh. im Orig.), wobei drei aus der Didaktik bekannte klassische Lernzieldimensionen zu unterscheiden sind a) Inhalte (content), b) Fertigkeiten (skills) und c) Einstellungen (attitudes) (dies. 2002b, S. 408). Im Weiteren werden das IB und die IB-Curricula im Hinblick auf die Identifikation der dort im Rahmen dieser drei Lernzieldimensionen verankerten Lehr- und Lernziele näher betrachtet; bevor dies geschehen kann, muss jedoch geklärt werden, welcher Curriculumbegriff für diese Curricula adaptiert wurde.

6.3.2 Der für die IB-Curricula zugrunde gelegte Curriculumbegriff

Die IBO hat für die von ihr konzipierten IB-Curricula, wie im Folgenden gezeigt werden kann, einen offenen Curriculumbegriff zugrunde gelegt, wie er in den 1960er Jahren aufkam. Dieser Curriculumbegriff unterscheidet sich von dem überwiegend im deutschen Sprachraum verwendeten Begriff Lehrplan, wie Posch, Larcher & Altrichter (1996, S. 184-202) ausgeführt haben:

> „‚Lehrplan' wird gewöhnlich definiert als Auswahl und Anordnung von Lehrgütern für einen bestimmten, meist umfassenderen Lehrzweck (Dolch 1971) oder als Kodifikation des Lehrgefüges; das Lehrgefüge ist der strukturierte Zusammenhang des unterrichtlichen Geschehens, in dem als in einem Teil der Erziehungswirklichkeit Lehre und Überlieferung an eine nachwachsende Generation vor sich geht (Weniger 1963). Die Funktion des Lehrplans ist es, die bildungspolitischen Intentionen des Gesetzgebers schul-

artenspezifisch und fachspezifisch zu konkretisieren." (Posch/Larcher/ Altrichter 1996, S. 184)

Den Begriff „Lehrplan", der in der deutschen Pädagogik bis Ende der 1960er Jahre vorherrschte, sei seither von dem wesentlich älteren Begriff „Curriculum" verdrängt worden, da der Begriff „Lehrplan" als „unbrauchbar gewordenes Fossil einer zentralistischen staatlichen Bildungsplanung erschien" (Posch/Larcher/ Altrichter 1996, S. 184). Demgegenüber sei mit dem überwiegend in der nordamerikanischen Pädagogik seit den 1960er Jahren verwendeten und von dort übernommenen Curriculumbegriff das Ziel verfolgt worden, eine auch sozialwissenschaftlich fundierte Unterrichtsplanung im Sinne von Robinsohn (1971) zu schaffen. Diesen Curriculumbegriff kennzeichne, dass er

- eine umfassendere Bedeutung habe als der Lehrplanbegriff, da er stärker mit inhaltlichen Vorgaben und Zielen assoziiert wird;
- Prozesse umfasse, die von ersten Planungen bis zur Analyse der Wirkungen reichen;
- ein transparentes und demokratisches Prozedere bezeichne, das im Hinblick auf individuelle und gesellschaftliche Erfordernisse sowie unter Beachtung wissenschaftlicher Erkenntnisse begründet und legitimiert werden muss;
- Curriculumziele und -inhalte sowie Hilfen zur Realisierung derselben in Form von methodischen Vorschlägen benenne, und zwar im Hinblick auf die Lehrerrolle und die soziale Organisation von Lernprozessen, Unterrichtsinhalten und -materialien, Medien und die Lehrerfortbildung;
- die Reflexion von Lernprozessen und ihrer Qualität einschließe.

Ausgehend von diesem Curriculumbegriff unterscheiden die Autoren ferner zwischen weiten und engen Curriculumbegriffen und führen Kritik an beiden Polen an: Weite Curriculumbegriffe evozierten demnach „Bruchstellen", die sich im Prozess der Umsetzung bildungspolitischer Leitideen auf konkrete Stufen (Gesetze, Lehrpläne, Konzepte von Lehrern und Schülern, Realität) ergäben: „Die Idee, dass man die jeweils konkretere Stufe aus der allgemeinen ‚ableiten' könnte, hat, wie Hilbert L. Meier (1991) gezeigt hat, wenig für sich." (Posch/Larcher/Altrichter 1996, S. 188). Ein geschlossener Curriculumbegriff dagegen, der die verschriftlichte curriculare Vorgabe betone, führe zur „Versteinerung" der pädagogischen Praxis (ebd., S. 187). Der für das IB-Curriculum zugrunde gelegte offene Curriculumbegriff, den insbesondere die Rahmenvorgaben für das Sekundarstufe I- und das Primarstufencurriculum reflektieren, manifestiert sich in von der IBO festgelegten, für die Einzelschule verbindlichen, allerdings sehr allgemein gefassten Lernzielen.[17] Damit verknüpft ist das explizite Anliegen der IBO, der weltwei-

---

17 Vgl. die im Anhang dieser Studie aufgeführten, vom IBO für das PYP und MYP festgelegten Lernziele, die dort mit dem Begriff „Standards" gefasst werden; http://www.ibo. org; Abruf vom 11.12.2003). Diese Standards sind im Oktober 2009 auf der Homepage der IBO nicht mehr verzeichnet und abrufbar. Auf sie wird im Folgenden dennoch rekurriert und sie werden im Anhang dieser Studie aufgeführt, da sie eine nicht zu vernachlässigende Informationsquelle hinsichtlich der Entwicklung der IB-Curricula darstellen.

ten Heterogenität unter den Schulen, regionalen Spezifika und der Möglichkeit zur Berücksichtigung nationaler Curricula Rechnung zu tragen.

Waterkamp (2000, S. 99-154) hat im Rahmen einer international vergleichenden Analyse, in der es um organisatorische Verfahren als Mittel zur Gestaltung – oder besser: Steuerung – im Bildungswesen ging, auch dominierende Ansätze der Curriculumgestaltung als Steuerungsinstrumente näher betrachtet und in diesem Zusammenhang zwei einander diametral gegenüberstehende Pole in der Curriculumentwicklung herausgestellt: die Standardorientierung einerseits und die Bedürfnisorientierung andererseits. Mit dem Begriff „Standardorientierung" fasst der Autor antizipatorische Systemsteuerungsinstrumente, mit denen zukünftig zu erreichende Ziele festgelegt und als verallgemeinerbar bzw. auf einen größeren geographischen Kontext übertragbar verstanden werden. Mit dem Begriff „Bedürfnisorientierung" werden dagegen reaktive Steuerungsinstrumente erfasst, in deren Zentrum die Berücksichtigung lokaler Erfordernisse steht. Die Möglichkeiten von Lehrenden, Schülern, ihren Eltern und lokalen Interessengemeinschaften, auf die Ausgestaltung des Curriculums Einfluss zu nehmen, sind im Modell der Bedürfnisorientierung deutlich ausgeprägter als im Modell der Standardorientierung. Die analog zu den Schulstufen divergierenden IB-Curricula weisen, dies kann im Folgenden gezeigt werden, eine Mischung aus beiden Steuerungsmodellen auf, wobei der Anteil der einen oder anderen Form je nach erreichter Schulstufe differiert.

Im Folgenden werden die von der IBO für die IB-Curricula vorgegebenen curricularen Rahmenbedingungen und Inhalte knapp umrissen, und zwar unter besonderer Berücksichtigung der für sie formulierten Lernziele. Das gesamte IB-Curriculum ist für 3- bis 19-jährige Schüler konzipiert und im Hinblick auf drei Altersgruppen wie folgt aufgegliedert (IBO 2003):

• Das PYP, das Primarstufencurriculum, ist für Kinder im Alter von drei bis 12 Jahren konzipiert; es umfasst zwei Jahre Kindergartenbesuch, ein Vorschuljahr und eine auf fünf Jahre angelegte Elementarstufe.

• Das MYP, das Curriculum für die Sekundarstufe I, ist für insgesamt vier Jahre konzipiert und richtet sich an Schülerinnen und Schüler im Alter von 11-16 Jahren.

• Das DP, das Curriculum für die Sekundarstufe II, ist auf zwei Jahre und für 16- bis 19-jährige Schüler angelegt, die die allgemeine Hochschulreife erlangen wollen.

Damit unterscheidet sich diese Zielgruppenorientierung von der Mehrzahl staatlicher Schulcurricula, die überwiegend erst für Schüler ab dem fünften Lebensjahr ausgelegt sind. Die dort übliche und in der Regel nicht obligatorische Kindergartenzeit wurde demgegenüber (wie auch im Falle der Europäischen Schulen, vgl. Kap. 4.1) in das IB-Primarstufencurriculum integriert, und zwar vermutlich aus sowohl pragmatischen wie inhaltlichen Überlegungen heraus, die unterstellen, dass ein durchgängig an einem internationalen Schultyp absolvierbarer Bildungsweg von seinen potentiellen Nachfragern favorisiert wird. Die einschließlich des Vorschuljahres auf sechs Schuljahre angelegte Primarschulzeit andererseits entspricht der Mehrzahl der Bildungswesen weltweit. Gleiches gilt für das Curriculum für die Sekundarstufe I und das Oberstufencurriculum mit den dort veranschlagten vier respektive zwei Schuljahren. Bildungseinrichtungen die, von der IBO entsprechend autorisiert, das gesamte oder einen Teil des IB-Curriculums anbieten, können seit einigen Jahren den Titel „IB World School" tragen, um so den Wiedererkennungswert solcher Einrichtungen zu erhöhen und eine Art „Qualitätssiegel" zu installieren.

Die für die drei Schulstufen konzipierten IB-Curricula basieren im Kern auf den hier bereits herausgestellten Erziehungs- und Bildungsvorstellungen; hinsichtlich ihrer pädagogischen Schwerpunktsetzungen und der für sie geltenden Rahmenbedingungen unterscheiden sie sich jedoch voneinander. Gemeinsam ist ihnen, wie hier bereits ausgeführt wurde, die Orientierung an reformpädagogischen Ansätzen angelsächsischer und deutscher Prägung, wie sie in der kindzentrierten Pädagogik ihren Niederschlag fanden. Das IB und das Oberstufencurriculum sind darüber hinaus aber auch stark von dem in Westeuropa in den 1960er Jahren reformierten Verständnis und Verhältnis von Allgemeinbildung und Spezialisierung durchdrungen, wobei die Funktion der Allgemeinbildung darin bestehe, „das Lernen zu lernen", die Funktion der Spezialisierung hingegen in der Vertiefung individueller Neigungen und Interessen (Peterson 1979, S. 4). Konkretisiert wurden diese Erziehungs- und Bildungsvorstellungen in Form von Lernfeldern, die auch dem IB-Curriculum originäre Elemente umfassen, wie im Folgenden zu zeigen sein wird. Dabei werde ich, analog zur Entstehungsgeschichte der IB-Curricula und um ihre pädagogische Ausrichtung in ihren jeweiligen Entstehungskontext einordnen zu können, zunächst das IB und IB-Oberstufencurriculum behandeln; daran anschließend werden die Curricula für die Sekundarstufe I und für den Primarstufenbereich skizziert und erörtert.

6.3.3 Das Internationale Bakkalaureat und Oberstufencurriculum

Die Arbeit an dem IB und dem zwei Jahre umfassenden IB-Oberstufencurriculum, darauf wurde hier mehrfach verwiesen, wurde 1964 als Reaktion auf die steigende Nachfrage hochmobiler Eltern nach einer international kompatiblen Hochschulzugangsberechtigung und Schulausbildung für ihre Kinder aufgenommen. Dem vorausgegangen war ein gut eine Dekade währender Diskussionsprozess, an dem sich Vertreter internationaler Schulen, ihrer Dachverbände, nationaler Bildungseinrichtungen und internationaler Organisationen wie die UNESCO aktiv beteiligt hatten; ihr Anliegen war es:

> „(...) to improve the quality of international education and reflect the idealism and the philosophy of Kurt Hahn: the hope to develop a new generation of world-minded citizens and a community of people who respected the diversity of cultures and worked together for greater peace and understanding. For the IB-pioneers, international education was a necessity in a multicultural and interdependent world." (Davies/Ellwood 1991, S. 61)

Diese Erziehungs- und Bildungsvorstellungen schlugen sich im Oberstufencurriculum in Form von drei zentralen Elementen nieder (Peterson 1979, S. 4f.; Green 1998; IBO 1997), die den hier bereits eingeführten Lernzieldimensionen „Inhalte" und „Fertigkeiten" zugeordnet werden können:

Das erste und dem IB originäre Element trägt die Bezeichnung „Erkenntnistheorie" (Theory of Knowledge – abgekürzt: TOK) und kann der Lernzieldimension a) Inhalte zugeordnet werden. Es vereint in sich zwei Schwerpunkte: den Unterricht im Fach Philosophie einerseits sowie andererseits die philosophisch angeleitete Reflexion der eigenen Arbeiten durch die Schülerschaft selbst. Für dieses Fach sollen im Verlauf der zwei Jahre umfassenden Oberstufe mindestens 100 Unterrichtsstunden genutzt werden, um divergierende Erkenntniskonzepte wie zum Beispiel literaturwissenschaftliche und naturwissenschaftliche, vormoderne und moderne miteinander zu vergleichen und das theoretisch Erörterte auf konkret Gelerntes anzuwenden. Mit diesem Element verknüpft ist das Lernziel, die Schüler zu Multiperspektivität und zur Reflexion von Erkenntnistheorien und -ansätzen im Allgemeinen, im Hinblick auf konkrete Sachverhalte und Problemstellungen sowie auf ihr eigenes Handeln zu befähigen. Die Entwicklung dieser Fähigkeiten wird insbesondere auch im Hinblick auf die multikulturelle Schülerschaft, weltweit divergierende kulturelle Traditionen und die Befähigung zur aktiven Bürgerschaft (citizenship) als zentrale Aufgabe internationaler Erziehung verstanden.

Das zweite Element wird unter der Überschrift „Kreativität, Aktion, Dienste" (Creativity, Action, Service, abgekürzt CAS) gefasst und kann der Lernzieldimension b) Fertigkeiten zugeordnet werden. Es verweist auf Aktivitäten im Anschluss an reformpädagogische Bildungsvorstellungen. Hier steht einerseits die Förderung einer ganzheitlichen, alle Sinne ansprechenden Bildung im Bereich des Sports und der kreativen Ausdrucksmöglichkeiten im Zentrum; andererseits wird die Teilnahme an gemeinwesenorientierten Aktivitäten gefördert, wie bspw. die Unterstützung von Flüchtlingskindern oder Obdachlosen im regionalen Umfeld einer Schule oder die Teilnahme an internationalen Kooperationsprojekten, zum Beispiel zu Themen aus dem Bereich der Ökologie und nachhaltigen Entwicklung. Lernziele dieses Elements sind der bewusste Umgang mit dem eigenen Körper, die Entwicklung von Teamgeist und von Verantwortungsbewusstsein für die außerschulische Lebenswelt sowie die Befähigung zu einer aktiven Bürgerschaft. Für Aktivitäten im Bereich des CAS müssen wöchentlich mindestens drei bis vier Stunden aufgewendet werden; die Schüler sind angehalten, ihre Aktivitäten in diesem Bereich sowohl mit Blick auf ihre persönliche Entwicklung als auch im Hinblick auf die Frage nach dem gesellschaftlichen Nutzen zu reflektieren. Das dritte zentrale Element im IB-Curriculum, der extended essay, knüpft an die beiden vorgenannten an; es basiert auf einer im Verlauf der zwei Jahre umfassenden Oberstufe von den Schülern eigenständig durchzuführenden Forschungsarbeit, die sie in einem Essay von mindestens 4000 Wörtern dokumentieren; für diese Arbeit stehen den Schülern insgesamt 40 Wochenstunden zur freien Verfügung. Die Anfertigung des Essays stellt eine Aufgabe im Sinne der Verknüpfung des erkenntnistheoretischen und ganzheitlichen Lernens dar, bei der die Schüler lernen und demonstrieren sollen, dass sie ein Thema selbständig erforschen und vertiefen können. Eine interdisziplinäre Aufgabenstellung kann in diesem Zusammenhang nicht gewählt werden, obgleich diese Regelung umstritten ist und eine solche Modifikation mancherorts angestrebt wurde (Hill 2002, S. 27). Der Essay muss gegenwärtig allerdings noch in einem der im Folgenden spezifizierten IB-Lernfelder geschrieben werden. Diese drei Kernelemente des IB-Oberstufencurriculums finden sich in sechs Lernfeldern wieder, wie das folgende Curriculummodell für das DP zeigt:

Schaubild 6.3.3.1: Das Internationale Bakkalaureat-Oberstufencurriculum-Modell (IB Diploma Program Model)

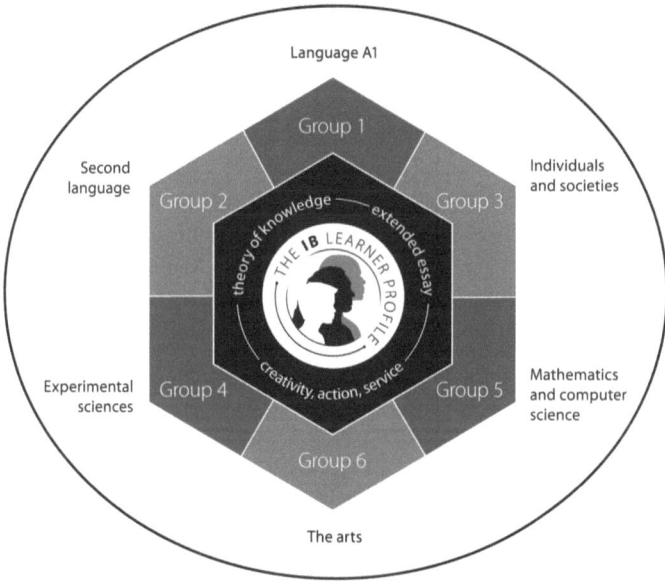

Quelle: International Baccalaureate Organization 2010

Die Lernzieldimension c) Einstellungen ist im IB-Curriculum nicht explizit verankert, wie auch Hill (2002, S. 24) konzediert. Er erklärt dies damit, dass der mit dem Begriff „Einstellungen" gekennzeichnete ideologische Teil schulischen Lehrens und Lernens nur schwer zu erfassen sei, da er das gesamte Curriculum sowie die ganze Persönlichkeit der Lernenden betreffe. Ein prononciertes Beispiel für die Berücksichtigung der Lernzieldimension c) Einstellungen repräsentiert meines Erachtens der Bereich School Based Syllabus (abgekürzt SBS), der Schulen im Hinblick auf ihr regionales Umfeld die Entwicklung eines eigenen Schwerpunkts bzw. Unterrichtsfachs erlaubt. SBS werden bspw. in Form von Islamischen Studien oder dem Rettungsdienst realisiert, wie er am United World College of the Atlantic zu finden ist. Insbesondere dieses Element soll der Anschlussfähigkeit des IB-Curriculums an lokale Bedingungen Rechnung tragen, die Öffnung für regionale kulturelle Traditionen und Besonderheiten ermöglichen und interkulturelles Lernen fördern.

Absolventen des Oberstufencurriculums und Aspiranten auf das IB müssen aus jedem Lernfeld mindestens ein von ihnen eingangs gewähltes Fach erfolgreich absolvieren, und zwar von den insgesamt sechs Fächern mindestens drei (und höchstens vier) Fächer auf höherem Niveau (higher level, abgekürzt HL), die übrigen auf Grundkursniveau (standard level, abgekürzt SL). Die Unterrichtsfächer sind eingebettet in sechs Lernfelder, die den Rahmen für das internationale Kerncurriculum abstecken:

- Lernfeld 1 (Group 1): Sprache A1. Das Lernfeld umfasst den Unterricht in der Grammatik, Literatur usw. einer Sprache, in der Regel handelt es sich um die an der Schule benutzte Unterrichtssprache, sowie das Studium relevanter Weltliteratur in der entsprechenden Unterrichtssprache. Insgesamt kann in diesem Lernfeld im Rahmen der IB-Prüfungen unter mehr als 80 Sprachen gewählt werden. Die inhaltliche Ausrichtung des Lernfelds Sprache A1 ist vergleichbar mit dem in nationalen Bildungswesen üblicherweise angebotenen Fach, das den Unterricht in der Grammatik, Literatur usw. der Nationalsprache umfasst (also das Fach Deutsch in Deutschland, Englisch in England usw.). Um diese nationale Engführung zu umgehen, wurde im IB-Curriculum jedoch keine Sprache für das Lernfeld Sprache A1 festgelegt und das dem IB originäre Element „Studium der Weltliteratur" eingeführt.
- Lernfeld 2 (Group 2): Zweite Sprache. Dieses Lernfeld zielt auf die Förderung der mündlichen wie schriftlichen kommunikativen Fähigkeiten der Schülerschaft in einer Sprache, die üblicherweise die erste erlernte moderne Fremdsprache ist; angeboten werden aber auch Latein und Klassisches Griechisch als Zweite Sprache.
- Lernfeld 3 (Group 2) umfasst den Bereich: Individuen und Gesellschaften. Darunter fallen die Fächer Wirtschaft (Business und Management), Geographie, Geschichte, Islamische Geschichte, Informationstechnologie in einer globalisierten Welt sowie Philosophie, Psychologie, Sozial- und Kulturanthropologie.
- Lernfeld 4 (Group 4) vereinigt in sich den Bereich der experimentellen Wissenschaften bzw. Naturwissenschaften und umfasst Kurse aus dem Bereich der Biologie, Chemie, Physik, Umweltsysteme und Designtechnologie.
- Lernfeld 5 (Group 5) zielt ausschließlich auf den Bereich der Mathematik, wobei der erfolgreiche Besuch eines Mathematikkurses obligatorisch ist für die Zulassung zu den IB-Prüfungen. Fakultativ, das heißt entsprechend ihren Neigungen und Fähigkeiten, können die Schüler des Weiteren unter vier Optionen wählen: Mathematik (HL), weitere Mathematikkurse (SL), mathematische Methoden und mathematische Studien sowie Computerwissenschaft.
- Lernfeld 6 (Group 6) stellt eine fachliche Vertiefung des Bereichs „Creativity, Action, Service (CAS)" dar und erstreckt sich auf den Bereich Kunst sowie auf Wahlfachangebote im Bereich der Visuellen Künste (visual arts), Musik und Theater. Schwerpunkt dieses Lernfeldes ist die aktive, produktive Arbeit der Schüler und das Kennenlernen einer Spannbreite kreativer Ausdrucksmöglichkeiten in einem globalen Kontext. Anstelle eines dieser Kursangebote können die Schüler auch ein Angebot aus den Lernfeldern 1-4 wählen, den Kurs „weitere Mathematik (SL)" oder die Kurse „weitere Mathematik"

und Computerwissenschaften aus Lernfeld 5. Darüber hinaus besteht in diesem Lernfeld die Möglichkeit, Kurse im Rahmen eines von der Schule entwickelten Unterrichtsfachs (School Based Syllabus; SBS) zu belegen, und zwar auf Grundkursniveau (SL). Eine Vertiefung des regionalen Schulschwerpunkts (SBS) ist insofern möglich, als damit ein Fach aus den Lernfeldern 2, 3, 4 oder 6 ersetzt werden kann, sofern die IBO dem zustimmt.

Um der Sprachenvielfalt unter der Schülerschaft an internationalen Schulen gerecht zu werden, können IB-Examensprüfungen in den Lernfeldern Sprache A1 und Zweite Sprache in einer Vielzahl von Sprachen abgelegt werden; bis heute wurden von den Schülern mehr als 80 verschiedene Sprachen gewählt[18]. Diese Breite des Sprachangebots in den Examensfächern Sprache 1 und Zweite Sprache hat dennoch nicht bewirken können, dass eine bereits von den IB-Curriculumplanern in den 1960er Jahren antizipierte Problematik seither zufriedenstellend gelöst werden konnte:

> „The most complicated problem arises from the different linguistic background of the students. By choice or by necessity, many of them use a language of instruction which is not their mother tongue; at the same time their mother tongue may be taught to them as a foreign language or they may use it only at home or in private lessons. Consequently instead of talking of ‚mother tongue' on the one hand and of ‚foreign languages' on the other, it seems more desirable to call the first means of expression (of which a pupil should have complete command at the end of his secondary school studies) Language A, and the second (of which he should have an adequate knowledge) Language B." (International Baccalaureate 1967, zit. n. Tosi 1991, S. 89f.)

Auf der Basis dieser Fächerdefinition, die darauf zielt, die Benachteiligung von Schülern, deren Sprachen nicht im Curriculum vertreten sind, zu kompensieren, kann ein Kandidat die IB-Prüfungen in Lernfeld 1: Sprache A1 oder Zweite Sprache in seiner Erstsprache absolvieren, auch wenn die an seiner Schule in diesen Fächern offerierten Sprachen hiervon abweichen. Damit wird der Benachteiligung von Sprachminderheiten jedoch nur ungenügend begegnet, und zwar aus zwei Gründen: Zum einen kann sich im Hinblick auf Lernfeld 1: Sprache A1 für einige Sprachgruppenangehörige das dort verankerte Curriculumelement „Studium der Weltliteratur" als Hindernis auswirken, denn um als Weltliteratur von der IBO anerkannt zu werden, muss es sich um Literatur in einer Schriftsprache handeln (Tosi 1991, S. 90). Zum anderen findet der Unterricht in Lernfeld 1: Sprache A1 weltweit überwiegend in der an einer Schule verwendeten Unterrichtssprache statt, und es wird de facto Weltliteratur bevorzugt, die in dieser Sprache verschriftlicht vorliegt.

Es erstaunt angesichts der Entwicklungsgeschichte der internationalen Schulen wenig, dass seit Gründung dieser Bildungseinrichtungen bis heute die englische Sprache als Unterrichtssprache dominiert: Sie wurde bereits Ende der 1990er Jahre

---

18 http://www.ibo.org; Abruf vom 05.10.2009

an ca. drei Viertel der vom ECIS erfassten internationalen Schulen als Unterrichtssprache und Sprache 1 verwendet; aktuelle von der IBO veröffentlichte Daten zeigen, dass sich dieser Trend unter internationalen Schulen in der Region Afrika, Europa und Mittlerer Osten[19], die das gesamte IB-Curriculum oder Teile desselben anbieten, seither mit steigender Tendenz fortsetzt. Für 2003 ergibt sich für die Schulen in dieser Region folgendes Bild: 400 Schulen benutzten Englisch als Unterrichtssprache, 30 Schulen Spanisch und weitere acht Schulen Französisch; insgesamt 12 Schulen waren bilingual (welche Sprachen dort verwendet werden, ging aus den Angaben der IBO nicht hervor)[20].

Kritik an dieser Praxis kam zum einen mit Blick darauf auf, dass die besondere Förderung von Sprachminderheiten aus ehemaligen Kolonialländern im Rahmen der ersten finanziellen Anschubförderung zur Konzipierung des IB vom Twentieth Century Fund und der Ford Foundation explizit angestrebt worden war, bis heute aber nicht realisiert wird (Tosi 1991, S. 90). Zum anderen wird zunehmend kritisiert, dass aufgrund der Monopolstellung der englischen Sprache internationale Schulen überwiegend monolingual sind und damit nicht den Zielen einer internationalen und interkulturellen Bildung gerecht werden (Tosi 1991, S. 90ff.). Der damit einhergehenden Benachteiligung von Sprechern anderer Erstsprachen als Englisch wird im Schulalltag zwar über extracurriculare Angebote zum Erlernen und der Vertiefung der englischen Sprache als Zweitsprache und im Hinblick auf die breite Auswahl möglicher Sprachen im Lernfeld 1: Sprache A1 und Zweite Sprache im Rahmen der IB-Prüfungen begegnet; im Hinblick auf die weitere Unterrichtspraxis bleibt die Sprachbenachteiligung jedoch bestehen.

Im IB-Oberstufencurriculum sind sportliche Aktivitäten nicht in Form von Fächern verankert, sondern sie werden unter den Bereich Creativity, Action, Service (CAS) subsumiert. In der Schulpraxis haben sportliche Aktivitäten im Anschluss an reformpädagogische Erziehungsvorstellungen und ihre Verankerung an englischen und nordamerikanischen Schulen einen hohen Stellenwert, der sich insbesondere in einem breiten nachmittäglichen Angebot niederschlägt.

Alle Prüfungsteile und Fächer des IB können in englischer, französischer und spanischer Sprache absolviert werden; das IB-Prüfungssystem sieht den Erwerb von Punkten (mindestens 24, höchstens 45) vor, die einerseits im Zuge einer kontinuierlichen Beurteilung im Verlauf der zweijährigen Oberstufe, andererseits am Ende derselben im Rahmen von extern evaluierten Examensprüfungen erworben werden. Weltweit unterliegen alle IB-Kandidaten einheitlichen Beurteilungskriterien und Prüfungsanforderungen. Diese wurden sowohl für die Fächer und die kontinuierliche Evaluation und Beurteilung der Lernleistungen durch die Lehrenden in der Schule wie für die abschließenden, extern abgenommenen Examensteile vom IBO festgelegt. Von ihr entsprechend akkreditierte Schulen folgen den dort

---

19 Auch eine Nachfrage der Autorin dieser Studie in den regionalen Büros der IBO bezüglich der in ihrer Region in den Schulen benutzten Unterrichtssprache(n) erbrachte für die anderen Regionen keine Informationen. Begründet wurde dies bspw. von der Vertreterin der regionalen Zweigstelle der IBO für Lateinamerika mit dem Hinweis, dass die in den Schulen verwendeten Unterrichtssprachen häufig wechseln, so dass auch sie keine zuverlässigen Angaben diesbezüglich machen könne.

20 http://www.ibo.org; Abruf vom 05.11.2003.

vorgegebenen Rahmenrichtlinien. Die Prüfungen bilden eine Mischung aus Multiple Choice Tests, schriftlichen Arbeiten und mündlichen Beiträgen, wobei trotz anderweitiger Bestrebungen der Anteil schriftlicher Prüfungsleistungen und summativer Leistungsüberprüfungen überwiegt (IBO 1997). Instrumente summativer Leistungsüberprüfungen sind laut Waterkamp (2000, S. 81) bspw. Klausuren und Multiple Choice Tests „da es im Prozeß der Leistungserbringung keine Möglichkeit der Rückmeldung gibt". Sofern dieses Kriterium eingehalten wird, können auch mündliche Prüfungen zu den summativen Leistungsüberprüfungen gehören. Summative Leistungsüberprüfungen werden insbesondere im Kontext externer Administrationen von Prüfungen eingesetzt und dienen primär der Überprüfung des Gelernten, wobei mit der Prüfung keine pädagogische Intention mehr einhergeht (ebd., S. 80).

Summative Prüfungen sind für IB-Examensprüfungen besonders geeignet, da diese von der IBO zentral gesteuert werden; sie finden jährlich zweimal statt: im Mai und, überwiegend an Schulen in Ländern der südlichen Hemisphäre, im November. 1997 warb die IBO damit, dass jährlich ca. 30.000 Schüler weltweit IB-Examensprüfungen ablegen, von ihnen sind ca. 80% erfolgreich; die übrigen ca. 20% erhalten ein Zertifikat über bestandene Prüfungsleistungen. Die Wiederholung von Prüfungsteilen ist möglich (IBO 1997, S. 20). Um die Einhaltung der von der IBO gesetzten Standards zu gewährleisten, müssen die Prüfer im Rahmen der extern abgenommenen Prüfungen von der IBO erarbeitete und als verbindlich vorgegebene sog. „markschemes" verwenden, also für die Bewertung entwickelte Beurteilungskriterien (ebd.). Auch die im Verlauf der zwei Jahre dauernden Oberstufe von den Lehrenden kontinuierlich erhobenen Prüfungsleistungen werden von der IBO im Rahmen einer sog. „external moderation of internal assessment" begleitet und ggf. korrigiert, um weltweit vergleichbare Standards zu gewährleisten; dieser Prüfungsteil fließt zu mindestens 20% in die Gesamtprüfung ein (ebd.).

Das Curriculum für die Oberstufe wie auch die für das IB festgesetzten Standards sind mithin fest umrissen (Willis/Enloe 1990, S. 170f.); sie orientieren sich an den weltweit für den Erwerb der Hochschulreife dominierenden Standards, die von der IBO in Kooperation mit Universitäten, nationalen Bildungsministerien und Regierungen, Prüfungsstellen und Schulen festgelegt wurden (Hill 2002, S. 2519f.). Nicht vorgesehen ist im IB-Oberstufencurriculum ein Fach oder ein Kursangebot zur religiösen Unterweisung oder zur Thematisierung unterschiedlicher Religionen; es kann aber im Bereich der regionalen Schwerpunktsetzung (SBS) eingeführt werden, was insbesondere in islamischen Staaten auch geschieht. Die Breite der über die Kernfächer hinausgehenden Kursangebote verweist auf die explizit angestrebte Interdisziplinparität.

Die weltweit an internationalen Schulen, die IB-Curricula anbieten, dominierende Unterrichtssprache Englisch sowie der geringe Anteil bilingualer Schulen unter ihnen zeigt jedoch auch die Grenzen dieses Bildungswegs auf, mit dem die Zielperspektive des Erhalts der Sprachenvielfalt, die Lernziele der Förderung von interkultureller Kommunikation und der Wertschätzung der mit einer Sprache verbundenen kulturellen Aspekte in der Schulpraxis nur sehr bedingt eingelöst werden können. In dieser Hinsicht als problematisch erweist sich insbesondere auch das in Lernfeld I verankerte Element „Studium der Weltliteratur", wie hier deutlich gemacht werden konnte. Zwar strebt die IBO an, das IB und Oberstufencurriculum künftig über die englische, französische und spanische Sprache hinaus auch in anderen Sprachen anzubieten, konnte dies aufgrund der damit verbundenen finanziellen Kosten jedoch bisher nur insofern realisieren, als das Curriculum für die Sekundarstufe I inzwischen auch in chinesischer Sprache, in Mandarin, vorliegt (Barnes 1998, S. 46). Hier werden mithin auch die mit einem solchen, dem Anspruch nach weltweit kompatiblen, Curriculummodell in der Praxis verbundenen Schwierigkeiten deutlich, die monetären Gesichtspunkten geschuldet sind.

6.3.4 Das Sekundarstufe-I- und das Primarstufencurriculum

Das Sekundarstufe-I-Curriculum

Im Unterschied zum IB und Oberstufencurriculum entstand das Curriculum für die Sekundarstufe I zunächst nicht unter der Ägide der IBO, sondern der International Schools Association (ISA) (Timmermanns 2000, S. 57). Die ISA hatte die Leitlinien für dieses Curriculum in den Jahren von 1983 bis 1990 in Kooperation mit internationalen Schulen in den Niederlanden, Argentinien, Österreich und Kanada festgelegt[21], wo auch erste Teile des neu konzipierten Curriculums im Rahmen von Pilotprojekten in der Praxis erprobt wurden. Da die ISA jedoch nicht über die notwendigen Ressourcen verfügte, um das Curriculum einer breiten Zahl interessierter Schulen zugänglich zu machen, übernahm die IBO, die den Curriculumentwicklungsprozess bis dato begleitet hatte, 1992 diese Aufgabe. Sie verknüpfte damit das Ziel, ein Curriculum zu installieren, das sich durch einen innovativen Ansatz des Lehrens und Lernens auszeichnet und den Zielen des IB verpflichtet ist (Guy 2000, S. 12f.). Im Zentrum dieses Curriculums stehen die Persönlichkeitsentwicklung der Schüler und eine breite Grundbildung. In didaktischer Hinsicht basiert es auf einem konstruktivistischen Verständnis von Lernprozessen:

> „The MYP provides a framework and philosophy to determine not necessarily what is taught, but by inference, how it is taught and how outcomes are determined. Underpinning the IBMYP philosophy is a constructivist ethos, a belief in learners as independent makers of knowledge." (Guy 2000, S. 15)

Anders als im Fall des IB Oberstufencurriculums, das aufgrund seiner akademischen Orientierung im Hinblick auf den Erwerb des IB einen zwar breiten Fächerkanon und interdisziplinäre Aktivitäten umfasst, für das aber Unterrichtsinhalte, inklusive der hierfür vorgesehenen Unterrichtsstunden in den Lernfeldern und Unterrichtsfächern vorgegeben sind, zeichnet sich das MYP durch seine Offenheit

---

21 Konkret handelte es sich um eine Kooperation mit folgenden Schulen: dem Rijnlands Lyceum in den Niederlanden, der St. Catherine's Schule in Buenos Aires (Argentinien), der Vienna International School in Österreich und der Ecole d'Education Internationale in Quebec, Canada (Guy 2000, S. 12).

hinsichtlich dieser Kriterien aus (IBO 1998a). Es kann insofern sowie angesichts des zugrunde gelegten konstruktivistischen Lernverständnisses stärker an schüler-, schul- und regionalspezifische Gegebenheiten angepasst werden und ist demzufolge, so die von der IBO und ihren Repräsentanten vertretene Auffassung, insbesondere geeignet, der internationalen Erziehung zu entsprechen:

> „The international character of ISAC is therefore reflected not only in the *content* of certain syllabuses – in particular those of languages, humanities, and the arts – but also in the *methodology*, by making pupils aware of the different ways of approaching the same problem or topic. The sense of common values means also the acceptance of differences." (Renaud 1991, S. 10, Hervorh. im Orig.)[22]

Zwar wird das MYP zunehmend auch von Schulen adaptiert, die das DP anbieten, doch ist es keinesfalls als dessen notwendige Voraussetzung konzipiert; dennoch finden sich zentrale Elemente, die im DP verankert sind, auch im Curriculum für die Sekundarstufe I wieder, wie das folgende Curriculummodell zeigt:

Schaubild 6.3.4.1: Das Internationale Bakkalaureat-Sekundarstufe-I-Modell (IB Middle Years Program Model)

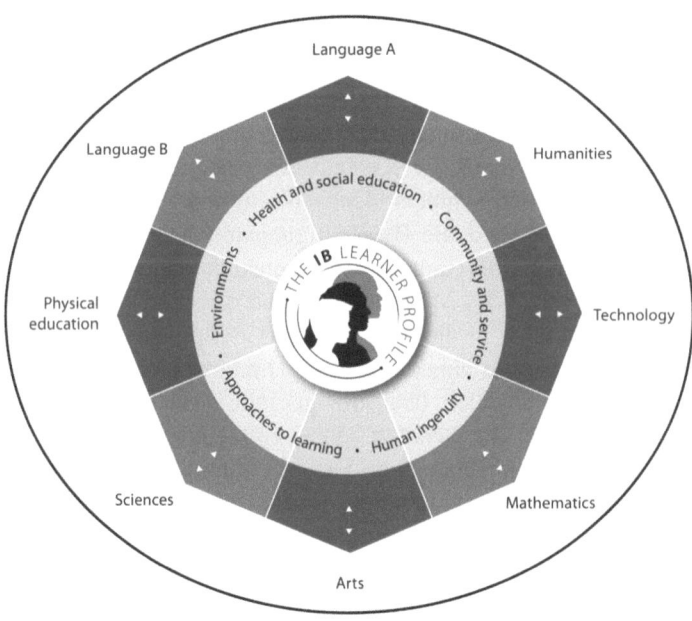

Quelle: International Baccalaureate Organization 2010

---

22 ISAC steht für International Schools Association Curriculum und bezeichnet das Curriculum, das den Kern des MYP ausmacht.

Die am äußeren Rand des Oktagons aufgeführten Lernfelder und Unterrichtsfächer umfassen im Einzelnen:

- Lernfeld Sprache A (language A), dies ist analog zum DP die Sprache, die die Schüler am besten beherrschen und/oder die Unterrichtssprache der Schule;
- Lernfeld Sprache B (language B) bezeichnet analog zum DP die Zweite Sprache;
- Lernfeld Humanwissenschaften (humanities), darunter die Fächer: Geographie und Geschichte;
- Lernfeld Naturwissenschaften (science), darunter die Fächer Naturwissenschaften, Biologie, Chemie und Physik;
- Lernfeld Mathematik;
- Lernfeld Kunst (arts), bestehend aus den Fächern Kunst und Design, Musik und Drama;
- Lernfeld Sport (physical education), bestehend aus Kursen zu den Themen Gesundheit und Hygiene sowie aus Einzel- und Mannschaftssportangeboten;
- Lernfeld Technologie (technology).

Im Hinblick auf die mehrsprachige und multikulturelle Schülerschaft steht es den Schulen frei, über die von der IBO in englischer, französischer und spanischer Sprache ausgearbeiteten Unterrichtsmaterialien für das MYP hinaus auch in anderen Sprachen und kulturellen Kontexten entwickelte Unterrichtseinheiten in das Curriculum zu integrieren. Ferner wird im Fach Sprache A im MYP die instrumentelle Nutzung der dort unterrichteten Sprache stark gefördert, also das Hören, Sprechen, Lesen und Schreiben, da die dort unterrichtete Sprache (analog zur bereits benannten Problematik im Kontext des Oberstufencurriculums) nicht mit der Erstsprache eines jeden Schülers identisch sein muss; unter der Überschrift „Studium der Weltliteratur" wird die Beschäftigung mit literarischen Texten aus divergierenden sprachlichen und kulturellen Kontexten angestrebt. Die Zweite Sprache (language B) ist auch im MYP überwiegend die erste oder zweite an der Schule erlernte Fremdsprache; in diesem Fach steht entsprechend der Aspekt der Förderung der Kommunikationsfähigkeit in einer Fremdsprache im Vordergrund. Geschichte und Geographie sollen über die gesamte Dauer der Sekundarstufe I unterrichtet werden, wobei die Schulen selber entscheiden können, ob dies in Form von zwei voneinander unabhängigen Fächern, interdisziplinär oder als integraler Bestandteil der Sozialwissenschaften (social studies) geschieht. Vorgegebene Rahmenthemen können die Schulen stärker als im DP lokalen Erfordernissen, schulspezifischen Ressourcen und den individuellen Fähigkeiten der Schüler anpassen. Der Unterricht in Naturwissenschaften und Mathematik soll sich insbesondere durch eine enge Verzahnung von theoretischem Wissen und praktischer Laborarbeit auszeichnen, wie sie im DP im Bereich TOK ihre Fortsetzung findet. Auch hierfür liegen vom IBO autorisierte Curricula sowie exemplarische Unterrichtseinheiten vor.

Die Bereiche Kunst und Sport nehmen im Rahmen des IB-Curriculums traditionell eine wichtige Rolle ein: Das Fach Kunst soll insbesondere dazu genutzt werden, um jenseits sprachlicher Kommunikation existierende divergierende und aus unterschiedlichen Kulturkreisen stammende kulturelle Werte der Menschheit kennen zu lernen; zum anderen soll es dazu beitragen, die Phantasie und Kreativität der Schülerschaft zu fördern. Der Sportunterricht zielt in vergleichbarer Weise darauf, einerseits individuelle Fähigkeiten und Fertigkeiten zu fördern, andererseits soll dort insbesondere Teamgeist entwickelt und kultiviert werden. Deutlich im Vordergrund steht hier die Heranführung an ein körperlich gesundes und durch tägliches Training die Disziplin förderndes Verhalten, mit dem an reformpädagogische Vorstellungen einer ganzheitlichen Erziehung und im englischen Privatschulwesen verankerte Traditionen angeknüpft wird. Im Fach Technologie steht die Verknüpfung von Theorie und Praxis im Vordergrund, und zwar im Rahmen eines problemorientierten Unterrichts, der den Schülern experimentelles Lernen ermöglichen soll. Das Fach wird aber auch genutzt, um Themen anderer Fächer aufzugreifen und in den Unterricht zu integrieren, um so das Fächer übergreifende Lernen zu fördern. Auch auf dieser Schulstufe müssen die Schüler ein eigenes Forschungsprojekt durchführen und dokumentieren; ihre Lernleistungen werden kontinuierlich im Verlauf eines Schuljahres schulintern erhoben und im Rahmen eines individuellen Schüler-Portfolios festgehalten. Ein Schüler-Portfolio stellt eine Form der formativen Evaluation von Lernleistungen dar: Es ist eine Mappe, in der der Schüler eigenständig oder mit Hilfe von Lehrenden entweder eine Auswahl seiner Arbeiten zusammenstellt oder eine von seinem Lehrenden vorgegebene Auswahl seiner Arbeiten zusammenträgt. Eine pädagogische Beratung im Prozess der Erstellung eines Schüler-Portfolios ist möglich (vgl. Waterkamp 2000, S. 80f.). Der Erwerb eines Abschlussdiploms nach erfolgreicher Absolvierung des IB-Sekundarstufe I Curriculums ist nicht vorgesehen, kann aber auf Antrag einer Schule und im Anschluss an eine externe Evaluation und Anerkennung der schulinternen Abschlussprüfungen durch das IBO erfolgen. Schulen, die das MYP übernommen haben, können sowohl eigene curriculare Inhalte festlegen als auch zusätzliche Fächer, zum Beispiel eine weitere Fremdsprache anbieten; diese optionalen Zusatzangebote sind jedoch nicht Teil des von der IBO akkreditierten Curriculums.

Aus dem Geschilderten kann resümiert werden: Im Unterschied zum IB-Oberstufencurriculum ist das Curriculum für die Sekundarstufe I auf den ersten Blick stärker an Inhalten orientiert, die im Rahmen fächerübergreifenden Lehrens und Lernens bearbeitet werden sollen. Diese Einschätzung, die auch von den Schulen, die das Curriculum übernommen haben, geteilt wird, hat die IBO allerdings inzwischen modifiziert: Sie wies in einer 1998 an alle MYP-Koordinatoren ergangenen Veröffentlichung darauf hin, dass „the MYP was not to be considered a thematic driven curriculum, but rather it was about building bridges between the disciplines through the areas of interaction." (Armstrong 2000, S. 19). Die damit angesprochene Problematik, in welcher Weise der postulierte ganzheitliche Erziehungs- und Bildungsauftrag des MYP im Curriculum für die Sekundarstufe I konkret realisiert werden soll, ist bisher jedoch lediglich benannt und ein entsprechender Diskussionsprozess gerade erst angestoßen worden (ebd., S. 20-23). Das Curriculummodell für die Sekundarstufe I sieht vor, dass alle Fächer auch in anderen Sprachen als Englisch, Französisch und Spanisch unterrichtet werden können, sofern die Schulen entsprechende Unterrichtsmaterialien entwickeln und diese vom

IBO akkreditiert werden. 2002 traf die IBO überdies eine Regelung, wonach seit September 2003 in der nördlichen und seit Januar 2004 in der südlichen Hemisphäre Schulen, die das Sekundarstufe-I-Curriculum anbieten, in den letzten beiden Schuljahren von den bisher obligatorischen acht Fächern nur sechs unterrichten können; sie müssen allerdings dafür Sorge tragen, dass die Schüler die für das Sekundarstufe-I-Curriculum festgelegten Standards erreichen.

Einen vom IBO autorisierten und formalisierten Mittleren Schulabschluss gibt es nicht; viele internationale Schulen offerieren aber dennoch einen solchen, zum Beispiel das International General Certificate of Secondary Education, das von der Universität Cambridge (GB) vergeben wird (Guy 2000, S. 10-17). Die Offenheit, die das Sekundarstufe-I-Curriculum im Vergleich zum IB-Oberstufencurriculum auszeichnet, resultiert daher vermutlich auch aus dem Umstand, dass es weder zu einem berufspraktisch noch zu einem akademisch orientierten Schulabschluss führt, so dass im Hinblick auf zu erbringende Prüfungsleistungen keine einheitlichen Standards entwickelt und angelegt werden müssen.

Das Primarstufencurriculum

Zentrale Akteure im Kontext der internationalen Schulen sehen in den IB-Curricula das wirksamste Instrument, um der Heterogenität unter diesen Schulen Rechnung zu tragen und eine internationale Erziehung zu gewährleisten. Bartlett (1998, S. 78ff.) plädiert vor diesem Hintergrund für die Übernahme des u. a. von ihm maßgeblich initiierten und mit seiner Unterstützung entwickelten IB-Primarstufencurriculums, das er als „Garanten" für die Einführung und Realisierung interkulturell orientierter Curricula und entsprechender didaktischer Zugänge begreift. Seit 1997 liegt ein solches Curriculum vor und ist den Schulen zugänglich; es ist für eine drei- bis 12-jährige Schülerschaft konzipiert, wobei Drei- bis Fünfjährige jährlich lediglich die Hälfte der im Primarstufencurriculum verankerten transdisziplinären Themen bearbeiten können. Das PYP liegt in Englisch, Französisch und Spanisch vor, kann unter bestimmten Bedingungen aber auch in einer anderen Sprache unterrichtet werden (IBO 1998b, S. 4); ihm liegt das pädagogische Grundprinzip des angeleiteten, strukturierten Lernens (structured inquiry) zugrunde, das wiederum integraler Teil der pädagogischen Schulphilosophie des IB-Curriculums ist: „das Lernen zu lernen" (Peterson 1979, S. 4). Es manifestiert sich in sechs das Curriculum und die curricularen Inhalte organisierenden transdisziplinären Themen, die sich in dem folgenden Schaubild (6.3.4.2) am äußeren Rand des Hexagramms finden:

Schaubild 6.3.4.2: Das Internationale Bakkalaureat-Primarstufencurriculum-Modell
(IB Primary Years Program Model)

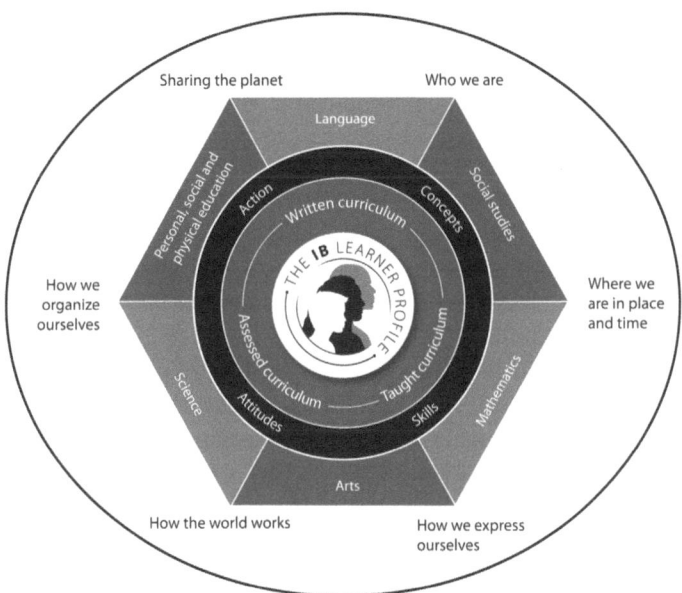

Quelle: International Baccalaureate Organization 2010

Mit Hilfe dieser transdisziplinären Themen sollen für den Primarschulbereich typische Lernbereiche bearbeitet werden (Einsiedler 2001); das Curriculum für die Primarstufe umfasst die Lernbereiche Sprachen (languages), Persönlichkeitsbildung, soziales Lernen und Sport (personal, social und physical education), Wissenschaft und Technik (science & technology), Kunst (arts), Mathematik (mathematics) und Sozialkunde (social studies). Im Inneren des Hexagramms finden sich ferner die im IB-Primarstufenmodell verankerten Lernziele wieder; diese können den hier bereits eingeführten (vgl. Kap. 6.3.1) Lernzielen wie folgt zugeordnet werden:

- Lernzieldimension a) Inhalte (content) umfasst die Vermittlung und das Verstehen zentraler Konzepte (concepts);
- Lernzieldimension b) Fertigkeiten (skills) umfasst den Erwerb grundlegender Kenntnisse und Fähigkeiten (skills);
- Lernzieldimension c) Einstellungen (attitudes) umfasst die Entwicklung positiver Einstellungen (attitudes);
- die Fähigkeit, verantwortungsvoll zu handeln (action), ist m.E. der Lernzieldimension c) Einstellungen zuzuordnen, da sie über das reine Wissen und über Fertigkeiten hinaus ein moralisch-ethisches Verständnis von Entwicklungen impliziert.

Analog zu den Anforderungen im DP und im MYP müssen auch Schüler im letzten Jahr der Primarstufe zu einem Thema ihrer Wahl eine eigenständige Forschungsarbeit anfertigen, die bewertet wird. Eine externe Leistungsüberprüfung ist im Primarstufencurriculum nicht vorgesehen; sie findet unterrichtsbegleitend und kontinuierlich statt. Dazu werden die Lernfortschritte der Schüler in Form eines Portfolios dokumentiert, das folgende Schwerpunkte umfasst (IBO 1998b):

- Exemplarische Schülerarbeiten;
- Informationen zu absolvierten außercurricularen Aktivitäten der Schüler;
- Selbstevaluation der Schüler.

Die Leistungsbeurteilung der Primarstufenschüler erfolgt a) im Rahmen einer summativen Beurteilung auf der Basis verschriftlichter informeller Beurteilungen der Schülerleistungen durch die Lehrenden während des Unterrichts sowie exemplarischer, von den Lehrenden bewerteter Schülerarbeiten und b) im Rahmen einer formativen Beurteilung der individuellen Schulleistungen, bei der die Schüler zusammen mit ihren Lehrenden ein individuelles Schüler-Portfolio erstellen. Inhaltlich wie methodisch-didaktisch wird mit dem Primarstufencurriculummodell an das MYP und an das DP angeknüpft, und zwar insbesondere über das pädagogische Grundprinzip des angeleiteten, strukturierten Lernens (structured inquiry) (IBO 1997, S. 6), das im Bereich TOK eine Fortsetzung findet und Teil der pädagogischen Schulphilosophie des IB-Curriculums ist: „das Lernen zu lernen" (Peterson 1979). Grundsätzlich und im Vergleich mit den beiden darauf folgenden Curricula zeichnet sich das Primarstufencurriculum durch seine ausgeprägte Offenheit aus, so dass die Schulen bei der Realisierung dieses Curriculums über eine weitreichende Autonomie verfügen.

6.3.5 Das Internationale Bakkalaureat-Curriculum – eine Zwischenbilanz

Betrachtet man das gesamte IB-Curriculum, so sticht hervor, dass der Anteil der von der IBO verbindlich vorgegebenen Curricula mit der jeweils ansteigenden Schulstufe zunimmt und im DP am ausgeprägtesten ist. Parallel dazu sind im IB-Curriculum für die Sekundarstufe I und im Primarstufencurriculum ausschließlich schulinterne summative und formative Leistungsbeurteilungen vorgesehen; erst im Oberstufencurriculum kommen mit Blick auf den Erwerb des IB auch externe Leistungsbeurteilungen hinzu, und der Anteil der summativen Leistungsbeurteilungen nimmt zu. Zwar hat die IBO für die von ihr autorisierten Curricula für die Sekundarstufe I und die Primarstufe Standards festgelegt (vgl. die im Anhang dieser Studie aufgeführten Standards für das MYP und das PYP), doch beziehen sich diese Standards auf die gesamte Schulkultur und die von der Schule im Hinblick auf die Realisierung der Curricula zu schaffenden Rahmenbedingungen und reflektieren damit eine für Standards formulierte Maßgabe:

> „Bei genauerer und differenzierterer Betrachtung zeigt sich, dass ein Standard aus Sätzen besteht, die den *erwünschten* Zustand eines interessierenden Sachverhalts, beispielsweise einer Kompetenz kennzeichnen oder beschreiben." (Heid 2003, S. 17, Hervorh. im Orig.)

Erreichen von der IBO autorisierte Schulen einen solchen „erwünschten Zustand" oder Standard dauerhaft nicht, so verfügt sie über Sanktionsmöglichkeiten und kann Schulen letztlich den Titel „IB World School" sowie die Erlaubnis entziehen, IB-Curricula zu unterrichten (vgl. IBO 2003). Der geringe Anteil von Schulen, die das IB-Curriculum für die Primarstufe und die Sekundarstufe I, ungeachtet der theoretisch bestehenden Möglichkeiten, im Rahmen eines bilingualen Angebots realisieren, ist ein Beleg für den weltweit zu beobachtenden Trend, wonach im Zuge von Migration und Globalisierung die Förderung des Erstsprachenerhalts und Fremdsprachenerwerbs im Schulwesen zwar im Rahmen einer Erweiterung des Fremdsprachenangebots an Bedeutung gewinnt, de facto aber mit einer Abnahme der weltweit gesprochenen Sprachen einhergeht:

> „There is, however, evidence that the increased emphasis on language instruction in the modern school is, consistent with its fundamental orientation, a force for homogenization rather than diversification. Expansion of education, coupled with immigration and other elements of globalization, has resulted in a reduction in the number of languages spoken in the world (...)." (McGinn/Cummings 1997, S. 33)

Im Hinblick auf die internationalen Schulen wäre vor diesem Hintergrund ferner zu fragen, ob die ausgeprägte Dominanz der englischen Sprache als Lingua franca im Schulunterricht mit einer Homogenisierung der IB-Curricula einhergeht, und zwar trotz des für diese adaptierten offenen Curriculumbegriffs. Den Hintergrund für diese Überlegungen bilden die Dominanz von Englischmuttersprachlern unter den Lehrkräften an internationalen Schulen und die Autonomie der Einzelschule bei der Ausgestaltung der Curricula für die Sekundarstufe I und die Primarstufe: Denn beide Elemente, so könnte eine Hypothese lauten, befördern die Adaption von englischsprachigen, in anglophon dominierten kulturellen Zusammenhängen entwickelten curricularen Elementen, zum Beispiel aus dem englischen National Curriculum, und zwar aufgrund pragmatischer Erwägungen, die die Lehrkräfte veranlassen, ihnen bekannte und vertraute curriculare Bausteine für das IB-Curriculum zu adaptieren. Vertraut sind ihnen aber in erster Linie solche Curricula, die sie in ihren Herkunftsländern im Rahmen ihrer Ausbildung kennen gelernt haben. In diesem Zusammenhang, so könnte eine weitere Hypothese lauten, kommt es zu einem sog. „Schneeballeffekt", wonach von internationalen Schulen bereits adaptierte Curricula von weiteren Schulen übernommen werden, und zwar aufgrund der weltweiten Rotation des Lehrpersonals, von Schulleitungen und Curriculumberatern sowie im Hinblick auf eine effektive Ressourcennutzung der Einzelschule.

Den IB-Curricula originär ist das im Oberstufencurriculum eingeführte Element „Theory of Knowledge", das dazu beitragen soll, die Ziele internationaler und interkultureller Erziehung und globalen Lernens zu realisieren und in einen breiteren Kontext wissenschaftstheoretisch und forschungsmethodologisch divergenter Zugänge einzuordnen. Explizit angestrebt wird das Einüben der Schüler in Multiperspektivität, und zwar auch im Sekundarstufe-I- und im Primarstufencurriculum. Die Stringenz, mit der dieses Element das gesamte Curriculum durchzieht, unterscheidet das IB-Curriculum von nationalen Curricula, in denen dieser

Ansatz m.W. keine solche prononcierte Position einnimmt. Eine weitere Differenz zu vielen nationalen Bildungswesen markiert die Auslassung eines Fachs Religion im IB-Curriculummodell, wenngleich dieses im Rahmen der School Based Syllabus, die dazu dienen sollen, regionalen Spezifika gerecht zu werden, verankert werden kann.

Die im Hinblick auf die IB-Curricula beobachtbare Dynamik, wonach Steuerung im Bildungswesen mit einer Abnahme zentral gesteuerter Inputvorgaben und einer zunehmenden Dezentralisierung derselben einhergeht, wurde auch für nationale Bildungswesen weltweit konstatiert. Astiz, Wiseman und Baker (2002) haben dazu aktuelle curriculare Steuerungsvarianten im Bildungswesen im Kontext von Globalisierung untersucht und drei vorherrschende Modelle herausgefiltert: In der einen Gruppe finden sich Länder wieder, die überwiegend dezentrale Steuerung praktizieren, dazu zählen beispielsweise die USA, Kanada und Australien; eine zweite Gruppe zeichnet sich überwiegend durch zentrale Steuerung aus, darunter finden sich zum Beispiel Hongkong, Lettland, die Slowakische Republik, Griechenland, Frankreich und Zypern; eine dritte und die am stärksten vertretene Gruppe hingegen verfolgt eine Mischung aus zentralen und dezentralen Steuerungselementen, so beispielsweise Deutschland, England und Russland.

Die IBO und die von ihr verantworteten IB-Curricula für die Primarstufe und die Sekundarstufe I wären in dieser Untersuchung vermutlich in der ersten Gruppe anzusiedeln; das Oberstufencurriculum würde vermutlich in die dritte Gruppe fallen. Adick (2003, S. 94) hat zu bedenken gegeben, dass die Ergebnisse dieser Studie darauf hindeuten könnten, dass das weltweit „sich abzeichnende Konvergenzmodell (...) deswegen nicht Dezentralisierung (zu sein scheint, S.H.), sondern eines (...), das zentrale und dezentrale Steuerungselemente in einem Mix verbindet." Versteht man die IBO und das IB-Curriculum als genuine Erscheinungsformen eines Weltbildungssystems und als Modell globaler Bildungsentwicklungen, wäre zu fragen, ob dezentrale Steuerung im Primarstufen- und Sekundarstufe I-Bereich aufgrund der dort gegebenen geringeren Selektionsfunktion als im Sekundarbereich II auch weltweit künftig dominiert, ob mithin auch im Hinblick auf die unterschiedlichen Schulstufen und ihre divergierenden Qualifizierungs- und Selektionsaufgaben dezentrale und zentrale Steuerungsmodelle variieren.

6.3.6 Internationale Erziehung aus der Sicht von Schülern und Lehrkräften

Bisher wurden die Organisationen und die von ihnen programmatisch verankerten Ziele und Inhalte internationaler Erziehung thematisiert; die Frage, inwieweit der dort postulierte Anspruch in der Schulpraxis eingelöst wird, musste weitestgehend offen bleiben, da es an empirischen Studien hierzu mangelt. Ein Weg, diesbezüglich dennoch erste Eindrücke zu gewinnen, kann hier jedoch eingeschlagen werden, und zwar im Rückgriff auf empirische Studien zu den Erfahrungen und Wahrnehmungen von Schülern und Lehrenden an internationalen Schulen: Am Centre for the Study of Education in an International Context (CEIC) an der Universität Bath (GB), unter der Federführung von Hayden und Thompson, wurden seit den

1990er Jahren im Rahmen eines größeren Projektzusammenhangs Studien durchgeführt, in denen es um die Aufgaben und Ziele von internationalen Schulen und internationaler Erziehung aus Sicht der am Schulalltag Beteiligten ging.

Im Rahmen einer kleineren Vorstudie befragten die Autoren (Hayden/Thompson 1995b) zunächst 48 Studierende im Grundstudium, die aus Übersee an die Universität Bath gekommen waren und von denen angenommen wurde, dass sie eine Form von internationaler Erziehung erfahren hatten. Zwei Jahre später lagen die Ergebnisse einer Studie vor, an der insgesamt 1.263 (i.d.R. 18-jährige) Schüler der Oberstufe an internationalen Schulen in 30 Ländern teilgenommen hatten, darunter 226 Schüler an europäischen Schulen (Hayden/Thompson 1997). Im darauf folgenden Jahr (Hayden/Thompson 1998) konnten Ergebnisse zu den Einschätzungen von 226 Lehrenden an internationalen Schulen vorgelegt werden. In methodischer Hinsicht wurde mit diesen Studien ein deskriptives Vorgehen verfolgt, wie es beispielsweise für Umfragen im Kontext von Mikrozensuserhebungen typisch ist (Hayden/Thompson 1995b, S. 391). Verschickt wurden jeweils Fragebögen mit geschlossenen, halboffenen und offenen Fragen zu drei großen Themenblöcken. Die geschlossenen Fragen konnten jeweils im Rahmen einer Fünf-Punkte-Likert-Skalierung beantwortet werden, die von völliger Ablehnung bis hin zu völliger Zustimmung reichte, wobei aufgrund der Komplexität der erfragten Themen auch die Möglichkeit gegeben wurde, keine Einschätzung abzugeben („no view either way"; ebd.). Die Fragebögen waren in englischer Sprache abgefasst und sollten auch in dieser Sprache schriftlich beantwortet werden; hierfür wurden jeweils maximal 30 Minuten veranschlagt. Die einzelnen Items waren auf der Basis von Vorgesprächen mit Personen in vergleichbaren Situationen wie die später zu Befragenden erarbeitet worden; folgende Inhalte wurden in den drei Themenblöcken im Rahmen differenzierender Fragen behandelt (ebd., S. 392):

1) Im Zentrum des ersten Themenblocks stand die „international attitude", d.h. die Aufgeschlossenheit für internationale Fragen und Angelegenheiten, die, so die auf der Basis von Sekundärliteratur formulierte und zugrunde gelegte Annahme, durch eine internationale Erziehung gefördert werde. Ein Item in diesem Zusammenhang lautete bspw.: „Having an international attitude means being prepared to accept the rights of people of other nationalities/cultures to put their views into practice, even if I find this practice completely unacceptable." (ebd., S. 395).

2) Im Zentrum des zweiten Themenblocks standen Faktoren, die die Entwicklung einer internationalen Einstellung betreffen. Ein Item in diesem Zusammenhang fragte z. B. danach „whether it is necessary to live or have lived in more than one country in order to develop an international attitude" (ebd., S. 397).

3) Im Zentrum des dritten Themenblocks standen Faktoren, die die Entwicklung einer internationalen Einstellung begünstigen. Items in diesem Zusammenhang waren z. B. das formale Curriculum (Unterrichtsfächer), informelle Aspekte der Schule und Kontakt zu Angehörigen anderer Kulturen (ebd.).

Darüber hinaus wurden die Befragten gebeten, einige persönliche Angaben zu machen, zum Beispiel bezüglich ihrer Nationalität, der von ihnen besuchten Schulen oder der von ihnen „am besten beherrschten Sprache(n)", um die Begriffe Erst- und Zweitsprachen zu vermeiden; im Falle der Lehrkräfte wurde ferner nach ihren bisherigen Arbeitsplätzen gefragt. Für die erste, kleinere Vorstudie konnten Ende 1993 Fragebögen von insgesamt 48 Studierenden im ersten Jahr ihres Grundstudiums an der Universität Bath ausgewertet werden (Hayden/Thompson 1995, S. 391ff.). Von diesen Studierenden waren 27 männlich und 21 weiblich; sie gehörten insgesamt 18 unterschiedlichen Nationalitäten an und beherrschten insgesamt 24 verschiedene Sprachen. Bei der Auswertung der Fragebögen wurden Mittelwerte errechnet und im Falle von auffälligen Standardabweichungen zusätzlich ein T-Test mit einer Signifikanz von 5% durchgeführt. Erhoben wurden, daran soll an dieser Stelle noch einmal erinnert werden, durchgängig die individuellen Einschätzungen der Befragten und nicht empirisch abgesicherte Beobachtungen. Die erste Vorstudie (ebd., S. 93ff.) erbrachte folgende Ergebnisse: Von den insgesamt 48 Befragten gaben 17 (35%) an, im Verlauf ihrer Schulausbildung irgendeine Form von internationaler Erziehung erfahren zu haben, 31 (65%) verneinten dies, nur 12 (25%) der Befragten hatten eine internationale Schule besucht. Hier zeigt sich mithin, dass nach Auffassung der befragten Studierenden eine internationale Erziehung nicht mit dem Besuch einer internationalen Schule einher gehen muss, vielmehr war es in einem Fall sogar so, dass eine der befragten Personen, die eine solche Schule absolviert hatte, explizit darauf hinwies, dort im Rahmen des Curriculums keine internationale Erziehung erfahren zu haben, sondern eine „Western education, because everything I was taught was delivered in a Western point of view since all the teachers were from the West" (ebd., S. 401).

Alle Befragten, die angegeben hatten, zu irgendeinem Zeitpunkt im Verlauf ihrer Schullaufbahn eine internationale Schulen besucht zu haben, reklamierten dies für die Oberstufe, sie waren zu diesem Zeitpunkt mithin zwischen 16 und 19 Jahre alt. Die Curricula an den von den Befragten genannten Schulen können in kultureller Hinsicht als US-amerikanisch, deutsch und französisch geprägt klassifiziert werden oder international in dem Sinne, dass sie das IB-Curriculum offerierten (ebd., S. 394). Zu den von den Befragten besuchten Schulen zählen das Atlantic College in South Wales (GB), die Botschaftsschule in Havanna (Kuba), das Lycée de Sèvres in Paris (Frankreich), die Jakarta International School (Indonesien) und die Europäische Schule in München (Deutschland).

Um Aufschluss darüber zu gewinnen, ob sich im Hinblick auf weitere Fragen das Antwortverhalten derjenigen, die angegeben hatten, eine internationale Erziehung erfahren zu haben (Gruppe A) oder keine internationale Erziehung erfahren zu haben (Gruppe B), unterscheidet, wurde bei der Auswertung der Themenblöcke 1 und 2 zwischen diesen beiden Gruppen differenziert. Unter Zugrundelegung dieser Differenz zeigte sich, dass zwischen beiden Gruppen hinsichtlich der Toleranz gegenüber anderen, ihren Einstellungen und Praktiken, unabhängig von der Akzeptabilität derselben (Themenblock 2), keine signifikanten Unterschiede bestanden; Gruppe A wies in dieser Hinsicht allerdings eine etwas ausgeprägtere Toleranz auf als Gruppe B. Befragt nach ihrer internationalen Einstellung und deren Vereinbarkeit mit der Identifikation mit einer Kultur und Nation wurde ferner deutlich, dass Gruppe A stärker als Gruppe B die Auffassung vertrat, dass beide Aspekte gut miteinander zu vereinbaren seien (ebd., S. 395ff.). Auf die Frage, welche Faktoren die Entwicklung einer internationalen Einstellung unterstützen (Frageblock 3), fand in beiden Gruppen die Aussage „Kontakt mit Angehörigen anderer Kulturen" die höchste Zustimmung; in Gruppe A war die Zustimmung allerdings wiederum stärker ausgeprägt als in Gruppe B. Demgegenüber erachteten beide Gruppen in diesem Zusammenhang Auslandsaufenthalte als nicht besonders wichtig. Gruppe B vertrat ferner stärker als Gruppe A die Auffassung, dass die Beherrschung von mehr als einer Sprache für die Herausbildung einer internationalen Einstellung förderlich sei. Dieses Antwortverhalten könnte reflektieren, dass Gruppe A, der diejenigen angehörten, die eine internationale Schule besucht hatten, dem Mehrsprachigkeitsaspekt aufgrund ihrer Erfahrung mit der englischen Sprache als Lingua franca in ihrem Schulalltag nicht so große Bedeutung beimisst wie Gruppe B.

In Themenblock 3 wurde nach dem Einfluss des formalen Curriculums (Unterrichtsfächer) und des informellen Curriculums (extracurriculare Aktivitäten wie Sportveranstaltungen, Clubs und andere Zusammenschlüsse, Kontakt zu Mitschülern und zu Schülern außerhalb der eigenen Schule) auf die Herausbildung einer internationalen Einstellung gefragt (ebd., S. 398ff.). Die Antworten auf diese Fragen sind von besonderem Interesse hinsichtlich des hier zuletzt vertieften Aspekts des IB-Curriculums, das von einigen seiner Protagonisten als „Garant" (Bartlett 1998, S. 78ff.) für eine internationale Erziehung und die Förderung einer internationalen Einstellung und Perspektive erachtet wird. Konkret danach befragt, welche Faktoren im Rahmen des Curriculums eine internationale Einstellung beförderten, erhielt die höchste Zustimmung aus beiden Gruppen wiederum der Aspekt „Kontakt zu Mitschülern", gefolgt von „Kontakt zu Schülern außerhalb der eigenen Schule". An dritter Stelle rangierte die Einstellung der eigenen Eltern, an vierter Stelle wurden informelle Aspekte der Schule, wie Sportveranstaltungen, Clubs und andere Zusammenschlüsse (societies) platziert. Rang fünf kam den individuellen Einstellungen von Lehrenden zu und erst auf Rang sechs fand sich das formale Curriculum wieder. Der Faktor „Einstellung von Lehrenden in Führungspositionen an einer Schule" stieß auf die geringste Zustimmung, was allerdings, wie die Autoren der Studie vermerken, auch darauf zurückzuführen sein könnte, dass die Schüler diese Frage aufgrund ihres Erfahrungs- und Kenntnisstandes nur aus der Distanz heraus beantworten konnten. Mit Blick auf die Frage nach der Förderung einer internationalen Einstellung durch das formale Curriculum ist ferner von Interesse, dass diesbezüglich am häufigsten Fächer zum Fremdsprachenerwerb genannt wurden sowie die Teilnahme an Kursen mit Themen zu anderen Kulturen, wobei letztere oftmals in den Fremdsprachenunterricht integriert waren. Zwei Absolventen des IB führten das Element TOK, zwei weitere das Element „Weltliteratur" an, das im Rahmen des IB-Curriculums im Fach „Sprache A1" verankert ist. Daneben wurden Austauschprogramme, besondere Tage und Projekte zu internationalen Themen sowie der Kontakt zu Lehrenden anderer Kulturen und Sprachen genannt (ebd., S. 400ff.).

Die Autoren der Studie folgern aus den Ergebnissen, dass die Erfahrung einer internationalen Erziehung nicht notwendigerweise mit dem Besuch einer internationalen Schulen einhergehen muss, so dass die vor mehr als fünfzig Jahren formulierte Annahme, die Einrichtung solcher Schulen fördere eine internationale Erziehung heute als zu simplifizierend erscheine; gleiches gelte für die Unterscheidung zwischen Schulen, die explizit eine internationale Erziehung anstreben und Schulen, die dies „nur" auf der Basis des IB verfolgen (ebd., S. 402f.). Setzt man allerdings voraus – wie dies von der IBO vertreten wird –, dass das IB-Curriculum ein explizit internationales Curriculum im Sinne der internationalen Erziehung bzw. der global education darstellt, dann erscheint mir diese Argumentation wenig schlüssig. Ein interessantes Ergebnis ist allerdings, darin ist den Autoren zuzustimmen, die im Rahmen dieser Vorstudie dominant hervortretende Auffassung der Studierenden, dass Kontakte zu Angehörigen anderer Kulturen sowohl im Kontext des formalen Curriculums als auch in informellen Kontexten sowie die Einstellung von anderen Personen im nahen Umfeld der Schüler (Eltern, Lehrer, Schüler anderer Schulen und Gemeindemitglieder) durchgängig sowohl von Gruppe A wie auch von Gruppe B als zentrale Faktoren für die Herausbildung einer internationalen Einstellung angeführt werden. Dies könnte Anlass geben, nach der Relevanz der internationalen Erziehung oder ihrer modernen Variante, des globalen Lernens, im formalen Curriculum für die Herausbildung einer internationalen Einstellung zu fragen, bzw. konkreteren Aufschluss über das faktisch Erfahrene (und nicht über die Wahrnehmungen und Einschätzungen der Befragten) zu gewinnen; an entsprechend angelegten empirischen Studien mangelt es jedoch. Auf der anderen Seite fanden sich aber auch in dieser Studie Ergebnisse, die im Sinne einer Verankerung der internationalen Erziehung im formalen Curriculum positiv interpretiert werden können, wie die bereits angeführte ausgeprägte Zustimmung zur Vereinbarkeit von internationalen und nationalen Identifikationen unter jenen, die angegeben hatten, in der Schule eine Form von internationaler Erziehung erfahren zu haben.

Die in der darauf folgenden Untersuchung gewonnenen und dokumentierten Ergebnisse bestätigen in vielerlei Hinsicht die bereits genannten Punkte, reflektieren aber auch einige Abweichungen davon oder bisher nicht thematisierte Trends (Hayden/Thompson 1997, S. 459-478). Befragt wurden im Rahmen der zweiten Studie insgesamt 1.263 Schüler am Ende der Sekundarstufe II (die zu diesem Zeitpunkt i.d.R. 18 Jahre alt waren) in 30 verschiedenen Staaten; von ihnen besuchten 226 Schüler Europäische Schulen, 683 Schüler internationale Schulen innerhalb und 354 Schüler internationale Schulen außerhalb Europas. Bei der Auswertung der Fragebögen wurde diese unterschiedliche Lokalisierung der internationalen Schulen berücksichtigt bzw. die Hypothese überprüft, ob dies zu Differenzen hinsichtlich einiger Items führe. Der Schwerpunkt der Studie lag auf der Erhebung der Erfahrungen und Wahrnehmungen von Schülern an Europäischen Schulen; darüber hinaus wurde aber auch darüber spekuliert, ob ein „europäischer Effekt" eintreten würde, der auf die geografische Lage und kulturelle Zusammensetzung der Schulen zurückgeführt werden könnte. Unterschieden wurden daher Schüler, die internationale und Europäische Schulen in Europa einerseits und internationale Schulen in anderen Teilen der Welt andererseits besuchen (ebd., S. 462).

Die Erhebung zielte weder auf die Beantwortung der Frage, welche Formen und Inhalte von internationaler Erziehung die Befragten erfahren hatten, noch auf damit von ihnen verknüpfte Wirkungsweisen, sondern vielmehr darauf, festzustellen: „... *what students* **believe** *,international education' is.*" (Hayden/Thompson 1997, S. 474f., Hervorh. S.H.). Der Fragebogen umfasste standardisierte, halboffene und offene Fragen und Antwortmöglichkeiten im Rahmen einer Skalierung von 0-5 (0 = unwichtig, 1 = geringe Zustimmung, 5 = völlige Zustimmung) sowie die Kategorie: keine Antwort. Die Auswertung der Fragebögen erfolgte analog zu dem für die vorgenannte Studie beschriebenen Verfahren. Folgende zentrale Ergebnisse zeichneten sich ab: Unter allen drei Gruppen fanden nur sechs Items einen sehr hohen Mittelwert der Zustimmung (4,00); sie werden hier in der Rangfolge ihrer Zustimmung zitiert (ebd.):

„5. Taking examinations acceptable for university entrance in a number of countries.
 6. Learning in class about other countries.
11. Learning in class how to consider issues from more than one perspective.
12. Being taught to be tolerant of cultures whose practices are different from mine.
13. Being taught that all cultures are equally valid.
15. Mixing with students from a number of cultures within classes at school."

Hervor sticht hier die hohe Priorität, die alle Befragten dem Erwerb einer international kompatiblen Hochschulzugangsberechtigung attestieren, gefolgt von der Berücksichtigung von Themen im Unterricht, die im Hinblick auf curriculare Fragen der internationalen Erziehung oder ihrer modernen Variante, der global education (Item 6, 11), bzw. im engeren Sinne der interkulturellen Erziehung und Bildung (Item 11, 12, 13, 15) zugeordnet werden können. Schüler europäischer Schulen räumen ferner dem Fremdsprachenerwerb („Learning to speak more than one language fluently", ebd., S. 464) sowie dem Besuch einer Schule, an der verschiedene Sprachen gesprochen werden („Being in a school environment where a number of languages are frequently spoken", ebd.) höhere Priorität ein als Schüler an internationalen Schulen. Hayden und Thompson (1997, S. 466) führen diese Differenz zwischen den Schülergruppen auf drei Faktoren zurück: Erstens werde von Schülern europäischer Schulen erwartet, dass sie die Sprache des Landes sprechen, in dem die Schule angesiedelt ist; zweitens seien sie stärker motiviert Fremdsprachen zu lernen, da für sie, anders als für Schüler an internationalen Schulen in Afrika beispielsweise, der unmittelbare Gebrauchswert von Fremdsprachen stärker erkennbar werde, und drittens genieße Mehrsprachigkeit an europäischen Schulen insgesamt eine höhere Wertschätzung als an internationalen Schulen.

Ungeachtet dieser Diskrepanzen hinsichtlich des Mehrsprachigkeitsaspekts zwischen den Gruppen erachten alle Befragten gleichermaßen das Erlernen und die Beherrschung der englischen Sprache als wichtige Aufgabe (ebd., S. 471).

Schüler an internationalen Schulen außerhalb Europas attestierten ferner dem im IB-Oberstufencurriculum verankerten Community Service höhere Bedeutung als die anderen Befragten, und zwar vermutlich vor dem Hintergrund, dass diese extracurriculare Aktivität die Kontaktaufnahme und -pflege mit der lokalen Gemeinde begünstigt. Daneben stießen in dieser Gruppe folgende Aussagen auf stärkere Zustimmung als unter den Schülern an internationalen Schulen und Europäischen Schulen innerhalb Europas (ebd., S. 468):

„23. Being encouraged to try new experiences from other cultures.
28. School sponsoring of projects in less developed countries.
30. Teachers setting an example of ‚being international'.
4. Taking the same examinations as are taken by students in many other countries."

Dieses Antwortverhalten könnte im Hinblick auf Item 23 und 28 so interpretiert werden, dass es die unterschiedlichen Ausgangssituationen von Schulen in und außerhalb Europas und ein damit einhergehendes ausgeprägteres Bewusstsein der Schüler für nicht-europäische Kulturen und weltweite ökonomische Ungleichheiten reflektiert. Ob dies zutrifft und möglicherweise darüber erklärbar wird, dass die Schüler selbst Repräsentanten nicht-europäischer Kulturen sind oder ob sie aufgrund ihrer Erfahrungen an Schulen außerhalb Europas mit diesem Faktor verbundene unterschiedliche Wertschätzungen stärker wahrnehmen, konnte auf der Basis der vorhandenen Daten jedoch nicht geklärt werden (ebd., S. 469). Den beiden letztgenannten Antworten (Item 30 und 4) räumten, wie hier bereits ausgeführt wurde, auch Schüler an Schulen innerhalb Europas hohe Priorität ein, so dass hier nur geringfügige und zu vernachlässigende Unterschiede hinsichtlich der Wertigkeit bestehen.

Aus den hier referierten Daten kann resümiert werden: Das pragmatische Anliegen, einen international kompatiblen Hochschulabschluss zu erwerben, hat für alle Befragten die höchste Priorität. Daneben reflektiert das Antwortverhalten dieser Gruppe von Befragten – wie dies bereits auch in der Vorstudie deutlich wurde – dass der Kontakt zu Personen eines anderen kulturellen Hintergrunds sowohl im schulischen wie außerschulischen Kontext als zentrales Moment internationaler Erziehung gewertet wird. Weitere Forschungen sollten m.E. an diesen Punkt anknüpfen, um mehr Aufschluss über divergierende Akteure und Wirkungsweisen im Schulkontext zu gewinnen. Höchste Priorität mit Blick auf die internationale Erziehung attestierten die Befragten aller drei Gruppen der Notwendigkeit des Erwerbs von Wissen über andere Länder, dem Erlernen von Multiperspektivität und Toleranz gegenüber anderen Kulturen und ihren Vertretern im Unterricht wie auch dem weiteren Schulkontext. Damit sollte der curriculare und extracurriculare Schwerpunkt nach Einschätzung der Befragten auf Aspekten liegen, die unter dem Stichwort „Interkulturalität" gefasst werden können.

Dieser Befund spiegelt ein Verständnis von internationaler Erziehung mit dem Schwerpunkt „Interkulturalität" wider, das sich deutlich vom aktuellen, programmatisch verankerten Verständnis der IBO unterscheidet, das die moderne Variante internationaler Erziehung im Sinne des gobalen Lernens reflektiert. Dieses umfasst neben interkulturellen Schwerpunkten auch die Bereiche nachhaltige Entwicklung und soziale Gerechtigkeit, Menschenrechts- und Friedenserziehung. Ob im Rahmen der hier zur Diskussion stehenden Studie bzw. des gesamten Forschungszusammenhangs diese Themen und pädagogischen Ansätze berücksichtigt wurden, konnte auf der Basis der verfügbaren Sekundärliteratur nicht geklärt werden; die im Anhang der Publikation (Hayden/Thompson 1997, S. 474f.) aufgeführten, für diese Studie ausgewerteten Items lassen solche Bezüge jedoch nicht erkennen.

Bis hierher konnten Einblicke in die Wahrnehmungen und Einschätzungen der Adressaten internationaler Erziehung gewonnen werden, die Seite der Vermittler wurde bisher lediglich in Form von curricular, also programmatisch verankerten Vorgaben thematisiert. Diesbezüglich kann jedoch die dritte hier genannte Studie (Hayden/Thompson 1998) einigen Aufschluss geben: In ihrem Zentrum stehen die Wahrnehmungen von Lehrkräften zur internationalen Erziehung. Ausgewertet wurden Fragebögen von insgesamt 226 Lehrenden, die zum Zeitpunkt der Erhebung in der Sekundarstufe II an unterschiedlichen internationalen und Europäischen Schulen weltweit unterrichteten; mehr als 40% dieser Lehrenden hatten bereits in mehr als fünf verschiedenen Schulen gearbeitet, wie Hayden und Thompson (1998, S. 552) mit Verweis auf die bereits herausgestellte hohe Fluktuation an internationalen Schulen konstatieren. Auch in dieser Studie wurden Meinungen bzw. Einschätzungen der Befragten erhoben; die an sie gerichtete, zentrale Frage der Studie lautete: „What does it mean for students to experience an international education?" (Ebd.). Analog zu den bereits genannten Studien waren auch in diesem Fall Antwortmöglichkeiten im Rahmen einer Fünf-Punkte-Likert-Skalierung vorgegeben und wurden wie oben dargestellt ausgewertet. Dabei unterschieden Hayden und Thompson (1998, S. 549-568) zwischen Aussagen, die sich auf Lehrende (Kategorie 1), das formale (Kategorie 2) oder informelle Curriculum (Kategorie 3), informelle, aber organisierte Aspekte des Schullebens (Kategorie 4), Mitschüler oder die lokale Gemeinde (Kategorie 5) bezogen.

Folgende Ergebnisse konnten ermittelt werden: Im Hinblick auf Kategorie 1 (Lehrende) räumten die Befragten der Einstellung von Lehrenden beiderlei Geschlechts gegenüber einer internationalen Erziehung hohe Priorität (Mittelwert: 4.17) ein, allerdings führten auch 13 der insgesamt 226 Befragten an, dass dies aus ihrer Sicht nicht wichtig sei (Hayden/ Thompson 1998, S. 555). Weitere vier Aussagen in dieser Kategorie bezogen sich (in der Reihenfolge ihrer Wertigkeit) auf „die Sicherstellung, dass Lehrende als ein Beispiel für Internationalität fungieren", „die Einstellung von Lehrenden aus vielen verschiedenen Ländern", „die Einstellung von Lehrenden aus vielen verschiedenen Kulturen" sowie „die Einstellung von Lehrenden vieler verschiedener ‚am besten gesprochener' Sprachen"[23]. Auffallend ist an diesen Ergebnissen, dass sie nur sehr bedingt mit der Realität an internationalen Schulen korrespondieren, da an ihnen englischsprachige Lehrende aus englischsprachigen Ländern und die Verwendung englischsprachiger Curricula dominieren. Eine Interpretation dieser Daten könnte demnach lauten, dass die Befragten hier lediglich die für die internationale und insbesondere für die inter-

---

23 Diese Bezeichnung wurde gewählt, um die Begriffe Mutter-, Erst- oder Familiensprache zu vermeiden.

kulturelle Erziehung und Bildung postulierten Rahmenbedingungen oder die in diesem Kontext dominierende Rhetorik reproduzieren; eine andere Interpretation könnte darauf abheben, dass sie eine Veränderung der vorherrschenden Situation anstreben. Von den Autoren der Studie finden sich hierzu keine Ausführungen.

Dem formalen Curriculum (Kategorie 2) ordneten Hayden und Thompson (ebd., S. 556) in ihrer Auswertung der Daten insgesamt 16 Items zu, von diesen erreichten neun Items eine hohe Zustimmung (Mittelwerte von mindestens 4.5 bis 5.0). Die ersten sieben in dieser Rangfolge vertretenen Aussagen bezogen sich auf folgende Aspekte (Hayden/Thompson 1998, S. 553):

„– Learning in class to be tolerant of cultures whose practices are different from one's own.
– Offering examinations which will be acceptable for university entrance in a number of countries.
– Learning in class how to consider issues from more than one perspective.
– Offering a curriculum designed to be international (e.g., IB, IGCSE).
– Learning in class that all cultures are equally valid".

Betrachtet man diese Aussagen und stellt sie den im Rahmen der Studie mit Schülern internationaler und Europäischer Schulen herausgefundenen, von allen Befragten mit einer hohen Priorität versehenen Items gegenüber, so scheinen sich Kernaufgaben und Rahmenbedingungen internationaler Erziehung herauszuschälen, die wiederum interkulturelle Aspekte sowie den Erwerb einer international kompatiblen Hochschulzugangsberechtigung umfassen. Darüber hinaus räumen die befragten Lehrenden folgenden Punkten im Kontext einer internationalen Erziehung hohe Priorität ein: „Learning in class about a number of different countries" (M = 4.42), „Learning to speak at least two languages fluently" (M = 4.11), „Including examples from a number of cultures in subjects" (M = 4.05), sowie „Learning in class about local culture, if not same as school" (M = 4.03). Unter den weniger hoch bewerteten Aussagen in dieser Kategorie fand sich ferner die Forderung „Learning to speak English fluently" (M = 3.38), die, so die Autoren der Studie, die pragmatische Einsicht der Lehrenden reflektiere, dass Teile der Schülereltern diesem Qualifikationsziel hohe Priorität einräumen (ebd., S. 557 sowie Mackenzie/Hayden/Thompson 2003, S. 302). Die Autoren der Studie resümieren an dieser Stelle (Hayden/Thompson 1998, S. 558), dass im Hinblick auf das formale Curriculum die hohe Bewertung international kompatibler Hochschulzugangsberechtigungen angesichts der soziokulturellen Zusammensetzung der Schülerschaft wenig überrasche und die ebenfalls hohe Bewertung vieler der von Hayden und Thompson als „more ideologically focused" kategorisierter Aussagen darauf zurückzuführen sei, dass die dort genannten Elemente die Basis für ein besseres Verständnis und für die Entwicklung von positiveren Einstellungen gegenüber anderen Kulturen bilden können. Ein künftig zu berücksichtigendes Forschungsdefizit konstatieren die Autoren hinsichtlich der Frage, inwieweit divergierende Hintergründe der befragten Lehrenden ihr unterschiedliches Antwortverhalten erklären könnten.

Im Hinblick auf die Kategorien informelle, aber organisierte Aspekte des Schullebens (Kategorie 3), Kontakte zu Mitschülern (Kategorie 4) und zur lokalen

Gemeinde (Kategorie 5) erreichten lediglich vier Items aus Kategorie 4, die sich auf die gewünschte Repräsentanz von Schülern unterschiedlicher Kulturen, Länder und beiderlei Geschlechts in der Schule bezogen, Mittelwerte über 4.0, mithin eine hohe Zustimmung; alle anderen der insgesamt 24 Items rangierten darunter. Abschließend ziehen Hayden und Thompson (ebd., S. 565-568) einen Vergleich zwischen den in der ersten Vorstudie erhobenen Einschätzungen von Studierenden im Grundstudium und von Lehrenden an internationalen Schulen, und zwar im Hinblick auf Aussagen, die dort jeweils die höchste Zustimmung erreichten; dabei gelangen sie (ebd., S. 565) unter Auslassung von Kategorien, für die keine Vergleichsdaten zur Verfügung stehen („attitudes of parents, role of senior management") zu folgendem Ergebnis:

Tabelle 6.3.6.1: Comparisons between undergraduates' and teachers' perceptions

Undergraduates	Teachers
Exposure to students within school	Exposure to students within school
Exposure to students outside school	Teachers factors
Informal aspects of school	Formal curriculum
Teachers factors	Links with the local community
Formal curriculum	Informal aspects of school

Quelle: Hayden/Thompson 1998, S. 565, Tabelle 11.

Als zentral im Kontext einer internationalen Erziehung, so die Schlussfolgerung der Autoren auf dem Hintergrund dieser Ergebnisse (ebd., S. 566), erachten übereinstimmend sowohl die befragten Studierenden im Grundstudium rückblickend wie auch die befragten Lehrenden den Kontakt zu Schülern anderer ethnischer, kultureller und sprachlicher Hintergründe. Mit Blick auf die Einschätzung und Bedeutung der anderen Faktoren unterscheiden sich die Wahrnehmungen dieser beiden Gruppen jedoch deutlich, wobei Lehrende dem formalen Curriculum und lehrerbezogenen Aktivitäten eine höherer Priorität einräumen, die Studierenden hingegen informellen schulischen Aspekten. Weitere, auch von ihnen geplante Studien, so das Resümee der Autoren (Hayden/Thompson 1998, S. 566), sollten an diesen divergierenden Einschätzungen ansetzen und beispielsweise den Fragen nachgehen, ob die befragten Oberstufenschüler nach Beendigung ihrer Schulzeit eher die Einschätzungen der in der Vorstudie befragten Studierenden des Grundstudiums oder die der Lehrenden teilen, und ob die hier befragten Lehrenden eine homogene Gruppe darstellen oder aufgrund der unterschiedlichen Typen internationaler Schulen, bei denen sie beschäftigt sind, differieren.

Was haben die hier vorgestellten Studien im Hinblick auf die Frage nach der Praxis internationaler Schulen und der internationalen Erziehung aus der Sicht von Schülern und Lehrern erbracht? Insgesamt ist m. E. deutlich geworden, dass alle Befragten folgenden Aspekten hohe Priorität einräumen:

- auf der pragmatischen Ebene: dem Erwerb einer international kompatiblen Hochschulzugangsberechtigung;
- auf der normativen Ebene: dem Erwerb einer weltoffenen Einstellung bzw. interkulturellen Kompetenzen wie Empathie, Solidarität und Konfliktfähigkeit;
- auf der Inhaltsebene: einer multiperspektivischen Allgemeinbildung;
- auf der Kompetenzebene: Einüben in Multiperspektivität.

Damit konzentrieren sich diese von allen Befragten als zentral erachteten Aspekte internationaler Erziehung auf interkulturelle Themen; dies mag allerdings auch auf die Anlage der Studie zurückzuführen sein, deren publizierte Items den Schluss nahe legen, dass sie auf diesen Aspekt fokussiert waren. Eine Schwierigkeit ist ihre Ausrichtung auf die Erhebung und Auswertung von subjektiven Einschätzungen zu den potentiell, das heißt aus Sicht der Befragten ggf. zu setzenden Prioritäten im Rahmen einer internationalen Erziehung. Diese Einschätzungen wurden von den Befragten zwar auf dem Hintergrund von Erfahrungen in diesem Kontext formuliert, sie lassen aber nur bedingt Rückschlüsse auf tatsächlich Erfahrenes zu. Der hier bereits mehrfach beklagte Mangel an empirischen Studien zur Frage der Realisierung internationaler Erziehung und entsprechender Curricula (wie das IB-Curriculum) in der Schulpraxis muss mithin erneut bekräftigt werden. Wünschenswert wären beispielsweise Studien, die folgenden Fragen nachgehen:

- Anknüpfend an die o.g. Forschungen: Warum messen Schüler dem Kontakt zu Gleichaltrigen anderer ethnischer, kultureller und sprachlicher Hintergründe größere Bedeutung bei der Herausbildung einer internationalen Einstellung bei als dem formalen Curriculum, und welche Rückschlüsse können hieraus für die Gestaltung des Schulalltags (im Hinblick auf das formale Curriculum wie auch auf informelle Aktivitäten) gezogen werden?
- Welche Curricula oder curricularen Elemente übernehmen internationale Schulen im Hinblick auf eine internationale Erziehung und wie wird ihre Wirkung von Lehrenden wie Schülern mit Blick auf die Entwicklung einer internationalen Einstellung beurteilt?
- Können Muster identifiziert werden, die erkennen lassen, welche Curricula und curricularen Bausteine (z. B. das englische National Curriculum) internationale Schulen zu welchen Zeitpunkten oder Phasen favorisieren, und zeigen sich diesbezüglich weltweit regionale Differenzen? Wenn ja, worauf sind diese zurückzuführen und welche Konsequenzen ergeben sich hieraus?
- Welche Schwerpunkte setzten internationale Schulen weltweit bei der Entwicklung eines individuellen Schulprofils? Können diesbezüglich regionale Unterschiede und divergierende Modelle identifiziert werden? Welche dieser Modelle sind im Sinne eines Transfers für andere Schulen geeignet (und für welche)?

6.4 Zusammenfassende Charakterisierung der internationalen Schulen

Internationale Schulen repräsentieren einen genuin internationalen Schultyp mit einer globalen Ausrichtung und Verbreitung; ihr geopolitischer Bezug manifestiert sich in der ‚Welt' als ihrem geographischen Bezugsraum und transnationalen Organisationen als ihrem organisatorischen Bezug. Diese Schulen finden sich insbesondere seit den 1990er Jahren mit stetig steigender Tendenz und weltweit. Die von der UN propagierte ‚Völkerverständigung', die von ihr ergangene Aufforderung zur Wahrung der ‚Menschenrechte' und des ‚Friedens' sowie das in jüngerer Zeit von der UN geförderte Konzept von der ‚Nachhaltigkeit' werden von den internationalen Schulen und im Rahmen der IB-Curricula aufgegriffen und finden ihren programmatischen Niederschlag in der Förderung der ‚Entwicklungspädagogik' und ‚interkulturellen Erziehung', von Ansätzen zu einer ‚Bildung für Nachhaltigkeit' und dem ‚globalen Lernen'.

Die IB-Curricula und das IB sind in doppelter Hinsicht internationalisiert: zum einen in struktureller Hinsicht, denn sie sind global verbreitet und werden von einer wachsenden Zahl nationaler Bildungswesen als äquivalent zu nationalen Bildungsgängen und Berechtigungen anerkannt; zum anderen weisen sie eine inhaltliche internationale Dimension auf, die sowohl in den für die IB-Curricula abgesteckten Lernfeldern wie auch in den zur Erschließung derselben vorgesehenen didaktischen Herangehensweisen verankert ist: sie findet ihren Ausdruck in den „world heritage studies" und weiteren curricularen und didaktischen Elementen, die der Förderung von Multiperspektivität dienen und globale Entwicklungen in den Fokus rücken. Angeführt werden können in dieser Hinsicht insbesondere die drei Elemente: TOK (Theory of Knowledge) und CAS (Creativity, Action, Service), die explizit auf die Berücksichtigung der interkulturellen Erziehung und das globale Lernen zielen, sowie das extended essay, mit dem an reformpädagogische Bildungs- und Erziehungsvorstellungen angeknüpft wird. Letztere zeichnen sich durch eine historisch gewachsene Internationalität aus und bilden den Kern des IB-Curriculums.

Hinsichtlich der internationalen Schulen und der in ihrem Umfeld angesiedelten Organisationen hat sich in dieser Studie ein heterogenes Bild herausgeschält, für das mit Blick auf die Systemebene und als Indikatoren für die Zuordnung zu einem staatlichen oder privaten, supra- oder transnationalen Bildungsraum die von den Schulen jeweils offerierten Bildungsangebote unterschieden werden müssen. Folgende Optionen kommen diesbezüglich in Frage:

a) internationale Schulen, die ein (national-)staatliches Curriculum und/oder mehrere (national-)staatliche Curricula und die entsprechenden Abschlüsse offerieren;

b) internationale Schulen, die die unter a) genannten Curricula und damit verbundenen Abschlüsse sowie IB-Curricula oder Teile desselben und das IB-Diploma offerieren;

c) internationale Schulen, die ausschließlich IB-Curricula und das IB-Diploma offerieren.

In dieser Studie stehen die unter b) und c) gefassten internationalen Schulen im Fokus, die United World Colleges wurden nur knapp thematisiert. Schulen, die das Attribut „international" im Titel tragen, aber in die unter a) gefasste Kategorie fallen, wurden hier nicht näher betrachtet, sie wären jedoch nationalen Bildungsräumen und ggf. einem internationalen Bildungsraum zuzuordnen, da sie im Pflichtschulwesen angesiedelt und (national-)staatlichen Bildungsagenturen unterstellt sind. Schulen, die mehrere (national-)staatliche Curricula anbieten und Berechtigungen vergeben, wären ferner auch einem internationalen Bildungsraum zuzuschlagen, da die Anerkennung derselben über internationale Abkommen geregelt wird. Die Situation hinsichtlich der unter b) gefassten Schulen stellt sich vielschichtiger dar: Internationale Schulen, die (national-)staatliche Curricula und Berechtigungen vergeben, sind in dieser Funktion Bestandteil (national-)staatlicher Pflichtschulsysteme, oder anders ausgedrückt: sie gehören in dieser Funktion nationalen und/oder internationalen Bildungsräumen an. Mit Blick auf die genuin internationalen Schulen, also solche, die hier unter c) gefasst wurden, und die mit ihnen verbundenen Organisationen wird im Folgenden zu vertiefen sein, ob sie erste Anzeichen für die Existenz transnationaler Bildungsräume aufweisen.

6.5 Resümee

Hinsichtlich der internationalen Schulen und der mit ihnen verbundenen Organisationen konnten für diese Studie divergierende Quellen wie Verlautbarungen der Schulen und der mit ihnen verbundenen Organisationen, das Internation Schools Journal, Beiträge in erziehungswissenschaftlichen Fachzeitschriften und Sammelbänden sowie dort publizierte, empirisch gewonnene Ergebnisse nutzbar gemacht werden. Diese Quellen waren weltweit verstreut und ihre Gewinnung gestaltete sich zum Teil äußerst mühsam und langwierig. Zwei Stränge erwiesen sich in dieser Hinsicht als informativ: zum einen die im Kontext des Centre for the Study of Education in an International Context an der Universität Bath (UK) entstandenen Beiträge. Allerdings galt es in ihrem Fall zu berücksichtigen, dass zumindest Hayden und Thompson auch Beraterfunktionen für internationale Schulen wahrnehmen und insofern möglicherweise keinen gänzlich unabhängigen Zugang zu ihrem Forschungsfeld aufweisen. Zum anderen dokumentieren die unterschiedlichen Dachorganisationen der internationalen Schulen sowie die Schulen in verschiedenen Formen programmatische Ausführungen sowie von ihnen realisierte Aktivitäten, die permanent aktualisiert werden und insofern auch Rückschlüsse auf Entwicklungen und Ansätze in der Schulpraxis erlauben. Die damit benannte Steuerung der internationalen Schulen über Dachverbände macht es möglich, anders als im Falle der Europaschulen, Angaben über ihre Verbreitung, ihre Erscheinungsformen und ihre Ziele sowie zum Teil auch über die Praxis der Schulen zu gewinnen.

Auf der Makro- und Kontextebene konnten die Ursprünge, die Genese und Erscheinungsformen der internationalen Schulen weltweit nachgezeichnet werden. Dabei wurde deutlich, dass es eine Spannbreite von Bildungseinrichtungen gibt, die den Titel „Internationale Schule" trägt, und dass diese ganz unterschiedliche Schwerpunkte setzen.

Auf der Medium- und Organisationsebene wurden im Vorangegangenen die zentralen Akteure im Umfeld der internationalen Schulen in Gestalt der International Baccalaureate Organization (IBO), der von ihr eingerichteten regionalen Zweigstellen sowie weiterer internationaler Organisationen, wie der ISA und der ISS, sowie mit dem ECIS ein einflussreicher europäischer Dachverband internationaler Schulen identifiziert. Die jeweilige Genese dieser Dachorganisationen konnte nachgezeichnet werden und es konnten die von ihnen verfolgten Ziele und ihre Kompetenzen im Hinblick auf die internationalen Schulen dargelegt werden, und zwar sowohl auf der Basis von Verlautbarungen der Organisationen wie auch unter Berücksichtigung von Sekundärliteratur. Diese Organisationen nehmen als zentrale Steuerungsorgane Einfluss auf die Ausgestaltung der Schulorganisation, einschließlich der Lehrerrekrutierung, und die von den Schulen vergebenen Zertifikate und Berechtigungen, wie das Internationale Bakkalaureat. Zum Teil machen aber auch nationale Bildungsagenturen auf dieser Ebene ihren Einfluss geltend, beispielsweise im Falle von internationalen Schulen, die nationalstaatliche Berechtigungen vergeben. Als Quellen für die auf dieser Ebene relevanten Informationen dienten sowohl von den in Frage kommenden internationalen Organisationen publizierte Beiträge, im World Wide Web zur Verfügung stehende Informationen als auch Beiträge der Sekundärliteratur, wie sie sich z. B. im International Schools Journal finden. Diese Sekundärliteratur wurde unter anderem auch für eine kritische Reflexion der von den Dachorganisationen und den internationalen Schulen bereit gestellten programmatischen Ausführungen genutzt und ist in die hier vorliegende Darstellung und Erörterung eingegangen.

Auf dieser Ebene wurden im Rahmen der idiographischen Bestandsaufnahme ferner empirische Daten zur Entwicklung und Verbreitung dieses internationalen Schultyps berichtet, die von den Dachorganisationen der internationalen Schulen erhoben wurden und Auskunft geben über die Verbreitung dieses Schultyps in unterschiedlichen Weltregionen. Diese Daten stammen zum Teil aus Veröffentlichungen der in Frage kommenden Dachorganisationen, zum Teil mussten sie für diese Studie mit Hilfe von Recherchen, und darunter auch Internetrecherchen, zusammen getragen und von der Autorin dieser Studie ausgewertet und aufbereitet werden. Die hier präsentierten Daten geben einen m.W. bisher international erstmalig vorliegenden Überblick über die Entwicklung und den Stand dieses internationalen Schulmodells; sie werden in einem zweiten Schritt in Kapitel 7, das dem Vergleich der hier betrachteten internationalen Schulmodelle gewidmet ist, auf der Makro- oder Kontextebene eingeordnet, um zu einer Einschätzung bezüglich der Dichte (Verbreitung) und Langlebigkeit dieses internationalen Schultyps weltweit zu gelangen.

Auf der Mikro- oder Interaktions- bzw. Individualebene werden die von den internationalen Schulen adaptierten Curricula und curricularen Besonderheiten, die an den Schulen verwendeten Unterrichtssprachen und die ethnisch-kulturellen Hintergründe der Lehrer- und Schülerschaft relevant. Diesbezüglich finden sich sowohl nationalstaatliche als auch von den internationalen Organisationen verantwortete Lehrplanvorgaben, letztere prominent in Gestalt der IB-Curricula für die Primarstufe und die Sekundarstufen I und II. Diese Curricula zeichnen sich durch die bereits erörterten Besonderheiten aus, die ihrem internationalen Bezug geschuldet sind. Bezüglich der Realisierung dieser Curricula in der Schulpraxis fanden sich einige Hinweise in der Sekundärliteratur, und zwar insbesondere im International Schools Journal und weiteren englischsprachigen Publikationen. Zum anderen konnte mit Blick auf die Realisierung des von den internationalen Organisationen programmatisch vorgegebenen Ziels einer spezifisch internationalen (und darunter auch interkulturellen) Orientierung, der Verankerung desselben in den IB-Curricula und in der Schulpraxis auf empirisch gewonnene Ergebnisse rekurriert werden, die erste Erkenntnisse darüber liefern, inwieweit und in welchen Formen dies unter der Lehrer- und Schülerschaft an internationalen Schulen gelingt.

7 Analyse und Vergleich der internationalen Schulprofile und Schultypen

Im Vorangegangenen wurden Erscheinungsformen der Internationalisierung von Bildung im Pflichtschulbereich über die exemplarische Betrachtung von internationalen Schultypen und Schulprofilen aufgezeigt und vertieft. Den Ausgangspunkt und Hintergrund für die hier dargestellten Entwicklungen bildeten mit Rekurs auf konvergenztheoretische Studien und im Kontext des neo-institutionalistischen *world polity*-Ansatzes gewonnene Forschungsergebnisse, wonach sich im Verlauf der letzten gut 200 Jahre weltweit ein globales Modell von Schule etabliert hat (Ramirez/Boli-Bennett 1982), das sich durch Isomorphien auszeichnet, wie staatliche Bildungsbehörden und Bildungsetats, eine staatlich verantwortete Lehrerbildung, staatlich reglementierte Curricula und Schulabschlüsse. Vertreter des *world polity*-Ansatzes (Meyer/Kamens/Benavot 1992) haben ferner belegt, dass sich im Elementarbereich im 20. Jahrhundert weltweit ein globales Kerncurriculum durchsetzen konnte; im oberen Sekundarstufenbereich fand sich demgegenüber eine größere Varianz, wenngleich sich auch dort zunehmend ein organisatorisches Modell durchzusetzen scheint, das der Allgemeinbildung (comprehensive education) im Sinne einer „Bildung für alle" verpflichtet ist (Benavot 2002, S. 86-88).

Die theoretische Klammer für die von Meyer et al. präsentierten empirischen Befunde bildet der von den Stanforder Forschern ausgearbeitete neo-institutionalistische *world polity*-Ansatz. Die provokante Kernthese dieses Ansatzes lautet: Die auf der Ebene der Weltgesellschaft (der world polity) entwickelten „Mythen", die das westliche Rationalisierungsparadigma abbilden, werden von drei zentralen Strukturformen: den Nationalstaaten, Organisationen sowie rational und autonom handelnden Individuen aufgegriffen und in weltweit ähnliche (isomorphe) Strukturformen transformiert, die ihrerseits die auf der Ebene der Weltgesellschaft entwickelten Mythen legitimieren. Dem Verständnis des *world polity*-Ansatzes zufolge wird dieser Prozess realisiert, indem Organisationen die Erwartungen ihrer Umwelt aufgreifen und zu diesen eine Struktur- und Gestaltähnlichkeit herstellen (Wobbe 2000, S. 32). Dabei kommt es zu einer Koppelung (coupling), losen Koppelung (loose-coupling) oder Entkoppelung (de-coupling) von Struktur und Realität, je nachdem, inwieweit eine Strukturangleichung gelingt. Vertreter des neo-institutionalistischen *world polity*-Ansatzes erforschen mithin in globaler Perspektive Prozesse der Strukturangleichung, wobei sie ihr besonderes Augenmerk auf weltweit isomorphe Strukturen und die Frage danach richten, inwieweit diese zu einer Legitimierung der auf der Ebene der Weltkultur (world polity) vorherrschenden Mythen beitragen.

Kritik an diesem Ansatz fokussierte insbesondere die ihn leitende Grundannahme der eindimensionalen, in einem Top-down-Prozess realisierten Dynamik der Verbreitung westlicher Kultur- und Strukturmuster und die Vernachlässigung ökonomischer und politischer Prozesse und Machtverhältnisse. Diese Kritik wurde in dieser Studie mit Rekurs auf den Ansatz ‚Transnationale Bildungsräume' aufgegriffen und mit Blick auf die internationalen Schulen und die mit ihnen verbundenen Organisationen die Frage aufgeworfen, ob diese einen transnationalen Bildungsraum und damit eine von Meyer et al. nicht antizipierte Konstellation der Internationalisierung des Bildungsbereichs und der Schule repräsentieren, da Meyer et al. isomorphisch handelnde Nationalstaaten als Träger der insomorphen weltweiten Bildungsentwicklungen ansehen.

Im Folgenden werden die in dieser Studie für die hier betrachteten internationalen Schulprofile und Schultypen gewonnenen Ergebnisse im Rahmen eines Indikatoren gestützten, systematischen Vergleichs zunächst im Überblick ausgewertet. In einem zweiten Schritt wird die von Meyer et al. im Rahmen des neo-institutionalistischen *world polity*-Ansatzes postulierte zentrale Annahme der Entstehung isomorpher Strukturangleichungen im Hinblick auf die hier herangezogenen internationalen Schultypen und Schulprofile analysiert. Das dritte Unterkapitel greift sodann den zweiten, in dieser Studie eingeführten, theoretischen Ansatz auf und geht der Frage nach, ob anhand der hier thematisierten internationalen Schulen Indizien für die Existenz ‚Transnationaler Bildungsräume' vorliegen.

7.1 Vergleich der internationalen Schulprofile und Schultypen

In dieser Studie wurde methodisch für die Analyse der hier interessierenden internationalen Schulprofile und Schultypen an das Mehrebenen-Modell (Schriewer 1982, S. 185-236) angeknüpft, das drei Ebenen des Vergleichs unterschiedet: die (1) Makro- oder Kontextebene, die (2) Medium- oder Organisationsebene sowie die (3) Mikro-, Interaktions- oder Individualebene. Die zur Abklärung der hier verfolgten Fragestellungen heran gezogenen Indikatoren sind in dem folgenden Analyseschema (vgl. Tab. 7.1.1) erfasst und den drei Ebenen des Modells zugeordnet worden:

Die in dieser Studie betrachteten vier internationalen Schulmodelle können in doppelter Hinsicht unterschieden werden: zum einen hinsichtlich ihrer institutionellen Artikulation, zum anderen mit Blick auf ihren geopolitischen Bezug. Die institutionelle Artikulation der Schulen manifestiert sich a) in internationalen Schulprofilen, also in Schulen, die additiv zu ihrem staatlichen Bildungsauftrag ein internationales Profil adaptiert haben und für die hier exemplarisch Europaschulen und UNESCO-Projektschulen betrachtet wurden, und b) in internationalen Schultypen, also in genuin internationalen Bildungseinrichtungen, für die hier exemplarisch Europäische Schulen und internationale Schulen heran gezogen wurden. Die zweite hier eingeführte Unterscheidungsdimension, die geopolitische Ausrichtung der Schulen schlägt sich nieder in Bildungseinrichtungen, die in Gestalt Europas und der EU einen explizit europäischen Bezug verfolgen und für die hier exemplarisch Europaschulen und Europäische Schulen stehen. Die geopolitische Orientierung zeigt sich andererseits auch in einem expliziten globalen Bezug von Schulen, d.h. in einer Orientierung auf die ‚Eine Welt', wie sie sich in UNESCO-Projektschulen und in den internationalen Schulen manifestiert. Die institutionelle Artikulation der hier exemplarisch betrachteten internationalen Schulprofile und Schultypen wurde in dem hier präsentierten Analyseraster (vgl. Tab. 7.1.1) den

Tabelle 7.1.1: Analyseschema für internationale Schulprofile und Schultypen

Schulen	Europaschulen	UNESCO-Projekt- schulen	Europäische Schulen	Internationale Schulen
Institutionelle Artikulation	Internationales Schulprofil	Internationales Schulprofil	Internationaler Schultyp	Internationaler Schultyp
Makro- oder Kontextebene				
Geopolitischer Bezug				
- geographisch	Europa	Welt	Europa	Welt
- Organisationen	EU	UNESCO	EU	Transnationale Organisationen
Gesellschaftliche Legitimation (Mythen)	Europäische Identität, Europäische Staatsbürgerschaft, Europäische Kultur(en)- und Sprachenvielfalt	Völkerverständigung, Entwicklung, Menschenrechte, Frieden, Nachhaltigkeit, Globalisierung	Europäische Identität, Europäische Bürgerschaft, Europäische Kultur(en)- und Sprachenvielfalt	Völkerverständigung, Entwicklung, Menschenrechte, Frieden, Nachhaltigkeit, Globalisierung
Bildungsraum				
- rechtlich	staatlich	staatlich	EU	privat
- typologisch	national, mit europäischer Ausrichtung	national, mit internationaler Ausrichtung	supranational	transnational
Verbreitung				
- Dichte (Häufigkeit)	mittel (BRD)	hoch	gering	hoch
- Dauerhaftigkeit	mittel	hoch	hoch	hoch
Medium- oder Organisationsebene				
Akteure	nationalstaatliche Bildungsagenturen, EU	nationalstaatliche Bildungsagenturen, UNESCO	EU in Absprache mit den Nationalstaaten	IBO, Zweigstellen der IBO in verschiedenen Weltregionen, ISA, ISS, ECIS, teils Kooperation mit nationalstaatlichen Bildungsagenturen
Koordinationsgremien	auf Bundesländerebene (BRD)	ASPnet, DUK mit nationalem Koordinator und regionalen Koordinatoren	Oberster Rat der Europäischen Schulen	privat, Vereine, Einzelschulen
Finanzierung	staatlich, z. T. Sonderfinanzierungen, eigene Mitteleinwerbung	staatlich	Oberster Rat der Europäischen Schulen	privat, teils staatlich subventioniert
Abschlüsse/ Zertifikate	staatlich, z. T. Zusatzqualifikationen, teils Doppelabschlüsse	staatlich, nationale Berechtigungen	supranationale Berechtigung: das Europäische Bakkalaureat, in der EU staatlich anerkannt, z. T. weltweit anerkannt	transnationale Berechtigung: das Internationale Bakkalaureat, z. T. nationalstaatliche Berechtigungen
Mikro- oder Interaktions- bzw. Individualebene				
Curriculum	nationalstaatlich	nationalstaatlich	europäisches Basiscurriculum auf der Grundlage nationaler Curricula	IB-Diploma Program, IB-Middle Years Program, IB-Primary Years Program, z.T, auch nationalstaatliche Curriculumanteile

223

Schulen	Europaschulen	UNESCO-Projekt-schulen	Europäische Schulen	Internationale Schulen
Curriculare Beson-derheiten	Europäische Dimension im Bildungswesen, Europäische Sprachen, Europäische Erziehung, Interkulturelle Erziehung	Entwicklungspäd-agogik, Interkul-turelle Erziehung, Bildung für eine nachhaltige Ent-wicklung, Globales Lernen, Projektun-terricht, internat. Lehrerkooperati-onen, Umsetzung von UNESCO-Vor-gaben (z. B. eines Jahresmottos)	Europäische Dimension im Bildungswesen, Europäische Sprachen, Europäische Erziehung, Interkulturelle Erziehung	Reformpädagogik (CAS), Internationale Erziehung (World Her-ritage Studis), Bildung für nachhaltige Ent-wicklung und Globales Lernen (TOK, extended essay), Interkulturelle Erziehung
Unterrichtssprachen	Nationalsprache, teils bilingualer Unterricht	Nationalsprachen	multilingual (Sprachen der EU)	überwiegend Englisch, IB und IB-Curricula lie-gen auch auf Spanisch und Französisch vor
Lehrerschaft	überwiegend national	überwiegend natio-nal	multinational, EU-Staatsangehörige	multinational, hoher Anteil von Englisch-erstsprachlern
Schülerschaft	überwiegend national	überwiegend national	Kinder von Bedienste-ten der EU	multinational

Ebenen des Vergleichs übergeordnet; sie bilden aus erziehungswissenschaftlicher Perspektive, wie im Folgenden deutlich werden wird, das zentrale Unterschei-dungskriterium. Demgegenüber wurden die weiteren, in dieser Studie für die Inter-nationalisierung der Schule heran gezogenen Indikatoren den drei Ebenen des Ver-gleichs in Anlehnung an das Mehrebenenmodell zugeordnet.

Der geopolitische Bezug der Schulen repräsentiert ein auf der Makro- oder Kontextebene angesiedeltes Element, für das in dem hier präsentierten Analyse-raster (vgl. Tab. 7.1.1) mit Blick auf die von den Schulen gewählten Orientierun-gen zweierlei Ausprägungen wirksam werden: der geographische Raum, auf den sich die Schulen beziehen, und die Organisationen, die diesen Raum repräsentie-ren. Wie im Vorangegangenen gezeigt werden konnte, rekurrieren Europaschulen und Europäische Schulen auf den geographischen Raum Europa und die supra-nationale Organisation EU; demgegenüber beziehen sich UNESCO-Projektschulen auf den geographischen Raum Welt und die diese repräsentierende internatio-nale Organisation UNESCO. Internationale Schulen verfolgen in geographischer Hinsicht zwar ebenfalls eine Perspektive auf die Welt, anders als im Falle der UNESCO-Projektschulen stellen ihre Bezugsorganisationen jedoch gemäß der in dieser Studie zugrunde gelegten Definition transnationale Organisationen dar.

Folgt man dem *world polity*-Ansatz, dann repräsentieren die hier betrachteten internationalen Schulprofile und Schultypen isomorphe Strukturen, die sich im Anschluss an die von ihren gewählten Bezugsorganisationen propagierten Mythen und zu deren Legitimation entwickelt haben. Dieser Gedankengang wird hier auf-gegriffen, im folgenden Unterkapitel 7.2 gesondert vertieft und in dem hier präsen-tierten Analyseraster (vgl. Tab. 7.1.1) bereits berücksichtigt: dort sind die von den Bezugsorganisationen der hier betrachteten internationalen Schulprofile und Schul-typen propagierten Mythen aufgeführt: Sie manifestieren sich bezüglich der EU in der Europäischen Identität, Europäischen Bürgerschaft, Europäischen Kultur- und

Sprachenvielfalt; die UN hingegen propagiert Mythen, die eine explizit globale Perspektive verfolgen, wie Völkerverständigung und Entwicklung, Menschenrechte und Frieden, Nachhaltigkeit und Globalisierung.

Ein zentraler Faktor für die Realisierung der auf der Ebene der Weltkultur postulierten Mythen für die hier untersuchten Schulen stellt ihre institutionelle Artikulation und Verankerung in Bildungsräumen dar, die ebenfalls in zweierlei Hinsicht unterschieden werden kann: Schulen mit einem internationalen Schulprofil, wie Europaschulen und UNESCO-Projektschulen, sind in staatliche Pflichtschulwesen und somit in rechtlicher Hinsicht gouvernemental integriert; sie folgen dem staatlichen Bildungsauftrag, wonach alle Schulpflichtigen das Recht und die Pflicht haben, diese Schulen zu absolvieren. Beide internationale Schulprofile repräsentieren nationale Bildungsräume, da sie sich nur hinsichtlich ihrer curricularen Akzente unterscheiden: Europaschulen verfolgen eine europäische, UNESCO-Projektschulen eine globale Ausrichtung.

Auch der genuin internationale Schultyp, die Europäische Schulen, ist in rechtlicher Hinsicht gouvernemental verankert; diese Schulen unterstehen jedoch im Unterschied zu Schulen mit internationalem Profil der supranationalen Organisation EU, und es haben nicht alle Schulpflichtigen das Recht auf den Besuch dieser Schulen, denn Kinder von Bediensteten der EU werden vorrangig behandelt: Erst wenn alle aus diesen Reihen Nachfragenden mit einem Schulplatz versorgt sind, können weitere Interessierte aufgenommen werden. Europäische Schulen sind mithin formal-rechtlich zwar in einem staatlichen Bildungsraum verankert, allerdings repräsentiert dieser in typologischer Hinsicht eine supranationale Exklave mit Exklusivrechten für die Kinder der Bediensteten der EU im Pflichtschulwesen der Gemeinschaft. Internationale Schulen heben sich hingegen im Hinblick auf ihren rechtlichen Status und den daraus abgeleiteten rechtlichen Bildungsraum von den anderen hier betrachteten Schulen beträchtlich ab: Sie sind gemäß der dieser Studie zugrunde liegenden Definition non-gouvernemental und strukturell außerhalb staatlicher Pflichtschulwesen verankert. Zwar können prinzipiell alle Kinder und Jugendlichen diese Schulen und/oder IB-Bildungsangebote absolvieren, da an die Wahrnehmung dieses Angebots jedoch individuell, d.h. „privat" aufzubringende Kosten geknüpft sind, beschränkt sich der Kreis derjenigen, die dieses Angebot wahrnehmen, auf diejenigen, die es finanzieren können. Internationale Schulen, IB-Curricula und das Internationale Bakkalaureat sind im Privatschulsektor angesiedelt; gemäß der hier zugrunde gelegten Definition repräsentieren sie in typologischer Hinsicht daher einen transnationalen Bildungsraum.

Laut Faist (2000) sind zentrale Indikatoren zur Identifizierung und Klassifizierung von Transnationalen Räumen der Grad der Formalisierung und das Potential für Dauerhaftigkeit. Dieser Gedankengang wird hier unter Hinzunahme nationaler, internationaler und supranationaler Räume aufgegriffen und im Folgenden gesondert vertieft (vgl. Kap. 7.3). Die genannten Indikatoren sind in dem hier präsentierten Analyseraster bereits berücksichtigt worden (vgl. Tab. 7.1.1); ein geeigneter Indikator für den Grad der Formalisierung ist im Falle der hier betrachteten internationalen Schulprofile ihre Verbreitung (Dichte/Häufigkeit); als Indikator für das

Potential der Dauerhaftigkeit stellt der Zeitraum ihres Bestehens eine zuverlässige und aussagekräftige Variable dar.

Bezüglich der Europaschulen wurden in dieser Studie lediglich Daten hinsichtlich ihrer Verbreitung in der Bundesrepublik Deutschland heran gezogen; dort gab es im Juli 2008 insgesamt 346 Europaschulen oder Schulen mit europäischem Profil. Eine über das bundesrepublikanische Beispiel hinaus reichende empirische Erfassung dieses internationalen Schulprofils konnte in dieser Studie nicht geleistet werden, weil es weder einen Dachverband der Europaschulen, noch auf europäischer Ebene angesiedelte Organisationen gibt, die Schulen mit einem Europaschulprofil koordinieren und über zuverlässige Daten zu ihrer Verbreitung verfügen. Letztlich begründet ist die geringe Institutionalisierung dieses internationalen Schulprofils darin, dass die auf der Makro- oder Kontextebene angesiedelte supranationale Organisation EU angesichts des Subsidiaritätsprinzips nur über eingeschränkte Kompetenzen im allgemein bildenden Pflichtschulbereich verfügt. Diese Einschränkung der EU mündet in einen Mangel an verbindlichen Vorgaben bezüglich der Verleihung des Titels ‚Europaschule' durch diese supranationale Organisation. In dem hier zugrunde gelegten Analyseraster (vgl. Tabelle 7.1.1) wurden aufgrund der eingeschränkten Datenlage lediglich die für Deutschland vorliegenden Daten berücksichtigt und es wurde im Anschluss hieran die als vorläufig apostrophierte Einschätzung formuliert, dass die Verbreitung dieses internationalen Schulprofils als „mittel" einzuschätzen ist; gleiches gilt für sein Potential für Dauerhaftigkeit. Das Schulprofil ‚Europaschule' wird von deutschen Bundesländern wie z. B. Hessen und von den betreffenden Schulen erst seit den 1980er Jahren adaptiert und kann insofern nur auf eine „junge" Geschichte zurück blicken.

Demgegenüber hat die EU den von ihr geförderten genuin internationalen Schultyp ‚Europäische Schulen' bereits vor mehr als einem halben Jahrhundert gegründet und für ihn ein verbindliches Regelwerk aufgestellt, weshalb in diesem Fall ein hohes Potential für Dauerhaftigkeit konstatiert werden kann. Allerdings können Europäische Schulen ausschließlich und nur mit Genehmigung der supranationalen Organisation EU in Mitgliedstaaten der EU angesiedelt werden und haben dort seit Gründung der ersten Schule 1957 nur eine sehr geringe Verbreitung erfahren; 2008 gibt es in sieben EU-Mitgliedstaaten insgesamt nur 14 Europäische Schulen. In dieser Studie werden Europäische Schulen aus diesem Grunde als eine supranationale, europäische Exklave in den allgemeinbildenden Bildungsbereichen der Gemeinschaft eingeordnet.

Im Unterschied zu den hier betrachteten Schultypen mit einer geopolitischen Zentrierung auf die EU finden sich UNESCO-Projektschulen und internationale Schulen weltweit und seit mehr als einem halben Jahrhundert in zunehmendem Umfang. So belief sich die Zahl der UNESCO-Projektschulen 2003 auf insgesamt 7.344 in 170 Staaten (von damals 172 Nationalstaaten weltweit). In der Bundesrepublik Deutschland war dieses Schulprofil im Juli 2008 mit insgesamt 188 Schulen aller Schulformen im Pflichtschulbereich und damit im gleichen Umfang vertreten wie Europaschulen. Angesichts ihrer weltweiten Verbreitung und ihres Gründungsdatums weisen UNESCO-Projektschulen eine hohe Verbreitung und ein hohes Potential für Dauerhaftigkeit auf, sodass sie als langlebig eingestuft werden können. Gleiches trifft auf die zu Beginn des 20 Jahrhunderts gegründeten und insbesondere seit den 1980er Jahren in zunehmendem Maße weltweit angesiedelten internationalen Schulen zu. Auch für diesen Schultyp liegen keine von einer zentralen übergeordneten Organisation erhobenen Daten hinsichtlich ihrer Verbreitung vor; für diese Studie wurden jedoch von den divergierenden Dachverbänden dieses Schultyps erfasste Daten zusammen getragen und aufbereitet. Diese Daten machen deutlich, dass die Zahl der internationalen Schulen seit den 1980er Jahren kontinuierlich ansteigt; der IBO zufolge, einer der Dachorganisationen der internationalen Schulen, gab es 2003 insgesamt 1.433 Schulen weltweit, die IB-Curricula unterrichteten; im Juli 2008 hat sich die Zahl solcher Schulen nach Angaben dieser Organisation bereits auf 2.336 Schulen weltweit erhöht (vgl. Kap. 6.2.1).

In Bezug auf die Expansion der hier betrachteten internationalen Schultypen und Schulprofile zeigt sich mithin, dass UNESCO-Projektschulen und internationale Schulen, also Schulen mit einer explizit globalen Ausrichtung, seit den 1980er Jahren einen deutlichen Zuwachs erfahren. Dies trifft nicht nur in numerischer Hinsicht zu, sondern auch mit Blick auf ihre geographische Verbreitung, die ebenfalls an Dichte zugenommen hat, denn Schulen mit einer explizit internationalen Ausrichtung finden sich zunehmend auch in einer wachsenden Zahl von Staaten weltweit. Europaschulen und Europäische Schulen sind demgegenüber aufgrund ihrer geopolitischen Ausrichtung auf den geographischen Raum Europa beschränkt; der Anteil ersterer hat seit den 1980er Jahren in der Bundesrepublik Deutschland ebenfalls zugenommen, die Zahl der Europäischen Schulen ist leicht angestiegen.

Auf der Medium- oder Organisationsebene angesiedelt sind in dieser Studie Akteure, die auf der nationalen und regionalen Ebene ihren Einfluss in den hier betrachteten Schulen geltend machen: Im Falle der Schulen mit einem internationalen Profil zeigt sich, dass neben nationalstaatlichen Bildungsagenturen die supranationale Organisation EU (in Europaschulen) und die internationale Organisation UNESCO (in UNESCO-Projektschulen) ihren Einfluss geltend machen können, allerdings ausschließlich im Einklang mit nationalstaatlichen Vorgaben. Die Europäischen Schulen nehmen auch in dieser Hinsicht eine Sonderstellung ein: Sie unterstehen in den EU-Mitgliedstaaten ihrer Ansiedlung direkt der EU, die allerdings aufgrund ihres supranationalen Charakters sowohl ihre supranationalen Interessen wie auch die nationalen Interessen ihrer Mitgliedstaaten vertritt. Dies mag eine Ursache für die hier bereits heraus gestellte schwache Innovationskraft und Ausstrahlung der Europäischen Schulen auf die Pflichtschulsysteme der EU-Mitgliedstaaten sein.

Demgegenüber erweist sich die Situation des zweiten hier betrachteten genuin internationalen Schultyps, der internationalen Schulen, als vielschichtiger sowohl im Hinblick auf seine Akteure als auch seine Ausstrahlung auf staatliche Pflichtschulsysteme: Vorrangig treten im Kontext der internationalen Schulen als Akteure die IBO und ihre Zweigstellen in den Weltregionen auf, die für die internationalen IB-Curricula und die in diesem Kontext vergebene internationale Hochschulzugangsberechtigung, das IB, zuständig sind. Diese Organisationen kooperieren ferner mit weiteren Organisationen wie der ISA, der International Schools Association, oder dem ECIS, dem europäischen Dachverband Internationaler Schulen, oder seinem nordamerikanischen Pendant, dem ISS. In dem hier entwickelten Analyseraster (vgl. Tabelle 7.1) findet sich ferner der Verweis, dass auch nationalstaatliche Bildungsagenturen als Akteure im Kontext der internationalen Schulen vertreten sind. Dies ist darin begründet, dass viele internationale Schulen neben den originär internationalen IB-Curricula auch nationalstaatliche Curricula und Berechtigungen, häufig z. B. englische Curricula und Abschlüsse, offerieren, welche von den nationalstaatlichen Bildungsagenturen autorisiert werden. Umgekehrt, und dies ist ein zentraler, im Folgenden zu vertiefender Aspekt (vgl. Kap. 7.3), gibt es weltweit auch staatliche Schulen, die zusätzlich zu ihren staatlichen Bildungsangeboten das IB und die IB-Curricula offerieren.

Die hier betrachteten Schulen mit internationalen Profilen werden hinsichtlich ihrer Profilbildung von strukturell gänzlich unterschiedlich verankerten Koordinationsgremien unterstützt: Im Falle der Europaschulen sind es in Deutschland vorrangig die Gremien auf Ebene der Bundesländer, die mittels der von ihnen aufgelegten Europaschulprogramme, wie sie beispielsweise in Hessen und in Berlin-Brandenburg eingerichtet wurden, Schulen bei der Profilbildung als Europaschule unterstützen. Die EU kann solche Prozesse nur vermittels rechtlich nicht bindender Programmangebote wie solche zur Implementierung der ‚europäischen Dimension im Bildungswesen‘ fördern. Im Vergleich zur supranationalen Organisation EU erweisen sich im Falle des internationalen Schulprofils UNESCO-Projektschule die von der UNESCO eingerichteten Koordinationsgremien aufgrund ihrer starken Institutionalisierung als einflussreicher. Das Netz der UNESCO-Projektschulen ist in den Staaten auf verschiedenen Ebenen vertreten; im Falle Deutschlands durch die Deutsche UNESCO-Kommission (DUK), ihren nationalen Koordinator und regionale Koordinatoren. Die von diesen Koordinationsgremien eingebrachten Programme unterliegen zwar ebenfalls der nationalstaatlichen Genehmigung und Kontrolle; die Vernetzung dieses internationalen Schulprofils auf den divergierenden Ebenen stellt jedoch einen nicht zu unterschätzenden Faktor für die Chancen zur Realisierung der angestrebten Ziele dar. Ein Beleg für diese Einschätzung sind die von der UNESCO alljährlich aufgestellten Jahresthemen, die auch von Pflichtschulen aufgegriffen werden, die nicht ein UNESCO-Schulprofil adaptiert haben.

Die in dieser Studie betrachteten internationalen Schultypen differieren bezüglich der für sie zuständigen Koordinationsgremien deutlich: Europäische Schulen werden von dem exklusiv für sie zuständigen ‚Rat der Europäischen Schulen‘ geleitet und koordiniert; im Bereich der internationalen Schulen übernehmen diese Aufgabe hingegen im Kontext der Schulen gegründete, i.d.R. gemeinnützige Vereine oder die Einzelschulen. Hier zeigt sich mithin eine strukturelle Differenz: Im Falle der Europäischen Schulen ist das für sie zuständige Koordinationsgremium oberhalb der nationalstaatlichen, d.h. auf einer supranationalen Ebene verankert; im Falle der internationalen Schulen sind die Koordinationsgremien neben und unterhalb der nationalstaatlichen Ebene angesiedelt.

Die hier betrachteten internationalen Schulprofile sind grundsätzlich staatlich finanziert, sie haben jedoch – sofern die für staatliche Schulen geltende Rechtslage dies zulässt – Möglichkeiten der Sonderfinanzierung und Mitteleinwerbung. Am Beispiel der im Netzwerk NEOS zusammen geschlossenen Europa orientierten

Schulen wurde dieser Aspekt in dieser Studie aufgezeigt: Dem Netzwerk gehören neben den Schulen auch Vertreter der Wirtschaft an, die die Schulen bspw. mit von ihnen finanzierten Computerausstattungen unterstützen. Sonderfinanzierungen, wie sie im Rahmen dieser Schulprofilbildung ebenfalls zu beobachten sind, finden sich bspw. im Rahmen von Förderprogrammen wie dem Hessischen Europaschulprogramm und dem ‚Schulversuch Staatliche Europa-Schule Berlin'. Auch der genuin internationale, in einem supranationalen Bildungsraum angesiedelte Schultyp ‚Europäische Schulen' ist staatlich finanziert, und zwar auf der Grundlage eines komplizierten Proporzregelwerks, welches die von der supranationalen EU und von den Mitgliedstaaten aufzubringenden Kosten festlegt. Darüber hinaus erhebt dieser Schultyp für Schüler, deren Eltern nicht zu den Bediensteten der EU zählen, ein privat aufzubringendes Schulgeld, welches häufig von den Arbeitgebern der Eltern entrichtet wird und im Falle der Europäischen Schulen nur einen geringen Anteil ausmacht: 2002 betrug dieser Anteil 10% des Gesamthaushaltes der Europäischen Schulen; des Weiteren kamen nicht einzeln ausgewiesene Anteile von Schülereltern und dem Europäischen Patentamt hinzu. Wie hier bereits erörtert wurde (vgl. Kap. 4.2), stellt mit Blick auf die Europäischen Schulen das Verhältnis zwischen Haushalts- (Finanzierung) und Legislativbefugnissen ein unter den für diesen Schultyp Verantwortlichen äußerst kontrovers diskutiertes Thema dar: Im Obersten Rat der Europäischen Schulen haben die Europäische Kommission, das Europäische Patentamt und jeder EU-Mitgliedstaat je eine Stimme – die von den Mitgliedstaaten für diesen Schultyp zu entrichtenden Kosten differieren jedoch deutlich. Demgegenüber ist die supranationale Organisation EU verpflichtet, die Differenz zwischen den von den Mitgliedstaaten entrichteten Beiträgen und den tatsächlich anfallenden Kosten auszugleichen; 2002 belief sich dieser Anteil auf mehr als die Hälfte (58,6%) des gesamten Haushalts dieses Schultyps, ohne dass sich diese Mehrbelastung in einem Kompetenzzuwachs im Obersten Rat manifestieren würde. Aus Sicht der EU und im Hinblick darauf, dass Europäische Schulen kostenintensiver sind als in den nationalstaatlichen Pflichtschulwesen angesiedelte Schulen und dass der Anteil ‚Berechtigter Schüler' (der Kinder von Bediensteten der EU) an einigen Standorten der Europäischen Schulen seit einigen Jahren bereits sinkt, stellt sich die Frage nach der Finanzierung und Steuerung dieses Schultyps umso dringender.

Im Unterschied zu den genannten internationalen Schulprofilen und den Europäischen Schulen werden internationale Schulen privat finanziert und allenfalls staatlich subventioniert. Internationale Schulen sind i.d.R. im Privatschulbereich angesiedelt und finanzieren sich über die hier bereits erwähnten von den Schülereltern privat für den Schulbesuch ihrer Kinder aufzubringenden Kosten. Formen einer indirekten staatlichen Subventionierung repräsentieren zum einen die in internationalen Schulen neben IB-Curricula und dem Internationalen Bakkalaureat angebotenen staatlichen Bildungsgänge und -abschlüsse, wie die oftmals von internationalen Schulen adaptierten englischen und amerikanischen, zum anderen die Bereitstellung von IB-Curricula und die Möglichkeit zum Erwerb des Internationalen Bakkalareats an staatlichen Pflichtschulen. Letztere stellen additiv zu erwerbende Bildungsmöglichkeiten dar, die von den Abnehmern derselben privat zu finanzieren sind. Da staatliche Schulen diese Angebote jedoch in vom Staat unterhaltenen Räumlichkeiten, mit staatlich finanziertem Lehrpersonal usw. realisieren, müssen die Abnehmer lediglich für die im Zusammenhang mit dem IB-Curriculum und dem Erwerb des IB verbundenen Unkosten individuell und damit privat aufkommen. Beispiele für staatliche Schulen dieser Art finden sich in Europa bspw. in den Niederlanden und seit 2005 auch in Deutschland, in Kanada und den USA. Diese Form der Institutionalisierung der IB-Bildungsgänge und der in diesem Kontext vergebenen Schulberechtigung innerhalb des staatlichen Pflichtschulbereichs kann gemäß der hier getroffenen Differenzierung zwischen Schulprofil und Schultyp als Erscheinungsform eines internationalen Schulprofils gefasst werden, denn diese internationalen Bildungsangebote sind strukturell additiv zu staatlichen Bildungsgängen verankert.

Die von den hier betrachteten internationalen Schulmodellen vergebenen Abschlüsse und Zertifikate wurden hier bereits thematisiert, sodass dieser Aspekt an dieser Stelle knapp resümiert werden kann: Schulen mit einem internationalen Schulprofil (Europaschulen und UNESCO-Projektschulen) vergeben gouvernemental autorisierte, mithin staatliche Abschlüsse und Zertifikate, die allerdings um ebenfalls staatlicherseits der Zustimmung bedürftige Zertifikate ergänzt werden können. Der internationale Schultyp ‚Europäische Schulen' vergibt mit dem Europäischen Bakkalaureat eine supranationale Berechtigung, die in der Staaten der EU und zum Teil auch darüber hinaus als Hochschulzugangsberechtigung anerkannt wird. Internationale Schulen vergeben im Anschluss an die dieser Studie zugrunde liegende Definition Transnationaler Bildungsräume und der Transnational Education in Gestalt des IB eine transnationale Berechtigung sowie z. T. die bereits erwähnten nationalstaatlichen Berechtigungen.

Auf der Mikro-, Interaktions- oder Individualebene sind in dieser Studie die von den Schulen adaptierten Curricula und mit Blick auf die in diesen Schulen verankerte internationale Dimension hieran anschließende curriculare Besonderheiten angesiedelt. Schulen mit einem internationalen Schulprofil unterrichten staatliche Curricula, die sie im Rahmen ihrer geopolitischen Ausrichtung um curriculare Besonderheiten ergänzen. Im Falle der Europaschulen handelt es sich dabei um Schwerpunkte, wie sie unter dem Dach der europäischen Dimension im Bildungswesen gesetzt werden: Dazu zählen ein erweitertes Fremdsprachenangebot europäischer Sprachen, Ansätze zur Realisierung einer europäischen Erziehung und die interkulturelle Erziehung. Allerdings wird m.E. weder deutlich, in welcher Weise die programmatisch verankerte europäische Erziehung realisiert werden soll noch wie sie in den Schulen umgesetzt wird. Ein Ansatzpunkt könnte die Fächer übergreifende Integration europäischer Perspektiven sein, ein anderer in den divergierenden Formen der Staatsbürgerlichen Bildung liegen. Tatsächlich erweist sich die Abgrenzung einer unter der Formel der europäischen Dimension im Bildungswesen angesiedelten europäischen Erziehung von der interkulturellen Erziehung sowohl auf der konzeptionellen Ebene als auch in der Schulpraxis als problematisch, da unklar ist, worauf sie sich beziehen soll: auf einen geteilten europäischen Wertekanon, ein europäisches Staatsbürgerkonzept oder „nur" auf die von der EU programmatisch vorgegebenen Stichpunkte (vgl. ausführlicher Hornberg 1999).

Im Unterschied zu den Europaschulen haben UNESCO-Projektschulen im Rahmen ihrer Schulprofilbildung ein explizit internationales Profil adaptiert, das sich in mannigfacher Weise niederschlägt. UNESCO-Projektschulen, dies konnte hier anhand vorliegender empirisch gewonnener Forschungsergebnisse dokumentiert werden, fördern im Rahmen ihres staatlich autorisierten Curriculums sowie als Ergänzung dazu im Anschluss an die von der UNESCO aufgestellten Inhalte und Rahmenprogramme die Entwicklungspädagogik, z. B. im Rahmen der Friedens- und in jüngerer Zeit der Menschenrechtspädagogik; sie weisen Ansätze zur Berücksichtigung der interkulturellen Erziehung auf, z. B. im Anschluss an von der UNESCO vorgegebene Jahresprogramme, und verfolgen seit einigen Jahren schon in den unterschiedlichen Weltregionen angesiedelte Projektverbünde und Projekte im Kontext der Bildung für eine nachhaltige Entwicklung und des globalen Lernens. Exemplarisch zu nennen sind hier das Caribbean Sea Project und das Baltic Sea Project. Die zentrale curriculare Besonderheit der UNESCO-Projektschulen manifestiert sich in ihrem Titel: UNESCO-Projektschulen verpflichten sich zu einer Adaption des Projektlernens; die Umsetzung dieses Anspruchs im Einklang mit den von der internationalen Organisation UNESCO beförderten Inhalten wird von den nationalen und regionalen Koordinatoren des Netzwerks der UNESCO-Projektschulen im Rahmen regelmäßig stattfindender Schulbesuche evaluiert. Schulen, die diesen Maßgaben nicht entsprechen, kann der Titel ‚UNESCO-Projektschule‘ wieder aberkannt werden.

Die hier betrachteten internationalen Schultypen weisen deutlich divergierende Curricula und curriculare Besonderheiten auf, und zwar nicht nur hinsichtlich des von ihnen gewählten geopolitischen Bezugsrahmens (europäisch vs. international), sondern auch mit Blick auf die strukturelle Verankerung und inhaltliche Ausgestaltung der Curricula. Europäische Schulen haben ein europäisches Basiscurriculum entwickelt, das die Mindeststandards der in der EU vertretenen nationalen Curricula reflektiert und in Sprachsektionen unterrichtet wird. In diesen Sprachsektionen, und dies ist die curriculare Besonderheit der Europäischen Schulen, findet der Fachunterricht in Nationalsprachen der EU statt. Jeder Schüler hat bis zum Ende seiner Schulzeit prinzipiell die Möglichkeit, am Fachunterricht in bis zu fünf verschiedenen europäischen Nationalsprachen teil zu nehmen. Ein zentrales Problem in diesem Zusammenhang stellen die Erweiterungen der ehemaligen EG und heutigen EU dar: In den Sprachsektionen dominieren auch heute die Sprachen der Gründungsstaaten der EG, wobei insbesondere Englisch in besonderem Umfang nachgefragt wird; die Sprachen kleinerer und erst in jüngerer Zeit im Zuge der Osterweiterung der EU hinzu gekommener Staaten sind demgegenüber nicht vertreten. Das gleiche Problem dürfte sich hinsichtlich des Curriculums stellen: So ist zu vermuten, dass osteuropäische nationalstaatliche Curricula im Basiscurriculum der Europäischen Schulen bislang nicht berücksichtigt werden.

Der andere hier heran gezogene internationale Schultyp, die internationalen Schulen, verfügt demgegenüber über ein originär internationales, im Anschluss an die hier zugrunde gelegte Definition transnational zu nennendes Curriculum, das sich in den drei Schulstufen bezogenen IB-Curricula, dem IB-Primarstufen-, -Mittelstufen- und Oberstufencurriculum manifestiert. Die Besonderheiten dieser

Curricula schlagen sich in ihrer Orientierung an einer primär in westlichen Gesellschaften entstandenen Reformpädagogik nieder, die sich wie ein roter Faden durch die Curricula zieht und ihren prominenten Ausdruck bspw. in dem Element ‚Creativity, Action, Sevice' (CAS) findet. Weitere, mit Blick auf die geopolitische, internationale Orientierung der Schulen relevante curriculare Besonderheiten sind die ‚World Herritage Studies', die auf einen Geschichtsunterricht in globaler Perspektive zielen, sowie das ‚extended essay' und die unter dem Oberbegriff ‚Theory of Knowledge' (TOK) gefassten Ansätze. Unter diesen Stichworten werden im Rahmen des IB-Curriculums im Sinne des globalen Lernens und unter Berücksichtigung des Aspekts der Nachhaltigkeit interdisziplinäre, naturwissenschaftliche und sozialwissenschaftliche Fragestellungen aufgegriffen und von der Schülerschaft hier anschließende Forschungsarbeiten angefertigt. Darüber hinaus finden sich an internationalen Schulen, wie bereits mehrfach erwähnt, auch nationalstaatlich autorisierte Curriculumanteile.

Unterrichtssprache ist in den Schulen mit einem internationalen Schulprofil i.d.R. die Sprache des Nationalstaates, in dem sich die Schule befindet; erteilt wird er überwiegend von Lehrenden dieser Nationalität. Ausnahmen hiervon können auftreten, wenn im staatlichen Pflichtschulwesen Fachunterricht in einer regionalen Landessprache stattfindet, wie z.B. in Katalonien. Im Rahmen des im bundesrepublikanischen Pflichtschulbereich angesiedelten Schulversuchs ‚Staatliche Europa-Schule Berlin' werden überdies auch bilinguale Bildungsgänge, u.a. in türkischer Sprache und damit in einer nicht durch einen Mitgliedstaat der EU vertretenen Nationalsprache angeboten. Die in diesem Modellversuch zusammen geschlossenen Schulen weisen damit ein Merkmal auf, das in dem internationalen Schultyp ‚Europäische Schulen' stark ausgebaut wurde: Dort wird der Fachunterricht in einer sukzessive mit steigender Jahrgangsstufe zunehmenden Zahl von in der EU vertretenen Nationalsprachen und von Herkunftssprachlern dieser Nationalsprachen durchgeführt; insgesamt können im Verlauf einer individuellen Schülerlaufbahn maximal bis zu fünf Sprachen absolviert werden. Demgegenüber kann in dem zweiten hier betrachteten internationalen Schultyp, den internationalen Schulen, der Unterricht theoretisch in jeder Sprache abgehalten werden, obgleich die IB-Curricula lediglich in englischer, französischer und spanischer Sprache vorliegen, das IB-Mittelstufencurriculum überdies auf Chinesisch. In der Praxis findet das Gros des an diesen Schulen erteilten Unterrichts jedoch in englischer Sprache statt und wird überwiegend von Englisch-Herkunftssprachlern erteilt.

Die Schülerschaft der hier betrachteten Schulen mit internationalem Profil und internationalen Schultypen setzt sich im Falle der im staatlichen Pflichtschulwesen verankerten Schulen überwiegend aus Angehörigen der jeweiligen Nationalität zusammen, in dem die Schulen angesiedelt sind, wobei jedoch auch dort zunehmend Kinder und Jugendliche mit Migrationshintergrund die Schulen besuchen. An dem internationalen Schultyp ‚Europäische Schulen' finden sich vornehmlich Kinder von Bediensteten der EU, die jedoch auch divergierende Migrationshintergründe aufweisen können. Einzig im Falle der internationalen Schulen kann aufgrund der weltweiten Verbreitung dieses Schultyps eine genuin multinationale Schülerschaft konstatiert werden.

Der Indikator gestützte systematische Vergleich der in dieser Studie exemplarisch für schulische Erscheinungsformern der Internationalisierung betrachteten Bildungseinrichtungen hat gezeigt, dass sich die gewählten zwei Dimensionen: die institutionelle Artikulation und die geopolitische Ausrichtung der Schulen als bedeutsame Variablen erweisen. Im Falle der Schulen mit einer geopolitischen Ausrichtung auf die EU kommt es zu Beschränkungen, die nicht nur in deren begrenzter Verbreitung in geographischer Hinsicht begründet sind, sondern auch dem supranationalen Charakter ihrer Bezugsorganisation, der EU, geschuldet sind: Das in der EU verankerte Subsidiaritätsprinzip und die damit einher gehende Dominanz der Mitgliedstaaten behindern in dieser Hinsicht eine von der EU gesteuerte, originär europäische Bildungspolitik und -praxis. Im Unterschied dazu hat sich im Falle der Schulen mit einer in geopolitischer Hinsicht internationalen Ausrichtung gezeigt, dass sich die starke Institutionalisierung ihrer Bezugsorganisation, der internationalen Organisation UNESCO, und die von dieser Organisation beförderten Initiativen im Bildungsbereich als wirksame Faktoren für eine Verbreitung und Aufrechterhaltung dieses internationalen Schulprofils erweisen.

7.2 Internationale Schulprofile und Schultypen aus der Perspektive des *world polity*-Ansatzes

In dieser Studie wurde das theoretische Konzept des neo-institutionalistischen *world polity*-Ansatzes heran gezogen, demzufolge die Konstitution der modernen Schule ein integraler Bestandteil der Entstehung nationalstaatlich verfasster Gesellschaften ist, zu deren Legitimierung nationale Schulsysteme beitragen; diesen Prozess haben Ramirez und Boli (1987, S. 10) in einem Schaubild visualisiert, das hier aufgegriffen wurde (vgl. S. 84). Dieses Schaubild dient im Folgenden als Referenzrahmen für die Identifikation der von den geopolitischen Bezugsorganisationen der internationalen Schultypen und Schulprofile auf der gesellschaftlichen Ebene adaptierten Mythen. Die Vorlage von Ramirez und Boli fortführend, bleibt der Gedankengang jedoch nicht bei der Entstehung des jeweiligen Schulsystems (bei Ramirez/Boli: „state educational system") bzw. Schultyps stehen, sondern zeigt in dieser Studie identifizierte Strategien auf, die die Schulen zur Legitimation ihrer Bezugsorganisationen übernommen und/oder entwickelt haben.

Im Folgenden werden die von der EG/EU aufgestellte Mythen und die in dieser Studie identifizierten, von den Europäischen Schulen und den Europaschulen zur Legitimierung dieser Mythen adaptierten Strategien im Schaubild 7.2.1 zusammengefasst:

In diesem Schaubild sind ausgehend von der Institutionalisierung der EG und späteren EU die für die Konstitution und Legitimierung eines Modells von Europa relevanten gesellschaftlichen Rahmenbedingungen aufgeführt: sie manifestieren sich in den Verträgen über die EG und spätere EU und einem europäischen Wirtschaftsraum, wie er von dieser supranationalen Organisation angestrebt und rea-

Schaubild 7.2.1: Konstitution und Legitimierung eines Modells europäischer Erziehung und Bildung

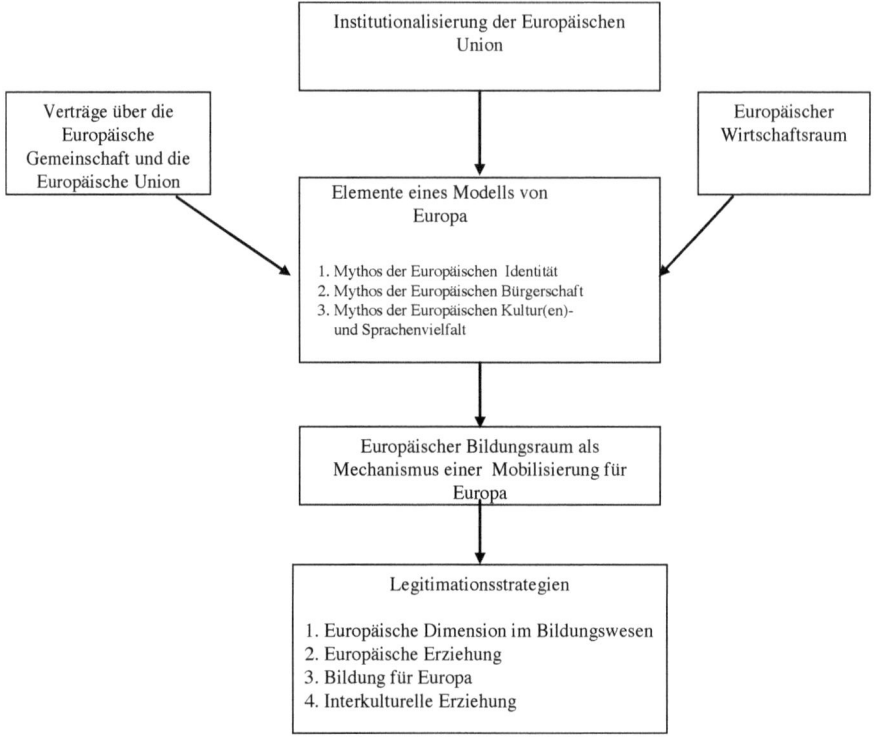

© S. Hornberg 2010

lisiert wird. Die hier als „Mythen" im Sinne des *world polity*-Ansatzes gefassten Elemente eines Modells von Europa sind der Mythos der Europäischen Identität, der Mythos der Europäischen Bürgerschaft und der Mythos der Europäischen Kultur(en) und Sprachenvielfalt. Der von der EG/EU angestrebte Europäische Bildungsraum, so könnte eine im Anschluss an den *world polity*-Ansatz formulierte Hypothese lauten, fungiert als Mechanismus zur Mobilisierung für Europa; die hier betrachteten internationalen Schultypen und Schulprofile mit einer geopolitischen Ausrichtung auf die EG/EU leisten eine Beitrag zu dieser Mobilisierung für Europa, indem sie ihrerseits Strategien zur Legitimierung der von der EG/EU aufgestellten Mythen adaptieren. Die in dieser Studie identifizierten, von den Europaschulen und Europäischen Schulen unter dem Dach der europäischen Dimension im Bildungswesen und unter den Stichwörtern von der Europäischen Erziehung und Interkulturellen Erziehung entwickelten Ansätze können in diesem Sinne als Strategien interpretiert werden, die der Legitimierung der auf der Ebene der EG/EU aufgestellten Mythen und der Schaffung von Europa dienen.

Europaschulen und Europäische Schulen folgen mit den von ihnen adaptierten Legitimationsstrategien ideologischen Bezugspunkten (Mythen im Sinne des *world polity*-Ansatzes), die eine eurozentrische Variante von Internationalität repräsentieren. Diese Problematik sowie der Versuch, eine europäische Identität in einem Top-down-Prozess zu entwickeln, erweisen sich in zweierlei Hinsicht als Hemmschuh bei der angestrebten Schaffung eines europäischen Bildungsraums als Mechanismus zur Mobilisierung für Europa: Zum einen mangelt es an einer inhaltlichen Konkretisierung der europäischen Dimension im Bildungswesen, die über die ohnehin in den Pflichtschulsystemen der EU verankerte Förderung europäischer Sprachen und/oder die Behandlung europäischer Themen im Fachunterricht, bspw. im Geographie und Geschichtsunterricht, hinausreicht. Zum anderen behindert das in den EU-Verträgen verankerte Subsidiaritätsprinzip im Pflichtschulbereich, wonach die EU nur dann dort tätig werden darf, wenn die Nationalstaaten die von ihnen und der EU festgelegten Maßnahmen nicht realisieren, eine genuin europäische Bildungspolitik und -praxis. Die zentrale Problematik manifestiert sich jedoch in der von Europaschulen und Europäischen Schulen adaptierten Legitimationsstrategie: der interkulturellen Erziehung. Eine mit Bezug auf die EU entwickelte, eurozentrische Variante derselben würde sich zum einen angesichts des erreichten Diskussionsstandes in diesem pädagogischen Bereich als ein Widerspruch erweisen; denn diesen Ansatz zeichnet gerade dadurch aus, dass er sich von jeglichen Formen der Stereotypisierung und ideologischen Instrumentalisierung abgrenzt und konträr dazu auf die Aufdeckung solcher Mechanismen und einen kritisch-konstruktiven Umgang mit ihnen zielt.

Zum anderen würde eine eurozentrische Variante der interkulturellen Erziehung der faktischen ethnisch-kulturellen Heterogenität der Schülerschaft an Schulen in der EU nicht gerecht. Die genannten Kritikpunkte manifestieren sich besonders deutlich in den Europäischen Schulen: Die dort installierten Sprachsektionen reflektieren nicht das Spektrum europäischer Staaten heute, sondern die Dominanz der starken Nationalstaaten in der EU; der Umstand, dass es in dieser europäischen Exklave bisher kein über die Einhaltung der Mindeststandards in den Pflichtschulsystemen der Mitgliedstaaten hinaus gehendes kohärentes europäisches Basiscurriculum für alle Schülerinnen und Schüler gibt, zeugt von der Beharrlichkeit der in der EU zusammen geschlossenen Nationalstaaten, die im europäischen Modell, davon zeugt das Subsidiaritätsprinzip, durchaus gewollt ist.

Stellt sich eine vergleichbare Problematik auch im Falle der in dieser Studie betrachteten Schulen mit einer geopolitischen Ausrichtung auf die Bezugsorganisation UN und die von dieser beförderten internationalen Staatengemeinschaft? In Schaubild 7.2.2 sind ausgehend von der Institutionalisierung der Vereinten Nationen die für die Konstitution und Legitimierung dieses Modells einer internationalen Staatengemeinschaft, im Sinne einer Völkergemeinschaft, relevanten gesellschaftlichen Voraussetzungen aufgeführt. Diese manifestieren sich in den Konventionen und Vertragswerken der UN; die Weltwirtschaft wird in der Welthandelsorganisation (World Trade Organisation, WTO) und dem General Agreement on Trade in Services (GATS) sowie in weiteren Vertragswerken dieser Art repräsentiert.

Schaubild 7.2.2: Konstitution und Legitimierung eines Modells internationaler Erziehung und Bildung

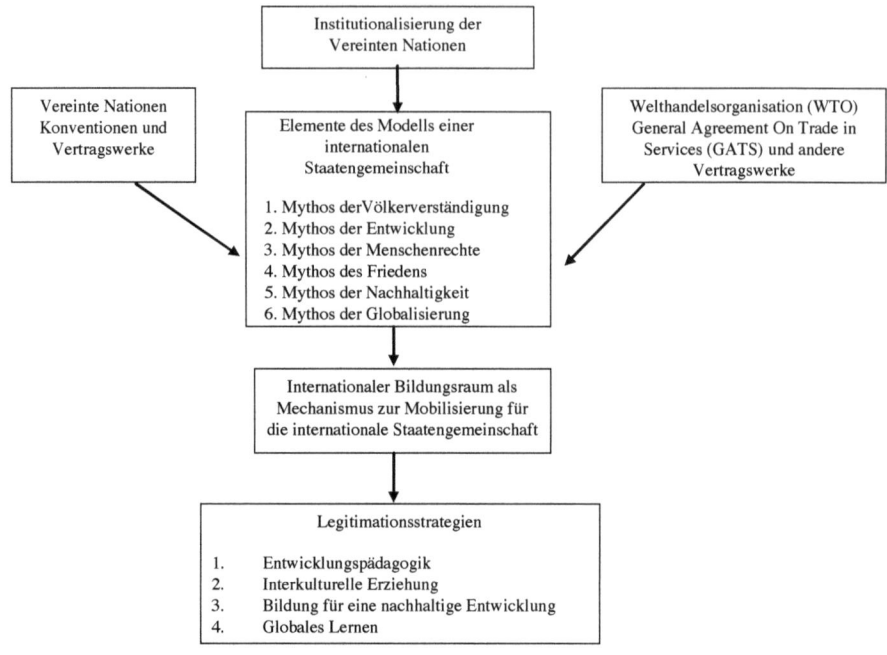

© S. Hornberg 2010

Als Elemente eines Modells einer internationalen Staatengemeinschaft werden hier rekurrierend auf den *world polity*-Ansatz folgende, von den UN aufgestellten Mythen heran gezogen: der Mythos der Völkerverständigung, der Entwicklung, der Menschenrechte, vom Frieden, von der Nachhaltigkeit und der Globalisierung. Der von der UN angestrebte internationale Bildungsraum, so könnte im Anschluss an den *world polity*-Ansatz postuliert werden, fungiert als Mechanismus zur Mobilisierung einer internationalen Staatengemeinschaft; die hier betrachteten internationalen Schultypen und Schulprofile mit einer geopolitischen Ausrichtung auf die ganze Welt, die UNESCO-Projektschulen und die internationalen Schulen, leisten einen Beitrag zur Legitimierung der von der UN aufgestellten Mythen über die von ihnen adaptierten Strategien: die Entwicklungspädagogik, die interkulturelle Erziehung, Bildung für eine nachhaltige Entwicklung und das globale Lernen.

7.3 Internationale Schulmodelle auf der Folie des Konzepts ‚Transnationale Bildungsräume'

Vertreter des Völkerbundes, der Vorläuferorganisation der UN, waren an der 1924 erfolgten Gründung der seither unter der Schirmherrschaft dieser internationalen Organisation stehenden ersten internationalen Schule in Genf beteiligt; Angehörige der UN beteiligten sich an den in den 1960er Jahren aufgenommenen Arbeiten zur Schaffung eines international kompatiblen Curriculums und einer international kompatiblen Hochschulzugangsberechtigung, wie sie in Form des IB-Curriculums und des Internationalen Bakkalaureats realisiert wurden; die ‚United Nations International School' in New York bezieht sich gar in ihrem Titel auf diese internationale Organisation. Diese Beispiele mögen genügen, um den Einfluss zu umreißen, den diese internationale Organisation auf die internationalen Schulen und das in diesem Kontext entstandene internationale Curriculum und die damit verbundene Hochschulzugangsberechtigung hatten. Er spiegelt sich auch in den von den internationalen Schulen aufgegriffenen, von der UN postulierten „Mythen" im Sinne des *world polity*-Ansatzes wider: der Völkerverständigung und der Entwicklung, der Menschenrechte und dem Frieden, der Nachhaltigkeit und der Globalisierung. Diese Mythen finden ihren Niederschlag in den internationalen Schulen und in dem IB-Curriculum in der Orientierung an einer internationalen Reformpädagogik und den hier bereits ausgeführten, spezifischen curricularen Schwerpunkten (vgl. Kap. 7.1).

Internationale Schulen finden sich seit den 1980er Jahren weltweit mit deutlich steigender Tendenz; verlässliche, von einer zentralen Dachorganisation erhobene Daten zur weltweiten Verbreitung dieses internationalen Schultyps liegen jedoch nicht vor. Dies ist darauf zurück zu führen, dass sich im Kontext der internationalen Schulen zahlreiche Organisationen gebildet haben, die Aufgaben erfüllen, die in staatlichen Pflichtschulsystemen staatlichen Bildungsorganisationen vorbehalten sind. So können nur von der IBO autorisierte Schulen das von ihr entwickelte internationale Curriculum und Internationale Bakkalaureat adaptieren; diese Organisation kontrolliert die Einhaltung der von ihr vorgegebenen Standards, legt die für den Erwerb des Internationalen Bakkalaureats zu erbringenden Leistungen fest und vergibt dasselbe. Der ECIS, die europäische Dachorganisation internationaler Schulen, führt mehrmals jährlich an unterschiedlichen Orten weltweit Kongresse durch, die im Kontext der internationalen Schulen relevante Themen behandeln und der Rekrutierung von Lehrenden für internationale Schule dienen, sie bietet Lehrerfortbildungsveranstaltungen an, berät Schulen bei ihrem Aufbau und der Umsetzung des IB-Curriculums. Die im Kontext der internationalen Schulen entstandenen Organisationen sind im Anschluss an das hier zugrunde gelegte Konzept ‚Transnationale Bildungsräume' transnational zu nennende Organisationen; sie sind grenzüberschreitend und transnational vernetzt, koordinieren und unterstützen internationale Schulen. Der Umstand, dass mehrere unterschiedliche Organisationen diese Aufgaben wahrnehmen und dass sie nicht von einer zentralen Organisation ausgeführt werden, ist ein Merkmal transnationaler Räume (Faist 200, S. 35ff.), in diesem Fall transnationaler Bildungsräume.

Ein weiteres, zentrales Merkmal transnationaler Bildungsräume ist der hier zugrunde gelegten Definition zufolge die ‚Transnational Education', deren Inanspruchnahme von ihren Abnehmern privat zu finanzieren ist. Im Falle der internationalen Schulen manifestiert sie sich im IB-Curriculum und dem Internationalen Bakkalaureat, denn an die Absolvierung derselben ist ein privat aufzubringendes Entgelt gebunden. Dies gilt auch im Falle staatlicher Pflichtschulen, die das IB-

Curriculum, Teile desselben und/oder das Internationale Bakkalaureat anbieten, denn die Eltern dieser Schüler müssen für diese Angebote privat aufkommen. Allerdings profitieren sie und ihre Kinder in diesem Fall in besonderer Weise, da sie nicht, wie an internationalen Schulen, die i.d.R. Privatschulen sind, sonst üblich, darüber hinausgehende, für den Schulbesuch ihrer Kinder zu entrichtende Kosten privat tragen müssen. Und auch die IBO kann in einem solchen Fall an eine kostengünstige Struktur – in Gestalt staatlicher Pflichtschulen – anschließen. Die Übernahme dieser Angebote einer Transnational Education durch staatliche Pflichtschulen wird hier als ein erster Hinweis darauf genommen, dass sich auch in (national-) staatlichen Pflichtschulbereichen erste Ansätze für die Herausbildung transnationaler Bildungsräume abzeichnen.

Wie in dieser Studie gezeigt werden konnte, hat sich insbesondere seit dem Zweiten Weltkrieg im Kontext der internationalen Schulen ein weit verzweigtes institutionelles Netz etabliert, dem transnational operierende Organisationen wie die IBO, ihre Niederlassungen in den Weltregionen und weitere Organisationen wie die ISA und der ECIS angehören, um nur einige zu nennen. Diese transnational operierenden Organisationen stehen im Austausch mit einer kontinuierlich wachsenden Zahl von Schulen, Einrichtungen des tertiären Bildungsbereichs, nationalstaatlichen Bildungsagenturen, international und transnational operierenden Organisationen. Eine hohe Dichte und das Potential für Langlebigkeit weist diese Schulen und auch die mit ihnen verbundenen, transnational zu nennenden Organisationen aus.

Aus einer größeren Distanz betrachtet stellt sich die Frage, ob die hier vorliegende Untersuchung Anhaltspunkte dafür liefert, die Grundannahmen des *world polity*-Ansatzes zu unterstützen, zu widerlegen oder zu modifizieren. Meyer u. a. postulieren nach gleichen Regeln und Modellen funktionierende nationale Bildungssysteme. Wie passen die hier untersuchten Schulprofile und Schultypen in dieses Bild? Spezifische Schulformen wie die in dieser Arbeit analysierten könnten – theoretisch – Alternativen zum Standardmodell darstellen oder entwickeln. Betrachtet man die besagten Schulformen unter dieser Fragestellung, so lässt sich Folgendes festhalten: Europaschulen und UNESCO-Projektschulen stellen keine Alternativen des von Meyer et al. postulierten Standardmodells dar. Ihre einzige Abweichung vom Standardmodell besteht darin, dass sie bestimmte „Mythen" dezidierter in ihrer curricularen Ausrichtung pointieren. Sie sind daher in Bezug auf die von ihnen reklamierten inhaltlichen Schwerpunkte als in gewissem Umfang ‚europäisierte' bzw. ‚internationalisierte' Varianten des Standardmodells zu kennzeichnen.

Die Europäischen Schulen hätten – theoretisch – das Potential, ein spezifisch europäisches Modell von Schule zu entwickeln. Anzeichen hierfür sind, dass es für sie zumindest rudimentäre Ansätze für ein spezifisch europäisches Curriculum gibt, dass die Schulen von einer europäischen Institution betrieben und administriert werden, und dass eine eigenständige Berechtigung zum Hochschulstudium, das Europäische Bakkalaureat, existiert. Ihre geringe Verbreitung und die nicht vorhandene Verzahnung der Europäischen Schulen mit den nationalen Schulsystemen in Europa sprechen allerdings gegen die Vermutung, hier entwickele sich ein eigenständiges europäisches Modell von Schule. Statt eine Quelle der Innovation für eine genuin europäische Bildungsentwicklung zu sein, sind diese Schulen Exklaven, die in einem abgeschotteten Inseldasein existieren, währenddessen die internationalen Schulen mit ihrem Internationalen Bakkalaureat weltweit und auch in Europa an Zulauf und Interesse gewinnen und an ihnen vorbeiziehen auf dem Weg zur Systembildung eines genuin internationalen Schulsystems. – In gewisser Weise entspricht auch dies der Theorie von Meyer; denn in seinem Aufsatz „Die Europäische Union und die Globalisierung der Kultur" (Meyer 2005/2001) desillusioniert Meyer jedwede Vorstellungen von einem europäischen Sonderweg in der von ihm postulierten Weltgesellschaft. Europa ist Meyer zufolge kein eigenständiger Akteur; es gibt keine spezifische europäische Identität, es fehlen klare Grenzen und klare Abgrenzungen seiner Bürger, und: „Es scheint keine spezifisch europäischen Werte zu geben – Menschenrechte, Umweltschutz und die Gesetze der sozioökonomischen Entwicklung scheinen überall mehr oder weniger die gleichen zu sein." (ebd., S. 174)

Die internationalen Schulen scheinen insofern, aufgrund ihrer hier angesprochenen Merkmale, die einzigen der hier analysierten Schulen zu sein, die keine bloße Variante, sondern tatsächlich eine Alternative zu dem von Meyer u. a. postulierten Standardmodell darstellen. Sie sind kein nationalstaatliches Bildungswesen, das nach weltweit standardisierten Drehbüchern arbeitet, sie verkörpern aber auch nicht das von Meyer, Kamens und Benavot (1992) so benannte „internationale Bildungssystem", das einer Addition nach gleichen Regeln funktionierender nationaler Bildungssysteme mit einer einzigen weltweiten Logik und Ausrichtung gleichkommt. Anzeichen für eine Alternative und damit für eine neue Strukturbildung, die in der Theorie von Meyer u. a. nicht vorgesehen ist, sind folgende: Internationale Schulen arbeiten in eigener Regie jenseits nationalstaatlicher Vorgaben. Eine teils vorzufindende Kooperation mit nationalstaatlichen Agenturen ist kein Gegenargument, da hier die staatlichen Instanzen entweder Elemente von den internationalen Schulen übernehmen (und nicht andersherum), insonderheit das gut beleumundete Internationale Bakkalaureat nebst zugehörigem IB-Curriculum, oder die internationalen Schulen zwar Teile der jeweiligen sie umgebenden nationalen Bildungssysteme inkorporieren (Sprachen, Curriculumelemente), wobei sie dies aber nach ihren eigenen Regeln und Nützlichkeiten tun.

Für die Erklärung der Struktur, der Curricula, der Abschlüsse und der Funktions- und Wirkungsweise der internationalen Schulen greift denn auch eher der Transnationalismus-Ansatz denn die *world polity*-Theorie: Jenseits nationaler Bildungssysteme und auch jenseits des von Meyer et al. postulierten Standardmodells stellen die internationalen Schulen ‚transnationale Bildungsräume' dar. Der Begriff wird hier bewusst im Plural gebraucht, weil – trotz vieler genuin neuer gemeinsamer Merkmale, vor allem das IB und die sukzessive vorgelagerten spezifischen Curricula der einzelnen Schulstufen betreffend, einstweilen (noch) eine Vielfalt dieser Schulen existiert. Vielleicht gibt es indessen sogar Anzeichen dafür, dass sich infolge der weiteren Verbreitung, Vernetzung, Koordination und eines noch zunehmenden Systemausbaus dieser internationalen Schulen in Zukunft ein einziger in sich kohärenter ‚transnationaler Bildungsraum', pointiert gesagt, ein

‚transnationales Bildungssystem', konstituiert. Ohne die bisherigen Entwicklungen überinterpretieren zu wollen, stellen die internationalen Schulen aus dem hier untersuchten Ensemble von internationalen Schulprofilen und Schultypen jedenfalls die einzige Schulform dar, die tatsächlich als eine real existierende, weltweit verbreitete und dauerhafte Alternative zum herkömmlichen Modell nationalstaatlicher Schulsysteme (und nicht nur als eine Variante derselben) anzusehen ist. Bisher steht dieses sich konstituierende ‚transnationale Bildungssystem' weitgehend unverbunden neben den nationalen Bildungssystemen; einzig über das Abschlusszertifikat, das Internationale Bakkalaureat, das inzwischen von den meisten Ländern weltweit als Hochschulzugangsberechtigung anerkannt ist, ist – an der Nahtstelle vom Schul- zum Hochschulwesen – eine Verzahnung zu erkennen. Neuere Entwicklungen in einigen Ländern deuten allerdings darauf hin, dass Elemente der internationalen Schulen, vor allem eben jenes Internationale Bakkalaureat, in nationale Bildungssysteme inkorporiert werden, meist in Gestalt einer Zusatz- oder Doppelqualifikation. In diesem Sinne haben die internationalen Schulen etwas von ihrem spezifischen Innovationspotential in nationale Bildungssysteme eingebracht, nationale Bildungssysteme damit aber nicht außer Kraft gesetzt. Nicht übersehen werden darf auch, dass trotz der steigenden Anzahl und der weltweiten Verbreitung von internationalen Schulen, diese dennoch – im Vergleich zu den herkömmlichen Schulen – nur einen Bruchteil der weltweiten Beschulung verkörpern. Befürchtungen, dass ein expansives ‚transnationales Bildungssystem' nationale Bildungssysteme dauerhaft verändern oder diese gar ersetzen wird, erscheinen daher auf lange Sicht unbegründet.

8 Resümee

In dieser Studie geht es um die Schule im Prozess der Internationalisierung von Bildung. Dieses weitgesteckte Feld wurde am Beispiel ausgewählter internationaler Schulmodelle und mit Rekurs auf den von John W. Meyer et al. vertretenen neo-institutionalistischen *world polity*-Ansatz sowie das unlängst in der Erziehungswissenschaft aufgekommene Konzept ‚Transnationale Bildungsräume‘ untersucht. Drei zentrale Fragestellungen wurden im Vorangegangenen verfolgt, für die das Folgende resümiert werden kann:

Eine erste in dieser Arbeit aufgeworfene Fragestellung richtete sich darauf, Erkenntnisse darüber zu gewinnen, wie die hier betrachteten Schulmodelle jeweils ‚das Internationale‘ in ihrem Struktur- und Funktionszusammenhang umsetzen. Diesbezüglich hat sich gezeigt: Die hier heran gezogenen Schulmodelle mit internationalem Profil, Europaschulen und UNESCO-Projektschulen, verfolgen das Internationale additiv zu ihrem nationalen Bildungsauftrag im Rahmen von Schwerpunktsetzungen. Sie pflegen europäische oder internationale Kooperationen und adaptieren spezifische Unterrichtsarrangements und didaktische Herangehensweisen; UNESCO-Projektschulen beispielsweise in Form des Projektunterrichts, Europaschulen in Form des interkulturellen Lernens. Schulen mit einem internationalen Profil offerieren zusätzlich zu ihrem nationalen Curriculum Unterrichtsinhalte zu europäischen (Europaschulen) oder internationalen Themenstellungen (UNESCO-Projektschulen); sie vergeben nationale Abschlüsse und allenfalls zusätzliche Zertifikate, die ihrem Schulprofil gemäß erbrachte Leistungen attestieren. Hinsichtlich ihrer Schüler- und Lehrerschaft unterscheiden sie sich nicht von anderen staatlichen Schulen. Allerdings sind UNESCO-Projektschulen im Unterschied zu Europaschulen offenbar stärker verankert und zudem weltweit verbreitet. Dies mag zum einen der stärkeren Institutionalisierung dieses internationalen Schulprofils in Form des UNESCO-Projektschulnetzwerkes geschuldet sein; es mag aber auch die höhere Attraktivität für Schulen widerspiegeln, die mit dem Erwerb des Titels ‚UNESCO-Projektschule‘ und dem damit verbundenen Prestige, dem Zugang zu diesem Netzwerk und der Eindeutigkeit der dort vertretenen Positionen einher geht.

Die hier betrachteten internationalen Schultypen, Europäische Schulen und internationale Schulen, haben ‚das Internationale‘ in ihren Struktur- und Funktionszusammenhängen in curricularer Hinsicht deutlich wahrnehmbar verankert: Europäische Schulen beispielsweise in Form der ihnen originären Sprachsektionen, in punktuell genuin europäischen Curricula und im Europäischen Bakkalaureat, einer genuin europäischen Hochschulzugangsberechtigung. Allerdings ist die Reichweite dieses internationalen Schultyps aufgrund seiner spärlichen Verbreitung und seiner Beschränkung auf die EU als gering einzuschätzen. Demgegenüber erweisen sich internationale Schulen und mit ihnen verbundene Organisationen in jeder Hinsicht als weitreichender: Sie verfolgen nicht nur punktuell, sondern mit den von ihnen offerierten IB-Curricula genuin internationale Bildungsangebote für sämtliche Schulstufen und vergeben mit dem Internationalen Bakkalaureat eine international kompatible Hochschulzugangsberechtigung. Die Schüler- und Lehrerschaft ist an beiden internationalen Schultypen im Unterschied zu den hier betrachteten Schulen mit internationalem Profil explizit international zusammen gesetzt.

Die zweite in dieser Studie verfolgte Fragestellung zielte darauf zu klären, ob sich die Konstitution des ‚Internationalen' des jeweiligen internationalen Schulmodells auf der Folie der Konstitution moderner Bildungssysteme in neo-institutionalistischer Terminologie interpretieren lässt. Zur Bearbeitung dieser Fragestellung erfolgte eine theoriegeleitete Komparation der internationalen Schulmodelle mit Rekurs auf den *world polity*-Ansatz. Gezeigt werden konnte, dass die hier betrachteten internationalen Schulmodelle sich durch ihre Orientierung an internationalen Organisationen auszeichnen und Strategien entwickelt haben, welche die von ihren jeweiligen internationalen Bezugsorganisationen aufgestellten „Mythen" im Sinne des *world polity*-Ansatzes legitimieren. Exemplarisch zu nennen sind die von Schulen mit einer Ausrichtung auf Europa und auf die EG/EU adaptierten Legitimationsstrategien in Form der europäischen Dimension im Bildungswesen oder einer Bildung für Europa. In den hier heran gezogenen Schulen mit einer geopolitischen Ausrichtung auf ‚die Welt' manifestiert sich die Legitimierung der von den Vereinten Nationen postulierten „Mythen" beispielsweise in der Adaptierung der Bildung für eine nachhaltige Entwicklung und des globalen Lernens. Pointiert und analog zu dem Grundmodell des Neo-Institutionalismus, demzufolge nationale Bildungssysteme als Mittel zu einer nationalstaatlichen Mobilisierung dienen, konnten europäisch ausgerichtete Schulmodelle als Mittel zur Mobilisierung für Europa und international ausgerichtete Schulmodelle als Mittel zur Mobilisierung für die internationale Staatengemeinschaft charakterisiert werden. Die jeweilige geopolitische Ausrichtung der internationalen Schulmodelle schlägt sich in entsprechenden typischen, europäisch bzw. international akzentuierten, Legitimationsstrategien und Programmatiken nieder.

Zusammenfassend ist festzuhalten, dass die hier betrachteten Schulen mit internationalem Profil keine Alternative zu dem von Meyer et al. postulierten Standardmodell darstellen, wenngleich sie einige der von ihren Bezugsorganisationen postulierten „Mythen" im Rahmen ihrer Profilbildung dezidiert verfolgen. Die Europäische Schule als ein Schultyp eigener Art hätte demgegenüber theoretisch das Potential zur Entwicklung eines genuin europäischen Schultyps. Europäische Schulen kennzeichnet jedoch eine geringe Verbreitung, eine mangelnde Verzahnung mit den nationalen Bildungswesen in Europa und ein Profil, das sich nur schwach von internationalen Werten abgrenzt. Im Unterschied dazu weisen die internationalen Schulen und die mit ihnen verbundenen Organisationen Merkmale auf, die die Frage aufkommen lassen, ob sie mit Rekurs auf den *world polity*-Ansatz überhaupt hinreichend erfasst werden können.

Die dritte in dieser Arbeit verfolgte Fragestellung reflektiert diese kritische Anfrage an den *world polity*-Ansatz; denn es wurde danach gefragt, welchen ‚Bildungsräumen' die jeweiligen Schulmodelle zuzurechnen sind und wodurch sich diese Bildungsräume auszeichnen. Die Bearbeitung dieser dritten Fragestellung erfolgte im Rahmen einer Theorie geleiteten Komparation mit Rekurs auf das unlängst in der Erziehungswissenschaft aufgekommene Konzept ‚Transnationale Bildungsräume'. In dieser Vergleichsperspektive konnte gezeigt werden, dass die hier betrachteten Schulen mit internationalem Profil nationale Bildungsräume repräsentieren. Als ein zentrales Kriterium für die Zuordnung zu verschiedenen Bildungsräumen dient die Finanzierung der verschiedenen Schulmodelle. Schulen mit einem internationalen Profil stehen unter staatlicher Trägerschaft und werden staatlich finanziert; sie entsprechen dem Typus eines nationalen Bildungswesens. Die Europäischen Schulen trägt und finanziert die supranationale Organisation EG/EU; aufgrund ihrer exklusiven Sonderstellung innerhalb der EG/EU stellen diese Schulen eine supranationale ,europäische Exklave' dar. Im Unterschied zu den vorgenannten internationalen Schulmodellen erfordert die Wahrnehmung der von den internationalen Schulen angebotenen Bildungsgänge und des von ihnen vergebenen internationalen Bakkalaureats eine ,privat' aufzubringende Finanzierung durch die Eltern der Schülerschaft, die allenfalls staatlich subventioniert wird. Diese Bildungsangebote erfüllen insofern im Anschluss an das hier zugrunde gelegte Konzept ,Transnationaler Bildungsräume' die Kriterien, um als Angebote der Transnational Education gelten zu können. Internationale Schulen und die mit ihnen verbundenen internationalen Organisationen wie die IBO und der ECIS, um nur einige Beispiele zu nennen, weisen Merkmale auf, die erfüllt sein müssen, um als ,Transnationale Bildungsräume' nach dem jetzigen Stand der Theoriediskussion in diesem noch jungen Arbeitsgebiet der Erziehungswissenschaft gelten zu können. Sie scheinen insofern unter den hier betrachteten internationalen Schulmodellen die einzige Alternative zu dem von Meyer et al. postulierten Standardmodell zu repräsentieren, da sie erste Anzeichen für eine neue von Meyer et al. nicht avisierte Strukturbildung aufweisen. Die Bearbeitung der Frage danach, inwieweit und inwiefern diese im Kontext der internationalen Schulen aufgekommen, bisher noch recht unverbunden neben den nationalen Bildungssystemen stehenden transnationalen Bildungsräume nationale Bildungssysteme dauerhaft verändern oder gar ersetzen können, bleibt künftigen, Theorie geleiteten und mit empirischen Daten untermauerten Forschungen vorbehalten.

Literatur

Adam, S. (2001): Confederation of European Union Rector's Conferences. Transnational Education Project. Report and Recommendations. University of Westminster, March 2001.www.unesco.org/education/studyingabroad/highlights/.../tne. doc; Abruf vom 15.09.2009.

Adick, C. (1992): Die Universalisierung der modernen Schule. Paderborn.

Adick, C. (1995): Internationalisierung von Schule und Schulforschung. In: Rolff, H.-G. (Hrsg.): Zukunftsfelder von Schulforschung. Weinheim, S. 157-180.

Adick, C. (2000a): Gegenstand und Reflexionsebenen der International und Interkulturell Vergleichenden Erziehungswissenschaft. In: Adick, C./Kraul, M./Wigger, L. (Hrsg.): Was ist Erziehungswissenschaft? Donauwörth, S. 67-95.

Adick, C. (2000b): Globalisierung als Herausforderung für nationalstaatliche Pflichtschulsysteme. In: Scheunpflug, A./Hirsch, K. (Hrsg.): Globalisierung als Herausforderung für die Pädagogik. Frankfurt a.M., S. 157-168.

Adick, C. (2002a): Demanded and Feared: transnational convergencies in national educational systems and their (expectable) effects. In: European Educational Research Journal, 1 (2), S. 214-232.

Adick, C. (2002b): Ein Modell zur didaktischen Strukturierung des Globalen Lernens. In: Bildung und Erziehung, 55 (4), S. 397-416.

Adick, C. (2003): Bedeutung von Lehr- und Lernzielen in international- vergleichender Perspektive. (47. Beiheft der Zeitschrift für Pädagogik). Weinheim, S. 86-104.

Adick, C. (2005): Transnationalisierung als Herausforderung für die International und Interkulturell Vergleichende Erziehungswissenschaft. In: Tertium Comparationis. Journal für International und Interkulturell Vergleichende Erziehungswissenschaft, 11 (2), S. 243-269.

Adick, C./Hornberg, S. (2002): (Teilprojekt) Internationale Schulen. In: Transnationalisierung gesellschaftlicher Ordnungen. (Konzeptpapier für einen Sonderforschungsbereich, unv. Ms. Ruhr-Universität Bochum). Bochum.

Amstrong, R. (2000): The holistic nature of the IBMYP; a return to fundamentals. In: International Schools Journal, XX (1), S. 18-23.

Anderson, B. (1988): Die Erfindung der Nation. Zur Karriere eines erfolgreichen Konzepts. Frankfurt a.M.

Astiz, M.F./Wiseman, A.W./Baker, D.P. (2002): Slouching Towards Decentralization: Consequences of Globalization for Curricular Control in National Education Systems. In: Comparative Education Review, 46 (1), S. 66-88.

ASPnetCongressWD4 (2003)/UNESCO Associated Schools Project Network (ASPnet): 50th Aniversary International Congress: ASPnet Global Review Report. http://www. unesco.org/

ASPnet CongressWD5-23 May (2003)/UNESCO Associated Schools Project Network (ASPnet): 50th Aniversary International Congress: UNESCO Associated School Project Network (ASPnet): Historical Review 1953 – 2003. http://www.unesco.org/

Auernheimer, G. (1996/2003): Einführung in die Interkulturelle Erziehung. (1990 bzw. zweite und dritte überarbeitete und ergänzte Neuauflage). Darmstadt.

Avenarius, H. (2001): Einführung in das Schulrecht. Darmstadt.

Bade, K.J. (1992): Migration in Geschichte und Gegenwart. München.

Barnes, D. (1998): And then there were three ... IB programmes, that is ... In: International Schools Journal, XVIII (1), S. 44-49.

Bartlett, K. (1997): Articulating the international curriculum. Part II: Continuity through outcomes. In: International Schools Journal, XVII (1), S. 50-57.

Bartlett, K. (1998): International Curricula: More or Less Important at the Primary Level? In: Hayden, M./Thompson, J.J. (Hrsg.): International Education. Principles and Practice. London (GB)/Sterling (USA), S. 77-91.

Baumert, J./Bos, W./Lehmann, R. (Hrsg.) (2000): TIMSS/III. Dritte Internationale Mathematik- und Naturwissenschaftsstudie. Mathematische und naturwissenschaftliche Bildung am Ende der Schullaufbahn. Bd. 1, 2, Opladen.

Baumert, J./Klieme, E./Neubrand, M./Prenzel, M./Schiefele, U./Schneider, W./Stanat, P./ Tillmann, K.-J./Weiß, M. (Hrsg.) (2001): PISA 2000. Basiskompetenzen von Schülerinnen und Schülern im internationalen Vergleich. Opladen.

Beck, U. (1997): Was ist Gloablisierung? Edition Zweite Moderne. Frankfurt a.M.

Bellenberg, G./Böttcher, W./Klemm, K. (2001): Stärkung der Einzelschule. Neue Ansätze der Ressourcen Geld, Zeit und Personal. Neuwied.

Benavot, A. (2002): Curricular content and societal outcomes: a critical view from comparative educational research. In: Audigier, F./Bottani, N. (Hrsg.): Education et vivre ensemble. SRED, Cahier 9, S. 79-100.

Benavot, A./Chea, Y.-K./Kamens, D./Meyer, J.W./Wong, S.-Y. (1991): Knowledge for the Masses: World Models and National Curricula, 1920-1986. In: American Sociological Review, 56, S. 85-100.

Bernstein, B. (1973): Class, Codes and Control. London.

Blackburn, R. (1991): The International Baccalaureate: a curriculum at upper secondary level and a university entrance examination. In: Jonietz, P.L./Harris, D. (Hrsg.): World Yearbook of Education 1991. International Schools and International Education. London/New York, S. 15-24.

Blaney, J. (1991): The international school system. In: Jonietz, P.L./ Harris, D. (Hrsg.): World Yearbook of Education 1991. International Schools and International Education. London, S. 199-205.

Blumenthal, von, V./Stübig, H./Willmann, B. (1995): Entwicklungslinien der Vergleichenden Erziehungswissenschaft in der Bundesrepublik Deutschland bis zum Ende der 80er Jahre. In: Willmann, B. (Hrsg.): Bildungsreform und Vergleichende Erziehungswissenschaft. Aktuelle Probleme – historisch vergleichende Perspektiven. Münster, S. 112-147.

Böttcher, W./Weishaupt, H./Weiß, M. (1997) (Hrsg.): Wege zu einer neuen Bildungsökonomie. Weinheim.

Boli, J./Ramirez, F.O. (1986): World Culture and the Institutional Development of Mass Education. In: Richardson, J.G. (Hrsg.): Handbook of Theory and Research of the Sociology of Education. Westport, S. 65-90.

Boli, J./Ramirez, F.O./Meyer, J. (1985): Explaining the Origins and Expansion of Mass Education. In: Comparative Education Review, 29 (2), S. 145-170.

Boli, J./Thomas, G.M. (1997): World Culture in the World Polity: A Century of International Non-Governmental Organization. In: American Sociological Review, 62 (April), S. 171-190.

Bos, W./Baumert, J. (1999): Möglichkeiten, Grenzen und Perspektiven internationaler Bildungsforschung: das Beispiel TIMSS/III. In: Aus Politik und Zeitgeschichte. (Beilage zur Wochenzeitung Das Parlament, 27. August), S. 3-15.

Bos, W./Lankes, E-M./Prenzel, M./Schwippert, K./Valtin, R./Walther, G. (Hrsg.) (2004): IGLU – Einige Länder der Bundesrepublik im internationalen Vergleich. Münster.

Bos, W./Hornberg, S./Arnold, K.-H./Faust, G./Fried, L./Lankes, E.-M./ Schwippert, K./Valtin, R. (Hrsg.) (2007): IGLU 2006. Lesekompetenzen von Grundschulkindern in Deutschland im internationalen Vergleich. Münster.

Bos, W./Hornberg, S./Arnold, K.-H./Faust, G./Fried, L./Lankes, E.-M./ Schwippert, K./ Valtin, R. (Hrsg.) (2008): IGLU-E 2006. Die Länder der Bundesrepublik Deutschland im nationalen und internationalen Vergleich. Münster.

Bosse, H./Hamburger, F. (1973). Friedenspädagogik und Dritte Welt. Stuttgart.

Boteram, N. (Hrsg.) (1993): Interkulturelles Verstehen und Handeln. (Schriftenreihe der Pädagogischen Hochschule Freiburg, Bd. 8). Pfaffenweiler.

Borkenhagen, G. R. (1997): Die Europäische Schule 1953-1991. Miteinander-Leben-Lernen. Köln.

Bourdieu, P. (1982a): Die feinen Unterschiede. Kritik der gesellschaftlichen Urteilskraft. Frankfurt a.M.

Bourdieu, P. (1982b): Ökonomisches Kapital, kulturelles Kapital, soziales Kapital. In: Kreckel, R. (Hrsg.): Soziale Ungleichheiten. (Soziale Welt, Sonderband 2). Göttingen, S. 183-198.

Bourdieu, P. (1985): Soziale Räume und ‚Klassen‘. Leçon sur la leçon. Zwei Vorlesungen. Frankfurt a.M.

Bourdieu, P./Passeron, J.-C. (1971): Die Illusion der Chancengleichheit. Stuttgart.

Brenner, K. (1993): Lernen für Europa – Auf dem Weg in eine multikulturelle Gesellschaft. In: Im Gespräch mit dem Hessischen Kultusminister, 4. Hrsg. vom Hessischen Kultusministerium. Wiesbaden, S. 75-88.

Buckendahl, U. (2003): 40 Jahre und noch so viel vor. In: forum 3, 4, S. 50-54.

Bundeszentrale für politische Bildung (Hrsg.) (1986): Europa in der Schule. Zur politischen Bildung in der Bundesrepublik Deutschland, in Dänemark, Frankreich, Großbritannien und den Niederlanden. Bonn.

Bundeszentrale für politische Bildung (Hrsg.) (1994): Lernen für Europa. Bonn.

Büro des Generalsekretärs des Obersten Rates der Europäischen Schulen (Hrsg.) (2004a): Durchführungsbestimmungen zur Europäischen Abiturprüfungsordnung. 2003-D-110-de-3. Mai 2004. (Büro des Generalsekretärs des Obersten Rates der Europäischen Schulen). Brüssel.

Büro des Generalsekretärs des Obersten Rates der Europäischen Schulen (Hrsg.) (2004b): Jahresbericht des Generalsekretärs des Obersten Rates der Europäischen Schulen. AZ: 2112-D-2003-de-1. (Büro des Generalsekretärs des Obersten Rates der Europäischen Schulen). Brüssel.

Büro des Vertreters des Obersten Rates der Europäischen Schulen (o.J.): Die Europäischen Schulen. (Büro des Vertreters des Obersten Rates der Europäischen Schulen). Brüssel.

Bundesministerium für Umwelt, Naturschutz und Reaktorsicherheit (Hrsg.) (1992): Umweltpolitik. Konferenz der Vereinten Nationen für Umwelt und Entwicklung im Juni 1992 in Rio de Janeiro. Agenda 21. Bonn.

Bund-Länder-Kommission für Bildungsplanung und Forschungsförderung (2001): Zukunft lernen und gestalten – Bildung für eine nachhaltige Entwicklung –. (Materialien zur Bildungsplanung und Forschungsförderung, H. 97). Bonn.

Chabbott, C./Ramirez, F.O. (2000): Development and Education. In: Hallinan, M.T. (Hrsg.): Handbook of the Sociology of Education. New York, S. 163-187.

Danckwortt, D. (1965): Erziehung zur internationalen Verständigung. München.

Datta, A./Lang-Wojtasik, G. (Hrsg.) (2002): Bildung zur Eigenständigkeit. Frankfurt a.M.

Davies, M./Ellwood, C. (1991): International curricula in international schools – a background. In: Jonietz, P.L./Harris, D. (Hrsg.): World Yearbook of Education 1991. International Schools and International Education. London/New York, S. 61-64.

Delors, J. (1996): Lernfähigkeit: Unser verborgener Reichtum. UNESCO-Bericht zur Bildung für das 21. Jahrhundert. Neuwied.

Department of Education and Science (DES) (1985): Swann Report. (Her Majesty's Stationary Office). London.

Department of Education and Science (DES) (1988): Education Reform Act 1988. (Her Majesty's Stationary Office). London.

Deutsche UNESCO Kommission (1974): Empfehlung zur „Internationalen Erziehung". Bonn.

Deutsche UNESCO Kommission (1991): „Weltdeklaration Bildung für alle" und Aktionsrahmen zur Befriedigung der grundlegenden Lernbedürfnisse. Beschlüsse der Weltkonferenz „Bildung für alle" und Aktionsrahmen zur Befriedigung der grundlegenden Lernbedürfnisse. Jomtien, Thailand, 5.-9. März 1990. Bonn.

Diederich, J./Tenorth, H.-E. (1997): Theorie der Schule. Ein Studienbuch zu Geschichte, Funktionen und Gestaltung. Berlin.

Die Gruppe von Lissabon (1997): Grenzen des Wettbewerbs. Die Globalisierung der Wirtschaft und die Zukunft der Menschheit. Bundeszentrale für politische Bildung. Bonn.

die tageszeitung: Krach in Kataloniens Kabinett über Autonomie (von Rainer Wandler), 12.05.2006, S. 9.

Dittmann, A./Fehrenbacher, C. (1992): Die bildungspolitischen Harmonisierungsverbote (Art. 126, 127, Abs. 4 EGV) und ihre Bedeutung für die nationale „Bildungshoheit". In: Recht der Jugend und des Bildungswesens, 4, S. 478-493.

Döbert, H./ Geißler, G. (Hrsg.) (1997): Schulautonomie in Europa. (Schriftenreihe Gesellschaft und Bildung, Bd. 14). Baden-Baden.

Doye, P. (1993): Fremdsprachenerziehung in der Grundschule. In: Zeitschrift für Fremdsprachenforschung, Bd. 4, (1), S. 48-88.

Durkheim, E. (1984/1934): Erziehung, Moral und Gesellschaft. Frankfurt a.M.: Im Original: L'éducation morale. Paris 1934 (Vorlesung an der Sorbonne 1902/1903).

ECIS (European Council of International Schools) (Hrsg.) (2000a): The ECIS International Schools Directory 2000/2001. Great Glemham/UK.

ECIS (European Council of International Schools) (Hrsg.) (2000b): The ECIS Higher Education Directory 2001. Great Glemham/UK.

Einsiedler, W./Götz, M./Hacker, H./Kahlert, J./Keck, R./Sandfuchs, U. (Hrsg.) (2001): Handbuch Grundschulpädagogik und Grundschuldidaktik. Regensburg.

Ellwood, C. (1999): IGCSE and the IB Middle Years Programme; how compatible are they? In: International Schools Journal, XIX (1), S. 35-44.

Erdmann, E./Maier, R./Popp, U. (2006): Geschichtsunterricht international – Bestandsaufnahme und Visionen. (Schriftenreiche des Georg-Eckert-Institut, Bd. 117). Braunschweig.

Europaschulen in der Bundesrepublik Deutschland: http://www.dipf/de/datenbanken; Abruf vom 22.07.2008.

Europäische Gemeinschaften (1993): Vereinbarung über die Satzung der Europäischen Schulen. In: Amtsblatt der Europäischen Gemeinschaften, Nr. C 93/1. (Amt für amtliche Veröffentlichungen der Europäischen Gemeinschaften). Luxemburg.

Europäische Schule Karlsruhe (Hrsg.) (o.J.): Europäische Schule Karlsruhe, Albert-Schweizer-Straße 1, 76139 Karlsruhe.

Europäisches Parlament (2002): Finanzierung der Europäischen Schulen. Entschließung des Europäischen Parlaments zu der künftigen Finanzierung der Europäischen Schulen (2002/2083(INI)). http://www.europarl.europa.eu/meetdocs/committees/budg/20040405/0605_de.pdf.

Europäische Union (1993): Vertrag von Maastricht. Bonn.

Evers, T. (1996): Demokratie und Bürgerbeteiligung in Europa. In: Schuster, J./Weiner, K.-P. (Hrsg.): Maastricht neu verhandeln. Köln, S. 124-139.

Fahle, K. (1989): Die Politik der Europäischen Gemeinschaften in den Bereichen Erziehung, Bildung und Wissenschaft. Eine Bestandsaufnahme. (MTS-Skript). Frankfurt a.M.

Faist, T. (2000): Grenzen überschreiten. Das Konzept Transstaatliche Räume und seine Anwendungen. In: ders. (Hrsg.): Transstaatliche Räume. Politik, Wirtschaft und Kultur in und zwischen Deutschland und der Türkei. Bielefeld, S. 9-56.

Farrar, M./Christian, H. (1977): The European School. Uccle, Brussels. In: Trends of Education, 2, S. 30-34.

Fechner, F. (1994): Einwirkungen des Europarechts auf die nationale Bildungsordnung. In: Lassahn, R./Ofenbach, B. (Hrsg.): Bildung in Europa. Frankfurt a.M., S. 17-42.

Fend, H. (1980): Theorie der Schule. München.

Fend, H. (1982): Gesamtschule im Vergleich. Weinheim.

Fiala, R./Lanford, A.G. (1987): Educational Ideology and the World Educational Revolution, 1950-1970. In: Comparative Education Review, 31 (3), S. 315-332.

Fischer, T. (1991): Die United World Colleges: Modelle internationaler Internatserziehung auf reformpädagogischer Grundlage. Lüneburg.

Fox, E. (1991): Das Internationale Bakkalaureat – Wegbereiter einer weltweiten Erziehung und Bildung. In: Bildung und Erziehung, 44 (3), S. 327-349.

Fox, E. (1998): The Emergence of the International Baccalaureate as an Impetus for Curriculum Reform. In: Hayden, M./Thompson, J. (Hrsg.): International Education. London, S. 65-76.

Friebertshäuser, B./Prengel, A. (Hrsg.) (1995/2005): Handbuch Qualitative Forschungsmethoden in der Erziehungswissenschaft. Weinheim.

Fuchs, J. (1995): Die Bundesdeutschen UNESCO-Projektschulen und ihre internationalen Kontakte und Aktivitäten. (Materialien aus der Bildungsforschung Nr. 47, Max-Planck-Institut für Bildungsforschung Berlin). Berlin.

Fujikane, H. (2003): Approaches to Global Education in the United States, the United Kingdom and Japan. In: Zeitschrift für Internationale Erziehungswissenschaft, 49, S. 133-151.

Fürstenau, S. (2004): Transnationale (Aus-)Bildungs- und Zukunftsorientierungen. Ergebnisse einer Untersuchung unter zugewanderten Jugendlichen portugiesischer Herkunft. In: Zeitschrift für Erziehungswissenschaft, 7 (1), S. 33-57.

Gareis, S./Varwick, J. (2002): Die Vereinten Nationen. Opladen.

Garton, B. (2000): Recruitment of teachers for international education. In: Hayden, M./Thompson, J. (Hrsg.): international schools & international education. London, S. 85-95.

Georg-Eckert-Institut für internationale Schulbuchforschung: Multiperspektivität im Geographieunterricht, 23 (4). (Schriftenreihe des Georg-Eckert-Instituts 106). Hannover.

Gellar, C.A. (1981): International Education: Some Thoughts on What It Is and What It Might Be. In: International Schools Journal, I (1), S. 21-26.

Gellar, C.A. (2000): International education, to what purpose? In: International Review of Education, XX (1), S. 5-9.

Giddens, A. (1999): Der dritte Weg. Die Erneuerung der sozialen Demokratie. Frankfurt a.M.

Gimbal, A. (2002): Unionsbürgerschaft. In: Weidenfeld, W./Wessels, W. (Hrsg.): Europa von A-Z. Bonn, S. 341-344.

Glick Schiller, N./Basch, L./Blanc-Szanton, C. (1992): Towards a Transnational Perspective on Migration: Race, Class, Ethnicity, and Nationalism Reconcidererd. (New York Academy of Sciences). New York.

Glick Schiller, N./Basch, L./Blanc-Szanton, C. (1997): Transnationalismus. Ein neuer analytischer Rahmen zum Verständnis von Migration. In. Kleger, H. (Hrsg.): Transnationale Staatsbürgerschaft. Frankfurt a.M., S. 81-107.

Glowka, D. (1996): England. In: Anweiler, O. u. a. (Hrsg.): Bildungssysteme in Europa. (4. Aufl.). Weinheim.

Göhlich, M. (Hrsg.) (1998): Europaschule – Das Berliner Modell. Neuwied.

Gogolin, I. (1994): Der monolinguale Habitus der multilingualen Schule. Münster.

Gogolin, I./Helmchen, J./Lutz, H./Schmidt, G. (Hrsg.) (2003): Pluralismus unausweichlich? Blickwechsel zwischen Vergleichender und Interkultureller Pädagogik. Münster.

Gogolin, I./Kroon, S./Krüger-Potratz, M./Neumann, U./Vallen, T. (Hrsg.) (1991): Kultur- und Sprachenvielfalt in Europa. Münster.

Gogolin, I./Krüger-Potratz, M./Wenning, N. (Hrsg.) (1996): Zum Verhältnis von Interkultureller und Allgemeiner Bildung. Münster.

Gogolin, I./Pries, L. (2004): Stichwort: Transmigration und Bildung. Zeitschrift für Erziehungswissenschaft, 7 (1), S. 5-19.

Gomolla, M./Radtke, F.-O. (2000): Mechanismen institutionalisierter Diskriminierung in der Schule. In: Gogolin, I./Nauck, B. (Hrsg.): Migration, gesellschaftliche Differenzierung und Bildung. Opladen, S. 321-341.

Gomolla, M./ Radtke, F.-O. (2002): Institutionelle Diskriminierung. Die Herstellung ethnischer Differenz in der Schule. Opladen.

Green, B. (1998): And then there were three ... IB programmes, that is. In: International Schools Journal, XVIII (1), S. 44-49.

Guy, J. (2000): IBMYP and IGCSE – are they really compatible? A response to Caroline Ellwood. Part I. In: International Schools Journal, XX (1), S. 10-17.

Haan, de, G. (2001): Was meint ‚Bildung für nachhaltige Entwicklung‘ und was können eine globale Perspektive und neue Kommunikationsmöglichkeiten zur Weiterentwicklung beitragen? In: Herz, O./Seybold, H./Strobl, G. (Hrsg.) (2001): Bildung für nachhaltige Entwicklung. Opladen, S. 29-46.

Hahn, K. (1957): Die nationale und internationale Aufgabe der Erziehung. Hrsg. vom Stifterverband für die Deutsche Wissenschaft. Bonn, S. 3-38.

Hahn, K. (1959): Eine Erziehung zur Verantwortung. Stuttgart.

Hart, M. (1993): The European Dimension in General Primary and Secondary Education. Alkmaar.

Hartmann, E.-M. (2001): UNESCO-Projektschulen, dem globalen Lernen verpflichtet, interkulturell, innovativ. In: Döbert, H./Ernst, C. (Hrsg.): Schulen mit besonderem Profil. Baltmannsweiler, S. 139-161.

Hasse, R./Krücken, G. (1996): Was leistet der organisationssoziologische Neoinstitutionalismus? Eine theoretische Auseinandersetzung mit besonderer Berücksichtigung des wissenschaftlichen Wandels. In: Soziale Systeme, 2, S. 91-112.

Hasse, R./Krücken, G. (1999): Neo-Institutionalismus. Bielefeld.

Hawley, D. (1994): How Long do International Schools' Heads Survive? A Research Analysis (Part I). In: International Schools Journal, XIV (1), S. 8-21.

Hayden, M./Thompson, J. (1995a): International schools and international education: A relationship reviewed. In: Oxford Review of Education, 21 (3), S. 327-345.

Hayden, M./Thompson, J. (1995b): Perceptions of international education: A preliminary study. In: International Review of Education, 45 (5), S. 389-404.

Hayden, M./Thompson, J. (1996): Potential difference: The driving force for international education. In: International Schools Journal, XVI (1), S. 46-57.

Hayden, M./Thompson, J. (1997): Student perspectives on international education: A European dimension. In: Oxford Review of Education, 23 (4), S. 459-478.

Hayden, M./Thompson, J. (1998): International education: Perceptions of teachers in international schools. In: International Review of Education, 44 (5/6), S. 549-565.

Hayden, M./Thompson, J. (2000): International education: flying flags or raising standards? In: International Review of Education, XIX (2), S. 48-56.

Hayden, M./Thompson, J. (2001): International Education: Principles and Practice. London.

Heid, H. (2003): Bildung im Spannungsfeld zwischen gesellschaftlichen Qualifikationsanforderungen und individuellen Entwicklungsbedürfnissen: zur Legitimation bildungspraktischen Handelns. Oldenburg.

Herz, O./Seybold, H./Strobl, G. (Hrsg.) (2001): Bildung für nachhaltige Entwicklung. Opladen.

Hessisches Institut für Bildungsplanung und Schulentwicklung (HIBS) (Hrsg.) (1994): Materialien zur Schulentwicklung. Europaschule. Wiesbaden.

Hessisches Kultusministerium und Hessisches Ministerium für Wissenschaft und Kunst 1991): Europa im Unterricht. Erlaß vom 19. März 1991 VII A 3 -660/06 25. In: Teil I Schulwesen. Abl. 4/91. Wiesbaden.

Hill, I. (2000): Internationally-minded schools. In: International Schools Journal, XX (1), S. 24-37.

Hill, I. (2002): The history of international education: an International Baccalaureate perspective. In: Hayden, M./Thompson, J./Walker, G. (Hrsg.): international education in practice. London, S. 18-29.

Hilker, F. (1962): Vergleichende Pädagogik. Eine Einführung in ihre Geschichte/ Theorie und Praxis. München.

Hobson, D.P./Caroll, S. (2000): Learning through community service in international school settings. In: International Review of Education, XX (1), S. 66-76.

Hörner, W. (1993): Technische Bildung und Schule. Eine Problemanalyse im internationalen Vergleich. Köln.

Hopmann, S. (1993): Review: School knowledge for the masses. In Journal of Curriculum Studies, 25, S. 475-482.

Hornberg, S. (1994): Multikultur und Antirassismus in Großbritannien – was können wir von unseren europäischen Nachbarn lernen? In: Der Fremdsprachliche Unterricht/Englisch, 28 (14/2), S. 56-60.

Hornberg, S. (1999): Europäische Gemeinschaft und multikulturelle Gesellschaft. Anspruch und Wirklichkeit europäischer Bildungspolitik und –praxis. Frankfurt a.M.

Hornberg, S. (2002): Europa-orientierte Netzwerke und Schulen. In: Schleicher, K./ Weber, P.J. (Hrsg.): Zeitgeschichte europäischer Bildung 1970-2000. Bd. III, Europa in den Schulen. Münster, S. 165-185.

Hornberg, S. (2004): Innovationen durch Globalisierung in der europäischen Schulentwicklung: zum Beispiel die Interkulturelle Pädagogik, Europa- und Internationale Schulen. In: Tertium Comparationis, Journal für International und Interkulturell Vergleichende Erziehungswissenschaft, 10 (1), S. 24-35.

Hüfner, K. (2003): UNESCO: Die Rückkehr der USA. In: epd (Entwicklungs-Politik), 3, S. 43-46.

Hrbek, R. (Hrsg.) (1994): Europäische Bildungspolitik und die Anforderungen des Subsidiaritätsprinzips. Baden-Baden.

Hurrelmann, K. (1975): Erziehungssystem und Gesellschaft. Reinbek bei Hamburg.

Hurrelmann, K. (1993): Einführung in die Sozialisationstheorie. Über den Zusammenhang von Sozialstruktur und Persönlichkeit. Weinheim.

Husén, T./Postletwhaite. N. (1994): The International Encyclopedia of Education. (Zweite Ausgabe). Oxford, S. 6520-6530.

IBO (International Baccalaureate Organization) (1997): Guide to the Diploma Programme. IBO, Genf.

IBO (International Baccalaureate Organization) (1998a): Guide to the Middle Years Programme. IBO, Genf.

IBO (International Baccalaureate Organization) (1998b): Guide to the Primary Years Programme. IBO, Genf.

IBO (International Baccalaureate Organization) (2003): A Continuum of International Education: the Primary Years Programme, the Middle Years Programme, and the Diploma Programme. IBO, Genf.

IBO (International Baccalaureate Organization) (2004): Background Paper: Study shows UK Universities rate IB Diploma highly. http://www.ibo.org/; Abruf vom 16.12.2004.

Inkeles, A./Sirowy, L. (1983): Convergent and Divergent Trends in National Educational Systems. In: Social Forces, 6 (2), S. 303-333.

Jach, F.-R. (1999): Schulverfassung und Bürgergesellschaft in Europa. Berlin.

Jach, F.-R. (2002): Europäisches Recht und Bildung. In: Schleicher, K./Weber P.J. (Hrsg.): Zeitgeschichte europäischer Bildung 1970-2000. Bd. III: Europa in den Schulen. Münster, S. 63-85.

Janssen, B. (1986): Europäische Bildung. In: Bundeszentrale für politische Bildung: Europa in der Schule. Bonn.

Jenkins, C. (1998): Global Issues: A Necessary Component of a Balanced Curriculum for the Twenty-First Century. In: Hayden, M./Thompson, J. (Hrsg.): International Education. London, S. 92-102.

Jonckers, R. (2000): The European School Model Part II. In: International Review of Education, XX (1), S. 45-50.

Kamens, H.D./Meyer, J.W./Benavot, A. (1996): Worldwide Patterns in Academic Secondary Education Curricula. In: Comparative Education Review, 40 (2), S. 116-138.

Klafki, W. (1994): Neue Studien zur Bildungstheorie und Didaktik. Zeitgemäße Allgemeinbildung und kritisch-konstruktive Didaktik. (4. durchgesehene Auflage). Basel.

Klafki, W. (2002): Schultheorie, Schulforschung und Schulentwicklung im politisch-gesellschaftlichen Kontext. Weinheim.

Klatt, H. (Hrsg.) (1995): Das Europa der Regionen nach Maastricht. Bonn.

KMK (Kultusministerkonferenz) (Hrsg.) (1978/1990): Europa im Unterricht. (Beschluß der Kultusministerkonferenz vom 8.6.1978 i.d.F. vom 7.12.1990). Bonn.

KMK (Kultusministerkonferenz) (Hrsg.) (1980): Empfehlung der Kultusministerkonferenz zur Förderung der Menschenrechte in der Schule. (Beschluss der Kultusministerkonferenz vom 04.12.1980 i.d.F. vom 14.12.2000). Bonn.

KMK (Kultusministerkonferenz) (Hrsg.) (1996): Empfehlung „Interkulturelle Bildung und Erziehung in der Schule". (Beschluß der Kultusministerkonferenz vom 25.10.1996). Bonn.

KMK (Kultusministerkonferenz) (Hrsg.) (1997): Beschluß der Kultusministerkonferenz „Eine Welt/Dritte Welt in Unterricht und Schule". (Beschluß der Kultusministerkonferenz vom 28.02.1997 i.d. Fassung vom 20.03.1998). Bonn.

KMK (Kultusministerkonferenz) (Hrsg.) (2001): Vereinbarung über die Anerkennung des „International Baccalaureate Diploma/Diplôme du Baccalauréat International". (Beschluss der Kultusministerkonferenz vom 10.03.1986 i.d.F. vom 01.02.2001). Bonn.

KMK (Kultusministerkonferenz) (Hrsg.) (2004): Vereinbarung über die Anerkennung des „International Baccalaureate Diploma/Diplôme du Baccalauréat International". (Beschluss der Kultusministerkonferenz vom 10.03.1986 i.d.F. vom 18.11.2004). Bonn.

Kleger, H. (Hrsg.) (1997): Transnationale Staatsbürgerschaft, Frankfurt a.M.

Knoll, M. (Hrsg.) (1998): Kurt Hahn. Reform mit Augenmaß. Ausgewählte Schriften eines Politikers und Pädagogen. Stuttgart.

Kohl, G. (1991): Die Internationalen Schulen weltweit. In: Bildung und Erziehung, 44 (3), S. 271-284.

Kohls, J. (1984): Die Europäischen Schulen unter besonderer Berücksichtigung der Zwei- und Mehrsprachigkeit. In: Der Fremdsprachliche Unterricht, 1, S. 236-238.

Kommission der Europäischen Gemeinschaften (1991): Erster Bericht über den Ablauf der auf der Ebene der Mitgliedstaaten und der Europäischen Gemeinschaft durchgeführten Maßnahmen zur Stärkung der europäischen Dimension im Bildungswesen. (Arbeitsdokument der Kommissionsdienststellen, SEK(91) 1753). Brüssel.

Kommission der Europäischen Gemeinschaften (1993): Grünbuch zur europäischen Dimension des Bildungswesens. (KOM(93) 457 endg. 29.9.1993). Brüssel.

Kommission der Europäischen Gemeinschaften (1994): Gemeinschaft der Lernenden. Interkulturelle Erziehung in Europa. (Amt für amtliche Veröffentlichungen der Europäischen Gemeinschaften). Luxemburg.

Krause, H.-J./Neugebauer, E./Sislian, J.H./Wittern, J. (Hrsg.) (1973): Orientierungspunkte Internationaler Erziehung. Hamburg.

Krücken, G. (Hrsg.) (2005): John W. Meyer, Weltkultur: Wie die westlichen Prinzipien die Welt durchdringen. Herausgegeben und eingeleitet von Georg Krücken. Frankfurt a.M.

Krüger-Potratz, M. (1993): Erziehung in und für Europa, zweimal? In: Deutsch lernen, 1, S. 3-12.

Kruse, J. (1993): Europäische Kulturpolitik am Beispiel des Europarats. Europa 2000. (Studien zur interdisziplinären Deutschland- und Europaforschung, Bd. 5). Münster.

Kuhn, A./ Haffmann, G./ Genger, A. (1972): Historisch-politische Friedenserziehung. München.

Lamnek, S. (1995): Die qualitative Sozialforschung. Bd. 2: Methoden und Techniken. Weinheim.

Landesinstitut für Schule und Weiterbildung Nordrhein-Westfalen (Hrsg.) (1994): Schularbeiten. Lernen für Europa. Soest.

Landesinstitut für Schule und Weiterbildung Nordrhein-Westfalen (Hrsg.) (1995): Lernen für Europa. Abschlußbericht eines Modellversuchs. Soest.

Lang-Wojtasik G./Lohrenscheit, C. (Hrsg.) (2003): Entwicklungspädagogik – Globales Lernen – Internationale Bildungsforschung. 25 Jahre ZEP. Frankfurt a.M.

Langford, M.E. (1999): Observations on the mobile population of international schools. In: International Schools Journal, XVIII (2), S. 28-37.

Leggate, P.M.C./Thompson. J.J. (1997): The management of development planning in international schools. In: International Journal of Educational Management, 11 (6), S. 268-273.

LE MONDE diplomatique (Hrsg.) (2003): Atlas der Globalisierung. Berlin.

Lenhardt, G. (1984): Schule und bürokratische Rationalität. Frankfurt a.M.

Lenhardt, G. (1993): Schulwissen für die Massen. In: Zeitschrift für internationale und sozialwissenschaftliche Forschung, 10 (1), S. 21-30.

Lenhart, V. (2000): Bildung in der Weltgesellschaft. In: Scheunpflug, A./Hirsch, K. (Hrsg.): Globalisierung als Herausforderung für die Pädagogik. Frankfurt a.M., S. 47-64.

Lenhart, V. (2002): Nachwort. Zehn Thesen zum Verhältnis der klassischen nördlichen zu der eigenständigen südlichen Reformpädagogik. In: Datta, A./Lang-Wojtasik, G. (Hrsg.): Bildung zur Eigenständigkeit. Frankfurt a.M., S. 289-295.

Linsenmann, I. (2002): Bildungspolitik. In: Weidenfeld, W./Wessels, W. (Hrsg.): Europa von A bis Z. Bonn, S. 92-94.

Littleford, J. (1999): Leadership of schools and the longevity of school heads. In: International Schools Journal, XIX (1), S. 23-34.

Loser, F. (1992): Die Europäischen Schulen – Schulen für Europa? In: Bildung und Erziehung, 45 (3), S. 325 – 343.

Luchtenberg, S./Nieke, W. (Hrsg.) (1999): Interkulturelle Pädagogik und Europäische Dimension. Herausforderungen für Bildungssystem und Erziehungswissenschaft. Münster.

Lutz, H. (1999): The State of the Art: Zum Stand der Interkulturellen Pädagogik. In: Tertium Comparations. Journal für International und Interkulturell Vergleichende Erziehungswissenschaft, 5 (2), S. 134-149.

Lutz, H./Wenning, N. (2001) (Hrsg.): Unterschiedlich verschieden. Differenz in der Erziehungswissenschaft. Opladen.

Mackenzie, P./Hayden, M./Thompson, J. (2003): Parental Priorities in the Selection of International Schools. In: Oxford Review of Education, 29 (3), S. 299-314.

Maaß, K.-J. (1978): Die Bildungspolitik der Europäischen Gemeinschaft. Eine Dokumentation. Bonn.

Malms, J. (1965): Die Europäischen Schulen – eine Schulform mit neuen Zielen? In: Der deutsche Lehrer im Ausland, 12 (11), S. 301-310.

Marjoram, D.T.E./Williams, R.C. (1977): European Schools Based in an Agreement Between Nine Nations. In: Trends of Education, 2, S. 26-30.

Mason, P. (1992): Independent Education in Western Europe. London.

McLean, M. (1990): Britain and a Single Market Europe. Prospects for a Common School Curriculum. London.

McLean, M. (1999): Bildung und Erziehung in Europa an der Schwelle zum 21. Jahrhundert. In. Bildung und Erziehung, 52 (1), S. 461-476.

McEneaney, E.H./Meyer, J. (2000): The Content of the Curriculum. In: Hallinan, M.T. (Hrsg.): Handbook of the Sociology of Education. New York, S. 189-211.

Meyer, J.W. (1980): The World Polity and the Authority of the Nation-State. In: Bergesen, A. (Hrsg.): Studies of the Modern World System. New York, S. 109-137.

Meyer, J.W. (1992): The Global Standardization of National Educational Systems. Paper presented at Nagoya University, November.

Meyer, J.W. (2001): Globalization, National Culture, and the Future of the World Polity. Unv. Vortrag, gehalten an der Chinese University of Hong Kong, 28. November 2001.

Meyer, J.W. (2005/2001): Die Europäische Union und die Globalisierung der Kultur. In: Krücken, G. (Hrsg.) (2005): John W. Meyer, Weltkultur: Wie die westlichen Prinzipien die Welt durchdringen. Herausgegeben und eingeleitet von Georg Krücken. Frankfurt a.M., S. 163-178.

Meyer, J.W. (2005): Weltkultur. Wie die westlichen Prinzipien die Welt durchdringen. Hrsg. von Georg Krücken. Frankfurt a.M.

Meyer, J.W./Boli, R./Thomas, G.M./Ramirez, F.O. (1997): World Society and the Nation-State. American Journal of Sociology, 103 (1), S. 144-181.

Meyer, J.W./Kamens, D./Benavot, A. (1992): School Knowledge for the Masses. World Models and National Primary Curricular Categories in the Twentieth Century. Washington DC (USA)/London (UK).

Meyer, J.W./McEneaney, E.H (1999): Vergleichende und historische Reflektionen über das Curriculum: die sich wandelnde Bedeutung von Wissenschaft. In: Goodson, I./Hopmann, K.R. (Hrsg.): Das Schulfach als Handlungsrahmen. Vergleichende Untersuchung zur Geschichte und Funktion der Schulfächer. Köln, S. 177-190.

Meyer, J.W./McEneaney, E.H (2000): The Content of the Curriculum. In: Hallinan, T. (Hrsg.): Handbook of the Sociology of Education. New York, S. 189-211.

Meyer, J.W./Ramirez, F.O. (2000): The World Institutionalization of Education. In: Schriewer, J. (Hrsg.): Discourse Formation in Comparative Education. Frankfurt a.M., S. 111-132.

Meyer, J./Ramirez, F.-O./Rubinson, R./Boli-Bennett, J. (1977): The World Educational Revolution. In: Sociology of Education, 50, S. 242-258.

Meyer, J.W./Ramirez, F.O./Syosal, Y.N. (1992): World Expansion of Mass Education, 1870-1980. In: Sociology of Education, 65 (April), S. 128-149.

Meyer, J./Rowan, B. (1977): Institutionalized Organizations: Formal Structures as Myth and Ceremony. In: American Journal of Sociology, 83, S. 340-363.

Mickel, W. W. (1979): Europa im Unterricht. In: Aus Politik und Zeitgeschichte, 3, S. 3-19.

Mickel, W. W. (1984): Der Begriff der „europäischen Dimension" im Unterricht. In: Aus Politik und Zeitgeschichte, 41, S. 25-41.

Mickel, W. W. (1991): Europäische Bildungspolitik supranationaler Organisationen. In: PSOW, 39 (3), S. 130-139.

Mickel, W. W. (1993): Lernfeld Europa. Didaktik zur europäischen Erziehung. Opladen.

Mittag, J. (2002): Ausschuss der Regionen. In: Weidenfeld, W./Wessels, W. (Hrsg.): Europa von A-Z. Bonn, S. 78-81.

Mitter, W. (1993): Ansätze eurozentrierter Reformen im Sekundarschulwesen. In: Schleicher, K. (Hrsg.): Zukunft der Bildung in Europa: nationale Vielfalt und europäische Einheit. Darmstadt, S. 175-197.

Müller, D.K. (1981): Der Prozeß der Systembildung im Schulwesen Preußens während der zweiten Hälfte des 19. Jh. In: Zeitschrift für Pädagogik, 27, S. 245-269.

Müller, K. (2002): Globalisierung. Frankfurt a.M.

Murphy, E. (1998): International School Accreditation: Who Needs It? In: Hayden, M./ Thompson, J. (Hrsg.): International Education. Principles and Practice. London, S. 212-223.

Murphy, E. (2000): Questions for the new millennium. In: International Schools Journal, XIX (2), S. 5-10.

Netzwerk Europa Orientierter Schulen (NEOS) (1991): Kölner Erklärung. http://www. kle.nw.schule.de/rs-kleve/wasistneos.htm; Abruf vom 28.05.2001.

Oberndörfer, D. (1992): Politik für eine offene Republik. In: Bundeszentrale für politische Bildung (Hrsg.): Aus Politik und Zeitgeschichte. (Beilage zur Wochenzeitung Das Parlament), S. 21-28.

Oberster Rat der Europäischen Schulen (2007): Jahresbericht der Generalsekretärin des Obersten Rates der Europäischen Schulen, AZ: 112-D-2007-de-3. Brüssel. http://www.eursc.eu/index.php?id=134.

OECD (Organisation for Economic Development and Co-operation) (1994a): Die internationalen Bildungsindikatoren der OECD – ein Analyserahmen. Frankfurt a.M.

OECD (Organisation for Economic Development and Co-operation) (1994b ff.): Education at a glance: OECD indicators. Paris.

Oppermann, T. (1991): Europarecht. München.

Organisation for Economic Co-Operation and Development (Hrsg.)/Salt, J. (1997): International Movements of the Highly Skilled. Paris.

Parsons, T. (1968a): Sozialstruktur und Persönlichkeit: Frankfurt a.M. (Erstveröffentlichung 1964).

Parsons, T. (1968b): Systematische Theorie der Soziologie. Gegenwärtiger Stand und Ausblick. In: Rüschemeyer, D. (Hrsg.): Talcott Parsons Beiträge zur soziologischen Theorie. (2. Auflage). Neuwied, S. 31-64 (Erstveröffentlichung 1945).

Paterson, J. (1991): International endeavour. In: Jonietz, P.L./Harris, D. (Hrsg.): World Yearbook of Education 1991. International Schools and International Education. London/New York, S. 38-44.

Peterson, A.D.C. (1979): The International Baccalaureate. In: VE-Informationen. Rundbrief der Kommission für Vergleichende Erziehungswissenschaft der DGfE -Deutsche Sektion in der Bundesrepublik Deutschland der CESE, 5, S. 3-5.

Pinck, G. (1998): Die Europäischen Schulen. In: Göhlich (M.): Europaschule – das Berliner Modell. Neuwied, S. 30-38.

PISA-Konsortium Deutschland (Hrsg.) (2007): PISA '06. Die Ergebnisse der dritten internationalen Vergleichsstudie. Münster.

Platzer, H.-W. (1992): Lernprozeß Europa. Die EG und die neue europäische Ordnung. Bonn.

Posch, P./Larcher, D./Altrichter, H. (1996): Curriculum/Lehrplan (1996). In: Hierdeis, H./Hug, T. (Hrsg.): Taschenbuch Pädagogik. Bd.1 (4. Auflage). Baltmannsweiler, S. 184-201.

Postlethwaite, T. N. (1993): Bildungsleistungen in Europa. In: Schleicher, K. (Hrsg.): Zukunft der Bildung in Europa: nationale Vielfalt und europäische Einheit. Darmstadt, S. 197-134.

Prengel, A.(1995/2005): Pädagogik der Vielfalt. (2. und 3. überarbeitete Auflage). Opladen.

PriceWaterHouseCoopers/Amt für Wirtschaft und Arbeit des Kantons Zürich (2001): Studie Internationale Schulen. Zürich: 5.11.2001.

Pries, L. (1996): Transnationale Soziale Räume. In: Zeitschrift für Soziologie, 25 (6), S. 456-472.

Pries, L. (2001): Internationale Migration. Bielefeld.

Prittwitz, V., von (1994): Politikanalyse. Opladen.

Radtke, F.-O./Weiß, M. (Hrsg.) (2000): Schulautonomie, Wohlfahrtsstaat und Chancengleichheit. Ein Studienbuch. Opladen.

Ramirez, F.O. (1997): The Nation-State, Citizenship, and Educational Change: Institutionalization and Globalization. In: Cummings, W.K./McGinn, N.F. (Hrsg.): International Handbook of Education and Development: Preparing Schools, Students, and Nations for the Twenty-First Century. Oxford, S. 47-62.

Ramirez, F.O./Boli, J. (1987): The Political Construction of Mass Schooling: European Origins and World Wide Institutionalization. In: Sociology of Education, 60, S. 2-17.

Ramirez, F.O/Boli-Bennett, J. (1982): Global Patterns of Educational Institutionalization. In: Altbach, P./Arnove, R./Kelly, G. (Hrsg.): Comparative Education. New York, S. 15-38.

Ramirez, F.O./Boli-Bennett, J. (1994): The Political Institutionalization of Compulsory Education: The Rise of Compulsory Schooling in the Western Cultural Context. In: Mangan, J.A. (Hrsg.): A Significant Social Revolution. Cross-Cultural Aspects of the Evolution of Compulsory Education. London, S. 1-20.

Ramirez, F.O./Meyer, J.W. (1980): Comparative Education: The Social Construction of the Modern World System. In: Annual Review of Sociology, 6, S. 369-399.

Ramirez, F.O/Riddle, Ph. (1991): The Expansion of Higher Education. In: Altbach, Ph. G. (Hrsg.): International higher education: an encyclopedia. Chicago, S. 91-105.

Ramirez, J.M. (1971): La Escuela Europea. Organización Juridica y Pedagogica. Madrid.

Rasch, G. (1960/1980): Probabilistic models for some intelligence and attainment tests. (Copenhagen, Danish Institute for Educational Research), expanded edition (1980) with foreword and afterword by B.D. Wright. (The University of Chicago Press). Chicago.

Rat der Europäischen Gemeinschaften (1976): Entschließung des Rates und der im Rat vereinigten Minister für das Bildungswesen vom 9. Februar 1976 mit einem Aktionsprogramm im Bildungsbereich. In: Rat der Europäischen Gemeinschaften. Generalsekretariat: Erklärungen zur Europäischen Bildungspolitik. (Dritte Ausgabe, Juni 1987; Abl. Nr. C 38 vom 19.2.1976). (Amt für amtliche Veröffentlichungen der Europäischen Gemeinschaften). Luxemburg.

Rat der Europäischen Gemeinschaften (1989a): Entschließung des Rates und der im Rat vereinigten Minister für das Bildungswesen vom 24. Mai 1988 zur Europäischen Dimension im Bildungswesen. In: Rat der Europäischen Gemeinschaften. Generalsekretariat: Erklärungen zur Europäischen Bildungspolitik. (Ergänzung zur dritten Ausgabe, Dezember 1989; Abl. C 177/02/1988). (Amt für amtliche Veröffentlichungen der Europäischen Gemeinschaften). Luxemburg.

Rat der Europäischen Gemeinschaften (1989b): Schlußfolgerungen des Rates und der im Rat vereinigten Minister für das Bildungswesen vom 6. Oktober über die Zusammenarbeit und die Gemeinschaftspolitik im Bildungswesen im Hinblick auf 1993. In: Rat der Europäischen Gemeinschaften. Generalsekretariat: Erklärungen zur Europäischen Bildungspolitik. (Ergänzung zur dritten Ausgabe, Dezember; Abl. C 277/04/1989). (Amt für amtliche Veröffentlichungen der Europäischen Gemeinschaften). Luxemburg.

Rawlings. F.A. (1999): Globalization, Curriculum and International Student Communities: A Case Study of the United World College of the Atlantic. (University of London: Institute of Education. Education and International Development Group). London.

Reich, H.H. (1994): „Interkulturelle Pädagogik – eine Zwischenbilanz". In: Zeitschrift für Pädagogik, 40 (1) S. 9-27.

Reich, H.H./Holzbrecher, A./Roth, H.J. (Hrsg.) (2000): Fachdidaktik interkulturell. Ein Handbuch. Opladen.

Renaud, G. (1991): The International Schools Association (ISA): historical and philosophical background. In: Jonietz, P.L./Harris, D. (Hrsg.): World Yearbook of Education 1991. International Schools and International Education. London, S. 6-14.

Riddel, A. R. (1997): Reforms of Governance of Education: Centralization and Decentralization. In: Cummings, W./McGinn, N. (Hrsg.): International Handbook of Education and Development: Preparing Schools, Students and Nations for the Twenty-First Century. Oxford, S. 185-196.

Robinsohn, S. (1971): Bildungsreform als Revision des Curriculum. Neuwied am Rhein.

Rohe, K. (1994): Politik. Begriffe und Wirklichkeiten. Eine Einführung in das politische Denken. Stuttgart.

Röhrs, H. (1966): Schule und Bildung im internationalen Gespräch. Frankfurt a.M.

Röhrs, H. (1988): Die Einheit Europas in pädagogischer Perspektive. In: Pädagogische Rundschau, 42, S. 97-107.

Röhrs, H. (1991a): Die Reformpädagogik und ihre Perspektiven für eine Bildungsreform. Donauwörth.

Röhrs, H. (1991b): Sicherung eines dauerhaften Weltfriedens durch Friedenserziehung. In: Pädagogische Rundschau, 45, S. 331-342.

Röhrs, H. (1992a): Von der Kolonialpädagogik zur Pädagogik der Dritten Welt. In: Pädagogische Rundschau, 46, S. 407-427.

Röhrs, H. (1992b): Die Einheit Europas und die Sicherung des Weltfriedens. Frankfurt a.M.

Röhrs, H. (1993): Die Reformpädagogik (Progressive Education) in den USA und ihr Einfluß auf die reformpädagogische Entwicklung in Deutschland. In: Pädagogische Rundschau, 47, S. 3-27.

Röhrs, H. (1998): Die Reformpädagogik. Ursprung und Verlauf unter internationalem Aspekt. Weinheim.

Rolff, H.-G. (1980): Sozialisation und Auslese durch die Schule. Heidelberg.

Rost, J. (2004): Lehrbuch Testtheorie – Testkonstruktion. (2., vollst. überarb. und erw. Aufl.). Bern.

Ruppert, H. (1966): Vergleichende Schulpädagogik und Europäische Schulen. In: Die deutsche Schule, 58 (2), S. 97-108.

Ryba, R. (1992): Towards a European Dimension in Education: Intention and Reality in European Community Policy and Practice. In: Comparative Education Review, 36 (1), S. 10–24.

Sachse, R. (1986): Schulportrait. In: Pädagogik heute, 11, S. 68-73.

Sadler, J. (1991): The International General Certificate of Secondary Education. In: Jonietz, Patricia, L./Harris, Duncan (Hrsg.): World Yearbook of Education 1991. International Schools and International Education. London/New York, S. 45-49.

Salt, J. (1997): International Movements of the Highly Skilled. Directorate For Education, Employment, Labour and Social Affairs – International Migration Unit – Occasional Papers No. 3. Paris.

Sandner, H.: (2001): Europaschulen des Landes Sachsen-Anhalt. In: Döbert, H./Ernst, C. (Hrsg.): Basiswissen Pädagogik: aktuelle Schulkonzepte. Hohengeren, S. 162-183.

Schäfer, U.(1991): Die Europäische Gemeinschaft und das Bildungswesen. Eine Bibliographie. Hrsg. vom Deutschen Institut für Internationale Pädagogische Forschung. Frankfurt a.M.

Scheer, H. (2003): Globalisierung. In: LE MONDE diplomatique (Hrsg.) (2003): Atlas der Globalisierung. Berlin.

Scheunpflug, A. (2003): Stichwort: Globalisierung in der Erziehungswissenschaft. In: Zeitschrift für Erziehungswissenschaft. 6 (2), S. 159-172.

Scheunpflug, A./Hirsch, K. (Hrsg.) (2000): Globalisierung als Herausforderung für die Pädagogik. Frankfurt a.M.

Scheunpflug, A./Schröck, N. (2002): Globales Lernen. Einführung in eine pädagogische Konzeption zur entwicklungsbezogenen Bildung. Hrsg. von der Hauptstelle des Diakonischen Werkes der Evangelischen Kirche in Deutschland (EKD) für die Aktion BROT FÜR DIE WELT. (2. Auflage). Stuttgart.

Scheunpflug, A./Seitz, K. (1995): Die Geschichte der entwicklungspolitischen Bildung. Frankfurt a.M.

Schink, G. (1993): Kompetenzerweiterung im Handlungssystem der Europäischen Gemeinschaft: Eigendynamik und „Policy Entrepeneurs". Baden-Baden.

Schleicher, K. (2002): Europa in Bewußtsein und Bildungsplanung. In: Schleicher, K./ Weber, P.-J. (Hrsg.): (2002): Zeitgeschichte Europäischer Bildung 1970-2000. Band III: Europa in den Schulen. Münster, S. 21-60.

Schleicher, K./Bos, W. (Hrsg.) (1994): Realisierung der Bildung in Europa. Darmstadt.

Schleicher, K./Weber, P.-J. (Hrsg.): (2000a): Zeitgeschichte Europäischer Bildung 1970-2000. Band I: Europäische Bildungsdynamik und Trends. Münster.

Schleicher, K./Weber, P.-J. (Hrsg.): (2000b): Zeitgeschichte Europäischer Bildung 1970-2000. Band II: Nationale Entwicklungsprofile. Münster.

Schleicher, K./Weber, P.-J. (Hrsg.): (2002): Zeitgeschichte Europäischer Bildung 1970-2000. Band III: Europa in den Schulen. Münster.

Schmitz-Wenzel, H.(1980): Einführung. In: ders. (Hrsg.): Bildungspolitik in der Europäischen Gemeinschaft. Baden-Baden, S. 9-16.

Schmuck, O. (2002): Europa der Regionen. In: Weidenfeld, W./Wessels, W. (Hrsg.): Europa von A-Z. Bonn, S. 135-139.

Schöfthaler, T. (2000): Vom additiven Wertkonsens zur Bildung für das 21. Jahrhundert. Die internationale Entstehungsgeschichte des Globalen Lernens. In: Zeitschrift für internationale Bildungsforschung und Entwicklungspolitik, 23 (3), S. 19-23.

Schöfthaler, T. (2003): Das UNESCO-Schulnetz – Partner der UNESCO. In: forum, 3/4, S. 87-89.

Schriewer, J. (1982): „Erziehung" und „Kultur". Zur Theorie und Methodik vergleichender Erziehungswissenschaft. In: Brinkmann, W./Renner, K. (Hrsg.): Die Pädagogik und ihre Bereiche. Paderborn, S. 185-236.

Schriewer, J. (1994): Internationalisierung der Pädagogik und Vergleichende Erziehungswissenschaft. In: Müller, D.K. (Hrsg.): Pädagogik, Erziehungswissenschaft, Bildung: eine Einführung in das Studium. Köln, S. 427-462.

Schulz, D (1981): Pädagogisch relevante Dimensionen konkurrierender Schulentwicklungsplanung. (Studien zur Pädagogik der Schule, Bd. 5). Frankfurt a.M.

Schwarz, W. (2002): Europaschulen in Hessen. In: Schleicher, K./Weber, P.J. (Hrsg.): Zeitgeschichte europäischer Bildung 1970-2000. Bd. III: Europa in den Schulen. Münster, S. 121-146.

Schwencke, O. (2001): Das Europa der Kulturen – Kulturpolitik in Europa. Essen.

Schwippert, K./Hornberg, S./Goy, M. (2008): Lesekompetenzen von Kindern mit Migrationshintergrund im nationalen Vergleich. In: Bos, W./Hornberg, S./Arnold, K.-H./ Faust, G./Fried, L./Lankes, E.-M./Schwippert, K./Valtin, R. (Hrsg.): IGLU-E 2006. Die Länder der Bundesrepublik Deutschland im nationalen und internationalen Vergleich. Münster, S. 111-126.

Scurati, C. (1993): Erziehung zu Europa in der Schule. In: Boteram, N. (Hrsg.): Interkulturelles Verstehen und Handeln. (Schriftenreihe der Pädagogischen Hochschule Freiburg, Bd. 8). Freiburg, S. 292-304.

Scutliffe, D. B. (1991): The United World Colleges. In: Jonietz, P. L./Harris, D. (Hrsg.): World Yearbook of Education 1991. International Schools and International Education. London, S. 25-37.

Seitz, K. (1993): Von der Dritte-Welt-Pädagogik zum Globalen Lernen. In: Scheunpflug, A./Treml, K. (Hrsg.): Entwicklungspolitische Bildung. Bilanz und Perspektiven in Forschung und Lehre. Ein Handbuch. Tübingen/Hamburg, S. 39-77.

Seitz, K. (2000): Verlorenes Jahrzehnt oder pädagogischer Aufbruch? Zur Verankerung des Globalen Lernens 10 Jahre nach dem Kölner Bildungskongress. In: Internationale Bildungsforschung und Entwicklungspädagogik, 23 (3), S. 11-18.

Seitz, K. (2001): Bildung im Horizont der Weltgesellschaft. In: Schreijäck, T. (Hrsg.): Christwerden im Kulturwandel. Analysen, Themen und Optionen für Religionspädagogik und Praktische Theologie. Ein Handbuch. Freiburg.

Seitz, K. (2002a): Zwischen Ignoranz und Mystifizierung- Anmerkungen zur Rezeption der Pädagogik des Südens und zur ‚Internationalität' der Reformpädagogik. In: Datta, A./Lang-Wojtasik, G. (Hrsg.): Bildung zur Eigenständigkeit. Frankfurt a.M., S. 271-287.

Seitz, K. (2002b): Bildung in der Weltgesellschaft. Gesellschaftstheoretische Grundlagen globalen Lernens. Frankfurt a.M.

Sekretariat der Ständigen Konferenz der Kultusminister der Länder in der Bundesrepublik Deutschland: Umrechnungsschlüssel zur Bewertung der an Europäischen Schulen erworbenen Reifezeugnisse bei der zentralen Vergabe von Studienplätzen (Beschluss der KMK i.d.F. vom 15.03.2002; GeschZ.: II C – 8125). Bonn.

Selby, D. (2000): Global Education as Transformative Education. In: Zeitschrift für internationale Bildungsforschung und Entwicklungspädagogik, 23 (3), S. 2-18.

Seyfarth-Stubenrauch, M./Skiera, E. (Hrsg.) (1996): Reformpädagogik und Schulreform in Europa. Bd.1, 2. Hohengehren.

Smith Page, J. (2004): Peace Education: Exploring Some Philosophical Foundations. In: Internationale Zeitschrift für Erziehungswissenschaft, 50 (1), S. 3-15.

Spaulding, S. (1991): Trends in der internationalen Erziehung: Ausgangspunkte und Perspektiven. In: Bildung und Erziehung, 44 (3), S. 249-269.

Steinbach, A./Nauck, B. (2004): Intergenerationale Transmission von kulturellem Kapital in Migrantenfamilien. Zur Erklärung von ethnischen Unterschieden im deutschen Bildungssystem. In: Zeitschrift für Erziehungswissenschaft, 7 (1), S. 20-32.

Steiner-Khamsi, G. (1992): Bildungspolitik in der Postmoderne. Opladen.

Steiner-Khamsi, G. (2004): Globalization in Education: Real or Imagined? In: dies. (Hrsg.): The global politics of educational borrowing and lending. New York, S. 7-11.

Stobart, M. (1994): Der Europarat und die Bildungsanforderungen im ‚Neuen Europa'. In: Schleicher, K./Bos, W. (Hrsg.): Realisierung der Bildung in Europa: europäisches Bewußtsein trotz kultureller Identität? Darmstadt, S. 20-45.

Stromquist, N.P./Monkman, K. (2000): Defining Globalization and Assessing Its Implications on Knowledge and Education. In: dies. (Hrsg.): Globalization and Education. Integration and Contestation Across Cultures. Lanham (USA)/Oxford (UK), S. 3-25.

Stromquist, N.P./Monkman, K. (Hrsg.) (2000): Globalization and Education. Integration and Contestation Across Cultures. Lanham (USA)/Oxford (UK).

Swann Report (1985): Education for All. London: Department of Education and Science (DES). London.

Thearle, C. (1999): Women in senior managment positions in international schools. In: International Schools Journal, XVIII (2), S. 38-47.

Tillmann, K.-J. (1996): Sozialisationstheorien. Eine Einführung in den Zusammenhang von Gesellschaft, Institution und Subjektwerdung. (7. Auflage). Reinbek bei Hamburg (Erstausgabe 1989).

Timmermanns, L.E. (2000): Has the International Schools Association completed its mission? In: International Review of Education, XIX (2), S. 57-60.

Titone, K. (1972): Bilinguismo precoce e educazione bilingue. Rom.

Tooley, J. (2002): Private Schulen für die Armen. In: der überblick. Zeitschrift für ökumenische Begegnung und internationale Zusammenarbeit, 4, S. 23-25.

Tosi, A. (1991): Language in international education. In: Jonietz, P.L. /Harris, D. (Hrsg.): World Yearbook of Education 1991. International Schools and International Education. London, S. 82-99.

Tye, K. (1999). Global Education. A Worldwide Movement. California, Orange.

UNESCO (United Nations Educational, Scientific and Cultural Organisation) (1974/2003): Empfehlung zur Internationalen Erziehung. In: Deutsche UNESCO-Kommission, Österreichische UNESCO-Kommission (gem. Hrsg.). Erziehung für Frieden, Menschenrechte und Demokratie im UNESCO-Kontext. Bonn 1997, S. 49-63.

UNESCO (United Nations Educational, Scientific and Cultural Organisation) (1990): ‚Weltdeklaration Bildung für alle'. Jomtien/Paris. Paris.

UNESCO (United Nations Educational, Scientific and Cultural Organisation) (1991ff.): World Education Report 1991. Paris.

UNESCO heute (2001): UNESCO-Lehrstuhl für Menschenrechte in Magdeburg. In: UNESCO heute, 3, S. 32.

UNESCO-Generalkonferenz (2001): Allgemeine Erklärung zur kulturellen Vielfalt. Abgedruckt in: forum, 3/4 (2003) S. 101-106.

UNESCO-Projektschulen in Deutschland: http://www.unesco.de/c_arbeitsgebiete/ups_ ueberblick.htm; Abruf vom 21.12.2004):

Villányi; D./Witte, M.D. (2004): Jugendkulturen zwischen Globalisierung und Ethnisierung. Glocal Clash – Der Kampf des Globalen im Lokalen am Beispiel Russlands. In: Zeitschrift für Erziehungswissenschaft, 7 (1), S. 58-70.

Villegras-Reimers, E. (1997): Moral Education, Civic Education, and the Modern School. In: Cummings, W.K./McGinn, N.F. (Hrsg.) (1997): International Handbook of Education and Development: Preparing Schools, Students, and Nations for the Twenty-First Century. Oxford, S. 231-244.

Vogel, J.P. (1991): Die rechtliche Stellung der Internationalen Schulen in der Bundesrepublik Deutschland. In: Bildung und Erziehung, 44 (3), S. 351-360.

Waterkamp, D. (2000): Organisatorische Verfahren als Mittel der Gestaltung im Bildungswesen. Münster.

Weber, P.J. (2002): Ausblick: Europäisierung oder Re-Nationalisierung der Bildung in Europa? In: Schleicher, K./Weber, P.J. (Hrsg.): Zeitgeschichte europäischer Bildung 1970-2000. Band III: Europa in den Schulen. Münster, S. 479-496.

Weber, P. (2004): Die Autopiesis der Globalisierung von Bildung. In: Zeitschrift für internationale Bildungsforschung und Entwicklungspolitik, 27 (3), S. 2-8.

Weidenfeld, W./Wessels, W. (Hrsg.) (1994): Europa von A-Z. Taschenbuch der europäischen Integration. Bonn.

Weidenfeld, W./Wessels, W. (2002): Einleitung. In: dies. (Hrsg.): Europa von A bis Z. Bonn, S. 9-50.

Weiß, M. (1999): Mehr Effizienz im Schulbereich durch dezentrale Ressourcenverantwortung und Wettbewerbssteuerung? In: Recht der Jugend und des Bildungswesens, 4, S. 413-423.

Wenning, N. (1996): Die Nationale Schule. Öffentliche Erziehung im Nationalstaat. (Lernen für Europa, Bd. 2). Münster.

Wenning, N. (2000): Vereinheitlichung und Differenzierung. Zu den „wirklichen" gesellschaftlichen Funktionen des Bildungswesens im Umgang mit Gleichheit und Verschiedenheit. Opladen.

Wilcox, A.J. (1991): Die „International School of Hamburg". In: Bildung und Erziehung, 44 (3), S. 299-305.

Wilkinson, D. (1998): International Education : A Question of Access. In: Hayden, M./Thompson, J. (Hrsg.): International Education. Principles and Practice. London, S. 227-234.

Willis, P. (1977): Learning to labour. How working class kids get working class jobs. Westmead (UK).

Willis, D./Enloe, W. (1990): Lessons of International Schools: Global Education in the 1990s. In: The Educational Forum, 54 (2), S. 169-183.

Wilson, D. N. (1994): Comparative and International Education: Fraternal or Siamese Twins? A Preliminary Genealogy of Our Twin Fields. In: Comparative Education Review, 30 (4), S. 449-486.

Wobbe, T. (2000): Weltgesellschaft. Bielefeld.

Wulf, C./Merkel, C. (Hrsg.) (2002): Globalisierung als Herausforderung der Erziehung. Theorien, Grundlagen, Fallstudien. Münster.

Yip, T.W. (2000): An analysis of the *status quo:* the International Baccalaureate Diploma Programme and the empowerment of students. In: International Schools Journal, XIX (2), S. 37-47.

Ziegenspeck, J. (Hrsg.) (1987): Kurt Hahn. Erinnerungen – Gedanken – Aufforderungen. Ein Beitrag zum 100ten Geburtstag des Reformpädagogen. Lüneburg.

Zymek, B. (1975): Das Ausland als Argument in der pädagogischen Reformdiskussion. Schulpolitische Selbstrechtfertigung, Auslandspropaganda, internationale Verständigung und Ansätze zu einer Vergleichenden Erziehungswissenschaft in der internationalen Berichterstattung deutscher pädagogischer Zeitschriften. 1871-1952. Ratingen/Kastellaun.

Anhang

International Baccalaureate Primary Years Programme Standards

Primary Years Programme standards
The Primary Years Programme (PYP) standards provide a set of objective criteria against which both the school and the IBO can measure success in the implementation of the Primary Years Programme (PYP). It is important to note that all the criteria provided are requirements and not suggestions. They form the basis of a self-study, which school undertake as part of an evaluation process of the implementation of the programme.

Standard A1
There is close alignment between the educational beliefs and values of the school and those of the PYP.

Standard A2
The school promotes international mindedness on the part of the adults and the children in the school community.

Standard B1
The governing body of the school has made a formal decision to adopt the PYP and continues to support it.

Standard B2
The school management is fully committed to the continuous implementation and further development of the programme.

Standard C
There is a comprehensive, coherent, written curriculum.

Standard D
The school has implemented a school-wide system through which teachers plan and reflect in collaborative teams.

Standard E
Teachers use a range and balance of teaching strategies which are selected appropriately to meet particular learning purposes.

Standard F1
There is an agreed school-wide approach to the recording and reporting of assessment data.

Standard G
Students learn how to choose, to act and how to reflect on their action, which contribute to the well-being of the self, the community and the environment.

Standard H
In the final year of the programme in the school, students will engage in a problem-solving project culminating in the PYP exhibition.

Quelle: IBO (International Baccalaureate Organization): International Baccalaureate Primary Years Programme. Programme Standards. http://www.ibo.org/; Abruf vom 11.12.2003.

International Baccalaureate Middle Years Programme Standards

Programme Standards
The MYP committee has established MYP programme standards that will become part of the programme evaluation process from 2003 onwards. All authorized schools are expected to work towards achieving these standards as they fully implement and develop the MYP. Commendations, recommendations and matters to be addressed will be based on the school's achievement according to these standards.

Section A: MYP Philosophy and Principles
Standard A1
There is close alignment between the educational beliefs and values of the school and the fundamental principles of the MYP.

Standard A2
The fundamental concepts, principles and practices of the MYP are appropriately communicated to all relevant constuencies within the school.

Section B: MYP Organization
Standard B1
The school provides ongoing support to the programme through staffing, administrative structures and other resourcing.

Standard B2
The school's structures and curriculum management practices ensure the development of the central role of the areas of interaction in teaching and learning.

Standard B3
The school provides opportunities and a structure enabling students to act and reflect on their actions, contributing to the well being of themselves, the community and the environment.

Section C: Curriculum and Assessment
Standard C1
The school provides structured learning at every year level in every subject group of the MYP curriculum model according to the requirements and objectives stated in the subject group guide.

Standard C2
The school has implemented a system through which teachers are able to plan and reflect in subject-specific and cross-curricular teams.

Standard C3
Teachers select and use a range of teaching and learning strategies appropriate to the objectives of the programme.

Standard C4
The school's policies and practices with regard to assessment, recording and reporting correspond to the principles of MYP criterion-based assessment.

Section D: Personal Project
Standard D
The school has developed structures and practices that support the completion of the personal project by all MYP students in the last year of the programme according to the objectives and requirements stated in the personal project guide.

Quelle: IBO (International Baccalaureate Organization): International Baccalaureate Middle Years Programme Standards. http://www.ibo.org/; Abruf vom 11.12.2003.